D0870739

*M*ÊME SI L'HOMME NE PARLE PLUS À L'HOMME, IL DOIT CONTINUER DE PARLER DE L'HOMME POUR UN JOUR LUI RÉADRESSER LA PAROLE. PARLER DE L'HUMAIN, C'EST PARLER HUMAIN, C'EST ENCORE EN ÊTRE UN.

Alexis Nouss, *La modernité*, Paris,
Éditions Jacques Grancher, 1991.

L'Être humain

Quelques grandes conceptions modernes et contemporaines

JACQUES CUERRIER

CÉGEP DE SAINT-JÉRÔME

McGraw-Hill, Éditeurs

750, boulevard Marcel-Laurin, bureau 131, Saint-Laurent (Québec)   H4M 2M4

Téléphone : (514) 744-5531 • Télécopieur : (514) 744-4132

Montréal • Toronto • New York • Auckland • Bogotá • Caracas • Lisbonne • Londres
Madrid • Mexico • Milan • New Delhi • Singapour • Sydney • Tōkyō

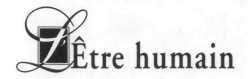

L'Être humain

Quelques grandes conceptions modernes et contemporaines

L'utilisation du seul masculin, dans cet ouvrage, n'a pour objet que d'en alléger la lecture. À moins que le contexte n'indique le contraire, les termes employés pour désigner des personnes sont pris au sens générique. Ils ont à la fois valeur de féminin et de masculin.

Réviseure linguistique
Marie-Ève Kéroack

Conception graphique, réalisation technique et éditique

LE GROUPE
FLEXIDÉE
L T É E

Page couverture
Conception: Le groupe Flexidée ltée
Photographies: Les sources photographiques de la couverture sont présentées à la page 248.

Dépôt légal: 4e trimestre 1994
Bibliothèque nationale du Québec
Bibliothèque nationale du Canada
ISBN 0-07-551830-9

Imprimé et relié au Canada
234567890 IG94 321098765

 MA MÈRE,

Avant-propos

La philosophie est, selon René Descartes «plus nécessaire pour régler nos mœurs et nous conduire en cette vie, que n'est l'usage de nos yeux pour guider nos pas[1].» Accorder une telle importance pratique à la philosophie ne fait pas, aujourd'hui, l'unanimité. Il n'en demeure pas moins qu'au collégial, le ministère de l'Éducation et de la Science accorde une place privilégiée à la philosophie dans le programme de formation générale commune. Mais comment enseigner cette discipline qui cherche «les premières causes et les vrais principes dont on puisse déduire les raisons de tout ce qu'on est capable de savoir[2]»? En faisant soi-même œuvre de philosophie ou en faisant œuvre d'enseignement? Nous avons fait le choix d'étudier quelques grandes philosophies modernes et contemporaines et de nous appuyer sur les textes de ceux qui les ont initiées dans l'unique but de présenter la conception de l'homme qui s'y trouve.

Ce volume n'est ni un essai ni une recherche exhaustive sur l'être humain: c'est un manuel. En fait, nous avons eu recours à notre expérience d'enseignant pour penser, rédiger et produire ce manuel de philosophie.

Le lecteur reconnaîtra dans ce volume des éléments d'un ouvrage déjà publié chez McGraw-Hill, Éditeurs en 1990 sous le titre *L'Être humain, Panorama de quelques grandes conceptions de l'homme*. Le présent ouvrage est une refonte en profondeur du manuel initial. De nouveaux chapitres ont été ajoutés; d'autres ont été retirés. Ceux qui ont été conservés ont été revus, enrichis et mis à jour à la lumière des données du nouveau cours *Philosophie Ensemble n° 2 L'être humain* (340-102-03).

Afin de répondre le plus adéquatement possible aux exigences du nouveau programme, nous avons privilégié une approche double, à la fois théorique et pédagogique.

L'APPROCHE THÉORIQUE

Sur le plan du contenu théorique, notre objectif premier est de présenter quelques grandes conceptions modernes et contemporaines de l'être humain et d'en montrer l'importance au sein de la culture occidentale. Chaque chapitre propose, dans un langage clair et accessible[3] à l'élève de niveau collégial, un exposé théorique des principes et des concepts clés à partir desquels est défini l'être humain. La présentation qui en est faite se veut

---

1. René Descartes, *Les Principes de la Philosophie, in Œuvres et Lettres*, Paris, Éditions Gallimard, NRF, Bibliothèque de la Pléiade, 1953, p. 558.
2. *Ibid.*, p. 560.
3. Faire œuvre pédagogique, c'est, à notre sens, faire œuvre de vulgarisation. Vulgariser ne veut pas dire simplifier à outrance, mais opter pour un type de discours qui ne rebute pas l'élève. Toutefois, lorsque nous devons utiliser des termes spécialisés ou présumément inconnus de l'élève, une définition est donnée en marge du texte principal.

objective et sans parti pris. Une introduction fait un survol du contexte historique dans lequel le penseur a évolué et qui a favorisé l'émergence de sa philosophie. S'il y a lieu, le courant de pensée que cette philosophie a institué ou dans lequel elle s'inscrit est aussi mis en relief. Enfin, des problématiques existentielles, socioculturelles ou politiques de notre époque sont brièvement abordées et mises en relation avec la conception de l'être humain étudiée. Afin de faciliter la compréhension et l'étude de cette philosophie de l'homme, un résumé schématique de ses principales articulations est présenté à la fin de chaque exposé.

L'APPROCHE PÉDAGOGIQUE

Sur le plan pédagogique, notre préoccupation majeure est de fournir à l'élève les instruments qui l'aideront à comprendre, à s'approprier, à présenter et à critiquer (en les comparant) les conceptions de l'homme abordées. Ce manuel se veut un outil pédagogique qui permette à l'élève de rencontrer directement les grands penseurs modernes et contemporains et leurs œuvres. À cette fin, un extrait substantiel d'une œuvre maîtresse de l'auteur est présenté à la suite de l'exposé théorique. Une *analyse* et une *critique* sont demandées à l'élève: il ou elle doit pratiquer une lecture active de cet extrait, le transposer en ses propres mots et porter un jugement qualitatif sur les positions qui y sont défendues. Un deuxième type d'activité d'apprentissage est ensuite proposé, soit un *exercice comparatif* où, à partir d'un thème donné, l'élève examine les rapports de ressemblance et de différence entre cette conception de l'être humain et une autre précédemment étudiée. Ces deux séries d'activités d'apprentissage visent à préparer progressivement l'élève à réaliser l'activité d'apprentissage terminale[4] qui répond à l'«énoncé de la compétence», c'est-à-dire au résultat attendu de l'apprentissage de l'élève au terme du cours. En bref, l'élève devra présenter, commenter et comparer une conception moderne et une conception contemporaine de l'être humain à propos d'un thème ou d'une problématique.

REMERCIEMENTS

Je tiens à remercier mes collègues et amis Alain Bellemare, André Bergeron, Marianne Bouchard, Gérald Côté, Marcel Gosselin, Louise Laplante, Bernard LaRivière, Louis Robitaille et Pierre Talbot. Chacun, selon ses compétences et ses intérêts, a fait une lecture attentive d'un chapitre de mon manuscrit. Leurs commentaires et leurs suggestions me furent utiles.

Je veux particulièrement exprimer mon amitié et ma gratitude à Alain Jacques, à qui j'ai confié la lecture de trois chapitres de mon manuscrit. La critique éclairée et les encouragements qu'il porta à l'endroit de mon travail me furent d'un précieux secours.

Enfin, qu'il me soit permis de remercier sincèrement Éliette Bédard qui a fait la saisie sur ordinateur des textes d'auteurs. Je tiens également à remercier l'équipe de l'édition et de la production de McGraw-Hill, Éditeurs qui a fait en sorte que cet ouvrage prenne la forme qu'on lui connaît maintenant.

Jacques Cuerrier

---

4. L'activité d'apprentissage terminale est présentée en annexe à la page 240.

Table des matières

CHAPITRE CINQUIÈME – L'HOMME COMME ÊTRE RÉGI PAR L'INCONSCIENT

Introduction

« *Q*uelle chimère est-ce donc que l'homme ? se demande Pascal. Quelle nouveauté, quel monstre, quel chaos, quel sujet de contradiction, quel prodige ! Juge de toutes choses, imbécile ver de terre; dépositaire du vrai, cloaque d'incertitude et d'erreur; gloire et rebut de l'univers[1].» À l'évidence, l'homme constitue un objet de recherche pour le moins ambigu et controversé. Parce que l'homme demeure une énigme pour l'homme, celui-ci s'est toujours interrogé sur lui-même, cherchant à cerner sa nature, sa condition, le sens à donner à son existence.

Totalisant

Se dit d'une signification synthétique et universelle qui embrasse l'ensemble des êtres humains.

Qu'est-ce que l'être humain et pourquoi existons-nous dans l'univers ? Depuis des millénaires, cette question hante l'esprit des hommes et des femmes. Une question unique. Des réponses plurielles. Des penseurs ont atteint un niveau de réflexion et d'analyse tel que leurs réponses continuent de nourrir et d'inspirer l'homme contemporain dans sa réflexion; elles ont dépassé à un tel point le stade de l'opinion, du préjugé et du lieu commun qu'elles sont reconnues comme des conceptions philosophiques de l'être humain. Mais qu'est-ce qu'une conception philosophique de l'être humain ? Selon l'optique qui nous intéresse, une conception philosophique de l'être humain correspond à une théorie de l'homme développée par un penseur, théorie qui se veut applicable à tous les humains et qui donne un sens à l'existence humaine. Une conception philosophique de l'être humain trace avec précision et rigueur un portrait de l'homme qui s'appuie sur une analyse rationnelle, cohérente et approfondie. À la lumière de cette analyse, l'être humain acquiert une signification particulière; il devient porteur de sens. Mais pourquoi recourir à l'étude de la philosophie et plus particulièrement à l'ANTHROPOLOGIE PHILOSOPHIQUE pour réaliser une initiation à des conceptions de l'être humain ? Tout simplement parce que dans le cadre de la pensée occidentale, c'est à elle que revient la responsabilité de répondre d'une manière systématique et globale à la question «Qu'est-ce que l'homme et pourquoi existe-il?» D'ailleurs, la philosophie correspond à cette aspiration légitime de comprendre rationnellement l'humain et sa condition. En effet, l'un des buts fondamentaux de la philosophie est d'éclairer la condition humaine en lui donnant un sens, un sens qui se veut **totalisant**, alors que la science explique la réalité d'un phénomène particulier sans dégager sa signification humaine. La philosophie est d'abord un ensemble de réponses aux interrogations constantes de l'homme sur sa propre conscience et sur le monde qu'il habite. Car le monde n'existe pour nous que parce que d'abord nous en prenons conscience et que du fait même, nous prenons conscience de notre propre conscience. L'homme est cet être étrange qui sait qu'il sait et qui s'interroge sans fin sur la valeur de cette connaissance qu'il a de lui-même et du monde.

L'ANTHROPOLOGIE PHILOSOPHIQUE S'INTÉRESSE À L'ÉTUDE PHILOSOPHIQUE DE L'HOMME. ÉTYMOLOGIQUEMENT, ANTHROPOLOGIE VIENT DU GREC *ANTHRÓPOS*, «HOMME» ET *LOGOS*, «DISCOURS», «ÉTUDE», «SCIENCE».

Représentation

Du mot latin *repræsentatio*, action de mettre sous les yeux. Conséquemment, représentation sert à désigner une idée ou une image qu'on se fait du monde ou de l'homme.

Le problème de l'être humain et de sa condition constitue le point central de toute l'histoire de la philosophie. À travers les âges, des penseurs ont réfléchi sur ce que nous sommes en tant qu'humains. Ils ont porté un regard souvent perspicace et radical sur l'être humain, avec une exigence insatiable de lucidité et de sens. Ces penseurs ont élaboré des **représentations** de l'homme. Ils ont tenté d'analyser en profondeur ce que

1. Pascal, *Pensées*, section I, VII, 131-434, *in Œuvres complètes*, Paris, Éditions du Seuil, 1963, p. 515.

nous sommes pour en donner une explication cohérente et globale (c'est ce qui caractérise toute conception significative de l'être humain digne de ce nom). Ils ont systématisé leurs philosophies de l'homme dans des écrits déterminants pour l'évolution de la pensée et pour la conception que l'humain se fait de lui-même. C'est à cette connaissance et à cette compréhension de quelques conceptions philosophiques de l'être humain (conceptions élaborées à l'époque moderne[2] et à l'époque contemporaine qui influencent notre manière actuelle d'être, de penser et d'agir) que ce manuel vous convie.

Puisque ce manuel s'inscrit dans le cadre d'un cours de philosophie de quarante-cinq heures, il fallait faire une sélection parmi les grandes conceptions modernes et contemporaines de l'être humain. Qu'est-ce qui a guidé notre choix? D'abord et avant tout, le souci de privilégier une approche pluraliste. À notre sens, aucun manuel ne peut rendre compte de la réalité humaine par un système conceptuel unique sans tomber dans le plus inacceptable **réductionnisme**. Nous avons donc favorisé une approche pluridimensionnelle. En conséquence, il nous est apparu essentiel de présenter des analyses de l'être humain variées et même parfois opposées. Ainsi, nous nous demandons si l'humain est essentiellement un être habité par une raison **transcendante** comme le veut le rationalisme de René Descartes. Ou bien, comme le présente Jean-Jacques Rousseau, l'humain est-il davantage un être naturel perfectible auquel la société inculque une culture? Est-il produit exclusivement dans son rapport à la société, comme le prétend Karl Marx avec son matérialisme dialectique et historique? Est-il un être d'instincts et de désirs se devant d'exprimer la vie, comme le défend Friedrich Nietzsche? L'être humain est-il régi par son inconscient ainsi que Sigmund Freud et la psychanalyse le soutiennent? Peut-il atteindre le statut de personne comme le pense Emmanuel Mounier et son personnalisme? Comme l'explique l'existentialisme de Jean-Paul Sartre, l'être humain peut-il être davantage un projet libre que déterminé par une nature humaine préexistante? Ou, à l'opposé, l'homme doit-il être considéré comme un être entièrement déterminé par son milieu comme le proclame Burrhus Frederick Skinner dans sa théorie béhavioriste?

Tenter de répondre à ces questions, c'est esquisser huit grandes conceptions philosophiques de l'humain qui ont marqué les Temps modernes et l'époque contemporaine. Mais quel sera le fil conducteur qui guidera la lecture que nous ferons de ces huit conceptions de l'être humain? La thématique intégratrice retenue sera la problématique de la nature humaine. En tentant de répondre à la question «qu'est-ce que l'homme?», les philosophies occidentales ont présenté diverses définitions de l'être humain qui correspondent à une longue succession d'interrogations sur la nature humaine ou sur l'essence de l'homme. Existe-t-il une nature humaine, c'est-à-dire un ensemble de propriétés ou de caractères présents en tout homme, qui constitue l'**essence** de l'être humain? Au contraire, l'homme est-il un sujet qui construit sa propre histoire ou un sujet qui produit l'Histoire, bref un être qui se fait et qui, conséquemment, ne participe pas à une essence commune? En d'autres mots, parler d'essence de l'homme ou de nature humaine, c'est postuler un principe qui détermine l'être humain à être ce qu'il est. Pour certains, comme Descartes, un tel principe est transcendant. L'homme n'est pas entièrement un être

RÉDUCTIONNISME

Position qui consiste à défendre un principe explicatif unique qui rendrait compte de ce qu'est l'homme dans sa totalité. Une telle attitude valorise généralement une seule dimension de l'être humain en négligeant toutes les autres, et ce faisant, elle escamote la diversité et la complexité de l'humain.

TRANSCENDANT

(du latin *transcendere*, «s'élever au-dessus de») Caractère de ce qui est supérieur, ce qui appartient à un degré plus élevé. Par exemple, Dieu est transcendant au monde et aux êtres immanents*.

ESSENCE/EXISTENCE

Pour la philosophie classique, l'existence désigne le fait d'être, c'est-à-dire la réalité vivante, vécue, par opposition à l'essence, qui dit ce qu'est une chose, ce qui constitue sa nature intime.

---

2. Nous présenterons brièvement dans le chapitre premier de ce volume les principales caractéristiques de l'époque moderne, aussi appelée les Temps modernes.

IMMANENT

(du latin *in manere*, «rester dans») Caractère de ce qui est contenu à l'intérieur d'un être. S'oppose à transcendant.

naturel. Pour d'autres, un tel principe est **immanent**, et la nature humaine est alors le produit du milieu, comme le pense Skinner. Pour d'autres enfin, il n'y a pas de nature humaine proprement dite. Ainsi l'homme est un être qui est forgé par l'histoire humaine, comme le pense Marx, ou par son histoire personnelle comme le pense Sartre. De Descartes à Skinner, en passant par Rousseau, Marx, Nietzsche, Freud, Mounier et Sartre, nous verrons donc, dans des chapitres distincts, comment ces penseurs ont envisagé la problématique de la nature humaine.

Mais comment se situer par rapport à ces conceptions de l'homme, comment les accueillir ? vous demandez-vous peut-être. Nous pensons qu'il ne serait pas approprié de recevoir et d'assimiler mécaniquement ces conceptions de l'être humain, ni même de les comprendre au sens où l'on comprend des mots et des phrases. Il ne s'agira pas d'assimiler ce savoir comme on acquiert une loi de mécanique ondulatoire ou comme on maîtrise une équation mathématique. Afin de retirer de ce cours autre chose que de la «culture philosophique», et pour rendre ce savoir vivant, il faut vous sentir impliqués par le questionnement fondamental qui sous-tend toutes les conceptions de l'homme qui vous seront présentées: Que suis-je? Pourquoi est-ce que j'existe? Étant donné que c'est de vous-mêmes qu'il est ici question, il serait souhaitable que vous vous laissiez imprégner, féconder par ces conceptions de l'homme. Vous devrez vous ouvrir à elles, vous sentir concernés par elles, fascinés, bouleversés même, jusqu'à vous remettre en question; ou, au contraire, être indignés, révoltés ou, tout simplement, être amenés à penser autrement.

DOGMATISME

Fait qu'une conception de l'être humain se présente de façon absolue comme si elle correspondait à une vérité incontestable ou qu'elle relevait d'un article de foi.

Une mise en garde apparaît ici nécessaire. Ce manuel n'entend surtout pas vous inciter à adhérer sans réflexion à l'une ou l'autre des conceptions philosophiques de l'être humain présentées. Chacune d'elles apporte un éclairage intéressant et continue d'alimenter la réflexion de nos contemporains sur l'homme. Cependant, et malgré la prétention totalisante de ces philosophies, nous croyons qu'aucune ne peut, à elle seule, prétendre à la vérité absolue. Il faut les percevoir dans leur ensemble comme un riche réservoir culturel où l'on peut puiser une nourriture pour sa pensée propre. N'appauvrissez donc pas l'humain que vous êtes en l'enfermant dans un seul système d'explications et de significations non réfléchies! Si vous voulez éviter les pièges du **dogmatisme** ou du réductionnisme, nous vous suggérons d'adopter une attitude ouverte mais critique envers toutes ces conceptions de l'homme.

À cette fin, ce manuel contient des activités d'apprentissage où vous serez invités à produire des réflexions articulées et personnalisées. Afin de fournir l'occasion d'une rencontre directe avec les philosophes et leurs œuvres, nous avons privilégié l'analyse et la critique de texte comme premier type d'activité d'apprentissage. Plus précisément, vous serez invités à pratiquer une lecture active de ces textes philosophiques. En outre, afin que vous puissiez vous situer personnellement par rapport aux problématiques soulevées par la conception de l'être humain présentée dans chacun de ces textes, vous devrez poser un jugement critique (en faisant un court commentaire critique) sur les positions qui y sont défendues. En somme, les objectifs spécifiques poursuivis à l'intérieur de ces premières activités d'apprentissage sont, en règle générale, les suivantes:

- démontrer votre compréhension du texte retenu en répondant à des questions précises;
- transposer dans vos propres mots un extrait de ce texte philosophique;
- évaluer le contenu, c'est-à-dire porter un jugement qualitatif fondé sur les positions défendues dans ce texte.

L'atteinte des deux premiers objectifs spécifiques contribuera à perfectionner votre capacité d'analyse, alors que l'atteinte du troisième objectif développera chez vous votre sens de l'évaluation critique. Il va sans dire que ces deux aptitudes intellectuelles sont essentielles à la constitution d'une pensée réfléchie et signifiante de l'être humain.

Comme deuxième série d'activités d'apprentissage, nous vous proposons systématiquement des exercices comparatifs. Ces activités ont été conçues dans le but de vous faire développer l'habileté à comparer deux conceptions de l'être humain à partir d'un même thème, et ainsi de vous préparer adéquatement à la réalisation de l'activité d'apprentissage terminale présentée en annexe, à la fin du volume. En règle générale, nous pouvons dire que tous les travaux de réflexion offerts dans ce manuel vous donneront l'occasion de vous confronter à quelques-unes des grandes conceptions modernes et contemporaines de l'être humain. Une telle confrontation aura peut-être comme résultat (c'est ce que nous vous souhaitons) de vous amener à vous questionner sur ce qu'est l'être humain et sa condition, et à réfléchir à ce qui fait votre propre humanité.

Bonne réflexion et bonne session!

L'homme

comme être de raison

Descartes ou le premier rationalisme moderne

POUR LA RAISON OU LE SENS, D'AUTANT QU'ELLE EST LA SEULE CHOSE QUI NOUS REND HOMME ET NOUS DISTINGUE DES BÊTES, JE VEUX CROIRE QU'ELLE EST TOUT ENTIÈRE EN UN CHACUN...

René Descartes, *Discours de la Méthode*, in *Œuvres et Lettres*, p. 126.

DESCARTES ET LE GRAND SIÈCLE

René Descartes naît le 31 mars 1596 à La Haye, un village de Touraine, en France. Le père de Descartes, Joachim de son prénom, était conseiller au Parlement de Rennes, en Bretagne, alors que sa mère, Jeanne Brochard, était la petite fille d'un magistrat de Poitiers. En cela, René Descartes appartenait à ce qu'on nommait à l'époque la «noblesse de robe». Il entre à l'âge de dix ans au collège des jésuites de La Flèche, «l'une des plus célèbres écoles de l'Europe» où il apprécie surtout «les mathématiques à cause de la certitude et de l'évidence de leurs raisons», écrit-il dans le *Discours de la méthode*. En 1616, il obtient une licence en droit de la faculté de Poitiers. En 1629, après quatre années de vie militaire et de voyages nombreux, Descartes fuit la vie mondaine de Paris et se réfugie en Hollande pour écrire la plupart de ses œuvres. Il y demeurera plus de vingt ans, changeant souvent de résidence et y menant une existence confortable de gentilhomme.

En 1649, sur l'invitation insistante de la reine Christine, Descartes se rend à la cour de Suède pour initier la jeune souveraine à sa philosophie. C'est l'hiver et il fait froid. En outre, le philosophe doit se lever à cinq heures du matin pour dispenser ses cours. Descartes attrape une pneumonie et meurt le 11 février 1650, à l'âge de cinquante-trois ans. En 1662, l'Église catholique romaine met toutes les œuvres de Descartes à l'Index malgré qu'il ait toujours respecté la foi chrétienne et les autorités ecclésiastiques.

À l'époque de Descartes, la langue utilisée en science et en philosophie est le latin. Or, signe des temps, pour être compris par tout homme et toute femme de bonne volonté, comme on disait alors, il publie en français le *Discours de la Méthode* (1637) et le *Traité des passions de l'âme* (1649). Mais quelle est cette époque particulière qui voit naître la philosophie cartésienne et qu'on appelle le *Grand Siècle*? En ce XVIIᵉ siècle, l'esprit change, dit-on. Nous assistons dès lors à un bouleversement radical des mentalités que plusieurs historiens associent au début de la modernité.

LA «QUERELLE DES ANCIENS ET DES MODERNES» EST UNE POLÉMIQUE ENTRE DEUX TYPES DE PENSÉE: LES «ANCIENS» REPRÉSENTÉS PAR NICOLAS BOILEAU (1636-1711), JEAN DE LA FONTAINE (1621-1695) ET JEAN DE LA BRUYÈRE (1645-1696), ET LES «MODERNES», SOUTENUS PAR CHARLES PERREAULT (1628-1703) ET BERNARD LE BOVIER DE FONTENELLE (1657-1757). LES ANCIENS PLAIDENT EN FAVEUR DES CANONS DE L'ART ANTIQUE ALORS QUE LES MODERNES CONTESTENT LES ARGUMENTS D'AUTORITÉ ISSUS D'UNE ÉPOQUE RÉVOLUE. CES DERNIERS DÉFENDENT L'INSPIRATION CHRÉTIENNE (CE QUI EST DU TEMPS PRÉSENT) ET LE PRINCIPE D'UNE ÉVOLUTION, D'UN PROGRÈS DE L'HUMANITÉ.

L'avènement de la modernité

La modernité, que l'on dénomme aussi la pensée moderne, peut être définie comme l'avènement d'une nouvelle manière de penser, d'appréhender l'homme et la place qu'il occupe dans l'univers. Souvent en opposition avec l'autorité du passé et la tradition (l'Antiquité gréco-romaine revue et corrigée par la théologie catholique médiévale), la pensée moderne se caractérise par l'ouverture au nouveau, la construction d'une nouvelle hiérarchie de valeurs, l'élaboration d'une conscience et d'une pensée trouvant en elle-même sa fondation. Somme toute, ce qui définit essentiellement la pensée moderne, c'est l'instauration de la subjectivité dans le processus de la connaissance, c'est-à-dire la croyance en la capacité d'un individu-sujet de saisir la réalité grâce aux pouvoirs de sa raison. La pensée moderne accorde donc à la raison le pouvoir de se rendre le réel intelligible en l'observant, le pensant, le nommant et le théorisant à partir de principes rationnels clairement définis.

Cette foi nouvelle dans les pouvoirs de la raison humaine fait surgir sur le plan des idées philosophiques et esthétiques la QUERELLE DES ANCIENS ET DES MODERNES où Descartes (pour ne nommer que lui) inaugure une ère nouvelle en condamnant le culte que la Renaissance vouait à l'Antiquité et en instaurant le principe d'une raison «individualisée» qui croit au progrès de l'esprit humain. Cette notion de progrès empruntée au développement des sciences du XVIIᵉ siècle colorera toute la pensée philosophique moderne. À l'instar du développement d'un individu, il y aurait progrès, évolution de l'esprit humain, et donc de l'humanité, allant de la jeunesse à la maturité. L'Antiquité correspond à l'enfance de la pensée humaine et les Temps modernes, à sa maturité.

La révolution scientifique du XVIIᵉ siècle

Au-delà des querelles idéologiques opposant deux mondes, le XVIIᵉ siècle produit un changement radical souvent qualifié de «révolution scientifique» en raison de la naissance de la physique mécaniste, elle-même issue de découvertes importantes en astronomie. La représentation de l'univers est alors réinventée de toutes pièces. Johannes Kepler (1571-1630), Galileo Galilei (1564-1642), dit Galilée, René Descartes et Isaac Newton (1642-1723) inaugurent une nouvelle science du monde et de l'homme qui s'oppose aux vérités acquises depuis l'Antiquité grecque. Jusqu'alors, c'est la philosophie d'Aristote (~384 – ~322)[1] et l'astronomie purement géocentrique de Ptolémée (v. 90 – v. 168) qui servaient de systèmes d'explications de l'univers. La Terre était considérée comme le centre immobile de l'univers autour duquel tournaient les planètes, chacune d'elles étant portée par une sphère d'éther circulaire. Cette théorie, appelée *système de Ptolémée*, est dite géocentrique. Mais voilà qu'au XVIIᵉ siècle, un savant allemand, Johannes Kepler, complète la thèse de Nicolas Copernic (1473-1543) en découvrant les lois mathématiques du mouvement des planètes autour du Soleil.

> COPERNIC EST LE PREMIER QUI, AU DÉBUT DE LA RENAISSANCE, OSE REJETER LE GÉOCENTRICISME ANTIQUE. À PARTIR DE DONNÉES MATHÉMATIQUES, IL ÉMET L'HYPOTHÈSE QUE LE SOLEIL CONSTITUE LE CENTRE DE L'UNIVERS; QUE LA TERRE EXÉCUTE UN MOUVEMENT DE ROTATION SUR ELLE-MÊME ET QU'ELLE TOURNE AUTOUR DU SOLEIL.

En outre, il démontre théoriquement que les planètes décrivent non des cercles mais des ellipses autour du Soleil. Toutefois, nous devons à Galilée la preuve expérimentale de l'héliocentrisme copernicien. Ce dernier observe les astres à l'aide du télescope revu et amélioré par ses soins. Les découvertes qu'il fait (entre autres, quatre des seize satellites de Jupiter et l'anneau de Saturne) démentent la théorie antique des sphères. Cette découverte confirme la possibilité théorique de l'héliocentrisme: si des planètes ont des satellites et se déplacent sans les perdre en cours de route, alors la Terre peut en faire de même avec la Lune. De plus, l'observation des cratères sur la surface de la Lune invalide l'idée d'Aristote qu'il s'agit d'un corps parfait constitué d'une substance différente de celle qu'on trouve sur Terre. La matière serait similaire dans toutes les régions de l'univers. Cet ébranlement de l'idée ancienne du monde trouva son apogée dans la conception de l'univers produite par le génie de l'anglais Isaac Newton. Unissant la physique céleste et la physique terrestre, Newton établit des lois mathématiques fondamentales applicables à tout l'univers, dont la célèbre *Loi de l'attraction universelle* (1689). Ce faisant, il assure à la fin du XVIIᵉ siècle et au début du XVIIIᵉ siècle le passage à la science moderne.

GALILÉE EST CONDAMNÉ EN 1633 PAR L'INQUISITION POUR AVOIR DÉMONTRÉ LA VÉRACITÉ DE L'HÉLIOCENTRISME DE COPERNIC. ON EXIGE DE LUI QU'IL SE RÉTRACTE ET QU'IL VIVE EN RÉSIDENCE SURVEILLÉE.

---

1. Le symbole ~ signifie «avant Jésus-Christ».

MÉTAPHY-SIQUE

(du grec: *au-delà* ou *après* la physique) Partie de la philosophie qui fait la recherche rationnelle, au-delà des données de l'expérience, des causes premières et des principes des choses. En ce sens, la métaphysique est la science de l'être en tant qu'être.

CARTÉSIEN(NE)

Qui se rapporte à la philosophie de Descartes.

SCOLASTIQUE (LA)

(du latin *schola*, «école») La scolastique ou «philosophie de l'École» désigne l'enseignement philosophique et théologique* dispensé au Moyen Âge (du IXe au XVIIe siècle). Conciliant foi et raison, cet enseignement était dérivé de la philosophie d'Aristote revue et corrigée par les théologiens du Moyen Âge.

THÉOLOGIE

Le *Petit Robert* (1991) définit la théologie comme «l'étude des questions religieuses fondée principalement sur les textes sacrés, les dogmes et la tradition».

Au beau milieu de ce foisonnement d'idées nouvelles sur le plan scientifique, que vient faire Descartes, ce philosophe dont on a pu dire que rien de ce qui est humain ne lui était étranger? D'abord, il est lui aussi un grand savant: mathématicien, anatomiste, physicien. En établissant une classification des courbes et des équations, il invente la géométrie analytique; il formule aussi la loi de la réfraction de la lumière. À travers ses recherches diverses, il se dit lui-même en quête d'une «science admirable» qui unifierait toutes les connaissances. Or, Descartes établit que la science seule ne peut comprendre tout de l'homme, qu'il faut alors s'en remettre à la **métaphysique** pour tenter de l'appréhender dans sa globalité. Descartes se propose alors de renouveler la métaphysique tout comme il l'a fait pour les mathématiques et la physique; il veut qu'une *méthode universelle* [2] aussi solide et irréfutable que les mathématiques lui serve d'assise. En effet, le rationalisme **cartésien** s'inspire de la rigueur mathématique, plus particulièrement de la certitude des démonstrations mathématiques afin de donner un fondement véridique aux principes de base des raisonnements faits en science. Il espère ainsi définir, avec la plus grande exactitude possible, ce qu'est l'homme et ce qu'est sa situation dans le monde. Il s'agit pour lui d'élucider la combinaison de la matière et de l'esprit en l'homme, deux substances fondamentales dont il est le seul dépositaire. Descartes prend comme modèle de démonstration ce qu'il appelle la *mathématique universelle*, c'est-à-dire la méthode utilisée par les mathématiques qui non seulement offre la plus grande rigueur pour l'esprit, mais qui serait applicable, selon lui, à tous les objets de la connaissance humaine. La philosophie, si elle veut être une science, doit s'inspirer de l'exactitude inflexible et stricte des mathématiques. En conséquence, le philosophe procédera d'une manière ordonnée en enchaînant les pensées comme le géomètre déduit ses propositions les unes après les autres jusqu'à ce que son théorème soit démontré.

Descartes est considéré comme le fondateur du premier RATIONALISME moderne. Il accorde à l'esprit — et à lui seul — le pouvoir de connaître pour autant qu'il se mette en quête d'évidence. Pour utiliser un langage plus philosophique, nous pourrions dire qu'en exigeant que l'on s'en tienne uniquement à ce qui est évident à la conscience de l'esprit du sujet pensant, Descartes instaure la souveraineté de la subjectivité sur le plan de la rationalité. Cette volonté de s'affranchir de toute autorité étrangère à la raison et de ne reconnaître pour vrai que ce qui est évident constitue une véritable révolution philosophique. En cela, Descartes rompt avec l'esprit **scolastique** du Moyen-Âge qui respectait la tradition aristotélicienne et qui ne s'était pas encore dégagé de la **théologie** de l'Église catholique romaine. Le rôle attribué à la philosophie au Moyen-Âge consistait à fonder rationnellement l'enseignement théologique chrétien.

LE RATIONALISME EST LA DOCTRINE D'APRÈS LAQUELLE TOUTE CONNAISSANCE CERTAINE PROVIENT DE LA RAISON. CONSÉQUEMMENT, SELON CETTE PHILOSOPHIE, L'ESPRIT HUMAIN POSSÈDE LA FACULTÉ DE FORMER DES CONCEPTS ET DES PRINCIPES RATIONNELS LUI PERMETTANT DE RENDRE INTELLIGIBLES ET COMPRÉHENSIBLES LES CHOSES ET LES ÊTRES. LES IDÉES ET LES JUGEMENTS SERAIENT SOIT INNÉS, SOIT CONSTRUITS PAR L'ESPRIT; ILS NE PROVIENDRAIENT PAS DES DONNÉES DE L'EXPÉRIENCE.

La philosophie médiévale ne se donnait pas comme mission de rechercher ce qu'est l'humain et son monde, mais de découvrir des raisons ou des arguments rationnels validant la foi chrétienne. On empruntait à l'Antiquité, plus particulièrement à l'aristotélisme, des arguments ou des concepts dans la mesure où ceux-ci corroboraient la parole divine (tirée de la Bible) et l'enseignement de l'Église. Le monde médiéval renvoyait à des vérités (*doctrina*) révélées, immuables et transmises par les voies hiérarchiques de l'Église; le monde moderne

---

2. La méthode universelle a été conçue d'abord pour un usage scientifique (les mathématiques et la physique), et ne fut appliquée que plus tard à la question métaphysique. La métaphysique, comme science, s'occupe des questions de l'existence et de l'essence (la nature) des substances fondamentales dans l'univers. Nous verrons que Descartes en identifie deux: la matière et l'esprit, la substance étendue et la substance pensante.

qu'institue Descartes renvoie à une quête de certitude que l'homme se doit de découvrir rationnellement et d'acquérir méthodiquement. Explicitant et défendant ce point de vue, la philosophie cartésienne a exercé une influence décisive, non seulement sur la science de son temps, mais sur l'ensemble de la philosophie moderne[3].

DESCARTES ET LE DOUTE MÉTHODIQUE

La raison constitue, selon Descartes, la dimension fondamentale qui définit l'être humain et qui doit guider son existence. D'ailleurs, il écrit que la raison «est la seule chose qui nous rend hommes et nous distingue des bêtes[4]». Descartes n'est pas élitiste; il pense que nous sommes tous doués de raison ou de «bon sens» comme il l'appelle.

> Le bon sens est la chose du monde la mieux partagée… Cela témoigne que la puissance de bien juger et de distinguer le vrai d'avec le faux, qui est proprement ce qu'on nomme le bon sens ou la raison, est naturellement égale en tous les hommes; et ainsi que la diversité de nos opinions ne vient pas de ce que les uns sont plus raisonnables que les autres, mais seulement de ce que nous conduisons nos pensées par diverses voies, et ne considérons pas les mêmes choses. Ce n'est pas assez d'avoir l'esprit bon, mais le principal est de l'appliquer bien[5].

La raison est donc présente en chacun de nous. Nous possédons tous et toutes la capacité de connaître et de comprendre; nous pouvons tous et toutes construire la science vraie à condition de bien utiliser notre raison. Le rationalisme de Descartes est fondé sur la certitude que tout esprit bien conduit peut parvenir à la connaissance de la vérité. En conséquence, il y a nécessité de suivre une méthode particulière si l'on veut bien diriger notre raison.

La méthode cartésienne

En 1637, Descartes publie le *DISCOURS DE LA MÉTHODE*. Cet exposé autobiographique inspirera à Valéry les mots suivants: «Jamais, jusqu'à lui [Descartes], philosophe ne s'était si délibérément exposé sur le théâtre de sa pensée, payant de sa personne, osant le JE pendant des pages entières[6].» Descartes livre donc à ses lecteurs sa propre méthode «pour bien conduire sa raison et chercher la vérité dans les sciences».

LE TITRE COMPLET DU *DISCOURS DE LA MÉTHODE* EST: *DISCOURS DE LA MÉTHODE POUR BIEN CONDUIRE SA RAISON ET CHERCHER LA VÉRITÉ DANS LES SCIENCES.*

3. Des philosophies comme celles de Blaise Pascal (1623-1662), Baruch Spinoza (1632-1677), Nicolas Mallebranche (1638-1715), Wilhelm Leibniz (1646-1716), John Locke (1632-1704) et les empiristes anglais, Jean-Jacques Rousseau (1712-1778), Emmanuel Kant (1724-1804), Auguste Comte (1798-1857), Georg Wilhelm Friedrich Hegel (1770-1831) et Edmund Husserl (1859-1938) se sont constituées à partir de problématiques cartésiennes.

4. René Descartes, *Discours de la Méthode*, Première partie, p. 126. Toutes les citations reproduites dans ce texte proviennent des *Œuvres et Lettres* de Descartes, publiées à Paris en 1953 par la Bibliothèque de la Pléiade, NRF, aux Éditions Gallimard.

5. *Ibid.*, p. 126. Nous soulignons la dernière phrase de cette citation car cette affirmation montre l'intérêt qu'a eu Descartes pour la méthode.

6. Paul Valéry, *Pages immortelles de Descartes*, Paris, 1941, p. 37.

La méthode cartésienne définit quatre règles:

1. **La règle de l'évidence**: la raison doit éviter la *précipitation* et la prévention (le préjugé), et ne rien accepter pour vrai à moins que ce ne soit *évident*, à moins d'en être totalement convaincu par la *clarté* et la distinction des idées qui se présentent à l'esprit.

    - Se *précipiter*, en matière de raisonnement, c'est conclure avec hâte, sans examen suffisant.
    - Ce qui est *évident* correspond à une vérité qui apparaît directement à l'esprit par une *intuition* rationnelle. L'évidence naît donc uniquement des lumières de la raison et sa principale caractéristique consiste à être indubitable, c'est-à-dire sûre et certaine (qui ne peut être mise en doute).
    - L'idée *claire* est immédiatement présente à l'esprit; elle est distincte quand elle est précise et différente de toutes les autres.

2. **La règle de l'analyse ou de la division**: la raison doit *décomposer* les problèmes en questions élémentaires et séparées afin de les mieux résoudre.

    - À l'image de la résolution d'un problème mathématique, il s'agit de *décomposer* un ensemble complexe en ses éléments simples. Plus particulièrement, l'analyse identifiera les éléments fondamentaux d'une situation et leurs propriétés essentielles. Par exemple, Descartes identifie l'élément fondamental de l'univers comme étant la matière, dont la propriété essentielle est d'être étendue et donc soumise aux principes de la géométrie qui est la science de l'étendue.

3. **La règle de la *synthèse***: la raison doit aller des objets les plus simples au plus complexes par un enchaînement rigoureux et ordonné qui converge vers la solution.

    - La *synthèse* correspond à la déduction proprement dite. En partant d'un principe certain (le plus simple étant considéré par Descartes comme le plus certainement connu), il s'agit d'en déduire des propositions qui en sont les conséquences.

4. **La règle du *dénombrement***: la raison doit dénombrer, c'est-à-dire chercher, «par un mouvement continu et nulle part interrompu de la pensée», l'ensemble des éléments résolvant un problème sans ne rien omettre.

    - Le *dénombrement* interne vient de la pratique de la démonstration en géométrie où toutes les étapes des théorèmes sont dénombrées, c'est-à-dire numérotées et placées dans le plus strict ordre logique.

Les étapes du doute méthodique

La première règle de la méthode cartésienne (la règle de l'évidence) contient l'idée du doute méthodique. Pour éviter la prévention et atteindre la vérité, la raison doit, au préalable, mettre tout en doute. Il ne s'agit pas ici d'un doute SCEPTIQUE. Au contraire, le doute cartésien est volontairement utilisé comme faisant partie d'une méthode permettant d'atteindre la certitude, l'«indubitable» comme dit Descartes. En d'autres mots, pour arriver à une certitude indéniable, Descartes a recours au doute méthodique, c'est-à-dire qu'il s'astreint volontairement et systématiquement à douter de l'idée qu'il estime vraie, jusqu'à ce qu'il soit confirmé dans l'évidence de la vérité. Descartes révoque d'abord le témoignage de ses sens. Il les soumet au doute méthodique parce que nos sens nous

LE SCEPTIQUE FAIT DU DOUTE UNE FIN EN SOI, ALORS QUE DESCARTES L'UTILISE COMME UN MOYEN POUR PARVENIR À LA VÉRITÉ.

abusent parfois (par exemple, l'eau tiède paraît fraîche à la personne qui fait de la fièvre), et que leurs données ne sont pas toujours fidèles à la réalité extérieure. «J'ai observé plusieurs fois, écrit Descartes, que des tours, qui de loin m'avaient semblé rondes, me paraissaient de près être carrées, et que des colosses, élevés sur les plus hauts sommets de ces tours, me paraissaient de petites statues à les regarder d'en bas[7].» Les jugements fondés sur les sens sont donc trompeurs. En effet, nous pouvons être trompé par ce que nos sens nous font voir, entendre, goûter, toucher et sentir. Pour soutenir son doute, Descartes fait appel à la fable du Dieu trompeur qui aurait pu truquer les évidences les plus sûres: La Terre, le ciel, les corps, les figures géométriques, les calculs mathématiques ne seraient pas tels que mes sens ou ma raison me les font appréhender[8]! Ce qui est mis en cause par Descartes, c'est la valeur même ou la sûreté même de la logique humaine qui est à l'origine des démonstrations apparemment certaines des mathématiques. En conséquence, des erreurs peuvent avoir été commises qui rendent peu sûrs les démonstrations et les raisonnements déjà faits; il faut donc les mettre tous en doute. À cette fin, il imagine même «un certain mauvais génie, non moins rusé et trompeur que puissant qui a employé toute son industrie à me tromper [de sorte que] je penserai que le ciel, l'air, la Terre, les couleurs, les figures, les sons et toutes les choses extérieures que nous voyons ne sont que des illusions et tromperies, dont il se sert pour surprendre ma crédulité[9]». Enfin, toutes les fausses opinions qu'il a tenues jusqu'à maintenant pour véritables (opinions qui sont souvent la rançon d'une raison mal menée) seront aussi passées au crible du doute parce qu'elles ne sont peut-être pas plus vraies que les folles images des rêves qui l'assaillent lorsqu'il dort.

LE *COGITO* CARTÉSIEN

Descartes part donc d'un doute intégral, «hyperbolique», sur toutes choses et découvre que, dans le doute le plus radical, on ne peut douter que l'on doute et donc que l'on pense. La PENSÉE représente notre première certitude. Et de là, Descartes déduit sa propre existence. C'est le célèbre *cogito ergo sum*, «Je pense, donc je suis». Le *cogito* cartésien pourrait être reformulé de la façon suivante: «si je doute, c'est que je suis en train de penser, et si je pense, c'est que j'existe.» En d'autres mots, je sais que j'existe lorsque je me saisis comme être pensant en train de douter de tout.

> LA DOCTRINE PROPREMENT RATIONALISTE DE DESCARTES REPOSE SUR LA DÉDUCTION DE TOUTES CHOSES À PARTIR DE LA PENSÉE QUI CONSTITUE LE FONDEMENT DE TOUTE THÉORIE DE LA CONNAISSANCE.

«J'existe en tant qu'être pensant». Voilà une première vérité indubitable dont Descartes ne saurait douter et que pas même le mauvais génie pourrait faussement lui faire croire. Il doit en effet exister pour pouvoir être trompé. Ainsi, venant de se donner l'assurance de sa propre existence, Descartes se pose ensuite la question: «Mais moi, qui suis-je?» Et, Descartes de répondre:

> Je ne suis point cet assemblage de membres, que l'on appelle le corps humain; je ne suis point un air délié et pénétrant, répandu dans tous ses membres; je ne suis point un vent, un souffle, une vapeur... Je ne suis, précisément parlant, qu'une chose qui pense, c'est-à-dire un esprit, un entendement ou une raison[10].

---

7. *Méditation Sixième*, p. 322.

8. *Méditation Première*, p. 270.

9. *Ibid.*, p. 272.

10. *Méditation Seconde*, p. 276-277. Descartes réfère ici aux opinions et croyances traditionnelles sur la nature de l'âme.

Le *cogito* implique que si c'est par ma pensée que je peux avoir la certitude de mon existence, c'est donc ma pensée (en tant que je pense que je suis certain d'exister) qui me définit essentiellement comme homme. Je suis une substance pensante. Je suis pensée pure et rien d'autre. D'après Descartes, la pensée constitue l'être de l'homme, son essence. Le propre de la nature humaine est de penser. Tout être humain est «une chose qui pense».

> **D**ESCARTES FAIT ALLUSION À LA CONSCIENCE SUBJECTIVE D'IMAGINER ET DE SENTIR ET NON AUX DONNÉES DE L'IMAGINATION OU DES SENS.

Mais qu'est-ce qu'une chose qui pense? «C'est une chose qui doute, qui entend, qui conçoit, qui affirme, qui nie, qui veut, qui ne veut pas, qui IMAGINE aussi, et qui sent[11].» Bref, l'homme est un être dont la fonction essentielle consiste à utiliser son entendement, c'est-à-dire sa faculté de concevoir et de penser le monde réel à l'aide d'idées.

La pensée, les idées et le monde matériel

L'être humain est un sujet pensant dont l'existence est certaine. Mais, comment ce sujet pensant entre-t-il en rapport avec les choses matérielles qui peuvent prendre des apparences diverses? Il le fait à travers des idées, et Descartes en donne la démonstration. Pour ce faire, il prend l'exemple d'«un morceau de cire qui vient d'être tiré de la ruche». Un observateur peut distinctement en percevoir la figure, la grandeur, la couleur, l'odeur, la dureté, la froideur, etc. Mais voilà que mis au contact du feu, le morceau de cire se trans-

forme radicalement. «Ce qui y restait de saveur s'exhale, l'odeur s'évanouit, sa couleur se change, sa figure se perd, sa grandeur augmente, il devient liquide, il s'échauffe, et quoiqu'on le frappe, il ne rendra plus aucun son. La même cire demeure-t-elle après ce changement? se demande Descartes. Il faut avouer qu'elle demeure; et personne ne peut le nier[12].» Mais ce n'est certes pas les sens ni l'imagination qui permettent de reconnaître le morceau de cire, malgré ses transformations. S'il est possible de concevoir ce liquide comme étant le morceau de cire initial, c'est entièrement grâce à l'entendement qui seul peut appréhender un objet matériel malgré les diverses formes et apparences qu'il peut prendre. C'est par une «inspection de l'esprit» qu'il est permis de reconnaître et d'affirmer qu'il s'agit encore de la cire. Selon Descartes, tout objet matériel est saisi par l'esprit à travers l'idée de substance étendue et une telle idée ne provient pas des sens, mais constitue plutôt une idée innée de la raison humaine. Descartes est sûr qu'il a l'idée que le morceau de cire existe. La cire existe-t-elle réellement comme objet matériel? Descartes ne l'a pas encore démontré[13]. Ce qu'il vient de confirmer, c'est la force de la pensée capable de se faire une idée d'un objet quel qu'en soit l'aspect extérieur. Et si la pensée peut appréhender le monde matériel, c'est grâce aux idées innées que possède l'esprit humain dès la naissance et qui dépendent de sa nature propre[14]. Cela ne signifie pas que les idées sont toujours présentes de façon clairement définie dans l'esprit. Elles le sont plutôt virtuellement. Selon Descartes, l'esprit possède la faculté de concevoir clairement les idées par un choix délibéré qui actualise en quelque sorte leur virtualité. Ainsi se trouve en l'esprit humain une idée de Dieu saisi comme Être parfait…

11. *Méditation Seconde*, p. 278.

12. *Ibid.*, p. 280.

13. Il s'attaquera à cette démonstration dans la *Méditation Sixième*.

14. Le nom d'innéisme a été donné à cette théorie.

DE L'IDÉE DE DIEU À L'EXISTENCE DE DIEU

Retenons des preuves cartésiennes[15] de l'existence de Dieu celle qui met en rapport l'idée de parfait avec notre propre imperfection. Si j'ai en moi, argumente Descartes, l'idée d'une «substance infinie, éternelle, immuable, indépendante, toute connaissante, toute-puissante, et par laquelle moi-même, et toutes les autres choses qui sont (s'il est vrai qu'il y en ait qui existent) ont été créées et produites[16]», et si je suis moi-même un être imparfait et fini, alors je ne peux être la cause de la présence en moi de cette idée; il faut qu'une cause parfaite et infinie soit à l'origine de cette idée, donc Dieu existe.

Descartes poursuit son raisonnement ou comme il se plaît à l'appeler, son «ordre des raisons» en affirmant que Dieu, n'étant sujet à aucun défaut ni à aucune imperfection, ne peut me tromper car «vouloir tromper témoigne sans doute de la faiblesse ou de la malice. Et, partant cela ne peut se rencontrer en Dieu[17]». Descartes réfute ainsi son hypothèse du Dieu trompeur à laquelle il avait précédemment fait appel dans la première méditation afin de radicaliser le doute. Si je ne peux tenir Dieu responsable du fait «qu'il m'arrive que je me trompe[18]», il s'ensuit que je ne peux en imputer la cause qu'à moi-même. Mais de quelle cause précise à l'intérieur de moi-même provient l'erreur? Elle ne dépend pas de mon entendement («la puissance de connaître»), car ce dernier ne fait que proposer des idées, il «n'assure ni ne nie aucune chose[19]». C'est la VOLONTÉ («la puissance d'élire, le libre arbitre») qui affirme ou nie l'exactitude des idées. Or, la nature de ma volonté libre «très ample et très parfaite en son espèce» et qui fait que je porte en moi «l'image et la ressemblance de Dieu» ne peut être source d'erreur. L'erreur vient donc plutôt de l'usage que je fais de ma volonté lorsque je ne la contiens pas dans les limites de la raison claire et distincte, de sorte qu'«elle s'égare fort aisément, et choisit le mal pour le bien, ou le faux pour le vrai. Ce qui fait que je me trompe et que je pèche[20]». Tenons-nous en donc à des idées bien éclairées par la raison, c'est-à-dire à des idées certaines et indubitables. La raison proposera alors à la volonté un choix sûr et certain, et alors on pourra juger sans risque d'erreur.

> DESCARTES DÉFINIT LA VOLONTÉ COMME LE POUVOIR DE FAIRE OU DE NE PAS FAIRE CE QUE L'ENTENDEMENT PROPOSE SANS Y ÊTRE CONTRAINT PAR AUCUNE FORCE EXTÉRIEURE. LA VOLONTÉ CORRESPOND DONC AU POUVOIR DU LIBRE ARBITRE QUI NE RESTE PAS INDIFFÉRENT AUX DEUX CONTRAIRES (CE QUI EST «LE PLUS BAS DEGRÉ DE LA LIBERTÉ»), MAIS QUI CHOISIT CELUI DANS LEQUEL «LE BIEN ET LE VRAI S'Y RENCONTRENT». (*Méditation Quatrième*, p. 305)

DE L'EXISTENCE DES CHOSES MATÉRIELLES ET DE LA RÉELLE DISTINCTION QUI EST ENTRE L'ÂME ET LE CORPS DE L'HOMME[21]

Maintenant que Descartes peut faire confiance à sa raison – puisque Dieu ne le trompe pas –, il peut connaître par le seul pouvoir de sa raison la nature ou l'essence de la substance corporelle ou matérielle. La matière est essentiellement substance étendue à laquelle s'appliquent toutes les lois de la géométrie. Mais cela ne prouve pas encore qu'il existe effectivement de la matière hors de l'esprit en lequel se trouve l'idée de matière.

---

15. Une autre preuve dite «ontologique» sera présentée dans la *Méditation Cinquième*. Celle-ci reprend la célèbre démonstration de saint Anselme (1033-1109). L'idée de Parfait implique nécessairement qu'il existe car si on le niait, on se contredirait: l'Être parfait ne serait pas parfait.

16. *Méditation Troisième*, p. 294.

17. *Méditation Quatrième*, p. 301.

18. *Ibid.*, p. 302.

19. *Ibid.*, p. 304.

20. *Ibid.*, p. 306.

21. Titre qui coiffe la *Méditation Sixième*.

Dans la sixième et dernière méditation, Descartes se propose de démontrer l'existence des choses matérielles. À cette fin, il se demande dans quelle mesure les facultés de l'entendement, de l'imagination et des sens peuvent nous assurer de l'existence des choses matérielles. En premier lieu, il postule l'existence des choses matérielles comme possible étant donné qu'elles nous sont intelligibles par notre entendement qui en conçoit l'idée d'étendue. Deuxièmement, du fait que notre esprit en imaginant prend pour référentiel les choses appartenant au monde réel, Descartes conclut que l'idée que notre imagination nous en donne doit «probablement» venir des choses qui existent réellement. Mais nous ne pouvons en être certains. Il en va de même – et nous l'avons mentionné précédemment – des sens qui nous donnent des informations peu sûres, informations desquelles nous ne pouvons déduire avec assurance l'existence des choses corporelles. Donc, ni l'entendement, ni l'imagination, ni les sens ne nous procurent l'assurance certaine de l'existence de la matière. Pour l'obtenir, il faut établir la distinction entre «l'esprit ou l'âme[22] de l'homme» qui est «une chose seule et entière», donc INDIVISIBLE, et le corps (élément tout aussi indépendant et irréductible que l'âme l'est elle-même) qui se définit par la notion de l'étendue divisible «de laquelle suivent celles de la figure et du mouvement». Ainsi en va-t-il de tous les corps (les choses matérielles) dont l'essence est l'étendue géométrique. D'où viennent ces idées de l'étendue des corps, de leur figure et de leur mouvement? Elles proviennent d'une «faculté active» capable de former et de produire ces idées. «Or, poursuit Descartes, cette faculté ne peut être en moi en tant que je ne suis qu'une chose qui pense, vu qu'elle ne présuppose point ma pensée, et aussi que ces idées-là me sont souvent représentées sans que j'y contribue en aucune sorte, et même souvent contre mon gré[23].» Les idées que j'ai des choses sensibles proviennent donc d'une cause distincte de moi-même. Cette cause peut être la chose réelle et objective ou Dieu lui-même. Or, Dieu ne pouvant me tromper, ne m'envoie pas ces idées par lui-même sans qu'elles ne se réfèrent en quelque façon au monde réel. Et puisque j'ai une forte tendance naturelle à croire que les idées que j'ai des choses matérielles «partent des choses corporelles», Dieu serait trompeur s'Il me permettait de concevoir l'étendue, la figure, le mouvement, et s'Il me disposait à les juger réels sans qu'il n'y ait dans le monde aucune chose correspondant à ces idées. La véracité divine m'assure donc – une fois établie la différence entre l'esprit (substance dont l'essence est la pensée) et les corps (substance dont l'essence est l'étendue) – l'existence des choses matérielles.

> **D**ESCARTES RECONNAÎT BIEN SÛR QU'IL EXISTE DIFFÉRENTES FACULTÉS DANS L'ESPRIT HUMAIN, MAIS CES «FACULTÉS DE VOULOIR, DE SENTIR, DE CONCEVOIR, ETC. NE PEUVENT PAS PROPREMENT ÊTRE DITES SES PARTIES: CAR LE MÊME ESPRIT S'EMPLOIE TOUT ENTIER À VOULOIR, ET AUSSI TOUT ENTIER À SENTIR, À CONCEVOIR, ETC.».
> (*Méditation Sixième*, p. 331)

La distinction entre l'âme et le corps

Revenons à cette délicate question de la distinction entre l'âme et le corps de l'homme et demandons-nous quelle sorte d'union en résulte. D'un côté, l'expérience vécue témoigne de l'union substantielle de l'âme et du corps «et comme du mélange de l'esprit avec le corps». Reprenant une formule d'Aristote et de Thomas d'Aquin (1225-1274), Descartes dit «que je ne suis pas seulement logé dans mon corps ainsi qu'un pilote en son navire, mais outre cela que je lui suis conjoint très étroitement, et tellement confondu et mêlé

22. Descartes emploie indifféremment le mot âme ou le mot esprit. Dans les Réponses aux cinquième Objections, il stipule que le mot âme doit «être seulement entendu de ce principe par lequel nous pensons; aussi l'ai-je le plus souvent appelé du nom d'esprit… Car je ne considère pas l'esprit comme une partie de l'âme mais comme cette âme toute entière qui pense».

23. *Méditation Sixième*, p. 324-325.

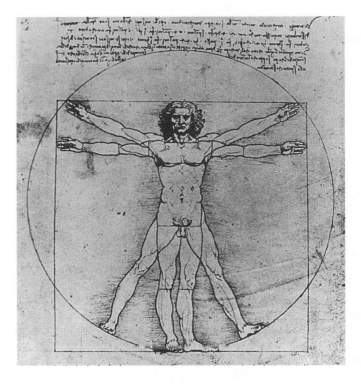

À L'INSTAR DE SON PRÉDÉCESSEUR, LÉONARD DE VINCI, DESCARTES CONSIDÈRE QUE LE CORPS HUMAIN CONSTITUE UNE MACHINE BIEN ORDONNÉE ET BIEN DISPOSÉE.

que je compose comme un seul tout avec lui[24]». Par contre, toute la métaphysique ainsi que la physique mécaniste de Descartes tendent à affirmer «la réelle distinction entre l'âme et le corps de l'homme». Quelle voie choisir ? À l'évidence, si l'on se réfère à l'ensemble de l'œuvre cartésienne, on ne peut parler d'union entre l'âme (substance pensante) et le corps (substance étendue). Descartes réduit l'âme à l'esprit et ne voit pas en elle un principe vital. L'âme seule pense, et le corps assume, seul, les fonctions vitales qui, à ses yeux, sont essentiellement mécaniques. L'esprit est donc indépendant du corps. Descartes établit une séparation radicale (dualisme) entre l'âme et le corps puisque, selon lui, leur nature et leurs fonctions diffèrent d'une manière inconciliable. L'esprit possède une nature purement spirituelle et, nous l'avons vu, sa fonction n'est que de penser. Le corps n'est pas nécessaire pour penser. Il faut même s'en méfier car, nous l'avons vu aussi, les sens peuvent nous fournir de fausses informations. Le corps est «cette machine composée d'os et de chair, telle qu'elle paraît en un cadavre[25]». À l'image d'un automate, l'homme en tant que corps obéit aux règles de la mécanique. En effet, Descartes perçoit le corps humain comme une espèce de machine ou de mécanique qu'on peut remonter pour la faire se mouvoir. Nous avons ici affaire à une explication essentiellement mécaniste du corps et de ses fonctions. Aux yeux de Descartes, le corps n'est qu'une machine entièrement explicable par les lois physiques du mouvement. De toute façon, tout ce que produit le corps, sensations, émotions, sentiments, images, peut être expliqué mécaniquement de la même manière que nous le ferions pour une bille qui roule sur un plan incliné. Gardons en mémoire que le corps, et ce qu'il produit, possède, selon Descartes, une

24. *Ibid.*, p. 326.
25. *Méditation Seconde*, p. 276.

parfaite autonomie[26] et constitue une machine «bien ordonnée» et «bien disposée» dont les organes continueraient de fonctionner à merveille même s'il n'y avait en lui aucun esprit tel que cela se passe chez les animaux[27]. En conséquence, il ne revient pas à l'âme d'animer ou de diriger le corps. Elle peut alors se consacrer entièrement à sa fonction première pour laquelle Dieu l'a créée: penser.

Les passions humaines

Par ailleurs, Descartes affirme que c'est par l'action du corps que «sont causées, entretenues et fortifiées[28]» les passions. Bien que se rapportant toutes au corps et ayant pour fin le corps seul, les passions prennent demeure en l'âme (l'esprit). Elles «incitent et disposent [l'âme des hommes] à vouloir les choses auxquelles elles préparent leur corps[29]». Descartes précise que les passions «ne sont données à l'âme qu'en tant qu'elle est jointe avec lui [le corps]; en sorte que leur usage naturel est d'initier l'âme à consentir et contribuer aux actions qui peuvent servir à conserver le corps ou à le rendre en quelque sorte plus parfait[30]». Conséquemment, les six passions «primitives», l'admiration, l'amour, la haine, le désir, la joie et la tristesse, ne sont pas mauvaises en soi. Au contraire, Descartes considère qu'«elles sont toutes bonnes de leur nature, et que nous n'avons rien à éviter que leurs mauvais usages ou leurs excès[31]». Car il revient à la raison de contrôler les mouvements du corps, y compris les mouvements affectifs. Cependant, pour ne pas succomber à leurs excès, c'est-à-dire les vivre de façon démesurée, et ainsi s'éloigner de la sagesse, il ne s'agit pas de les extirper de notre corps, mais seulement de «s'en rendre tellement maître et à les ménager avec tant d'adresse, que les maux qu'elles causent sont fort supportables, et même qu'on tire de la joie de tous[32]». Mais qu'est-ce que cela veut dire au juste? Tout simplement ceci: si nous voulons que notre âme s'appartienne en propre, c'est-à-dire qu'elle parvienne à se distinguer de la passion (par exemple, la haine) qu'elle éprouve et qui l'émeut, elle devra apprendre à se distancier de cette passion. Ainsi, pour ne pas se confondre avec la passion qui l'assaille, l'esprit doit (en se servant de sa capacité d'**intellection**) se centrer sur lui-même et ainsi se situer à l'extérieur de la passion, car la passion est un mouvement du corps et non de l'âme. Un peu comme au théâtre, où l'acteur réussit à se mettre à distance pour ne pas être totalement bouleversé par les émotions que vit le personnage qu'il incarne sur la scène.

Descartes définit l'homme comme essentiellement un être de pensée qui doit conduire son esprit avec méthode et rigueur s'il veut accéder à la vérité. Mais dans la vie de tous les jours, il faut agir souvent sans disposer d'un temps de réflexion approfondie. Il faut alors, selon Descartes, se munir d'une «morale par provision», c'est-à-dire se donner des préceptes de conduite clairs et déterminés et s'y soumettre résolument. L'esprit cherchera prioritairement à connaître la juste valeur des choses en utilisant «ses propres armes», c'est-à-dire en posant «des jugements fermes et déterminés touchant la connaissance du bien et du mal, suivant lesquels elle a résolu de conduire les actions de sa vie[33]». En affirmant «que mon essence consiste en cela seul, que je suis une chose qui pense ou

---

26. Par exemple, c'est le corps lui-même qui voit à se nourrir et à se mouvoir.
27. *Méditation Sixième*, p. 329.
28. *Les Passions de l'âme*, I, Art. 27, p. 707.
29. *Ibid.*, I, Art. 40, p. 715.
30. *Ibid.*, II, Art. 137, p. 759.
31. *Ibid.*, III, Art. 211, p. 794.
32. *Ibid.*, III, Art. 212, p. 795.
33. *Ibid.*, I, Art. 48, p. 720.

une substance dont toute l'essence ou la nature n'est que de penser[34]», Descartes privilégie la dimension rationnelle de l'être humain, mais on ne retrouve chez lui aucune condamnation morale du monde sensible ni du corps. Si Descartes valorise l'intelligible au détriment du sensible, c'est uniquement parce que le monde sensible peut nous tromper dans notre quête de certitudes. Ce n'est que l'entendement, c'est-à-dire cette faculté de pure intellection (et non les sens et l'imagination) qui peut nous permettre de concevoir les choses de façon explicite et séparée, et ainsi d'arriver à des connaissances sûres et certaines. Et la volonté libre de l'être humain ne devra viser que cet ultime but: atteindre l'indubitable!

DESCARTES AUJOURD'HUI

En démontrant l'existence sûre et certaine du Je pensant, Descartes instaure, à l'époque moderne, la raison comme fondement exclusif de la recherche de la vérité. Mais il fait plus encore: il affirme la primauté du Moi pensant, du sujet individuel comme dépositaire unique de la raison. Et la raison est pour lui connaissance pure du réel «clairement» et «distinctement» conçu, c'est-à-dire entièrement «présent à l'esprit» de celui ou de celle qui pense indépendamment de l'expérience sensible. Descartes accorde à l'être humain le pouvoir de rationaliser, c'est-à-dire la capacité de formuler une pensée vraie sur les principes distincts du réel. Toutefois, il ne pourra arriver à une certitude que dans la mesure où la pensée sera claire et évidente. Cela ne veut pas dire que nous pouvons y parvenir toujours. La clarté est posée par Descartes comme un idéal à atteindre au prix de multiples efforts, idéal jamais totalement conquis par l'esprit humain. Mais il n'en reste pas moins que c'est par ses propres moyens (entre autres un esprit bien conduit) que le sujet humain réussira à acquérir et à fonder des certitudes indubitables et pourra en affirmer l'évidence. Dès lors, le rationalisme cartésien propose à chaque être humain la responsabilité de penser par lui-même. Désormais, c'est le sujet humain, seul, qui doit poser en lui-même et par lui-même les bases et les critères d'établissement de toute certitude et de toute vérité.

Mais demandons-nous quelles résonances peut avoir encore aujourd'hui le rationalisme cartésien. Descartes est moderne et influence notre modernité actuelle en mettant de l'avant une méthode exacte et précise, en défendant le principe de causalité dans toute démonstration, en valorisant la déduction mathématique comme modèle du raisonnement rigoureux, en faisant appel d'une manière nécessaire aux preuves irréfutables avant de conclure, etc. Ne peut-on reconnaître en cet esprit cartésien les bases mêmes de l'esprit scientifique contemporain? S'en remettre exclusivement à ce que la raison comprend, retenir ce que la raison a appréhendé sans y joindre sa sensibilité propre, s'affranchir des idées reçues, se défier des préjugés et des lieux communs, développer l'esprit critique, n'est-ce pas là des attitudes de l'esprit que notre culture actuelle valorise et que l'éducation essaie encore aujourd'hui de cultiver?

Dans la première partie de son *Discours de la Méthode*, Descartes critique l'éducation qu'il a reçue au collège de La Flèche. L'enseignement consistait alors à transmettre l'héritage du passé. Certes, il est intéressant, dit Descartes, de «converser avec ceux des autres siècles», mais «lorsqu'on est trop curieux des choses qui se pratiquaient aux siècles passés, on demeure ordinairement fort ignorant de celles qui se pratiquent en celui-ci[35]». En outre, les trois dernières années d'études étaient consacrées au savoir officiel de l'époque: la philosophie scolastique. Descartes reproche à cette doctrine d'avoir des fondements peu solides, de sorte qu'elle ne peut conduire à des énoncés sûrs et certains.

---

34. *Méditation Troisième*, p. 323.

35. *Discours de la Méthode*, Première partie, p. 129.

C'est pourquoi, sitôt que l'âge me permit de sortir de la sujétion de mes précepteurs, je quittai entièrement l'étude des lettres. Et me résolvant de ne chercher plus d'autre science que celle qui se pourrait trouver en moi-même, ou bien dans le grand livre du monde. [...] Car il me semblait que je pourrais rencontrer beaucoup plus de vérité dans les raisonnements que chacun fait touchant les affaires qui lui importent, et dont l'événement le doit punir bientôt s'il a mal jugé, que dans ceux que fait un homme de lettre dans son cabinet, touchant des spéculations qui ne produisent aucun effet, et qui ne lui sont d'autre conséquence, sinon que peut-être il en tirera d'autant plus de vanité qu'elles seront plus éloignées du sens commun, à cause qu'il aura dû employer d'autant plus d'esprit et d'artifice à tâcher de les rendre vraisemblables. Et j'avais toujours un extrême désir d'apprendre à distinguer le vrai d'avec le faux, pour voir clair en mes actions, et marcher avec assurance en cette vie[36].

Cette critique que fait Descartes d'un enseignement exclusivement fondé sur des savoirs érudits appartenant à la tradition a été reprise aujourd'hui par les systèmes d'éducation. Il ne s'agit plus d'enseigner aux jeunes l'héritage du passé en lui-même et pour lui-même, mais de leur apprendre à penser par eux-mêmes, à raisonner, à discerner le vrai du faux en évaluant en fonction du critère de vérité la valeur des connaissances apprises.

DISCOURS
Expression de la pensée qui appréhende le réel en procédant d'une manière logique, méthodique et démonstrative.

Toute l'œuvre cartésienne nous dit qu'il faut penser clairement sinon il n'y a pas de pensée du tout. Cette recommandation ne convient-elle pas en notre temps où les spécialistes de tous genres signalent les difficultés qu'éprouvent les jeunes d'aujourd'hui à établir un **discours** rigoureux et cohérent sur le monde et sur eux-mêmes? Devant un tel constat, parents et enseignants exhortent les jeunes à se servir de leur raison. Ils leurs demandent d'être rationnels, c'est-à-dire d'accéder à la compréhension raisonnée du monde et d'eux-mêmes en formant des concepts et en produisant des raisonnements argumentés et fondés. Mais cet appel à la rationalisation présentée comme source nécessaire et incontournable de la connaissance se fait souvent en condamnant un autre monde perçu comme inférieur ou dégradé: celui des instincts, des émotions, des sentiments, de l'affectivité, bref le monde du cœur. Nous parlons ici de tout ce qui se présente d'abord comme étranger à la représentation rationnelle, qui s'exprime souvent par des «Je sens que...», «J'ai le sentiment que...» et que l'on appelle communément le «monde du vécu». En voyant toujours la nécessité – puisque nous sommes des êtres de raison – de soumettre ce monde du vécu à la lumière de ce que Descartes appelait le «bon sens», n'avons-nous pas tendance à désavouer sans réserve ni nuance ce monde du vécu? Ce faisant, ne valorisons-nous pas de façon parfois abusive la pensée froide et désincarnée?

LE CARTÉSIANISME DÉSIGNE LES PHILOSOPHIES QUI, SUCCÉDANT À CELLE DE DESCARTES, ONT PROLONGÉ LA PENSÉE CARTÉSIENNE. LES PHILOSOPHIES DE SPINOZA, DE MALLEBRANCHE, DE LEIBNIZ DÉVELOPPÈRENT UNE ATTITUDE ULTRARATIONALISTE QUI DEVINT SI RÉPANDUE CHEZ LES ÉLITES INTELLECTUELLES QU'ON NOMMERA LE SIÈCLE SUIVANT LE SIÈCLE DES LUMIÈRES (DE LA RAISON).

Au contraire, ne pourrions-nous pas – en nous inspirant des principes éducatifs de Jean-Jacques Rousseau – laisser aux jeunes la liberté de s'exprimer et de s'épanouir aussi au niveau de leurs sentiments? Car il faut reconnaître qu'en soumettant toutes les dimensions de la vie humaine aux impératifs de la raison, le CARTÉSIANISME contribua à étouffer la voix du cœur. Qui plus est, le cartésianisme affermit l'éternelle opposition entre l'univers de la raison et celui des sentiments. Il a fallu attendre le XVIIIe siècle et, entre autres, Jean-Jacques Rousseau pour que soit réhabilité «le sentiment de soi-même et de sa propre existence», et pour que nous puissions passer du sujet pensant de Descartes (sujet sans dimension temporelle ni sociale) au sujet perfectible et historique de Rousseau.

---

36. *Discours de la Méthode*, Première partie, p. 131.

Résumé schématique de l'exposé

Descartes et le Grand Siècle

1. L'avènement de la modernité:

   Opposition avec l'autorité du passé et la tradition (l'Antiquité gréco-romaine revue et corrigée par la théologie catholique médiévale); pouvoir de la raison de connaître le réel; croyance au progrès de l'esprit humain.

2. La révolution scientifique du XVIIe siècle:

   Découvertes importantes en astronomie; naissance de la physique mécaniste; valorisation cartésienne de la méthode mathématique comme fondement de la connaissance; instauration de la subjectivité sur le plan de la rationalité (le sujet pensant de Descartes).

Descartes et le doute méthodique

1. Afin que notre raison soit bien menée, nécessité de suivre la méthode cartésienne qui obéit à quatre règles:
   - l'évidence;
   - l'analyse;
   - la synthèse;
   - le dénombrement.

2. Pour atteindre la vérité, il faut mettre tout en doute: les données des sens, les démonstrations et les raisonnements, les fausses opinions.

Le *cogito* cartésien

1. Je doute, donc je pense, donc j'existe.

2. Mais qui suis-je? Une substance pensante, c'est-à-dire une pensée pure et rien d'autre qui possède des idées innées lui permettant d'appréhender les choses matérielles.

De l'idée de Dieu à l'existence de Dieu

1. Si j'ai en moi l'idée de perfection et d'infini alors que je suis moi-même un être imparfait et fini, une cause parfaite et infinie doit être à l'origine de cette idée, donc Dieu existe.

2. Dieu ne pouvant me tromper, l'erreur vient de l'usage que je fais de ma volonté (le libre arbitre) quand elle n'est pas guidée par la raison claire et distincte.

De l'existence des choses matérielles et de la réelle distinction qui est entre l'âme et le corps de l'homme

1. Ni l'entendement, ni l'imagination, ni les sens ne donnent l'assurance de l'existence des choses matérielles.

2. Les idées d'étendue, de figure et de mouvement des corps (des choses matérielles) proviennent d'une cause distincte de moi-même.

3. Cette cause ne peut être que les choses réelles et objectives, car Dieu ne pouvant me tromper, Il n'aurait pu me faire concevoir ces idées, ni me disposer à les juger réelles si les choses matérielles auxquelles correspondent ces idées n'existaient pas réellement.

4. Distinction entre l'âme et le corps de l'homme:
   - L'âme (substance pensante) est indépendante du corps (substance étendue): l'âme seule pense et le corps assume, seul, les fonctions vitales (dualisme radical).
   - Les passions prennent demeure en l'âme, mais sont produites par le corps: elles sont naturellement bonnes en autant que nous n'en faisons pas mauvais usage ni excès (distanciation par rapport à la passion que nous éprouvons).

Descartes aujourd'hui

1. Le rationalisme cartésien donne à chaque humain la responsabilité de penser par lui-même et de poser en lui-même et par lui-même les bases et les critères d'établissement de toute certitude.

2. L'esprit cartésien interpelle l'esprit scientifique contemporain en défendant le principe de causalité, en n'acceptant que des preuves irréfutables à l'intérieur d'une démonstration, en recommandant de s'en tenir uniquement à ce que la raison comprend afin de s'affranchir des préjugés et de développer l'esprit critique.

3. L'appel cartésien à la pensée claire et distincte alimente parents et enseignants dans la demande qu'ils font aux jeunes de se servir de leur raison.

4. Toutefois, en soumettant toutes les dimensions de la vie humaine aux impératifs de la raison, le cartésianisme contribue à étouffer la voix du cœur.

Lectures suggérées

La lecture de l'une des œuvres suivantes est suggérée dans son intégralité ou en extraits importants:

DESCARTES, René. *Discours de la méthode*, Paris, Éditions Fernand Nathan, coll. «Les intégrales de philo», n° 3, 1981, 110 p.

■

DESCARTES, René. *Méditations métaphysiques*, Paris, Éditions Fernand Nathan, coll. «Les intégrales de philo», n° 4, 1983, 126 p.

Activité
d'apprentissage

Analyse et critique
de texte

Objectifs spécifiques

L'étudiant ou l'étudiante devra être capable:

- de démontrer sa compréhension d'un texte de Descartes en transposant dans ses propres mots un contenu partiel de ce texte philosophique;

- d'évaluer le contenu, c'est-à-dire d'exprimer son accord ou son désaccord (et en donner les raisons) sur la conception de l'homme mise de l'avant par Descartes dans ce texte.

TEXTE DE DESCARTES

DISCOURS DE LA MÉTHODE
Preuves de l'existence de Dieu
et de l'âme humaine
ou fondements de la métaphysique

QUATRIÈME PARTIE

Je ne sais si je dois vous entretenir des premières méditations que j'y ai faites; car elles sont si métaphysiques et si peu communes, qu'elles ne seront peut-être pas au goût de tout le monde. Et toutefois, afin qu'on puisse juger si les fondements que j'ai pris sont assez fermes, je me trouve en quelque façon contraint d'en parler. J'avais dès longtemps remarqué que, pour les mœurs, il est besoin quelquefois de suivre des opinions qu'on sait fort incertaines, tout de même que si elles sont indubitables, ainsi qu'il a été dit ci-dessus[1]; mais, parce qu'alors je désirais vaquer seulement à la recherche de la vérité, je pensai qu'il fallait que je fisse tout le contraire, et que je rejetasse, comme absolument faux, tout ce en quoi je pourrais imaginer le moindre doute, afin de voir s'il ne resterait point, après cela, quelque chose en ma créance, qui fût entièrement indubitable. Ainsi, à cause que nos sens nous trompent quelquefois, je voulus supposer qu'il n'y avait aucune chose qui fût telle qu'ils nous la font imaginer. Et parce qu'il y a des hommes qui se méprennent en raisonnant, même touchant les plus simples matières de géométrie, et y font des paralogismes[2], jugeant que j'étais sujet à faillir, autant qu'aucun autre, je rejetai comme fausses toutes les raisons que j'avais prises auparavant pour démonstrations. Et enfin, considérant que toutes les mêmes pensées, que nous avons étant éveillés, nous peuvent aussi venir, quand nous dormons, sans qu'il y en ait aucune, pour lors, qui soit vraies, je me résolus de feindre que toutes les choses qui m'étaient jamais entrées en l'esprit n'étaient non plus vraies que les illusions de mes songes. Mais, aussitôt après, je pris garde que, pendant que je voulais ainsi penser que tout était faux, il fallait nécessairement que moi, qui le pensais, fusse quelque chose. Et remarquant que cette vérité: *je pense*, donc *je suis*, était si ferme et si assurée, que toutes les plus extravagantes suppositions des sceptiques n'étaient pas capables de l'ébranler, je jugeai que je pouvais la recevoir, sans scrupule, pour le premier principe de la philosophie que je cherchais.

---

1. Descartes fait référence à la deuxième maxime de la morale provisoire énoncée dans la 3ᵉ partie du *Discours de la Méthode* : «Ma seconde maxime était d'être le plus ferme et le plus résolu en mes actions que je pourrais, et de ne suivre pas moins constamment les opinions les plus douteuses, lorsque je m'y serais une fois déterminé, que si elles eussent été très assurées.» (p. 142)

2. Un paralogisme est un faux raisonnement fait de bonne foi.

Puis, examinant avec attention ce que j'étais, et voyant que je pouvais feindre que je n'avais aucun corps, et qu'il n'y avait aucun monde, ni aucun lieu où je fusse; mais je ne pouvais pas feindre, pour cela, que je n'étais point; et qu'au contraire, de cela même que je pensais à douter de la vérité des autres choses, il suivait très évidemment et très certainement que j'étais; au lieu que, si j'eusse seulement cessé de penser, encore que tout le reste de ce que j'avais jamais imaginé eût été vrai, je n'avais aucune raison de croire que j'eusse été: je connus de là que j'étais une substance dont toute l'essence ou la nature n'est que de penser, et qui, pour être, n'a besoin d'aucun lieu, ni ne dépend d'aucune chose matérielle. En sorte que ce moi, c'est-à-dire l'âme par laquelle je suis ce que je suis, est entièrement distincte du corps, et même qu'elle est plus aisée à connaître que lui, et qu'encore qu'il ne fût point, elle ne laisserait pas d'être tout ce qu'elle est.

Après cela, je considérai en général ce qui est requis à une proposition pour être vraie et certaine; car, puisque je venais d'en trouver une que je savais être telle, je pensai que je devais aussi savoir en quoi consiste cette certitude. Et ayant remarqué qu'il n'y a rien du tout en ceci: *je pense, donc je suis*, qui m'assure que je dis la vérité, sinon que je vois très clairement que, pour penser, il faut être: je jugeai que je pouvais prendre pour règle générale, que les choses que nous concevons fort clairement et fort distinctement sont toutes vraies; mais qu'il y a seulement quelque difficulté à bien remarquer quelles sont celles que nous concevons distinctement.

En suite de quoi, faisant réflexion sur ce que je doutais, et que, par conséquent, mon être n'était pas tout parfait, car je voyais clairement que c'était une plus grande perfection de connaître que de douter, je m'avisai de chercher d'où j'avais appris à penser à quelque chose de plus parfait que je n'étais; et je connus évidemment que ce devait être de quelque nature qui fût en effet plus parfaite. Pour ce qui est des pensées que j'avais de plusieurs autres choses hors de moi, comme du ciel, de la Terre, de la lumière, de la chaleur et de mille autres, je n'étais point tant en peine de savoir d'où elles venaient, à cause que, ne remarquant rien en elles qui me semblât les rendre supérieures à moi, je pouvais croire que, si elles étaient vraies, c'étaient des dépendances de ma nature, en tant qu'elle avait quelque perfection; et si elles ne l'étaient pas, que je les tenais du néant, c'est-à-dire qu'elles étaient en moi pour ce que j'avais du défaut. Mais ce ne pouvait être le même de l'idée d'un être plus parfait que le mien; car, de la tenir du néant, c'était chose manifestement impossible; et pour ce qu'il n'y a pas moins de répugnance[3] que le plus parfait soit une suite et une dépendance du moins parfait, qu'il y en a que de rien procède quelque chose, je ne la pouvais tenir non plus de moi-même. De façon qu'il restait qu'elle eût été mise en moi par une nature qui fût véritablement plus parfaite que je n'étais, et même qui eût en soi toutes les perfections dont je pouvais avoir quelque idée, c'est-à-dire, pour m'expliquer en un mot, qui fût Dieu[4]. À quoi j'ajoutais que, puisque je connaissais quelques perfections que je n'avais point, je n'étais pas le seul être qui existât (j'userai, s'il vous plaît, ici librement des mots de l'École[5]); mais qu'il fallait de nécessité qu'il y en eût quelque autre plus parfait,

---

3. «Répugnance» veut ici dire «contradictoire».

4. Descartes présente ici sa première preuve de l'existence de Dieu. Voir l'exposé que nous en avons fait à la page 15.

5. Descartes nous prévient qu'il se servira d'expressions de l'École scolastique qui ne sont plus d'usage courant au XVIIᵉ siècle: «participer de» qui signifie «tenir quelque chose de quelqu'un»; et «avoir de soi-même» qui veut dire «se donner soi-même».

duquel je dépendisse, et duquel j'eusse acquis tout ce que j'avais. Car si j'eusse été seul et indépendant de toute autre, en sorte que j'eusse eu de moi-même tout ce peu que je participais de l'Être parfait, j'eusse pu avoir de moi, par même raison, tout le surplus que je connaissais me manquer, et ainsi être moi-même infini, éternel, immuable, tout connaissant, tout puissant, et enfin avoir toutes les perfections que je pouvais remarquer être en Dieu. Car suivant les raisonnements que je viens de faire, pour connaître la nature de Dieu autant que la mienne en est capable, je n'avais qu'à considérer, de toutes les choses dont je trouvais en moi quelque idée, si c'était perfection ou non de les posséder, et j'étais assuré qu'aucune de celles qui marquaient quelque imperfection n'étaient en lui, mais que toutes les autres y étaient. Comme je voyais que le doute, l'inconstance, la tristesse et choses semblables n'y pouvaient être, vu que j'eusse été moi-même bien aise d'en être exempt. Puis, outre cela, j'avais des idées de plusieurs choses sensibles et corporelles; car, quoique je supposasse que je rêvais et que tout ce que je voyais ou imaginais était faux, je ne pouvais nier toutefois que les idées n'en fussent véritablement en ma pensée; mais, pour ce que j'avais déjà connu en moi très clairement que la nature intelligente est distincte de la corporelle, considérant que toute composition témoigne de la dépendance, et que la dépendance est manifestement un défaut, je jugeais de là que ce ne pouvait être une perfection en Dieu d'être composé de ces deux natures, et que, par conséquent, il ne l'était pas; mais que s'il y avait quelques corps dans le monde, ou bien quelques intelligences ou autres natures qui ne fussent point toutes parfaites, leur être devait dépendre de sa puissance, en telle sorte qu'elles ne pouvaient subsister sans lui un seul moment.

Je voulus chercher, après cela, d'autres vérités, et m'étant proposé l'objet des géomètres, que je concevais comme un corps continu, ou un espace indéfiniment étendu en longueur, largeur, et hauteur ou profondeur, divisible en diverses parties qui pouvaient avoir diverses figures et grandeurs, et être mues ou transposées en toutes sortes, car les géomètres supposent tout cela en leur objet, je parcourus quelques-unes de leurs plus simples démonstrations. Et, ayant pris garde que cette grande certitude que tout le monde leur attribue n'est fondée que sur ce qu'on les conçoit évidemment, suivant la règle que j'ai tantôt dite, je pris garde aussi qu'il n'y avait rien du tout en elles qui m'assurât de l'existence de leur objet. Car, par exemple, je voyais bien que, supposant un triangle, il fallait que ses trois angles fussent égaux à deux droits; mais je ne voyais rien pour cela qui m'assurât qu'il y eût au monde aucun triangle. Au lieu que, revenant à examiner l'idée que j'avais d'un Être parfait, je trouvais que l'existence y était comprise en même façon qu'il est compris en celle d'un triangle que ses trois angles sont égaux à deux droits, ou en celle d'une sphère que toutes ses parties sont également distantes de son centre, ou même encore plus évidemment; et que, par conséquent il est pour le moins aussi certain que Dieu, qui est cet Être parfait, est ou existe, qu'aucune démonstration de géométrie le saurait être[6].

Mais ce qui fait qu'il y en a plusieurs qui se persuadent qu'il y a de la difficulté à le connaître, et même aussi à connaître ce que c'est que leur âme, c'est qu'ils n'élèvent jamais leur esprit au-delà des choses sensibles, et qu'ils sont tellement accoutumés à ne rien considérer qu'en l'imaginant, qui est une façon de penser particulière pour les choses matérielles, que tout ce qui n'est pas imaginable leur semble n'être pas intelligible. Ce

---

6. Ce passage expose la preuve dite «ontologique» de l'existence de Dieu. Voir la note 15 à la page 15.

qui est assez manifeste de ce que même les philosophes tiennent pour maxime, dans les écoles, qu'il n'y a rien dans l'entendement qui n'ait premièrement été dans le sens, où toutefois il est certain que les idées de Dieu et de l'âme n'ont jamais été. Et il me semble que ceux qui veulent user de leur imagination pour les comprendre font tout de même que si, pour ouïr les sons ou sentir les odeurs, ils se voulaient servir de leurs yeux; sinon qu'il y a encore cette différence, que le sens de la vue ne nous assure pas moins de la vérité de ses objets que font ceux de l'odorat ou de l'ouïe; au lieu que ni notre imagination, ni nos sens ne nous sauraient jamais assurer d'aucune chose, si notre entendement n'y intervient.

Enfin, s'il y a encore des hommes qui ne soient pas assez persuadés de l'existence de Dieu et de leur âme par les raisons que j'ai apportées, je veux bien qu'ils sachent que toutes les autres choses, dont ils se pensent peut-être plus assurés, comme d'avoir un corps, et qu'il y a des astres et une Terre, et choses semblables, sont moins certaines. Car, encore qu'on ait une assurance morale de ces choses, qui est telle qu'il semble qu'à moins que d'être extravagant on n'en peut douter, toutefois aussi, à moins que d'être déraisonnable, lorsqu'il est question d'une certitude métaphysique, on ne peut nier que ce ne soit assez de sujet, pour n'en être pas entièrement assuré, que d'avoir pris garde qu'on peut en même façon s'imaginer, étant endormi, qu'on a un autre corps, et qu'on voit d'autres astres et une autre Terre, sans qu'il en soit rien. Car d'où sait-on que les pensées qui viennent en songe sont plutôt fausses que les autres, vu que souvent elles ne sont pas moins vives et expresses? Et que les meilleurs esprits y étudient tant qu'il leur plaira, je ne crois pas qu'ils puissent donner aucune raison qui soit suffisante pour ôter ce doute, s'ils ne présupposent l'existence de Dieu. Car, premièrement, cela même que j'ai tantôt pris pour une règle, à savoir, que les choses que nous concevons très clairement et très distinctement sont toutes vraies, n'est assuré qu'à cause que Dieu est ou existe, et qu'il est un être parfait, et que tout ce qui est en nous vient de lui. D'où il suit que nos idées ou notions, étant des choses réelles, et qui viennent de Dieu en tout ce en quoi elles sont claires et distinctes, ne peuvent en cela être que vraies. En sorte que, si nous en avons assez souvent qui contiennent de la fausseté, ce ne peut être que de celles qui ont quelque chose de confus et obscur, à cause qu'en cela elles participent du néant, c'est-à-dire qu'elles ne sont en nous ainsi confuses qu'à cause que nous ne sommes pas tout parfaits. Et il est évident qu'il n'y a pas moins de répugnance que la fausseté ou l'imperfection procède de Dieu en tant que telle, qu'il y en a que la vérité ou la perfection procède du néant. Mais si nous ne savions point que tout ce qui est en nous de réel et de vrai vient d'un être parfait et infini, pour claires et distinctes que fussent nos idées, nous n'aurions aucune raison qui nous assurât qu'elles eussent la perfection d'être vraies.

Or, après que la connaissance de Dieu et de l'âme nous a ainsi rendus certains de cette règle, il est bien aisé à connaître que les rêveries que nous imaginons étant endormis ne doivent aucunement nous faire douter de la vérité des pensées que nous avons étant éveillés. Car, s'il arrivait même en dormant qu'on eût quelque idée fort distincte, comme, par exemple, qu'un géomètre inventât quelque nouvelle démonstration, son sommeil ne l'empêcherait pas d'être vraie. Et pour l'erreur la plus ordinaire de nos songes, qui consiste en ce qu'ils nous représentent divers objets en même façon que font nos sens extérieurs, n'importe pas qu'elle nous donne occasion de nous défier de la vérité de telles idées, à cause qu'elles peuvent aussi nous tromper assez souvent sans que nous dormions; comme lorsque ceux qui ont la jaunisse voient tout de couleur jaune, ou que les astres ou autres corps fort éloignés nous paraissent beaucoup plus petits qu'ils ne sont. Car enfin, soit que nous veillions, soit que nous dormions, nous ne nous devons jamais laisser persuader qu'à l'évidence de notre raison. Et il est à remarquer que je dis de notre raison, et non point de notre imagination ni de nos sens. Comme, encore que nous voyions le soleil très clairement, nous ne devons pas juger pour cela qu'il ne soit que de la grandeur que nous le voyons; et nous pouvons bien imaginer distinctement une tête de lion entée sur le corps d'une chèvre, sans qu'il faille conclure pour cela qu'il y ait au monde une Chimère; car la raison ne nous dicte point que ce que nous voyons ou imaginons ainsi soit véritable, mais elle nous dicte bien que toutes nos idées ou notions doivent avoir quelque fondement de vérité; car il ne serait pas possible que Dieu, qui est tout parfait et tout véritable, les eût mises en nous sans cela. Et, pour ce que nos raisonnements ne sont jamais si évidents ni si entiers pendant le sommeil que pendant la veille, bien que quelquefois nos imaginations soient alors autant ou plus vives et expresses, elle nous dicte aussi que nos pensées ne pouvant être toutes vraies, à cause que nous ne sommes pas tout parfaits, ce qu'elles ont de vérité doit infailliblement se rencontrer en celles que nous avons étant éveillés, plutôt qu'en nos songes.

DESCARTES, René. *Discours de la Méthode, in Œuvres et Lettres,* Paris, Éditions Gallimard, NRF, Bibliothèque de la Pléiade, 1953, p. 147-153.

Questions d'analyse et de critique

1. Dans ce texte, Descartes dit désirer «vaquer seulement à la recherche de la vérité». Dites, dans vos propres mots, ce qu'il entreprend pour y parvenir.

2. Explicitez, dans vos propres mots, «le premier principe de la philosophie» auquel Descartes arrive dans ce texte.

3. *a)* Quelle définition de lui-même en tant qu'être humain donne-t-il?

   Présentez cette définition telle qu'elle est formulée dans le texte.

   b) Êtes-vous en accord ou en désaccord avec cette définition de l'homme? Vous devez fonder vos jugements, c'est-à-dire apporter au moins trois arguments pour appuyer vos affirmations.

   (Minimum suggéré: une page.)

4. Formulez, dans vos propres mots, la règle générale prise par Descartes afin de s'assurer de la véracité d'une proposition.

5. Plus loin dans le texte, Descartes revient avec cette «règle», et il s'assure de sa validité en faisant appel à l'existence de Dieu.

   Reprenez, dans vos propres mots, l'argumentation cartésienne au sujet du problème de l'adéquation entre nos idées et les choses qu'elles représentent.

CHAPITRE DEUXIÈME

L'homme

comme être perfectible

Rousseau ou le rapport entre la nature et la culture

C'EST UN ASSEZ BEAU ROMAN
QUE CELUI DE LA NATURE
HUMAINE...

Jean-Jacques Rousseau, *Émile,*
in *Œuvres complètes,* p. 777.

ROUSSEAU ET LES *LUMIÈRES*

INVECTIVE

Discours agressif ou paroles violentes proférées contre quelqu'un ou quelque chose.

Jean-Jacques Rousseau naît à Genève, en Suisse, le 26 juin 1712. Sa mère meurt quelques jours après lui avoir donné la vie. Le père, peu responsable, laisse le jeune Jean-Jacques à une tante, Suzanne Rousseau. Quelques années plus tard, il est confié au pasteur Lambercier chez qui il demeure deux années. De l'adolescence à l'âge adulte, laissé à lui-même, Jean-Jacques vagabonde et exerce divers métiers. Il fut, entre autres, apprenti greffier, apprenti graveur, domestique, professeur de musique, employé au cadastre, précepteur… Autodidacte, il apprend la musique, le latin, la philosophie, les sciences, etc. À vrai dire, il apprend surtout la vie. En 1742, Rousseau a trente ans. Il se trouve alors à Paris, et c'est là que commence sa vie mondaine. Il présente à l'Académie des sciences un nouveau système de notation musicale qui ne connaît guère de succès. Il compose un opéra-comique, *Le devin du village*, qui lui ouvre la porte de bien des salons. Mais ce n'est qu'en octobre 1752 que son œuvre, jouée à l'opéra, remporte un vif succès devant le roi Louis XV. En 1743, il part pour Venise comme secrétaire de l'Ambassade de France. Il n'occupe ce poste qu'une

DANS LE *DISCOURS SUR LES LETTRES ET LES ARTS*, ROUSSEAU DÉMONTRE QUE LE PROGRÈS DES SCIENCES ET DES ARTS A DÉVELOPPÉ ET PERFECTIONNÉ L'EXTÉRIEUR, LA SURFACE DE L'ÊTRE HUMAIN, MAIS QU'AU FOND, CE PROGRÈS, AYANT CORROMPU LA NATURE INTIME DE LA PERSONNE, N'A PAS CONTRIBUÉ À ÉPURER LES MŒURS HUMAINES.

seule année, car il se brouille avec l'ambassadeur. Il revient à Paris et fait la connaissance de Thérèse Levasseur, lingère, qui lui donnera cinq enfants qu'il mettra tous à l'hospice des Enfants-Trouvés «par crainte, se défend-il, d'une destinée pour eux mille fois pire et presque inévitable par toute autre voie[1]». Il faut attendre 1750 pour que le génie littéraire et philosophique de Rousseau se manifeste. L'Académie de Dijon avait mis au concours cette question: «Le rétablissement des sciences et des arts, a-t-il contribué à épurer les mœurs?» Rousseau y participe, et son *DISCOURS SUR LES LETTRES ET LES ARTS* emporte le premier prix, le 9 juillet 1750. En 1755, il présente pour un nouveau concours de l'Académie de Dijon le *Discours sur l'origine et les fondements de l'inégalité parmi les hommes*. Bien que non couronné, il obtient un succès retentissant grâce à la nouveauté et à la vigueur des théories soutenues, et à la puissance et l'éclat de ses **invectives** contre les excès de la civilisation.

EMPIRISME

Doctrine philosophique selon laquelle toutes les connaissances proviennent de l'expérience. Conséquemment, tout savoir doit être fondé sur l'expérience et l'observation.

SENSUALISME

Nom donné – pour la discréditer – à la doctrine empiriste de Condillac (1715-1780) selon laquelle toute connaissance provient des sensations.

En ce beau milieu du XVIIIe siècle, dit le Siècle des lumières, la raison humaine et ses réalisations sont saluées par l'Europe occidentale tout entière comme «la suprême faculté de l'homme». La raison est alors installée comme l'instance supérieure permettant le jugement et la critique. En s'inspirant de la méthode expérimentale exposée par Francis Bacon (1561-1626) dans son *Novum Organum*[2] et de la physique renouvelée par Newton, les philosophes anglais sont les premiers à ouvrir la voie à une nouvelle façon de concevoir l'humain et son monde. En effet, des philosophies comme celles de John Locke (1632-1704) et de David Hume (1711-1776) trouvent leurs assises dans l'expérience et dans les faits qui, seuls, peuvent permettre la connaissance de la nature et de l'homme. Locke innove avec un **empirisme** qui s'oppose au rationalisme cartésien. Sa principale préoccupation est celle qui regarde «la conduite de notre vie» qu'il étudie sous les angles de l'anthropologie philosophique, de la morale et de la philosophie politique. Hume critique, lui aussi, la philosophie de Descartes en s'opposant particulièrement à l'innéisme cartésien. Croyant, à l'instar de Locke, que l'expérience seule fonde le savoir, Hume observe l'être

1. Jean-Jacques Rousseau, *Les rêveries du promeneur solitaire, Neuvième Promenade*, Éditions Gallimard et Librairie Générale Française, coll. «Le livre de poche classique», 1965, p. 150.

2. À propos du *Novum Organum* de Bacon, Voltaire (1694-1778) écrit dans ses *Lettres philosophiques*: «C'est l'échafaud avec lequel on a bâti la nouvelle philosophie […] Le chancelier Bacon […] est le père de la philosophie expérimentale.» (*Douzième Lettre*, Paris, Éditions Lanson, t. I, p. 154 s.)

humain dans la vie concrète afin de cueillir les impressions et les sensations issues de la réalité qui forment le contenu de son entendement. Cette philosophie à la fois empiriste et **sensualiste** influencera celle de Rousseau. En France, les lumières de la raison se posent sur l'ensemble des connaissances humaines lorsque Diderot (1713-1784) et d'Alembert (1717-1783) aidés de collaborateurs, dont Rousseau, publient l'*ENCYCLOPÉDIE OU DICTION-NAIRE RAISONNÉ DES SCIENCES, DES ARTS ET DES MÉTIERS*. Ce dictionnaire universel veut répertorier et analyser toutes les connaissances de l'époque; prévoir les progrès que connaîtra l'esprit humain; critiquer les institutions établies; diffuser les idéaux des lumières. Sous l'égide de Diderot et de d'Alembert se constitue alors ce qu'on a appelé le «clan des philosophes». Étienne Bonnet de Condillac (1714-1780), Julien Effroy de La Mettrie (1709-1751), Paul Henri d'Holbach (1725-1789), pour ne nommer que ceux là, adoptent respectivement des philosophies sensualiste, **matérialiste** et **naturaliste** qui ne visent qu'à mieux connaître et comprendre la nature humaine.

Se sentant incompris, faussement accusé ou raillé par ces «philosophes», Rousseau rompt avec eux en 1758. Il est alors invité à Montmorency par le Maréchal de Luxembourg, chez qui il occupe une dépendance du château. C'est là que Rousseau connaît une période d'écriture très féconde où il rédige d'abord *Julie ou la Nouvelle Héloïse*. Ce roman d'amour, publié en décembre 1760, avive le sentiment de la nature, pose des questions fondamentales sur le plan moral et social, bouleverse le public par une sensibilité et une sincérité dues à sa facture autobiographique. Le Contrat social est écrit pendant cette même période et est édité au mois de mai 1762. L'*Émile ou De l'Éducation*, publié au mois de juin de la même année, provoque un véritable scandale, non seulement à cause de la révolution de l'éducation proposée, mais surtout à cause de la *Profession de foi du vicaire savoyard* (liv. IV) qui défend le **déisme**. La police confisque l'*Émile*; l'ouvrage est dénoncé à la Sorbonne; l'Archevêque de Paris et le Parlement le condamnent. Rousseau, «décrété de prise de corps», est obligé de s'enfuir en Suisse. Les pasteurs genevois et le Sénat de Berne ne manifestent pas plus de tolérance à l'endroit de l'œuvre de Rousseau. L'*Émile* et le *Contrat social* sont brûlés à Genève, et Rousseau doit s'enfuir à nouveau. Chassé de toutes parts, il entreprend un périple forcé qui le mènera jusqu'à Londres (1766-1767) auprès du philosophe anglais Hume. L'accusant de comploter contre lui, Rousseau se brouille avec ce dernier. De retour à Paris, il rédige et publie à partir de 1770 trois grands ouvrages autobiographiques: *Les Confessions*, les *Dialogues de Rousseau juge de Jean-Jacques*, et *Les Rêveries du promeneur solitaire*. Pour vivre, il copie de la musique; pour

L'*ENCYCLOPÉDIE*, DONT LES VINGT-HUIT VOLUMES GRAND FORMAT FURENT PUBLIÉS ENTRE 1751 ET 1772, CONSTITUE, TOUTES PROPORTIONS GARDÉES, L'UN DES PLUS AMBITIEUX PROJETS DE DIFFUSION DES CONNAISSANCES D'UNE ÉPOQUE.

fuir l'hostilité générale dont il se croit l'objet, il herborise[3] dans la campagne qui entoure Paris. Jean-Jacques Rousseau meurt le 2 juillet 1778. Il est inhumé dans l'île des Peupliers. Après sa mort, Rousseau entre dans la mythologie: on lui voue un culte exceptionnel. En juillet 1790, son buste est promené triomphalement dans Paris. À sa mémoire,

---

3. «Herboriser» signifie recueillir des plantes là où elles poussent naturellement afin de les faire sécher et de les collectionner entre des feuillets pour fins d'études.

PANTHÉON (LE)

Temple-monument de Paris, situé sur la montagne Sainte-Geneviève, au centre du Quartier latin. Depuis les funérailles de Victor Hugo (1885), le Panthéon est voué au souvenir des grands hommes de la nation française.

une statue y est érigée. Ses cendres sont transférées au **Panthéon** en 1794. La rue Plâtrière, où il s'était installé à partir de juin 1770, devient, en juin 1801, la rue de Jean-Jacques Rousseau.

Les *lumières*, nous l'avons mentionné, firent de la raison et de la science[4] les fondements de la civilisation européenne du XVIIIe siècle, le «siècle le plus éclairé qui fut jamais» (Voltaire). Nous assistons alors au règne de la raison dans les sciences, les techniques et les arts, facteurs de progrès et d'évolution de l'humanité. On croit fermement qu'il suffit de développper toutes les facultés de l'esprit humain pour que celui-ci atteigne une perfection jamais égalée et que ce faisant, il connaisse le bonheur.

Rousseau n'entérinait pas entièrement cette croyance. N'avait-il pas dès son premier *Discours* lancé un foudroyant réquisitoire contre les arts et les sciences? Rousseau ne découvre ni ne développe ses concepts d'une manière empirique. Prenons comme exemple le portrait de l'humanité «primitive» qu'il présente dans le *Discours sur l'inégalité*. Il confesse que lors d'une randonnée dans la forêt, autour de Saint-Germain, il a été foudroyé par une illumination soudaine:

> Tout le reste du jour, enfoncé dans la forêt, j'y cherchais, j'y trouvais l'image des premiers temps dont je traçais fièrement l'histoire; je faisais main basse sur les petits mensonges des hommes, j'osais dévoiler à nu leur nature, suivre le progrès du temps et des choses qui l'ont défigurée, et comparant l'<u>homme de l'homme</u> avec l'<u>homme naturel</u>[5], leur montrer dans son perfectionnement prétendu la véritable source de ses misères[6].

Le *Discours sur l'inégalité*, qui actualisera cette intuition première, ne présentera pas une description historique de l'évolution de l'humanité ni ne constituera un ouvrage scientifique. Nous aurons affaire bien davantage à une interprétation de l'histoire humaine. Rousseau y développe une critique sociale et éthique de la civilisation qui cache souvent le vrai visage de l'être humain.

L'ÉTAT DE NATURE ET L'ÉTAT DE SOCIÉTÉ

L'être naturel que recherche Rousseau n'est pas celui qui aurait objectivement existé au début de l'humanité, mais l'homme réel tel qu'il devrait être au-delà de tous les masques qui le dissimulent. À l'encontre des philosophes du XVIIIe siècle qui commandaient de partir des faits et de leur connaissance empirique, Rousseau pose un «état de nature» hypothétique duquel il déduit des «conjectures tirées de la seule nature de l'homme et des êtres qui l'environnent sur ce qu'aurait pu devenir le genre humain, s'il fut resté abandonné à lui-même[7]». C'est donc à partir d'une idée et non d'une donnée empirique vérifiée qu'il trace le portrait de l'évolution de l'espèce humaine. Lui-même l'avoue dans la préface de son *Discours sur l'inégalité*, en déclarant que «ce n'est pas une légère entreprise de démêler ce qu'il y a d'originaire et d'artificiel dans la nature actuelle de l'homme, et de bien connaître un état qui n'existe plus, qui n'a peut-être point existé, qui probablement

4. La philosophie des *lumières*, dans son ensemble, pourrait donc être qualifiée de rationalisme empirique.

5. Nous aborderons ces deux concepts dans la prochaine partie de ce chapitre.

6. *Confessions*, liv. VIII, t. I, p. 269. À moins d'indication contraire, toutes les citations reproduites dans ce texte proviennent des *Œuvres complètes* de Jean-Jacques Rousseau publiées à Paris de 1959 à 1969 par la Bibliothèque de la Pléiade, NRF, aux Éditions Gallimard.

7. *Discours sur l'inégalité*, t. III, p. 132.

n'existera jamais, et dont il est pourtant nécessaire d'avoir des notions justes pour bien juger de notre état présent[8]». Voyons de plus près cet état originaire de l'*homme naturel*, qui s'oppose à l'état artificiel de l'homme tel que devenu (l'*homme de l'homme*), c'est-à-dire de l'homme que la civilisation a modelé et transformé au cours des siècles.

Rousseau appelle «état de nature» les «routes oubliées et perdues» de l'humanité avant qu'elle ne soit soumise aux **avatars** de la société organisée et structurée en fonction d'une culture. L'état de nature correspond somme toute à la nature originelle de l'homme avant que la civilisation en ait défiguré l'être profond. Il s'agit donc de la nature humaine perdue, enfouie sous l'artifice et le paraître de la civilisation; une nature humaine non encore altérée par les croyances, les préjugés, les lieux communs, les coutumes, les normes sociales et politiques, bref, une nature humaine appréhendée dans toute sa pureté. Dans l'état de nature, l'existence de l'homme originaire correspond à «la vie d'un animal borné aux pures sensations»; il développe d'abord ses «fonctions purement animales: apercevoir et sentir[9]». Conséquemment, il ne possède pas encore une raison développée et effective ni n'utilise un langage élaboré.

AVATAR
Synonyme de mésaventure ou de malheur.

La perfectibilité humaine

L'homme originaire diffère toutefois de l'animal, puisque face aux commandes de la nature, l'homme est un «agent libre [qui] se reconnaît libre d'acquiescer ou de résister [et qui a la] puissance de vouloir, ou plutôt de choisir[10]». À l'opposé de Descartes, Rousseau n'accorde pas à la raison ou plus précisément à la pensée la caractéristique de différencier l'homme de l'animal. C'est la liberté qui, selon Rousseau, définit essentiellement l'homme: être humain, c'est être libre. Rousseau ne croit pas, comme Descartes, à une nature humaine universelle et éternelle (fondée sur une raison transcendante), qui constituerait l'essence de l'homme. À ses yeux, il n'y a pas d'essence permanente de l'homme. Ce que nous attribuons à la prétendue nature humaine correspond en fait à un devenir, est le résultat d'une histoire. Rousseau fait de l'individu le sujet de l'Histoire: les hommes tels qu'ils sont devenus le doivent à l'Histoire. L'être humain n'est donc pas un être de nature, car il devient un être de culture; c'est la société qui lui inculque des attributs qu'il ne possédait pas naturellement. Bref, Rousseau pense que l'individu est le fruit de son apprentissage. Les comportements de l'animal dépendent entièrement de son instinct: l'animal ne fait que reproduire ce qui est déjà établi par sa programmation instinctuelle. Au contraire, l'homme a la faculté de se perfectionner; il fait preuve de perfectibilité. Ce caractère, qui concerne l'humanité toute entière et qui caractérise fondamentalement tout individu, désigne «la faculté qui, à l'aide de circonstances, développe successivement toutes les autres, et réside

DISCOURS

SUR L'ORIGINE ET LES FONDEMENS DE L'INÉGALITÉ PARMI LES HOMMES.

Par JEAN JAQUES ROUSSEAU CITOYEN DE GENÈVE.

Non in depravatis, sed in his quæ bene secundum naturam se habent, considerandum est quid sit naturale. ARISTOT. Politic. L. 2.

A AMSTERDAM, Chez MARC MICHEL REY. MDCCLV.

FRONTISPICE DE L'ÉDITION ORIGINALE DU *Discours* (1755).

8. *Discours sur l'inégalité*, t. III, p. 123.

9. *Ibid.*, t. III, p. 164.

10. *Ibid.*, t. III, p. 141-143.

parmi nous tant dans l'espèce que dans l'individu[11]». Cette faculté présente dans l'homme naturel – et non dans l'animal, car vivant sous le joug de l'instinct, sa nature reste immuable – le rend transformable, c'est-à-dire capable, dans des circonstances particulières, d'acquérir des caractères dont il était dépourvu au départ. Ce qu'il adviendra de l'être humain dépend donc des situations dans lesquelles il est mis; en d'autres mots, ce que devient l'homme est fonction de son apprentissage, de sa propre histoire. L'animal déterminé par sa nature instinctuelle n'a pas d'histoire. Seul l'être humain s'inscrit dans une histoire où il développe, selon les conjonctures, les situations, les événements extérieurs, des propriétés (savoirs, connaissances, techniques, attitudes, etc.) créées par l'homme. Bref, la société se charge de dénaturer les **virtualités** indéterminées de l'homme naturel, c'est-à-dire de lui inculquer des traits de civilisation (langage, croyances, idéologies politiques, etc.). De sorte que la perfectibilité, cette faculté d'acquérir des éléments que la nature ne donne pas au départ, fait de l'être humain un produit de la culture et de l'histoire.

L'égalité

L'homme naturel possède une autre caractéristique fondamentale: l'égalité. Il est égal à son semblable dans la mesure où aucune inégalité de fait ne vient troubler de façon sensible son existence:

> Il y a dans l'état de Nature une égalité de fait réelle et indestructible, parce qu'il est impossible dans cet état que la seule différence d'homme à homme soit assez grande pour rendre l'un dépendant de l'autre. Il y a dans l'état civil une égalité de droit chimérique et vaine, parce que les moyens destinés à la maintenir servent eux-mêmes à la détruire; et que la force publique ajoutée au plus fort pour opprimer le faible, rompt l'espèce d'équilibre que la Nature avait mis entre eux[12].

Rousseau ne suggère pas ici que l'un est identique à l'autre dans l'état de nature, mais qu'il ne peut être question chez les hommes naturels de différences notoires qui s'institutionnalisent en instrument de domination et de servitude des uns par rapport aux autres. L'homme originaire est décrit par Rousseau comme un être indépendant qui vit dans un monde où il existe une égalité de fait entre individus obéissant à des «principes antérieurs à la raison»: leurs sentiments. Deux d'entre eux sont essentiels: l'*amour de soi* et la *pitié* que l'entrée en société vient pervertir.

L'amour de soi

L'amour de soi, élan naturel, est défini par Rousseau comme étant ce qui «intéresse ardemment notre bien-être et la conservation de nous-mêmes[13]». Rousseau précise sa pensée en ajoutant que «l'amour de soi-même est un sentiment naturel qui porte tout animal à veiller à sa propre conservation et qui, dirigé dans l'homme par la raison et modifié par la pitié, produit l'humanité et la vertu[14]». L'amour de soi, c'est en quelque sorte s'aimer soi-même et chercher «à étendre son être et ses jouissances, et à s'approprier par l'attachement

---

11. *Discours sur l'inégalité*, t. III, p. 141.

12. *Émile*, liv. IV, t. IV, p. 524.

13. *Discours sur l'inégalité*, Préface, p. 126.

14. *Ibid.*, note XV, p. 219.

ce qu'il [l'homme naturel] sent devoir être bien pour lui[15]». L'amour de soi fait donc partie de la nature de l'homme et «ne le quitte jamais tant qu'il vit»; c'est «une passion primitive, innée, antérieure à toute autre et dont toutes les autres ne sont en un sens que des modifications». Rousseau voit l'individu appartenant à l'état de nature comme un être solitaire qui n'a pas ou peu de rapports avec ses semblables. Afin de subsister et de se conserver, cet homme naturel porte intérêt à lui-même: il prend soin de lui-même. Il ne se préoccupe que de lui seul et, conséquemment, il est le seul maître et le seul juge de ce qui lui arrive. Ce qui amène Rousseau à considérer que l'amour de soi est toujours bon, puisqu'il est sensé et légitime de veiller à se conserver quand on S'AIME SOI-MÊME.

> «CET AMOUR-PROPRE EN SOI OU RELATIVEMENT À NOUS, écrit ROUSSEAU, EST BON ET UTILE ET COMME IL N'A POINT DE RAPPORT NÉCESSAIRE À AUTRUI, IL EST À CET ÉGARD NATURELLEMENT INDIFFÉRENT; IL NE DEVIENT BON OU MAUVAIS QUE PAR L'APPLICATION QU'ON EN FAIT ET LES RELATIONS QU'ON LUI DONNE.»
> (*Émile*, liv. II, t. IV, p. 322.)

Mais vient un jour où les besoins mutuels, fruits de cataclysmes divers forcent les individus isolés à mettre en commun leurs forces, donc à se regouper:

> Les associations d'hommes sont en grande partie l'ouvrage des accidents de la nature: les déluges particuliers, les mers extravasées, les éruptions des volcans, les grands tremblements de terre, les incendies allumés par la foudre et qui détruisaient les forêts, tout ce qui dut effrayer et disperser les sauvages habitants d'un pays dut ensuite les rassembler pour réparer en commun les pertes communes. [...][16]

Il ne faut pas se faire d'illusion sur les causes des premiers regroupements humains. C'est parce qu'il n'arrivait pas seul à surmonter les calamités naturelles que l'individu s'est uni aux autres. Les premières «associations d'hommes» naissent donc de leurs incapacités, de leurs misères, de leurs faiblesses individuelles. Mais une fois placés en présence d'autrui, les individus se sont mis à se mesurer entre eux, à se comparer les uns aux autres, à croiser et à entrechoquer leurs intérêts réciproques, à cultiver leurs ambitions personnelles, à vouloir obtenir la première et la meilleure place, à vouloir recevoir de la considération des autres:

> Sitôt que les hommes eurent commencé à s'apprécier mutuellement et que l'idée de la considération fut formée dans leur esprit, chacun prétendit y avoir droit; et il ne fut plus possible d'en manquer impunément pour personne. De là sortirent les premiers devoirs de la civilité, même parmi les Sauvages, et de là tout tort volontaire devint un outrage, parce qu'avec le mal qui résultait de l'injure, l'offensé y voyait le mépris de sa personne souvent plus insupportable que le mal même. C'est ainsi que chacun punissant le mépris qu'on lui avait témoigné d'une manière proportionnée au cas qu'il faisait de lui-même, les vengeances devinrent terribles, et les hommes sanguinaires et cruels. Voilà le degré où étaient parvenus la plupart des Peuples Sauvages qui nous sont connus[17].

L'amour-propre

Voilà, pourrions-nous ajouter, les premiers pas de l'humain se regroupant avec ses semblables! C'est à ce moment que l'amour de soi a dégénéré en amour-propre. «L'amour-propre, écrit Rousseau, n'est qu'un sentiment relatif, factice, et né dans la société, qui porte

---

15. *Dialogues, Dialogue Deuxième*, t. I, p. 805-806.

16. Jean-Jacques Rousseau, *Essai sur l'origine des langues*, Paris, Éditions de la Bibliothèque du Graphe, p. 521-522.

17. *Discours sur l'inégalité*, 2ᵉ partie, t. III, p. 170.

chaque individu à faire plus de cas de soi que de tout autre, qui inspire aux hommes tous les maux qu'ils se font mutuellement[18]» dans la vie en société. Ne peut-on reconnaître dans cette description de l'amour-propre ce que nous appelons aujourd'hui le rapport individualiste, **égotiste** ou **narcissique** à soi-même? Car celui qui éprouve de l'amour-propre se trouve intéressant, s'accorde de l'importance, se préfère aux autres à un point tel qu'il devient vaniteux, ambitieux et superficiel, se coupant ainsi de toute relation saine et authentique à autrui[19].

> Tous […] tâchent en vain de donner le change sur leur vrai but; aucun ne s'y trompe, et pas un n'est le dupe des autres […]. Tous cherchent le bonheur dans l'apparence, nul ne se soucie de la réalité. Tous mettent leur être dans le paraître. Tous, esclaves et dupes de l'amour-propre, ne vivent point pour vivre, mais pour faire croire qu'ils ont vécu[20].

UNE LÉGENDE DE L'ANTIQUITÉ RACONTE QUE NARCISSE APERÇUT SA PROPRE IMAGE DANS L'EAU D'UNE FONTAINE, TOMBA EN EXTASE ET, DÉSESPÉRÉ DE NE POUVOIR SAISIR CET AUTRE LUI-MÊME, LANGUIT ET MOURUT.
(Didier Julia, *Dictionnaire de la philosophie*, Paris, Larousse, 1994, p. 183.)

La pitié

Considérons maintenant l'autre sentiment naturel, «la seule vertu naturelle […] que les mœurs les plus dépravées ont encore peine à détruire[21]»: la pitié. La pitié, écrit Rousseau, «nous inspire une répugnance naturelle à voir périr ou souffrir tout être sensible et principalement nos semblables[22]». Aux yeux de Rousseau, la pitié est une vertu naturelle universelle et fort utile dans la mesure où elle tempère l'amour de soi qui pourrait ne voir qu'à la conservation exclusive et abusive de sa propre personne, et ainsi se transformer en amour-propre. La pitié

> concourt à la conservation mutuelle de toute l'espèce. C'est elle qui nous porte sans réflexion au secours de ceux que nous voyons souffrir. C'est elle qui, dans l'état de nature, tient lieu de lois, de mœurs et de vertu, avec cet avantage que nul n'est tenté de désobéir à sa douce voix. C'est elle qui détournera tout sauvage robuste d'enlever à un faible enfant, ou à un vieillard infirme, sa subsistance acquise avec peine, si lui-même espère pouvoir trouver la sienne ailleurs. C'est elle qui, au lieu de cette maxime sublime de justice raisonnée: Fais à autrui comme tu veux qu'on te fasse, inspire à tous les Hommes cette autre maxime de bonté naturelle bien moins parfaite, mais plus utile peut-être que la précédente: Fais ton bien avec le moindre mal d'autrui qu'il est possible. C'est en un mot dans ce sentiment naturel, plutôt que dans des arguments subtils, qu'il faut chercher la cause de la répugnance que tout homme éprouverait à faire mal, même indépendamment des maximes de l'éducation[23].

18. *Discours sur l'inégalité*, note XV, t. III, p. 219.

19. Nous soulèverons cette problématique du rapport égotiste et narcissique à soi-même à la fin du chapitre 4.

20. *Dialogues, Dialogue Troisième*, t. I, p. 936.

21. *Discours sur l'inégalité*, 1re partie, t. III, p. 154.

22. *Ibid.*, Préface, t. III, p. 126.

23. *Ibid.*, 1re partie, t. III, p. 156.

Ce sentiment «qui touche le cœur humain selon l'ordre de la nature» fait en sorte que l'homme naturel peut être interpellé affectivement par autrui. En effet, la vue d'un homme malheureux ou misérable va nous attendrir, alors que celle d'un homme heureux risque de faire naître en nous de l'envie:

> La pitié est douce, parce qu'en se mettant à la place de celui qui souffre on sent pourtant le plaisir de ne pas souffrir comme lui. L'envie est amère, en ce que l'aspect d'un homme heureux loin de mettre l'envieux à sa place lui donne le regret de ne pas y être. Il semble que l'un nous exempte de maux qu'il souffre et que l'autre nous ôte les biens dont il jouit[24].

L'amour de soi est centré sur soi-même; la pitié est dirigée vers autrui. L'homme naturel est capable de s'aimer lui-même assez pour voir à sa propre conservation, et en même temps, il peut s'émouvoir de la misère ou de la difficulté éprouvée par autrui. De sorte que dans l'état de nature, l'amour-propre ne s'est pas encore installé dans les rapports humains.

Être ou paraître

L'appel lancé par Rousseau à puiser aux sources de l'être naturel perfectible des débuts de l'espèce humaine ne constitue cependant pas une invite pour que nous revenions à l'état sauvage, à cette espèce d'âge d'or de l'humanité, car «la nature humaine ne rétrograde pas et jamais on ne remonte vers les temps d'innocence et d'égalité quand une fois on s'en est éloigné[25]». Il faut plutôt y voir une analyse des conditions hypothétiques du début de l'humanité afin de les mettre en rapport avec les faiblesses, les faussetés et les artifices de la société et de ses conventions.

CETTE TOILE DE J. BOSCH, *LE JARDIN DES DÉLICES*, REPRÉSENTE L'EDEN. DIEU Y MET EN PLACE LE PARADIS TERRESTRE, OÙ ADAM ET ÈVE VIVRONT HEUREUX...

24. *Émile*, liv. IV, t. IV, p. 504.
25. *Dialogues, Dialogue Troisième*, t. I, p. 935.

L'homme du monde est tout entier dans son masque. N'étant presque jamais en lui-même, il y est toujours étranger et mal à son aise, quand il est forcé d'y rentrer. Ce qu'il est n'est rien, ce qu'il paraît est tout pour lui[26].

En conséquence, nous pourrions dire que, selon Rousseau, l'état de nature est l'être de l'homme: il correspond à sa vérité intérieure; alors que l'état de société n'est que paraître, faux-semblant et mondanité. Par ailleurs, il ne faut pas confondre l'état de nature rousseauiste avec ce qu'ont pu connaître les premières sociétés humaines. L'existence des hommes primitifs ou des sauvages est déjà marquée par une organisation sociale fondée sur des coutumes et des traditions, alors que Rousseau présente l'état de nature comme un état d'isolement. L'homme originaire y est un animal oisif, indolent[27], ni bon ni méchant[28], solitaire, non sociable. Il n'entretient aucune espèce de commerce continu avec ses semblables; il ne vit pas encore en famille, car la famille est la première société humaine, «la plus ancienne de toutes les sociétés, et la seule naturelle», dira Rousseau[29]; il ne connaît pas encore la notion de PROPRIÉTÉ, ni celle de la servitude qui naît «de la dépendance mutuelle des hommes et des besoins réciproques qui les unissent[30]».

> LA PROPRIÉTÉ N'APPARAÎT QU'AVEC LA SOCIÉTÉ CIVILE QUI EN INSTITUE LA LÉGITIMITÉ PAR LE DROIT. PLUS PARTICULIÈREMENT, LA PROPRIÉTÉ EST LIÉE, SELON ROUSSEAU, À LA SÉDENTARITÉ ET À L'AGRICULTURE. LA SECONDE PARTIE DU *DISCOURS SUR L'INÉGALITÉ* S'OUVRE SUR CETTE PHRASE REMARQUABLE: «LE PREMIER QUI AYANT ENCLOS UN TERRAIN, S'AVISA DE DIRE *CECI EST À MOI*, ET TROUVA DES GENS ASSEZ SIMPLES POUR LE CROIRE, FUT LE VRAI FONDATEUR DE LA SOCIÉTÉ CIVILE.»

Cette vision rousseauiste de l'humain naturel s'oppose aux deux conceptions philosophiques de l'état de nature en vigueur à son époque: la première, celle de Thomas Hobbes (1588-1679), qui considérait l'état de nature comme un état primitif où des brutes sanguinaires se livraient une guerre continuelle[31]; et la seconde, celle de John Locke qui, au contraire, voyait l'homme naturel comme un animal naturellement sociable, bienveillant, vivant en paix et s'offrant assistance mutuelle. Rousseau repousse cette idée qu'un «instinct social» inné amène les humains à nouer des liens sociaux. À ses yeux, l'être humain est davantage mû par l'instinct de conservation auquel il doit renoncer en partie s'il veut entrer en société. Et l'individu indépendant qui pense d'abord à se conserver n'acceptera pas facilement les contraintes et les obligations qu'impose toujours la société, à moins d'y trouver son intérêt propre. Telle est la problématique soulevée par le *Contrat social*.

---

26. *Émile*, liv. IV, t. IV, p. 515.

27. «Il est inconcevable, dit Rousseau, à quel point l'homme est naturellement paresseux. On dirait qu'il ne vit que pour dormir, végéter, rester immobile; à peine peut-il se résoudre à se donner les mouvements nécessaires pour s'empêcher de mourir de faim. [...] Les passions qui rendent l'homme inquiet, prévoyant, actif, ne naissent que de la société. Ne rien faire est la première et la plus forte passion de l'homme après celle de se conserver. (*Essai sur l'origine des langues*, p. 252)

28. On a souvent simplifié la pensée de Rousseau en ne retenant de lui que cette phrase:«L'homme est né bon et la société le corrompt.» Rousseau ne considère pas l'homme originaire comme étant nécessairement bon. Ne connaissant pas encore les notions de bien et de mal, l'homme naturel ne peut être bon ou méchant. Tout au plus, on peut dire de lui qu'il est innocent: «Il paraît d'abord, écrit Rousseau, que les hommes dans cet état n'ayant entre eux aucune sorte de relation morale, ni de devoirs connus, ne pouvaient être ni bons, ni méchants, et n'avaient ni vices ni vertus.» (*Discours sur l'inégalité*, t. III, p. 152-154.) Et Rousseau de nous liver ce mot magnifique: «Tant qu'ils ne devinrent pas méchants, ils furent dispensés d'être bons.» (*Fragments politiques*, t. III, p. 476.)

29. Jean-Jacques Rousseau, *Du Contrat social*, liv. I, chap. II, Paris, Éditions GF-Flammarion, 1992, p. 29.

30. *Discours sur l'inégalité*, t. III, p. 162.

31. Rousseau reproche à Hobbes d'avoir décrit un état de société naissant sinon déjà avancé, et non l'état de nature avant toute œuvre civilisatrice.

LE *CONTRAT SOCIAL* OU LA RAISON DE LA LOI

Rousseau porte en lui-même et à l'intérieur de son œuvre des ambivalences pour le moins étonnantes. Ardent solitaire qui exalte la puissance des sentiments et de l'amour de soi, il se fait aussi le défenseur de la volonté générale et du bien commun. Par ailleurs, Rousseau témoigne dans plusieurs de ses ouvrages de la difficulté qu'il éprouve lui-même de se soumettre aux conventions sociales et, conséquemment, de son besoin constant de se retirer à l'écart de la société:

> Je n'ai jamais été vraiment propre à la société civile, où tout est gêne, obligation, devoir. […] Mon naturel indépendant me rendit toujours incapable des assujettissements nécessaires à qui veut vivre avec les hommes. Tant que j'agis librement, je suis bon et je ne fais que du bien; mais sitôt que je sens le joug, soit de la nécessité, soit des hommes, je deviens rebelle ou plutôt rétif: alors je suis nul[32].

Mais en même temps, Rousseau exhorte les humains à se dépouiller de leur liberté individuelle afin de bénéficier d'une liberté commune à l'intérieur du contrat social. Rousseau n'a pas fini de surprendre. Aux lois civiles que personne ne respecte et qui cachent en fait «l'intérêt particulier et les passions des hommes», il dit préférer «les lois éternelles de la nature […] qui tiennent lieu de loi positive au sage [et] qui sont écrites au fond de son cœur[33]». Rousseau se fait l'apologiste de la raison du cœur, de la liberté délivrée des contraintes et des RESTRICTIONS SOCIALES ; mais il est aussi, comme le souligne Emmanuel Kant (1724-1804), «le restaurateur des droits de l'humanité» et le défenseur de la volonté et du droit politique! Il évoque la raison des sens et du SENTIMENT et en même temps la raison de la loi. La force du devoir qui fait contrepoids à la force du sentiment.

> «LA LIBERTÉ N'EST DANS AUCUNE FORME DE GOUVERNEMENT, ELLE EST DANS LE CŒUR DE L'HOMME LIBRE.» (*Émile*, liv. V, t. IV, p. 857.)

> «EXISTER POUR NOUS, C'EST SENTIR.» (*Émile*, liv. IV, t. IV, p. 600.)

Comment expliquer cette ambivalence? Par l'antagonisme apparemment irréconciliable entre les conditions d'être et de vie que permettait hypothétiquement l'état de nature (liberté, égalité, pitié, etc.) et celles existant dans l'état de société telles que révélées par l'Histoire au cours des siècles (servitude, inégalité, violence institutionnalisée, etc.). En d'autres mots, c'est la dégradation de l'état de nature qui rend le contrat social nécessaire et incontournable. Rousseau essaie donc de trouver un modèle idéal, une forme d'organisation politique et sociale qui réconcilierait ces deux mondes séparés: les droits de la nature (liberté, égalité) et les nécessités (les contingences de la vie civile). En somme, le contrat social tente de répondre à la question suivante: comment les hommes, dans leur ensemble, peuvent-ils retrouver l'état de nature exempt de domination et de dépendance, et ainsi ne pas abdiquer leur imprescriptible liberté, tout en se soustrayant aux maux (l'inégalité, entre autres) engendrés par la société? Ce n'est certes pas en revenant à un temps primitif de l'humanité qu'ils y parviendront car, nous l'avons mentionné précédemment, l'Histoire est irréversible. Ce n'est pas non plus en s'inscrivant dans un contrat de soumission fondé sur la force et, conséquemment, non légitime, que les hommes y réussiront[34]. Ils y arriveront en réformant la société dans laquelle ils sont obligés de vivre. L'État idéal devra unifier les volontés individuelles en fonction d'un but commun librement partagé par tous. Et c'est dans la mesure où il y aura obéissance commune à la loi que l'individu

---

32. *Les Rêveries, Sixième Promenade*, t. I, p. 1059.

33. *Émile*, liv. V, t. IV, p. 857.

34. Nous faisons ici allusion à la critique que Rousseau faisait du pouvoir politique despotique défendu par Hobbes.

acceptera librement de s'y soumettre lui-même. Car il n'est pas question d'imposer une sujétion à quiconque : le contrat social ne peut être imposé de l'extérieur ; ce sont les volontés des personnes qui doivent librement participer à une «volonté générale» fondant l'association de tous les individus.

Selon les propres mots de Rousseau, le contrat social entend faire disparaître l'homme de l'homme pour y substituer un état de société où règne la loi, expression de la volonté générale, garantie de la liberté et de l'égalité[35] des individus, seule capable de réunir les avantages de l'état de nature à ceux de l'état civil. À cette fin, il s'agit d'instaurer «une forme d'association qui défende et protège de toute la force commune la personne et les biens de chaque associé, et par laquelle chacun s'unissant à tous n'obéisse pourtant qu'à lui-même et reste aussi libre qu'auparavant[36]». Mais est-ce possible d'aliéner volontairement sa liberté individuelle en vue de l'établissement de la liberté et de l'égalité de tous et de rester malgré tout libre ? Rousseau croit fermement que oui parce que «L'OBÉISSANCE À LA LOI QU'ON S'EST PRESCRITE EST LIBERTÉ[37]», écrit-il. Ce principe permet à Rousseau d'affirmer que chacun ne perd pas véritablement sa liberté à l'intérieur du contrat social, puisqu'il a consenti librement à s'en départir pour l'intérêt commun qui correspond somme toute à son propre intérêt. En adhérant au contrat social, l'individu y trouve en quelque sorte un bien supérieur (l'égalité civile qui octroie les mêmes droits et les mêmes devoirs à tout un chacun) à celui dont il s'est départi (l'égalité naturelle lui permettant de combler ses besoins qu'à la mesure de ses moyens propres). Par le contrat social, les individus deviennent tous égaux devant la loi[38] puisque par contrat chacun s'aliène également (liv. III, chap. XVI). Le pacte social institue donc des conditions égales pour tous et cette réciprocité assure la liberté de tout un chacun. En d'autres termes, le contrat social remplace l'autorité de l'homme sur l'homme (source de domination et de servitude) par l'autorité de la loi (source de l'égalité garantissant la liberté).

> EMMANUEL KANT FUT UN LECTEUR ASSIDU DE ROUSSEAU ; IL VOYAIT EN CE DERNIER LE «NEWTON DE LA MORALE». D'AILLEURS, KANT REPRENDRA CE PRINCIPE ET L'APPLIQUERA À L'ORDRE MORAL : EN TANT QUE SUJET RATIONNEL, LA PERSONNE CHOISIT D'ÊTRE ELLE-MÊME AUTEURE DE LA LOI MORALE. AINSI, L'AUTONOMIE DE LA VOLONTÉ EST POSÉE COMME FONDEMENT DE LA MORALITÉ.

Le contrat social constitue donc une sorte de convention de tous avec tous, où chacun – devenant ainsi partie indivisible du tout – accepte de perdre sa puissance et ses droits individuels[39] pour donner naissance à la volonté générale. Ce pacte social

> […] se réduit aux termes suivants : *Chacun de nous met en commun sa personne et toute sa puissance sous la suprême direction de la volonté générale ; et nous recevons en corps chaque membre comme partie indivisible du tout.* À l'instant, au lieu de la personne particulière de chaque contractant, cet acte d'association produit un corps moral et collectif composé d'autant de membres que l'assemblée a de voix, lequel reçoit de ce même acte son unité, son *moi* commun, sa vie et sa volonté[40].

35. Chez Rousseau, liberté et égalité vont de pair : «La liberté ne peut subsister sans elle [l'égalité]». Mentionnons cependant qu'il ne s'agit pas d'une égalité niveleuse (voir *Discours sur l'inégalité*, note XIX), mais d'une égalité de droit : «C'est précisément parce que la force des choses tend toujours à détruire l'égalité que la force de la législation doit toujours tendre à la maintenir.»(*Du Contrat social*, liv. II, chap. XI, p. 77.)

36. *Du Contrat social*, liv. I, chap. VI, p. 39.

37. *Du Contrat social*, liv. I, chap. VIII, p. 44.

38. *Du Contrat social*, liv. II, chap. IV.

39. Rousseau dit : «L'aliénation totale de chaque associé avec tous ses droits à toute la communauté.» (*Du Contrat social*, liv. I, chap. VI, p. 39.)

40. *Du Contrat social*, liv. I, chap. VI, p. 40.

La dernière partie de cette citation suggère que la volonté générale devra s'exprimer par le corps social dans sa totalité. C'est le peuple tout entier (l'assemblée de citoyens) qui devient souverain. Le pouvoir ne peut être délégué à des représentants. La loi à laquelle le peuple obéit est donc l'expression de la volonté générale. Le contrat social institue une démocratie directe et non une démocratie représentative.

Cette philosophie politique rousseauiste qui énonce un devoir être (ce qui doit se produire pour légitimer le pouvoir politique) trouve son achèvement dans la *DÉCLARATION DES DROITS DE L'HOMME ET DU CITOYEN*, proclamée par la Révolution de 1789. En décrivant le lien social qui devrait unir l'individu à la collectivité, le *Contrat social* proposait une nouvelle convention qui abolirait les privilèges qu'octroient la naissance, la richesse et la puissance, fondements de toutes les injustices et de tous les malheurs dont a souffert l'humanité. En cela, le *Contrat social* constitue le premier volet d'une philosophie qui s'adresse d'abord au citoyen en voulant faire son éducation civile. L'*Émile ou De l'Éducation* correspond au second volet où Rousseau stipule ce que devrait être l'éducation de l'individu.

VOTÉE PAR L'ASSEMBLÉE CONSTITUANTE, LE 26 AOÛT 1789, LA *DÉCLARATION DES DROITS DE L'HOMME ET DU CITOYEN* ÉNONÇAIT EN TERMES ROUSSEAUISTES LES «DROITS NATURELS ET IMPRESCRIPTIBLES DE L'HOMME»: LIBERTÉ, PROPRIÉTÉ, SÛRETÉ, RÉSISTANCE À L'OPPRESSION (ARTICLE 2). ET L'ARTICLE 1 PROCLAMAIT: «LES HOMMES NAISSENT ET DEMEURENT LIBRES ET ÉGAUX EN DROIT. LES DISTINCTIONS SOCIALES NE PEUVENT ÊTRE FONDÉES QUE SUR L'UTILITÉ COMMUNE.» N'OUBLIONS PAS QUE CE TEXTE DEMEURE À LA BASE DE LA DÉMOCRATIE MODERNE ET CONSTITUE ENCORE UN IDÉAL DE CIVILISATION DIGNE DE RESPECT.

ÉMILE OU LE DÉVELOPPEMENT ÉDUCATIF DE L'ÊTRE HUMAIN

l'Éducation de l'Homme commence à sa naissance;

FRONTISPICE DE L'*ÉMILE* PAR COCHIN DANS L'ÉDITION IN-4° DE GENÈVE, 1780-1781.

«Tout est bien sortant des mains de l'Auteur des choses, tout dégénère entre les mains de l'homme.» Cette phrase ouvre magistralement l'ouvrage qui occupe une place centrale dans l'œuvre de Rousseau: *Émile ou De l'Éducation*. À une époque où on ne reconnaît guère de droits à l'enfance, où les parents de l'aristocratie et de la haute-bourgeoisie se déchargent de leurs responsabilités en confiant leur progéniture à une nourrice pour ensuite les enfermer dans des collèges ou des couvents, ou encore en les laissant sous la domination de précepteurs ou de gouvernantes avides de discipline rigoureuse, Jean-Jacques Rousseau publie un «Traité d'éducation» alors qu'il ne s'était pas lui-même acquitté de ses devoirs parentaux. Soulignons toutefois que Rousseau se défend d'avoir écrit «un vrai traité d'éducation». Dans le livre premier de l'*Émile*, il apporte la précision suivante: «Notre véritable étude est celle de la condition humaine. […] Il faut donc généraliser nos vues, et considérer dans notre élève l'homme abstrait, l'homme exposé à tous les accidents de la vie humaine[41].» Disons

41. *Émile*, liv. I, t. IV, p. 251.

plutôt que sous le couvert d'un traité pédagogique, Rousseau trace le portrait de l'homme idéal, c'est-à-dire de celui qui aurait réussi à conserver les éléments de l'état de nature grâce à une saine éducation, où il aurait appris à résister par lui-même aux vices que la société inculque. L'*Émile* s'inscrit dans une espèce de trilogie. Les deux premiers *Discours* critiquent avec vigueur l'œuvre de civilisation. Le *Contrat social* présente le devoir être sur le plan social, c'est-à-dire la cité idéale. L'*Émile ou De l'Éducation* décrit les principes essentiels d'une pédagogie rêvée développant chez l'enfant, l'adolescent et le jeune adulte, les qualités de l'homme naturel.

Donnons un bref aperçu de ce modèle éducatif. D'abord, il s'agit d'asseoir sur le principe de la liberté toutes les conditions requises en vue d'une heureuse éducation de la personne. Qui plus est, le maître se servira de la nature seule comme inspiratrice et théâtre de l'apprentissage de l'enfant. Le deuxième principe éducatif demande de considérer l'enfant comme un enfant et non comme un adulte. «Laissez mûrir l'enfance dans l'enfant!» s'écrit Rousseau. Cela implique que l'on respecte l'évolution naturelle de l'individu, c'est-à-dire, pour utiliser un langage contemporain, les étapes ou stades successifs du développement de l'ENFANT. Afin de suivre cette progression naturelle, le précepteur utilisera ce que la nature elle-même éveille tour à tour chez l'être humain. En d'autres mots, il adaptera son enseignement aux facultés de chaque âge. Ainsi, ce sont les capacités corporelles qui devraient exclusivement être exercées jusqu'à l'âge de deux ans: l'enfant apprendra d'abord à fortifier son corps par l'exercice physique. De trois à douze ans, l'accent sera mis sur le développement des sens, «les premières facultés qui se forment et se perfectionnent en nous», facultés qu'il convient de cultiver avant l'intelligence abstraite. Les SENSATIONS que procurent la vue, l'ouïe et le toucher sont évaluées par Rousseau comme permettant une perception juste de la réalité et de soi-même. D'autant plus que c'est en comparant ses diverses sensations que l'esprit de l'enfant se développe – ce qui donnera naissance ultérieurement à l'idée qui n'est donc pas innée:

> ROUSSEAU FUT LE PREMIER PENSEUR À AFFIRMER LA SPÉCIFICITÉ DE L'ENFANCE ET DE SON ÊTRE PROPRE. À L'ÉPOQUE DE ROUSSEAU, ON AVAIT TENDANCE À RÉDUIRE L'ENFANT À LA NOTION VAGUE DE «MODÈLE RÉDUIT D'ADULTE».

> LA THÉORIE ROUSSEAUISTE DE LA CONNAISSANCE S'OPPOSE RADICALEMENT AU RATIONALISME CLASSIQUE, DONT CELUI DE DESCARTES, ET ÉPOUSE ÉTROITEMENT LA PHILOSOPHIE SENSUALISTE DE CONDILLAC.

> Notre élève n'avait d'abord que des sensations, maintenant il a des idées: il ne faisait que sentir, maintenant il juge. Car de la comparaison de plusieurs sensations successives ou simultanées, et du jugement qu'on en porte, naît une sorte de sensation mixte ou complexe que j'appelle idée[42].

Mais ne précipitons pas l'apprentissage de la raison: il ne faut pas prématurément, alors que l'enfant n'est pas prêt, exiger de lui qu'il se confronte «aux objets intellectuels». Attendons la treizième année de l'enfant avant de considérer le développement de son esprit et de travailler à l'éveil de sa curiosité intellectuelle. Et, ce n'est qu'à partir de la dix-septième année qu'on valorisera le raisonnement par le travail intellectuel proprement dit, car «de toutes les instructions propres à l'homme, celle qu'il acquiert le plus tard et le plus difficilement est la raison même[43]». À vingt ans seulement, la considération de ce qui est bien et de ce qui est mal (le sens moral) sera examinée avant de favoriser une conduite particulière. Ayant été éduquée d'une bonne manière, la conscience morale d'Émile, qui correspond au sentiment intuitif et immédiat de ce qui est bien, saura être pour lui un guide sûr. Tout ce processus d'apprentissage sera organisé en fonction de l'intérêt spontané ressenti par l'élève. La personne n'est-elle pas motivée à apprendre dans la mesure où elle y trouve

---

42. *Émile*, liv. III, t. IV, p. 481.
43. *Julie ou la Nouvelle Héloïse*, 5ᵉ partie, lettre 3, t. II, p. 562.

son intérêt[44]? Le troisième axiome de l'éducation rousseauiste consiste à développer la conscience plutôt que d'accumuler de la science.
Ce n'est pas le savoir en tant que tel qui importe ni la culture en soi,
mais l'honnêteté et la sincérité du cœur. «L'homme naturel, s'exclame
Rousseau, est honnête, non savant!» L'ÉDUCATION NÉGATIVE verra donc
en priorité à arracher l'enfant à l'emprise des préjugés et des mœurs
factices. La quatrième règle éducative repose sur l'hypothèse qu'il vaut
mieux apprendre à apprendre, car il importe d'avoir «une tête bien faite plutôt que bien
pleine!» Au savoir en tant que somme des connaissances acquises, Rousseau préfère la
perspicacité, la profondeur et l'ouverture d'esprit:

> «**L**A PREMIÈRE ÉDUCATION DOIT ÊTRE
> PUREMENT NÉGATIVE. ELLE CONSISTE,
> NON POINT À ENSEIGNER LA VERTU NI
> LA VÉRITÉ, MAIS À GARANTIR LE CŒUR
> DU VICE ET L'ESPRIT DE L'ERREUR.»
> (*Émile*, liv. II, t. IV, p. 323.)

> Émile a peu de connaissances, mais celles qu'il a sont véritablement siennes; il ne
> sait rien à demi. Dans le petit nombre de choses qu'il sait et qu'il sait bien, la plus
> importante est qu'il y en a beaucoup qu'il ignore et qu'il peut savoir un jour, beaucoup
> plus que d'autres hommes savent et qu'il ne saura de sa vie, et une infinité d'autres
> qu'aucun homme ne saura jamais. Il a un esprit universel, non par les lumières, mais
> par la faculté d'en acquérir; un esprit ouvert, intelligent, prêt à tout, et, comme dit
> Montaigne, sinon instruit du moins instruisable. Il me suffit qu'il sache trouver l'à
> quoi bon sur tout ce qu'il fait, et le pourquoi sur tout ce qu'il croit. Car encore une
> fois, mon objet n'est point de lui donner la science, mais de lui apprendre à l'acqué-
> rir au besoin, de la lui faire estimer exactement ce qu'elle vaut, et de lui faire aimer la
> vérité par dessus tout[45].

Chapeautant les quatre principes rousseauistes de l'éducation de l'être humain que
nous venons de présenter se trouve une considération philosophique plus vaste qui les
englobe tous et qui pourrait se résumer à la maxime suivante: «Apprendre à être un
homme et apprendre à vivre heureux, tel est le métier de l'être humain.»

> En sortant de mes mains, il [Émile] ne sera, j'en conviens, ni magistrat, ni soldat, ni
> prêtre; il sera premièrement homme: tout ce qu'un homme doit être, il saura l'être
> au besoin tout aussi bien que qui que ce soit; et la fortune aura beau le faire changer
> de place, il sera toujours à la sienne[46].

> Il faut être heureux, cher Émile: c'est la fin de tout être sensible: c'est le premier
> désir que nous imprima la nature, et le seul qui ne nous quitte jamais. Mais où est le
> bonheur? Qui le sait? Chacun le cherche, et nul ne le trouve. On use la vie à le
> poursuivre et l'on meurt sans l'avoir atteint[47].

ROUSSEAU AUJOURD'HUI

L'ensemble des maximes pédagogiques proposées par Rousseau a contribué au développement, un siècle et demi plus tard, des thèses éducatives de Maria Montessori[48]
(1870-1952) qui servent aujourd'hui d'assises à plusieurs garderies et classes de maternelle.
N'oublions pas aussi tout l'apport de la philosophie de l'éducation de Rousseau à l'idéologie

---

44. «À quoi cela sert-il?» entend-on souvent de la bouche des enfants et même des jeunes adultes.

45. *Émile*, liv. III, t. IV, p. 487.

46. *Ibid.*, liv. I, t. IV, p. 251.

47. *Ibid.*, liv. V, t. IV, p. 814.

48. Maria Montessori ouvre une école à Rome, en 1907, où elle élabore une méthode d'enseignement fondée sur l'éducation sensorielle, le développement de la mémoire et la valorisation de la liberté active de l'enfant.

de l'école alternative, qui s'est développée au Québec à partir des années soixante-dix et qui suscite encore aujoud'hui un certain intérêt auprès de parents insatisfaits de l'école dite traditionnelle.

La pédagogie rousseauiste est d'une actualité criante. Elle se situe au cœur d'un débat qui éveille bien des passions: l'enseignement doit-il se faire au présent dans la joie et dans le plaisir d'apprendre ou, au contraire, doit-il générer peine et douleur puisque apprendre est toujours le fruit de l'effort et que c'est le prix à payer pour la construction de son avenir? Le choix de Rousseau éducateur est clair: l'enseignement doit répondre à une curiosité, à un intérêt, à un désir, bref, à un besoin de l'élève qui choisit d'apprendre. Et cet apprentissage se doit d'être heureux et ne viser que l'ici-maintenant:

> Il [Émile] est parvenu à la maturité de l'enfance, il a vécu de la vie d'un enfant, il n'a point acheté la perfection aux dépens de son bonheur; au contraire ils ont concouru l'un à l'autre. En acquérant toute la raison de son âge, il a été heureux et libre autant que sa constitution lui permettait de l'être[49].

Dans les dernières pages de l'*Émile*, Rousseau revient à nouveau sur la nécessité que le développement de l'individu se fasse au présent, et dans la joie et le plaisir:

> Dans l'incertitude de la vie humaine, évitons surtout la fausse prudence d'immoler le présent à l'avenir; c'est souvent immoler ce qui est à ce qui ne sera point. Rendons l'homme heureux dans tous les âges, de peur qu'après bien des soins il ne meure avant de l'avoir été[50].

En cette fin de siècle, l'éducation conçue par les technocrates et pratiquée dans nos institutions d'enseignement rend-elle l'élève heureux? Le met-on en contact avec des savoirs nouveaux afin qu'il découvre des connaissances jusqu'alors ignorées, connaissances qui transforment son être profond? Le projet éducatif proposé à l'élève s'inscrit-il dans un esprit de pure gratuité? Y valorise-t-on le plaisir d'apprendre qui procure joie et bonheur? Les maisons d'enseignement occidentales éduquent-elles l'élève ou l'instruisent-elles; développe-t-on chez lui le jugement et le sens critique ou l'enferme-t-on dans un univers comptable; lui inculque-t-on une culture humaniste ou technocratique? Répondre à ces questions, c'est porter un regard critique sur le monde occidental de l'éducation. Or, une idéologie utilitariste de la réussite semble sévir actuellement dans l'école: il faut que ce que l'élève apprenne serve directement à sa future carrière; il faut que ses apprentissages scolaires soient transférables, et que, en bout de ligne, cela rapporte à la société. On tient désormais le discours de la performance et de la rentabilité. On fait l'éloge de l'excellence et d'une plus grande accessibilité aux diplômes, bref, des études «sérieuses» qui conduisent à la «réussite». On évoque la formation par programmes, les savoir-faire précis, les apprentissages étiquetables, les compétences utilitaires, etc. Mais rarement, voire jamais, il n'est question du type d'humain qu'on veut former. Au sortir de l'école, que seront devenus les jeunes adultes qui auront accepté de se plier au moule de l'éducation utilitariste? Quelle sorte d'hommes et de femmes deviendront les élèves qu'on aura instruits en fonction des impératifs du marché et auxquels on aura transmis de simples techniques ponctuelles et des connaissances utiles et circonstancielles?

---

49. *Émile*, liv. II, t. IV, p. 423.

50. *Ibid.*, liv. V, t. IV, p. 781.

En ce qui regarde les problématiques soulevées sur les plans socio-culturels et politiques, Rousseau interpelle notre modernité en suscitant un foisonnement de questions auxquelles on tente encore de répondre aujourd'hui : Quels sont les rapports fondamentaux entre nature et culture ? L'être humain est-il d'abord ce qui relève de sa nature propre ou est-il le fruit d'un conditionnement culturel ? Les droits individuels sont-ils conciliables avec les obligations sociales ? Des individus peuvent-ils former une société ? L'individu peut-il et doit-il déléguer sa volonté politique ? Qu'est-ce qu'une autorité politique légitime ? L'autonomie individuelle peut-elle survivre dans une entité collective ? etc.

Nous avons vu que l'amour-propre constitue aux yeux de Rousseau le facteur primordial empêchant le lien social.

> Étendons l'amour-propre sur les autres êtres, nous le transformerons en vertu, et il n'y a point de cœur d'homme dans lequel cette vertu n'ait sa racine. Moins l'objet de nos soins tient immédiatement à nous-même, moins l'illusion de l'intérêt particulier est à craindre ; plus on généralise cet intérêt, plus il devient équitable, et l'amour du genre humain n'est autre chose en nous que l'amour de la justice[51].

Afin que cela se réalise, il s'agira d'établir des rapports entre les personnes qui soient régis par des lois civiles aussi inviolables que celle de la nature. Et le passage de l'état de nature à l'état de société sera assuré par l'individu qui sentira la nécessité de s'unir aux autres par le contrat social signé dans l'intérêt de tous et qui, ce faisant, deviendra citoyen à part entière. Avouons que cette lecture rousseauiste de la naissance de la société civile est encore tout empreinte de subjectivisme et d'idéalisme ! La connaissance précise de l'évolution historique des sociétés, leurs structures, les lois objectives qui en règlent l'existence échappait à Rousseau. Même si sa vision anthropologique a préparé la venue de Karl Marx, il fallut attendre ce dernier et son *Matérialisme dialectique et historique* pour mieux comprendre la naissance des sociétés humaines, les déterminismes sociaux, les fondements «scientifiques» des lois et des pratiques dans une société à une époque particulière. Il fallut attendre Karl Marx afin qu'un portrait de l'humain décrit comme un être essentiellement social et historique nous soit donné.

---

51. *Ibid.*, liv. IV, t. IV. p. 547.

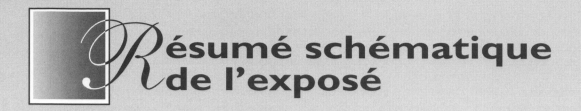

Résumé schématique de l'exposé

Rousseau et les lumières

1. La civilisation européenne du XVIIIe siècle repose sur les lumières de la raison éclairant les sciences, les techniques et les arts, facteurs de progrès et d'évolution de l'humanité.

2. À l'opposé, Rousseau propose une critique éthique et sociale de la civilisation qui a dénaturé l'être humain.

L'état de nature et l'état de société

L'état de nature correspond à la nature originelle de l'homme avant que la civilisation en ait défiguré l'être profond. L'état de société n'est que paraître alors que l'état de nature est l'être de l'homme.

1. La perfectibilité humaine:

Contrairement à l'animal qui est déterminé par son instinct, l'homme naturel possède la faculté de se *perfectionner*, c'est-à-dire de développer, selon les circonstances extérieures, des propriétés créées par l'homme: *l'être humain est un produit de la culture et de l'histoire.*

2. L'égalité:

L'homme originaire est égal à son semblable; il n'existe pas dans l'état de nature de différences notoires entre les individus qui puissent s'institutionnaliser en instrument de domination et de servitude.

3. L'amour de soi:

L'homme naturel se porte intérêt et prend soin de lui-même afin de se conserver.

4. L'amour-propre:

Les calamités naturelles forçant les individus à se regrouper, ces derniers se mettent à se mesurer les uns aux autres, et à vouloir recevoir de la considération des autres. C'est alors que l'amour de soi dégénère en amour-propre, sentiment factice qui fait que l'on s'attache exclusivement et abusivement à soi-même. *L'amour-propre est à l'origine de tous les maux de la vie en société.*

5. La pitié:

Elle est une «vertu naturelle» qui permet à l'homme originaire de s'émouvoir de la misère ou des difficultés éprouvées par autrui. La pitié fait contrepoids à l'amour de soi qui pourrait se transformer en amour-propre.

Le *Contrat social* ou la raison de la loi

1. Le *Contrat social* veut répondre à la question suivante: Comment les hommes peuvent-ils retrouver l'état de nature exempt de domination et de dépendance, et ainsi ne pas abdiquer leur liberté tout en se soustrayant aux maux (l'inégalité, entre autres) engendrés par la société?

   • Réponse: En adhérant à un pacte social où chacun, devenant partie indivisible du tout, accepte de perdre sa puissance et ses droits individuels pour donner naissance à la volonté générale.

2. La loi, devenant l'expression de la volonté générale, garantit la liberté et l'égalité civiles de tout un chacun.

3. La volonté générale ne peut être déléguée: c'est le peuple dans sa totalité qui assure la souveraineté politique.

Émile ou le développement éducatif de l'être humain

Émile expose les principes essentiels d'une pédagogie idéale développant chez l'être humain les qualités de l'homme naturel:

1. La liberté et la nature doivent sevir de fondements à l'apprentissage.

2. L'enfant doit être considéré comme un enfant et non comme un adulte:

   • respect de l'évolution naturelle de l'enfant;

   • il faut que l'élève soit intéressé par ce qu'on lui propose.

3. L'éducation doit développer la conscience et les bons sentiments plutôt que la science, c'est-à-dire l'acquisition de savoirs constitués.

4. Il vaut mieux apprendre à apprendre plutôt que d'avoir la tête pleine.

Une considération philosophique chapeaute ces quatre principes: l'éducation doit apprendre à être un homme et à vivre heureux.

Rousseau aujourd'hui

1. La pédagogie rousseauiste se situe au cœur d'un débat actuel concernant l'éducation:

   Le développement de l'individu doit-il se faire au présent, dans la joie et le plaisir d'apprendre, ou doit-il être le résultat d'obligations et d'efforts imposés à l'élève?

2. Les institutions d'enseignement et les élèves sont-ils sous l'hégémonie d'une idéologie éducationnelle utilitariste? Quel type d'humain veut-on former?

3. Rousseau interpelle notre modernité en soulevant de nombreuses problématiques socioculturelles et politiques: L'être humain est-il ce qui relève de sa nature propre ou est-il le fruit d'un conditionnement? Les droits individuels sont-ils conciliables avec les obligations sociales? L'individu peut-il et doit-il déléguer sa volonté politique? L'autonomie individuelle peut-elle survivre dans une entité collective?

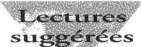

Lectures suggérées

La lecture de l'une des œuvres suivantes est suggérée dans son intégralité ou en extraits importants:

ROUSSEAU, Jean-Jacques. *Discours sur l'origine et les fondements de l'inégalité parmi les hommes*, Paris, Éditions Gallimard, coll. «Folio/Essais», 1992, 283 p.

■

ROUSSEAU, Jean-Jacques. *Du Contrat social*, Paris, Éditions Flammarion, coll. «G-F», 1992, 187 p.

Activités d'apprentissage

Analyse et critique de texte

Objectifs spécifiques

L'étudiant ou l'étudiante devra être capable:

- de comparer, c'est-à-dire d'examiner les rapports de ressemblance et de différence entre des éléments du texte que Rousseau met en parallèle;

- de résumer, c'est-à-dire de décrire d'une manière condensée les éléments essentiels (idées principales et idées secondaires) d'un contenu partiel du texte de Rousseau;

- d'évaluer le contenu, c'est-à-dire d'exprimer son accord ou son désaccord (et en donner les raisons) sur les attributs qu'accorde Rousseau à l'homme civilisé dans ce texte.

TEXTE DE ROUSSEAU

DISCOURS
sur l'origine et les fondements
de l'inégalité parmi les hommes

DEUXIÈME PARTIE

Je n'ai considéré jusqu'ici que l'Homme Physique; Tâchons de le regarder maintenant par le côté métaphysique et moral.

Je ne vois dans tout animal qu'une machine ingénieuse, à qui la nature a donné des sens pour se remonter elle même, et pour se garantir, jusqu'à un certain point, de tout ce qui tend à la détruire, ou à la déranger. J'apperçois précisément les mêmes choses dans la machine humaine, avec cette différence que la Nature seule fait tout dans les operations de la Bête, au-lieu que l'homme concourt aux siennes, en qualité d'agent libre. L'un choisit ou rejette par l'instinct, et l'autre par un acte de liberté; ce qui fait que la Bête ne peut s'écarter de la Regle qui lui est préscrite, même quand il lui serait avantageux de le faire, et que l'homme s'en écarte souvent à son préjudice. C'est ainsi qu'un Pigeon mourroit de faim près d'un Bassin rempli des meilleures viandes, et un Chat sur des tas de fruits, ou de grain, quoique l'un et l'autre pût très bien se nourrir de l'aliment qu'il dédaigne, s'il s'étoit avisé d'en essayer; C'est ainsi que les hommes dissolus se livrent à des excès, qui leur causent la fiévre et la mort; parce que l'Esprit déprave les sens, et que la volonté parle encore, quand la Nature se taît.

Tout animal a des idées puis qu'il a des sens, il combine même ses idées jusqu'à un certain point, et l'homme ne différe à cet égard de la Bête que du plus au moins: Quelques Philosophes ont même avancé qu'il y a plus de différence de tel homme à tel homme que de tel homme à telle bête[1]; Ce n'est donc pas tant l'entendement qui fait parmi les animaux la distinction spécifique de l'homme que sa qualité d'agent libre. La Nature commande à tout animal, et la Bête obéit. L'homme éprouve la même impression, mais il se reconnoît libre d'acquiescer, ou de resister; et c'est surtout dans la conscience de cette liberté que se montre la spiritualité de son ame: car la Physique explique en quelque manière le mécanisme des sens et la formation des idées; mais dans la puissance de vouloir ou plûtôt de choisir, et dans le sentiment de cette puissance on ne trouve que des actes purement spirituels, dont on n'explique rien par les Loix de la Mécanique.

---

1. Il s'agit de Montaigne commentant Plutarque.

Mais, quand les difficultés qui environnent toutes ces questions, laisseroient quelque lieu de disputer sur cette différence de l'homme et de l'animal, il y a une autre qualité très spécifique qui les distingue, et sur laquelle il ne peut y avoir de contestation, c'est la faculté de se perfectionner; faculté qui, à l'aide des circonstances, développe successivement toutes les autres, et réside parmi nous tant dans l'espéce, que dans l'individu, au lieu qu'un animal est, au bout de quelques mois, ce qu'il sera toute sa vie, et son espéce, au bout de mille ans, ce qu'elle était la premiere année de ces mille ans. Pourquoi l'homme seul est-il sujet à devenir imbécile? N'est-ce point qu'il retourne ainsi dans son état primitif, et que, tandis que la Bête, qui n'a rien acquis et qui n'a rien non plus à perdre, reste toujours avec son instinct, l'homme reperdant par la vieillesse ou d'autres accidens, tout ce que sa *perfectibilité* lui avoit fait acquerir, retombe ainsi plus bas que la Bête même? Il serait triste pour nous d'être forcés de convenir, que cette faculté distinctive, et presque illimitée, est la source de tous les malheurs de l'homme; que c'est elle qui le tire, à force de temps, de cette condition originaire, dans laquelle il coulerait des jours tranquilles, et innocens; que c'est elle, qui faisant éclore avec les siécles ses lumiéres et ses erreurs, ses vices et ses vertus, le rend à la longue le tiran de lui-même, et de la Nature; (IX)[2]. Il seroit affreux d'être obligés de loüer comme un être bien-faisant celui qui le premier suggéra à l'habitant des Rives de l'Orénoque l'usage de ces Ais qu'il applique sur les tempes de ses Enfans, et qui leur assurent du moins une partie de leur imbécilité, et de leur bonheur originel[3].

L'Homme Sauvage, livré par la Nature au seul instinct, ou plûtôt dédommagé de celui qui lui manque peut-être, par des facultés capables d'y suppléer d'abord, et de l'élever ensuite for au-dessus de celle là, commencera donc par les fonctions purement animales: (X)[4] appercevoir et sentir sera son premier état, qui lui sera commun avec tous les animaux. Vouloir et ne pas vouloir, désirer et craindre, seront les premiéres, et presque les seules operations de son ame, jusqu'à ce que de nouvelles circonstances y causent de nouveaux développemens.

Quoiqu'en disent les Moralistes, l'entendement humain doit beaucoup aux Passions, qui, d'un commun aveu, lui doivent beaucoup aussi: C'est par leur activité, que notre raison se perfectionne; Nous ne cherchons à connoître, que parce que nous desirons de jouïr, et il n'est pas possible de concevoir pourquoi celui qui n'auroit ni désirs ni craintes se donneroit la peine de raisonner. Les Passions, à leur tour, tirent leur origine de nos besoins, et leur progrès de nos connoissances; car on ne peut desirer ou craindre les choses, que sur les idées qu'on en peut avoir, ou par la simple impulsion de la Nature; et l'homme Sauvage, privé de toute sorte de lumiéres, n'éprouve que les Passions de cette derniére espéce; Ses desirs ne passent pas ses besoins Physiques; (XI)[5]. Les seuls biens qu'il connoisse dans l'Univers, sont la nourriture, une femme, et le repos; les seuls maux qu'il craigne, sont la douleur, et la faim; Je dis la douleur, et non la mort; car jamais l'animal ne saura ce que c'est que mourir, et la connoissance de

---

2. La note IX est reproduite à la fin de cet extrait.

3. Rousseau s'inspire ici d'un récit de voyage de François Coréal: «Les peuples qui vivent entre l'Orénoque et l'Amazone ont tous la coutume ridicule d'aplatir la tête et le visage de leurs enfants aussitôt qu'ils sont venus au monde. Ils leur mettent pour cela la tête entre deux ais destinés à cet usage.» (François Coréal, *Voyages aux Indes Occidentales*, t. I, vol. 2, Paris, 1722, p. 260-261.)

4. Nous ne reproduisons pas la note X.

5. La note XI fait suite à la note IX, qui est reproduite à la fin de cet extrait.

la mort, et de ses terreurs, est une des premiéres acquisitions que l'homme ait faites, en s'éloignant de la condition animale.

Il me seroit aisé, si cela m'étoit nécessaire, d'appuier ce sentiment par les faits, et de faire voir, que chez toutes les Nations du monde, les progrès de l'Esprit se sont precisement proportionnés aux besoins, que les Peuples avoient reçus de la Nature, ou auxquels les circonstances les avoient assujetis, et par consequent aux passions, qui les portoient à pourvoir à ces besoins. Je montrerois en Egypte les arts naissans, et s'étendant avec les débordemens du Nil; Je suivrois leur progrès chez les Grecs, où l'on les vit germer, croître, et s'élever jusqu'aux Cieux parmi les Sables, et les Rochers de l'Attique, sans pouvoir prendre racine sur les Bords fertiles de l'Eurotas; Je remarquerois qu'en général les Peuples du Nord sont plus industrieux que ceux du midi, parce qu'ils peuvent moins se passer de l'être, comme si la Nature vouloit ainsi égaliser les choses, en donnant aux Esprits la fertilité qu'elle refuse à la Terre.

Mais sans recourir aux témoignages incertains de l'Histoire, qui ne voit que tout semble éloigner de l'homme Sauvage la tentation et les moyens de cesser de l'être? Son imagination ne lui peint rien; son cœur ne lui demande rien. Ses modiques besoins se trouvent si aisément sous sa main, et il est si loin du degré de connoissances nécessaire pour désirer d'en acquérir de plus grandes, qu'il ne peut avoir ni prévoyance, ni curiosité. Le spectacle de la Nature lui devient indifférent, à force de lui devenir familier. C'est toujours le même ordre, ce sont toujours les mêmes révolutions; il n'a pas l'esprit de s'étonner des plus grandes merveilles; et ce n'est pas chez lui qu'il faut chercher la Philosophie dont l'homme a besoin, pour savoir observer une fois ce qu'il a vû tous les jours. Son ame, que rien n'agite, se livre au seul sentiment de son existence actuelle, sans aucune idée de l'avenir, quelque prochain qu'il puisse être, et ses projets bornés comme ses vûes, s'étendent à peine jusqu'à la fin de la journée. Tel est encore aujourd'hui le degré de prévoyance du Caraybe: Il vend le matin son lit de Coton, et vient pleurer le soir pour le racheter, faute d'avoir prévû qu'il en auroit besoin pour la nuit prochaine.

Plus on médite sur ce sujet, plus la distance des pures sensations aux plus simples connoissances s'aggrandit à nos regards; et il est impossible de concevoir comment un homme auroit pû par ses seules forces, sans le secours de la communication, et sans l'aiguillon de la nécessité, franchir un si grand intervale. Combien de siècles se sont peut-être écoulés avant que les hommes ayent été à portée de voir d'autre feu que celui du Ciel? Combien ne leur a-t-il pas falu de différens hazards pour apprendre les usages les plus communs de cet élement? Combien de fois ne l'ont ils pas laissé éteindre, avant que d'avoir acquis l'art de le reproduire? Et combien de fois peut-être chacun de ces secrets n'est-il pas mort avec celui qui l'avoit découvert?

(Note IX) – Un auteur célèbre[6] calculant les biens et les maux de la vie humaine et comparant les deux sommes, a trouvé que la derniére surpassoit l'autre de beaucoup, et qu'à tout prendre la vie étoit pour l'homme un assés mauvais présent. Je ne suis point surpris de sa conclusion; il a tiré tous ses raisonnemens de la constitution de l'homme Civil: s'il fût remonté jusqu'à l'homme

---

6. Rousseau fait allusion à Maupertuis et à son *Essai de philosophie morale*, dont le deuxième chapitre s'intitule «Que dans la vie ordinaire la somme des maux surpasse celle des biens».

Naturel, on peut juger qu'il eût trouvé des resultats très différens, qu'il eût apperçû que l'homme n'a guéres de maux que ceux qu'il s'est donnés lui-même, et que la Nature eût été justifiée. Ce n'est pas sans peine que nous sommes parvenus à nous rendre si malheureux. Quand d'un côté l'on considère les immenses travaux des hommes, tant de Sciences approfondies, tant d'arts inventés; tant de forces employées; des abimes comblés, des montagnes rasées, des rochers brisés, des fleuves rendus navigables, des terres défrichées, des lacs creusés, des marais dessechés, des batiments énormes élevés sur la terre, la mer couverte de Vaisseaux et de Matelots; et que de l'autre on recherche avec un peu de meditation les vrais avantages qui ont résulté de tout cela pour le bonheur de l'espéce humaine; on ne peut qu'être frappé de l'étonnante disproportion qui régne entre ces choses, et déplorer l'aveuglement de l'homme qui, pour nourrir son fol orgueil et je ne sais quelle vaine admiration de lui-même, le fait courir avec ardeur après toutes les miséres dont il est susceptible, et que la bienfaisante Nature avoit pris soin d'écarter de lui.

Les hommes sont méchans; une triste et continuelle experience dispense de la preuve; cependant l'homme est naturellement bon, je crois l'avoir demontré; qu'est-ce donc qui peut l'avoir dépravé à ce point sinon les changemens survenus dans sa constitution, les progrès qu'il a faits, et les connoissances qu'il a acquises? Qu'on admire tant qu'on voudra la Société humaine, il n'en sera pas moins vrai qu'elle porte nécessairement les hommes à s'entrehaïr à proportion que leurs intérêts se croisent, à se rendre mutuellement des services apparens et à se faire en effet tous les maux imaginables. Que peut on penser d'un commerce où la raison de chaque particulier lui dicte des maximes directement contraires à celles que la raison publique préche au corps de la Société, et où chacun trouve son compte dans le malheur d'autrui? Il n'y a peut-être pas un homme aisé à qui des héritiers avides et souvent ses propres enfans ne souhaitent la mort en secret; pas un Vaisseau en Mer dont le naufrage ne fût une bonne nouvelle pour quelque Négociant; pas une maison qu'un débiteur de mauvaise foi ne voulût voir bruler avec tous les papiers qu'elle contient; pas un Peuple qui ne se réjouisse des desastres de ses voisins. C'est ainsi que nous trouvons notre avantage dans le préjudice de nos semblables, et que la perte de l'un fait presque toujours la prospérité de l'autre: mais ce qu'il y a de plus dangereux encore, c'est que les calamités publiques font l'attente et l'espoir d'une multitude de particuliers. Les uns veulent des maladies, d'autres la mortalité, d'autres la guerre, d'autres la famine; j'ai vû des hommes affreux pleurer de douleur aux apparences d'une année fertile, et le grand et funeste incendie de Londres[7] qui coûta la vie ou les biens à tant de malheureux, fit peut-être la fortune à plus de dix mille personnes. Je sais que Montaigne blâme l'Athénien Démades d'avoir fait punir un Ouvrier qui, vendant fort cher des cercueils, gagnoit beaucoup à la mort des Citoyens: Mais la raison que Montaigne[8] allégue étant qu'il faudroit punir tout le monde, il est évident qu'elle confirme les miennes. Qu'on pénètre donc au travers de nos frivoles démonstrations de bienveillance ce qui se passe au fond des cœurs, et qu'on refléchisse à ce que doit être un état de choses où tous les hommes sont forcés de se caresser et de se détruire mutuellement, et où ils naissent ennemis par devoir et fourbes par intérêt. Si l'on me répond que la Société est tellement constituée que chaque homme gagne à servir les autres; je répliquerai que cela seroit fort bien s'il ne gagnoit encore plus à leur nuire. Il n'y a point de profit si légitime qui ne soit surpassé par celui qu'on peut faire illégitimement, et le tort fait au prochain est toujours plus lucratif que les services. Il ne s'agit donc plus que de trouver les moyens de s'assurer l'impunité, et c'est à quoi les puissans employent toutes leurs forces, et les foibles toutes leurs ruses.

L'Homme Sauvage, quand il a diné, est en paix avec toute la Nature, et l'ami de tous ses semblables. S'agit il quelquefois de disputer son repas? Il n'en vient jamais aux coups sans avoir auparavant comparé la difficulté de vaincre avec celle de trouver ailleurs sa subsistance; et comme l'orgueil ne se mêle pas du combat, il se termine par quelques coups de poing; Le vainqueur mange, le vaincu va chercher fortune, et tout est pacifié: mais chez l'homme en Société, ce sont bien d'autres affaires; il s'agit premiérement de pourvoir au nécessaire, et puis au superflu; ensuite viennent les

---

7. Cet incendie est survenu en 1666.

8. Montaigne, *Essais*, 1. I, ch. XXII, «Le profit de l'un est dommage de l'autre».

délices, et puis les immenses richesses, et puis des sujets, et puis des Esclaves; il n'a pas un moment de relâche; ce qu'il y a de plus singulier, c'est que moins les besoins sont naturels et pressans, plus les passions augmentent, et, qui pis est, le pouvoir de les satisfaire; de sorte qu'après de longues prospérités, après avoir englouti bien des trésors et desolé bien des hommes, mon Héros finira par tout égorger jusqu'à ce qu'il soit l'unique maître de l'Univers. Tel est en abregé le tableau moral, sinon de la vie humaine, au moins des prétentions secrettes du cœur de tout homme Civilisé. […]

(Note XI) – Cela me paroît de la dernière évidence, et je ne saurois concevoir d'où nos philosophes peuvent faire naître toutes les passions qu'ils prétent à l'homme Naturel. Excepté le seul necessaire Physique, que la Nature même demande, tous nos autres besoins ne sont tels que par l'habitude avant laquelle ils n'étoient point des besoins, ou par nos desirs, et l'on ne desire point ce qu'on n'est pas en état de connoître. D'où il suit que l'homme Sauvage ne desirant que les choses qu'il connoît et ne connoissant que celles dont la possession est en son pouvoir ou facile à acquérir, rien ne doit être si tranquille que son ame et rien si borné que son esprit.

ROUSSEAU, Jean-Jacques. *Discours sur l'origine et les fondements de l'inégalité parmi les hommes*, Première Partie, Paris, Éditions Gallimard, coll. «Folio/Essais», 1992, p. 71-74; note IX, p. 132-133; note XI, p. 144.

Questions d'analyse et de critique

1. Rousseau établit une comparaison entre l'animal et l'homme. Identifiez et commentez les principaux points de ressemblance et de différence entre l'animal et l'homme tels que présentés dans la première partie de ce texte.

2. Le passage contenant la note XI ainsi que le passage suivant mettent en rapport l'entendement humain et les passions. Résumez, dans vos propres mots, ce qu'en dit Rousseau.

3. Dans la note IX, Rousseau trace le «tableau moral» de l'homme civil vivant dans la société humaine.

   a) Résumez, dans vos propres mots, les caractères fondamentaux que Rousseau attribue à la société humaine et aux commerces des humains dans cette société.

   b) Reprenez un à un ces caractères fondamentaux «sinon de la vie humaine, au moins des prétentions secrètes du cœur de tout humain Civilisé», et évaluez-les séparément. (*Minimum suggéré: une page.*)

B

Exercice comparatif : Rousseau et Descartes

Objectif spécifique

> L'étudiant ou l'étudiante devra être capable de procéder à une comparaison entre deux conceptions modernes de l'être humain à propos d'un même thème.

Contexte de réalisation

Individuellement, à l'occasion d'un texte d'environ 350 mots (une page et demie), comparer, c'est-à-dire examiner les rapports de ressemblance et de différence entre la conception rousseauiste et la conception cartésienne de l'être humain à propos du thème du sujet.

Étapes suggérées

1. a) Caractériser la conception rousseauiste de l'être humain en regard du thème du sujet. Par exemple, demandez-vous dans quelle mesure l'homme est-il, pour Rousseau, un sujet historique et immanent.

   b) Caractériser la conception cartésienne de l'être humain en regard du thème du sujet. Par exemple, demandez-vous en quoi et comment, pour Descartes, l'homme est-il un sujet rationnel et transcendant.

2. a) S'il y a lieu, identifier les liens ou les similitudes entre la conception rousseauiste et la conception cartésienne de l'être humain à propos du thème du sujet.

   b) S'il y a lieu, dégager les oppositions ou les antagonismes entre la conception rousseauiste et la conception cartésienne de l'être humain à propos du thème du sujet.

CHAPITRE TROISIÈME

L'homme

comme être social

Marx ou le matérialisme dialectique et historique

L'INDIVIDU EST L'ÊTRE SOCIAL.
SA VIE – MÊME SI ELLE
N'APPARAÎT PAS SOUS LA FORME
DIRECTE D'UNE MANIFESTATION
COMMUNE DE L'EXISTENCE,
ACCOMPLIE SIMULTANÉMENT AVEC
D'AUTRES – EST UNE
AFFIRMATION DE LA VIE SOCIALE.

Karl Marx, *Économie et Philosophie*
(Manuscrits de 1844), in Œuvres
(Économie), p. 82.

MARX ET SA LUTTE CONTRE LE CAPITALISME DU XIXᵉ SIÈCLE

RÉACTION-NAIRE

Se dit d'une attitude ou d'une action qui s'oppose aux changements sociopolitiques et qui visent à conserver les institutions du passé.

Karl Marx naît le 5 mai 1818 à Trèves, en Allemagne, dans une famille juive convertie au protestantisme luthérien. Son père étant avocat, le jeune Marx commence, en 1837, des études à la faculté de droit de Berlin. Puis, c'est la philosophie et l'histoire qui captent son attention. En 1841, il obtient de l'université d'Iéna un doctorat en philosophie en soutenant une thèse sur la *Différence des philosophies de la nature de Démocrite et d'Épicure*[1]. Le contexte sociopolitique **réactionnaire** qu'entretient l'État monarchique constitutionnel prussien empêche toutefois Marx d'embrasser la carrière universitaire à laquelle il se dédiait. En lieu et place, il exerce le métier de journaliste politique à la *Gazette rhénane* de Cologne. Il en devient le directeur, mais en 1843, un interdit gouvernemental met fin à la production et à la diffusion du journal.

À l'automne 1843, Marx s'installe à Paris: il y fréquente des groupes socialistes et rencontre Friedrich Engels (1820-1895) qui deviendra son ami et le cosignataire de nombreux volumes. À Paris, Marx dirige les *Annales franco-allemandes* qui publient, en 1844, *La question juive* et la *Contribution à la philosophie du droit de Hegel*. L'année suivante, Marx et Engels écrivent *La Sainte Famille*. En 1847, *La Ligue des communistes* leur commande *Le Manifeste du Parti Communiste*. Pour Marx et Engels, c'est le début d'une longue et fructueuse collaboration intellectuelle et militante dont le but est d'éduquer, de former et d'organiser le mouvement ouvrier. Marx veut comprendre la société capitaliste de son temps («l'époque bourgeoise»), en expliquer la structure et les lois afin de la transformer[2]. Il propose un nouveau modèle d'organisation économique et sociale qui contribuerait à la réalisation globale de l'être humain. Pour ce faire, Marx étudie la modernité de son époque qu'il décrit de la manière suivante:

FILS D'UN RICHE INDUSTRIEL ALLEMAND, FRIEDRICH ENGELS FUT LE COMPAGNON DE ROUTE INDÉFECTIBLE DE MARX. À MAINTES REPRISES, IL LUI APPORTA MÊME UNE AIDE FINANCIÈRE.

> Ce bouleversement continuel de la production, cet ébranlement ininterrompu de tout le système social, cette agitation et cette perpétuelle insécurité distinguent l'époque bourgeoise de toutes les précédentes. Tous les rapports sociaux traditionnels et figés avec leur cortège de notions et d'idées antiques et vénérables se dissolvent: tous ceux qui les remplacent vieillissent avant même de pouvoir s'ossifier. Tout ce qui avait solidité et permanence s'en va en fumée, tout ce qui était sacré est profané, et les hommes sont enfin forcés de jeter un regard lucide sur leurs conditions d'existence et leurs rapports réciproques[3].

---

1. Démocrite (v. ~460 – v. ~370), philosophe grec de l'Antiquité, a développé une physique matérialiste, l'*atomisme*, qui conçoit nature comme un mouvement infini de particules matérielles insécables et éternelles se combinant entre elles pour produire le corps. Or, dans sa thèse, Marx rejette le déterminisme mécaniste de Démocrite et tente, à l'instar d'Épicure (~341 – ~270), c fonder l'existence de la liberté de l'homme.

2. La notion de *praxis* sert à exprimer ce mouvement qui va de l'explication théorique à l'action modifiant l'état de chose présen Nous présenterons cette notion dans la partie de ce chapitre intitulée: «L'être humain et le travail».

3. Karl Marx et Friedrich Engels, *Manifeste du Parti communiste*, Paris, Union générale d'éditions, coll. «10-18» , 1962, p. 22-23.

L'EXPRESSION «RÉVOLUTION INDUS-
TRIELLE» FUT UTILISÉE DANS LES
ANNÉES 1820 POUR COMPARER
L'IMPORTANCE DES BOULEVERSEMENTS
INDUSTRIELS D'ALORS AUX CHANGE-
MENTS POLITIQUES PRODUITS PAR LA
RÉVOLUTION FRANÇAISE DE 1789.

Décrivons brièvement les nouvelles conditions d'existence instaurées par la bourgeoisie[4]. À la fin du XVIIIe siècle,
l'Angleterre connaît une «RÉVOLUTION INDUSTRIELLE» sans
précédent dans les domaines du textile, du charbon et du fer.
L'invention d'une machine à filer (*mule-jennies*), et la mise
au point de métiers à tisser mécanisés transforment radicalement la production de fils et de tissus de coton. Les propriétaires des manufactures ont besoin d'une main-d'œuvre
abondante. Des milliers d'ouvriers s'agglutinent dans les villes. On leur construit des logis
insalubres. Et puisqu'il faut chauffer ces taudis destinés à la classe ouvrière, il y a exploitation accrue des mines de charbon. À partir du milieu du XVIIIe siècle, ces conditions se
propagent sur le continent européen. Marx observe les ouvriers de son époque, qui font
face à un univers éclaté et fragmenté en raison de l'industralisation débridée, de l'organisation inhumaine du travail, de la misère presque généralisée. Il est difficile de s'imaginer
les conditions de vie de la majorité des travailleurs en Angleterre, en Belgique, en Allemagne
et en France, du milieu à la fin du XIXe siècle. Que l'on pense aux centaines de milliers
d'hommes, de femmes et d'enfants qui s'engouffraient dans les
mines de charbon ou dans les manufactures de textile, travaillant
quatorze heures par jour, six jours par semaine, dans des conditions épouvantables pour un salaire qui suffisait à peine à leur
survie[5]. «Notre époque, l'époque de la bourgeoisie, se distingue
par la simplification des antagonismes de classe. La société tout
entière se divise de plus en plus en deux vastes camps ennemis,
en deux grandes classes diamétralement opposées: la bourgeoisie[6] et le prolétariat[7].» Cette crise sociale, qui marque profondément la deuxième moitié du XIXe siècle, constitue, aux
yeux de Marx, une situation révolutionnaire sans précédent. Il
faut changer ce monde! Marx s'y attaque, et bien sûr, il dérange
l'Ordre établi, c'est-à-dire le système économique, social et politique qui permet l'exploitation d'une classe (le prolétariat) par
une autre classe (la bourgeoisie).

Marx est expulsé de France et de Bruxelles pour activités
révolutionnaires; il doit se réfugier à Londres en 1849. Il y vit avec
sa famille dans une grande pauvreté, partageant son temps et ses
énergies entre la cause des travailleurs à laquelle il est entièrement
dévoué [en 1864, il œuvre à la fondation de la 1re Internationale
(Association Internationale des Travailleurs)], et ses nombreux
ouvrages en économie (*Le Capital*, tome I, publié en 1867) et en
histoire (*La lutte des classes en France*, 1849-1851).

LE SORT RÉSERVÉ AUX ENFANTS DES COUCHES
POPULAIRES ENTACHE D'UN IRRÉMÉDIABLE SCAN-
DALE LA RÉVOLUTION INDUSTRIELLE CAPITALISTE. À
PARTIR DE L'ÂGE DE SIX ANS, ON LES OBLIGE À TRA-
VAILLER DANS DES CONDITIONS MISÉRABLES. MIS À
L'AMENDE, EMPRISONNÉS, BATTUS, FOUETTÉS POUR LA
MOINDRE DÉFAILLANCE, LES ENFANTS DEVIENNENT
LES ESCLAVES DU CAPITALISME «SAUVAGE».

---

4. Des romanciers de grand talent tracèrent le portrait de cette époque trouble. Mentionnons Charles Dickens (1812-1870) qui
dénonce l'exploitation capitaliste et les misères sociales de son époque dans *Hard Times* (1854). Pensons aussi à Émile Zola
(1840-1902) qui décrit les conditions de vie pitoyables des mineurs et de leur grève dans *Germinal* (1885).

5. Une étude intitulée *On the Sanitary Conditions of the Labouring Population of Great Britain in 1842* indiquait que l'âge moyen
de décès pour «les ouvriers et leurs familles» à Manchester (prototype de la ville industrielle britannique) était de 17 ans alors
que les travailleurs ruraux décédaient en moyenne à 38 ans.

6. Dans les notes afférentes au *Manifeste*, la bourgeoisie est définie comme «la classe des capitalistes modernes, propriétaires de moyen
de production et exploitant le travail salarié». Le prolétariat, quant à lui, est décrit comme «la classe des travailleurs modernes
qui, n'ayant aucun moyen de production, sont obligés de vendre leur travail pour survivre.» (p. 63)

7. Karl Marx et Friedrich Engels, *Manifeste du Parti communiste*, p. 21.

HÉGÉMONIE

Domination souveraine (d'une puissance, d'une nation) sur d'autres.

SPÉCULATIVE

Qui appartient à la théorie, à la recherche abstraite.

Marx meurt à Londres en 1883 assis dans le fauteuil de son bureau où il travaillait. Il laisse à l'humanité une œuvre capitale dont la pensée et l'action ont marqué d'une manière décisive la fin du XIXe siècle et la majeure partie du XXe siècle. N'oublions pas que près de la moitié de l'humanité vivait il y a peu de temps encore sous l'**hégémonie** de régimes politiques qui se réclamaient (souvent injustement…) de sa philosophie! À titre d'exemple, qu'il suffise de rappeler les partis-États socialistes appartenant à ce qu'on appelait «les pays du bloc de l'Est[8]» qui se sont servis du marxisme comme d'une doctrine d'organisation sociale et politique. Quant à nous, nous nous intéresserons à la philosophie proprement marxienne[9], celle qui rompt avec la philosophie **spéculative** et qui, ce faisant, transforme radicalement la pratique de la philosophie. En effet, Marx a révolutionné les représentations de l'individu et des liens qui l'unissent à la société. Il les a repensés en fonction d'une «méthode dialectique» et historique, ou, pour utiliser l'expression de Engels, d'une «dialectique matérialiste». Marx a élaboré en quelque sorte une nouvelle grille d'analyse du monde et de l'homme qui se voulait scientifique et qu'on a appelé le matérialisme dialectique et historique. Voyons brièvement de quoi il s'agit.

LE MATÉRIALISME DIALECTIQUE ET HISTORIQUE

LE MATÉRIALISME DONT IL EST QUESTION ICI N'A RIEN À VOIR AVEC LA SIGNIFICATION COURANTE DONNÉE À CE MOT, C'EST-À-DIRE L'ÉTAT D'ESPRIT DE L'INDIVIDU QUI RECHERCHE L'ACCUMULATION DE GAINS ET DE BIENS MATÉRIELS. LE MATÉRIALISME CONSTITUE UN COURANT PHILOSOPHIQUE QUI N'ADMET D'AUTRE SUBSTANCE OU RÉALITÉ QUE LA MATIÈRE. L'UNIVERS EXTÉRIEUR EXISTE DONC INDÉPENDAMMENT DE LA PENSÉE.

Marx et Engels ont été les créateurs et les ardents défenseurs du matérialisme dialectique et historique. Prenons un à un les trois termes de cette expression.

La philosophie marxienne est un matérialisme dans la mesure où la matière en mouvement constitue, selon cette doctrine, la substance de toute réalité. D'après Marx, il faut partir du réel lui-même (et non d'idées ou d'abstractions!) pour appréhender et comprendre le monde réel. La «base matérielle» à partir de laquelle Marx échafaude sa théorie correspond aux conditions pratiques de l'existence humaine, c'est-à-dire les conditions de vie économiques et sociales qui s'inscrivent dans un processus de changement. La loi fondamentale qui explique le changement, l'évolution de l'être humain et des sociétés est la dialectique.

ANTAGONISME

Opposition de deux forces rivales.

La philosophie marxienne est un matérialisme dialectique en ce sens qu'elle poursuit la saisie des éléments contradictoires et **antagonistes** inscrits dans la réalité et qui s'affrontent sans cesse. La relation de l'être humain à la nature et à autrui (par la médiation du TRAVAIL en particulier, et de l'activité économique en général), obéit, dans le cadre de l'histoire, à un mouvement dialectique. Ainsi, il y a, dans la société capitaliste, une opposition dialectique entre la classe bourgeoise possédante et dirigeante, et la classe opprimée des travailleurs. Cet antagonisme dialectique ne pourra, selon Marx, être dépassé que par la révolution qui permettra la constitution d'un État ouvrier (étape du socialisme) et l'édification d'une société sans classes où les hommes seront égaux et libres (étape du communisme).

LE TRAVAIL EST CONSIDÉRÉ PAR MARX COMME UN PROCESSUS CRÉATEUR QUI SERT D'INTERMÉDIAIRE ENTRE L'HOMME ET LE MONDE.

8. Ces pays ont vécu sous l'empire de l'U.R.S.S. jusqu'au 5 septembre 1991. Après soixante-quatorze ans de régime centralisé «communiste», le congrès des députés a sabordé la fédération soviétique pour instaurer une nouvelle union de républiques souveraines.

9. Tout au long de cet exposé, nous utiliserons l'expression «philosophie marxienne» pour désigner la pensée propre de Karl Marx telle qu'elle se révèle dans ses œuvres. Le terme «marxiste» ne devrait servir, selon nous, qu'à nommer les diverses interprétations et applications qui ont dérivé de la théorie marxienne.

La philosophie marxienne est un matérialisme historique puisqu'elle explique l'évolution des sociétés à partir des réalités économiques qu'ont connues les différentes sociétés à travers l'histoire de l'humanité.

Les hommes font leur propre histoire, mais ils ne la font pas arbitrairement, dans des conditions choisies par eux, mais dans des conditions directement données et héritées du passé[10].

Ainsi, la société capitaliste ou bourgeoise – qui a succédé au régime féodal[11] qui, lui, avait remplacé le régime esclavagiste[12] qui s'était à son tour substitué au régime de la commune primitive[13] – s'organise à partir d'un mode de production déterminé, c'est-à-dire à partir d'une manière spécifique de produire les biens matériels, laquelle implique un type particulier de propriété des MOYENS DE PRODUCTION et l'existence de deux classes opposées: celle des exploiteurs (la bourgeoisie) et celle des exploités (le prolétariat).

> LES MOYENS DE PRODUCTION CORRESPONDENT À TOUT CE QUI INTERVIENT DANS LE PROCESSUS DE TRAVAIL: RESSOURCES NATURELLES (MATIÈRES PREMIÈRES) ET INSTRUMENTS DE PRODUCTION (MACHINES, OUTILS, LOCAUX, ETC.).

Figure 3.1 Le schéma marxien de l'évolution des sociétés

Régime communiste
- Propriété collectiviste des moyens de production
- Société sans classe

Régime capitaliste
- Les bourgeois possèdent les moyens de production et exploitent les propriétaires.

Régime féodal
- Les seigneurs possèdent les moyens de production et tirent profit des serfs.

Régime esclavagiste
- Les maîtres possèdent tous les moyens de production (esclaves).

Régime de la commune primitive
- Propriété commune des moyens de production
- Société sans classe

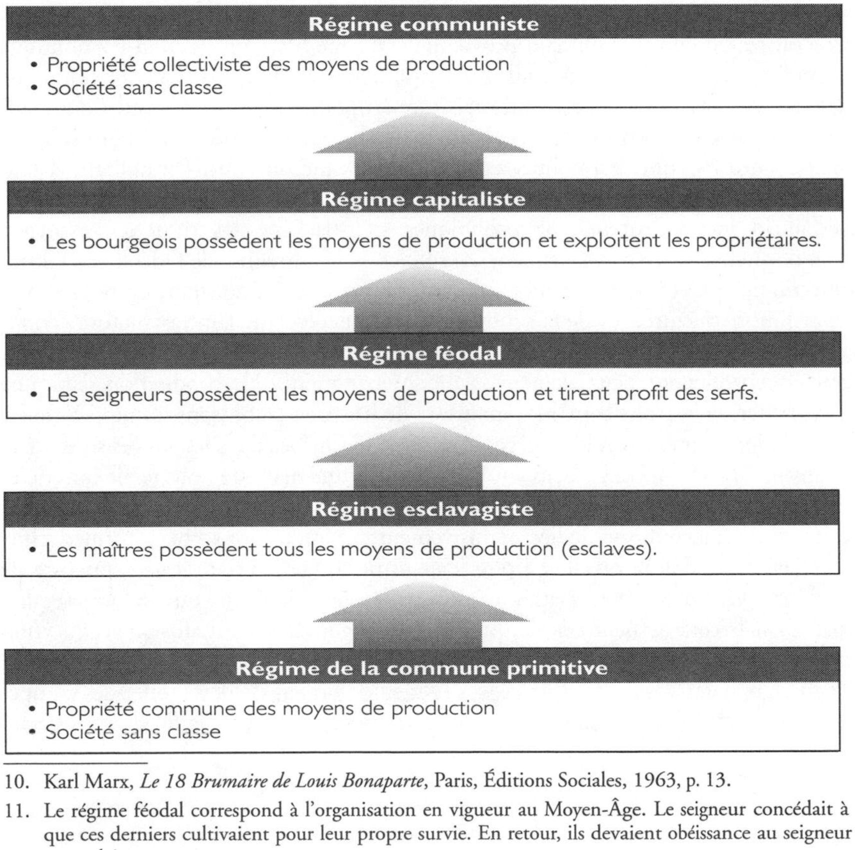

10. Karl Marx, *Le 18 Brumaire de Louis Bonaparte*, Paris, Éditions Sociales, 1963, p. 13.

11. Le régime féodal correspond à l'organisation en vigueur au Moyen-Âge. Le seigneur concédait à ses serfs des parcelles de terre que ces derniers cultivaient pour leur propre survie. En retour, ils devaient obéissance au seigneur et étaient obligés de travailler sans salaire sur ses terres.

12. Le régime esclavagiste est caractérisé par la propriété absolue du maître sur toutes les sources de richesses, y compris les hommes, qu'il considère comme de simples instruments de travail.

13. Pour se protéger des calamités naturelles et humaines, les peuples primitifs, selon Marx, mettaient en commun leurs forces, et les fruits de leur travail étaient répartis entre les membres de la communauté. Le régime de la commune primitive se fondait donc sur des rapports de production égalitaires et sur des rapports de collaboration réciproques qui donnaient naissance à une société sans classes.

La primauté de la vie économique

L'apport fondamental de la philosophie marxienne a été d'établir que le type d'organisation économique constitue la base sur laquelle se construit l'ensemble de l'édifice social.

Dans la production sociale de leur existence, les hommes nouent des rapports déterminés, nécessaires, indépendants de leur volonté: ces rapports de production correspondent à un degré donné du développement de leurs forces productives matérielles. L'ensemble de ces rapports forme la structure économique de la société, la fondation réelle sur laquelle s'élève un édifice juridique et politique, et à quoi répondent des formes déterminées de la conscience sociale[14].

Marx donne le nom d'*infrastructure économique* à cette fondation (le mode de production matérielle) de laquelle découleront les rapports sociaux de production[15] issus de l'organisation du travail et les conditions d'existence particulières des agents de la production. Or, l'influence de l'infrastructure économique ne s'arrête pas là. C'est elle qui détermine la *superstructure*, c'est-à-dire l'ensemble de l'organisation juridique, politique et idéologique propre à une société donnée. Ainsi, l'État, les lois, les idées, les valeurs et les mœurs que connaît une société ne sont pas des éléments neutres, mais ils découlent de l'infrastructure économique et lui permettent de se reproduire. Plus particulièrement, les conceptions que l'on se fait de l'être humain proviennent du mode de production économique qui les a générées et s'expliquent par lui. En simplifiant un peu, nous pourrions dire que c'est parce que nous vivons dans une infrastructure économique capitaliste que nous trouvons normal de penser l'homme et son existence sous l'éclairage du «chacun pour soi», du «qui veut peut», du «profit réciproque» et de la «rentabilité obligée». Par ailleurs, il faut ajouter que si le type d'organisation économique (l'infrastructure) détermine les activités politiques, juridiques, culturelles, philosophiques, etc. (la superstructure) d'une société donnée, en revanche, ces activités viennent consolider, par l'entremise de l'idéologie, l'infrastructure économique. En d'autres mots, il existe un va-et-vient constant entre la superstructure et l'infrastructure, les deux s'influençant mutuellement. L'infrastructure économique est l'assise de la société, mais il n'en demeure pas moins que les idées en vigueur renforcent et reproduisent généralement le mode économique de production dans une société particulière. Illustrons cette idée maîtresse de Marx en établissant un rapport entre le type d'éducation valorisé dans les collèges classiques du Québec dans les années soixante et celui qu'a institué la réforme des cégeps, en 1994. Une lecture marxiste nous ferait considérer la culture humaniste dite libérale véhiculée dans les collèges classiques comme étant la chasse-gardée d'une élite francophone dédiée exclusivement aux professions libérales (médecine, droit, notariat) étant donné qu'elle ne possédait ni ne dirigeait l'économie capitaliste de l'époque. Poursuivant cette interprétation marxiste, nous pourrions dire que les propriétaires de l'industrie québécoise actuelle ont fait pression sur le gouvernement afin que l'éducation post-secondaire soit davantage orientée en fonction des besoins du marché. En conséquence, l'enseignement donné dans les cégeps tentera désormais de développer des compétences mesurables et utilisables dans le monde du travail capitaliste de la fin du XXᵉ siècle.

---

14. Karl Marx, *Critique de l'économie politique*, in *Œuvres (Économie)*, t. I, trad. Maximilien Rubel et Louis Evrard, Paris, Éditions Gallimard, NRF, Bibliothèque de la Pléiade, 1972, p. 272-273.

15. Les rapports sociaux de production sont les relations qui s'établissent entre les hommes dans le processus de production (par exemple, les rapports entre le propriétaire capitaliste des moyens de production et les travailleurs), rapports qui se concrétisent sous la forme du salariat qui, selon Marx, vient camoufler la réalité de l'exploitation des travailleurs par les capitalistes. Ainsi, à l'époque de Marx (milieu et fin du XIXᵉ siècle), le mode de production capitaliste crée des conditions d'existence misérables et dégradantes pour des millions de prolétaires, alors qu'une minorité (la classe bourgeoise), parce qu'elle est propriétaire du mode de production matérielle, vit dans l'aisance et la liberté.

Figure 3.2　Le schéma de la conception marxienne du monde

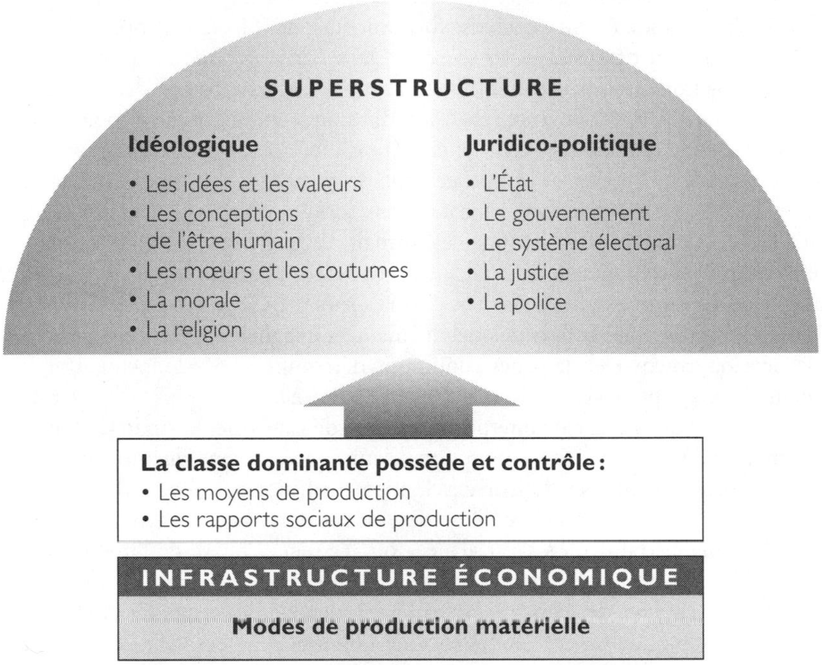

SUPERSTRUCTURE

Idéologique
- Les idées et les valeurs
- Les conceptions de l'être humain
- Les mœurs et les coutumes
- La morale
- La religion

Juridico-politique
- L'État
- Le gouvernement
- Le système électoral
- La justice
- La police

La classe dominante possède et contrôle :
- Les moyens de production
- Les rapports sociaux de production

INFRASTRUCTURE ÉCONOMIQUE

Modes de production matérielle

L'HOMME COMME ÊTRE SOCIAL ET HISTORIQUE

Comme tous les philosophes de la tradition occidentale, Marx cherche ce qu'il y a d'essentiel dans l'existence humaine. Cependant, il ne peut accepter que l'essence de l'homme se trouve dans une idée ou un concept sous lequel se rangeraient tous les indivi-dus. Adhérer à une telle vision de l'être humain, c'est croire qu'une abstraction **générique** se loge dans tous les individus comme une qualité ou une puissance qui les fait exister tels qu'ils sont. Dans cette optique, la philosophie cartésienne, qui accorde à l'être humain une essence **à priori**, soit la raison, ne tient aucunement compte dans sa définition de l'homme des conditions concrètes d'existence. À l'opposé, la conception marxienne de l'homme s'appuie essentiellement sur ce qui existe entre les humains à un moment historique donné, du fait de leurs rapports réciproques dans la société.

Marx décrit l'être humain comme un «animal social» qui appartient à une classe et à une société données. Lorsqu'il écrit, dans les *Manuscrits de 1844*, que «l'individu est l'être social», cela signifie que l'individu, puisqu'il s'imbrique dans des rapports sociaux déter-minés, se caractérise fondamentalement par sa relation à la société. La *VIe Thèse sur Feuer-bach* apporte un éclairage additionnel en affirmant que: «L'essence humaine n'est pas une abstraction inhérente à l'individu singulier. Dans sa réalité, c'est l'ensemble des rapports sociaux[16].» D'une part, cela veut dire que ce qui caractérise en propre l'être humain ne peut être trouvé dans un ensemble de caractères abstraits et universels qui conviendraient à tous les individus. Les hommes individuels et réels ne sont pas des exemplaires de la catégorie Homme. D'autre part, cela signifie que l'essence de l'être humain ne provient

GÉNÉRIQUE

Ce qui est commun à un groupe d'êtres ou d'objets et qui en constitue le genre.

À PRIORI

Qui est antérieur à toute expérience. S'oppose à *a poste-riori*, «qui est posté-rieur à l'expérience».

---

16. Karl Marx, *Thèses sur Feuerbach, in L'Idéologie allemande*, trad. H. Auger, G. Badia, J. Baudrillard, R. Cartelle, Paris, Éditions Sociales, coll. «L'Essentiel», 1988, p. 52.

pas de son *moi* individuel ou de l'ensemble des individus isolés qui participent à une collectivité particulière, mais réside bel et bien dans les rapports sociaux qu'entretiennent ces individus. En d'autres termes, ce qui caractérise fondamentalement la nature intime de l'être humain est produit dans et par les rapports sociaux. Dans *L'Idéologie allemande*, nous assistons à un rejet catégorique du concept d'Homme abstrait. Ce texte rompt définitivement avec l'attitude purement spéculative d'appréhension du monde et de l'homme, pour mieux faire apparaître le monde et l'homme réels. Le concept d'Homme abstrait est remplacé par celui d'homme en tant qu'être social historiquement déterminé. En somme, c'est dans le processus de vie réelle, c'est-à-dire dans les conditions sociales objectives d'existence qu'il faut chercher l'essence concrète de l'homme. Désormais, ce que Marx tente de cerner, ce sont les hommes qui existent et agissent réellement «dans leur contexte social donné, dans leurs conditions de vie données qui en ont fait ce qu'ils sont[17]». Ce qui intéresse Marx, «ce sont les hommes, non pas isolés et figés de quelque manière imaginaire, mais saisis dans leur processus de développement réel dans des conditions déterminées, développement visible empiriquement[18]». C'est pour cette raison qu'il faut, selon Marx, ne plus se référer à la philosophie spéculative qui ne fait qu'interpréter, à l'aide de catégories abstraites, l'homme et le monde, mais enfin présenter une conception scientifique (et, conséquemment, objective) des êtres humains concrets et de leur développement historique. Avec Marx, naît le constat que l'être humain est en devenir, qu'il est devenir et que, par conséquent, tenter d'en donner une définition abstraite, d'en saisir «l'idée» ou «l'essence» relève de l'impossibilité, voire de l'insignifiance. L'homme se définissant comme un être historique, les conditions sociales matérielles d'existence deviennent alors la «base concrète de ce que les philosophes se sont représenté comme "substance" et "essence de l'homme"[19]». Les caractères sociaux, que les rapports de production transmettent aux individus à un moment précis de l'histoire, les déterminent et les définissent irrémédiablement. Ils forment l'*être de l'homme*.

> La façon dont les individus manifestent leur vie reflète exactement ce qu'ils sont. Ce qu'ils sont coïncide donc avec leur production, aussi bien avec ce qu'ils produisent qu'avec la façon dont ils le produisent. Ce que sont les individus dépend donc des conditions matérielles de leur production[20].

Les êtres humains, selon Marx, ne sont pas seulement conditionnés par les rapports sociaux, ils sont carrément déterminés par eux, à un point tel que leur conscience même dépend entièrement de leurs conditions de vie sociale:

> Ce n'est pas la conscience des hommes qui détermine leur existence, c'est au contraire leur existence sociale qui détermine leur conscience[21].

Prenons comme exemple un ouvrier non spécialisé, marié, père de deux enfants, qui gagne un salaire de 36 000$ par année et qui doit subvenir seul aux besoins de sa famille. La moindre augmentation du coût du panier de provisions sera considérée comme étant catastrophique et le budget familial hebdomadaire en souffrira nécessairement. Au contraire, cette même augmentation sera jugée négligeable par le propriétaire de l'usine où travaille l'ouvrier en question. Par cet exemple, nous voyons que la conscience n'est pas un état psychique ou intellectuel qui existe en dehors de la réalité. Elle découle d'une pratique

---

17. Karl Marx et Friedrich Engels, *L'Idéologie allemande*, trad. H. Auger, G. Badia, J. Baudrillard, R. Cartelle, Paris, Éditions Sociales, coll. «L'Essentiel», 1988, p. 85.

18. *Ibid.*, p. 79.

19. *Ibid.*, p. 103-104.

20. *Ibid.*, p. 71.

21. Karl Marx, *Critique de l'économie politique*, in *Œuvres (Économie)*, t. I, p. 273.

particulière, d'une manière de vivre propre à une classe ou à une société donnée. La conscience est, en quelque sorte, un produit social. Elle se construit dans le concret: «La conscience ne peut jamais être autre chose que l'Être conscient, et l'Être des hommes est leur processus de vie réel.» La représentation que nous nous faisons des choses, des événements et des hommes ne nous vient donc pas de nous-mêmes en tant qu'êtres autonomes de pensée, mais provient de notre «processus de vie réelle[22]», c'est-à-dire de la manière dont nous produisons notre vie matérielle. En d'autres termes, ce que nous faisons ou fabriquons pour gagner notre vie et subvenir à nos besoins s'inscrit dans une organisation économique et sociale à laquelle notre conscience est redevable. Ce que nous appelons fièrement notre propre manière de penser, ce que nous défendons comme nos propres opinions ne sont, en fait, que le résultat d'un **déterminisme** issu de la structure sociale et des conditions de production ambiantes.

> La production des idées, des représentations et de la conscience est d'abord directement et intimement mêlée à l'activité matérielle et au commerce matériel des hommes, elle est le langage de la vie réelle. Les représentations, la pensée, le commerce intellectuel des hommes apparaissent ici encore comme l'émanation directe de leur comportement matériel. Il en va de même de la production intellectuelle telle qu'elle se présente dans la langue de la politique, celle des lois, de la morale, de la religion, de la métaphysique, etc., de tout un peuple. Ce sont les hommes qui sont les producteurs de leurs représentations, de leurs idées, etc., mais les hommes réels, agissants, tels qu'ils sont conditionnés par un développement déterminé de leurs forces productives et du mode de relations qui y correspond[23].

Si, par exemple, les citoyens de la Chine communiste n'ont pas, généralement, les mêmes représentations et conceptions des choses et des hommes, s'ils n'ont pas les mêmes critères d'évaluation de la réalité que les Américains[24], c'est que les Chinois vivent dans un régime économique et social différent de celui des Américains. En résumé, il est possible d'affirmer avec Marx que «les idées, les conceptions et les notions des hommes, en un mot leur conscience change avec tout changement survenu dans leurs conditions de vie, leurs relations sociales, leur existence sociale[25]».

L'ÊTRE HUMAIN ET LE TRAVAIL

Le travail occupe un rôle déterminant dans la philosophie marxienne. En effet, Marx a fait du travail la base de sa conception de l'être humain. Il s'oppose ainsi au rationalisme classique de Descartes qui expliquait l'homme par la seule raison. D'après Marx, il ne faut pas accorder la primauté à la pensée, mais à l'action. C'est l'homme agissant et non l'homme pensant qui intéresse Marx. L'être humain est avant tout un être de *praxis*. La praxis exprime l'unité nécessaire de la pensée et de la pratique, du savoir et de l'action. L'homme est donc un être de praxis dans le sens où il agit concrètement dans la réalité et possède à la fois une connaissance théorique de son action. Or, le caractère spécifique de l'être humain trouve son expression, selon Marx, dans le travail.

DÉTERMINISME

Doctrine selon laquelle tous les phénomènes (pensées, actions, événements, etc.) résultent nécessairement des causes antérieures qui les ont produits.

22. Karl Marx et Friedrich Engels, *L'Idéologie allemande,* p. 77-78.

23. *Ibid.,* p. 77.

24 Précisons toutefois qu'à des fins d'expérimentation, la Chine communiste a permis depuis dix ans l'expression et le développement du capitalisme dans la zone économique de Shenzhen. Située dans le sud de la Chine, cette région est considérée comme une oasis de la libre entreprise et de l'économie de marché!

25. Karl Marx et Friedrich Engels, *Manifeste du Parti communiste,* p. 44.

Le travail: humanisation de la nature et définition de l'homme

Le travail doit être cette «activité libre et consciente» qui unit l'être humain à la nature. En effet, c'est par le travail que l'homme agit sur la nature, qu'il l'humanise en quelque sorte afin qu'elle devienne son œuvre. La nature reçoit par l'intermédiaire du travail l'empreinte humaine: elle s'en trouve profondément, durablement marquée.

Par le travail, l'être humain transforme la nature afin que celle-ci réponde à ses besoins et, ce faisant, il se transforme lui-même:

C'est précisément en façonnant le monde des objets que l'homme commence à s'affirmer comme être générique. Cette production est sa vie générique créatrice. Grâce à cette production, la nature apparaît comme son œuvre et sa réalité. L'objet du travail est donc la réalisation de la vie générique de l'homme. L'homme ne se recrée pas seulement d'une façon intellectuelle, dans sa conscience, mais activement, réellement, et il se contemple lui-même dans un monde de sa création[26].

C'est donc en fabriquant un monde d'objets, en façonnant la nature à son image, que l'être humain s'affirme comme être conscient qui s'**actualise** dans le réel. Le travail est «l'activité propre de l'homme» qui doit lui permettre d'exprimer ses capacités intellectuelles et physiques et, par conséquent, de se réaliser lui-même. En plus de répondre à la satisfaction de ses besoins, l'homme se crée lui-même par le travail productif. Il se fait par le travail dans la mesure où c'est en produisant qu'il se définit en tant qu'être humain.

Le travail est de prime abord un acte qui se passe entre l'homme et la nature. L'homme y joue lui-même vis-à-vis de la nature le rôle d'une puissance naturelle. Les forces dont son corps est doué, bras et jambes, têtes et mains, il les met en mouvement, afin de s'assimiler des matières en leur donnant une forme utile à sa vie. En même temps qu'il agit par ce mouvement sur la nature extérieure et la modifie, il modifie sa propre nature, et développe les facultés qui y sommeillent. Nous ne nous arrêtons pas à cet état primordial du travail où il n'a pas encore dépouillé son mode purement instinctif. Notre point de départ c'est le travail sous une forme qui appartient exclusivement à l'homme. Une araignée fait des opérations qui ressemblent à celles du tisserand, et l'abeille confond par la structure de ses cellules de cire l'habileté de plus d'un architecte. Mais ce qui distingue dès l'abord le plus mauvais architecte de l'abeille la plus experte, c'est qu'il a construit la cellule dans sa tête avant de la construire dans la ruche. Le résultat auquel le travail aboutit préexiste idéalement dans l'imagination du travailleur. Ce n'est pas qu'il opère seulement un changement de forme dans les matières naturelles: il y réalise du même coup son propre but dont il a conscience, qui détermine comme loi son mode d'action, et auquel il doit subordonner sa volonté. Et cette subordination n'est pas momentanée. L'œuvre exige pendant toute sa durée, outre l'effort des organes qui agissent, une attention soutenue, laquelle ne peut

ACTUALISER (s')

Matérialiser dans des actes concrets les virtualités* (pouvoirs, talents, qualités, etc. que possède un individu) non encore réalisées dans la vie réelle.

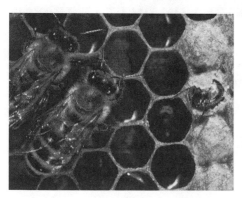

«L'ABEILLE CONFOND PAR LA STRUCTURE DE SES CELLULES DE CIRE L'HABILETÉ DE PLUS D'UN ARCHITECTE.»

---

26. Karl Marx, *Économie et Philosophie (Manuscrits de 1844)*, in *Œuvres (Économie)*, t. II, trad. Jean Malaquais et Claude Orsoni, Paris, Éditions Gallimard, Bibliothèque de la Pléiade, 1972, p. 64.

elle-même résulter que d'une tension constante de la volonté. Elle l'exige d'autant plus que, par son objet et son mode d'exécution, le travail entraîne moins le travailleur, qu'il se fait moins sentir à lui comme libre jeu de ses forces corporelles et instinctuelles, en un mot, qu'il est moins attrayant[27].

Le travail comme médiation sociale

Par l'intermédiaire du travail, l'homme peut donc être perçu comme un être en relation avec la nature et avec lui-même. Mais le travail met aussi l'être humain en relation avec ses semblables. Il instaure les liens de «sociabilité», de «réciprocité» et de solidarité humaine sans lesquels aucune production matérielle ne serait possible. Laissons la parole à Marx qui décrit ce que devrait être idéalement le travail dans un contexte de solidarité réciproque:

> Supposons que nous produisions comme des êtres humains: chacun de nous s'affirmerait doublement dans sa production, soi-même et l'autre. 1° Dans ma production, je réaliserais mon individualité, ma particularité: j'éprouverais, en travaillant, la jouissance d'une manifestation individuelle de ma vie, et, dans la contemplation de l'objet, j'aurais la joie individuelle de reconnaître ma personnalité comme puissance réelle, concrètement saisissable et échappant à tout doute. 2° Dans ta jouissance ou ton emploi de mon produit, j'aurais la joie spirituelle immédiate de satisfaire par mon travail un besoin humain, de réaliser la nature humaine et de fournir au besoin un autre objet de sa nécessité. 3° J'aurais conscience de servir de médiateur entre toi et le genre humain, d'être reconnu et ressenti par toi comme un complément à ton propre être et comme une partie nécessaire de toi-même, d'être accepté dans ton esprit comme dans ton amour. 4° J'aurais, dans mes manifestations individuelles, la joie de créer la manifestation de ta vie, c'est-à-dire de réaliser et d'affirmer dans mon activité individuelle ma vraie nature, ma sociabilité humaine [*Gemeinwesen*]. Nos productions seraient d'autant de miroirs où nos êtres rayonneraient l'un vers l'autre[28].

Le travail doit donc servir de médiation sociale. Tant sur le plan de la production que celui de la distribution des biens et services s'installent des rapports entre ouvriers, des rapports entre patrons, des rapports, enfin, entre patrons et ouvriers. La relation entre ces différents protagonistes économiques peut être harmonieuse et permettre le plein développement de l'individu: au contraire, elle peut être dégradante et produire un être mutilé qui se déshumanise mentalement et physiquement. Or, selon Marx, le système économique et social du mileu du XIXe siècle domine et exploite le travailleur. Ce système capitaliste produit un homme malade, fragmenté, morcelé qui ne se possède pas, et qui se perd dans sa relation au travail et à l'objet qu'il produit. «Le travail, seul lien qui les [individus] unisse encore aux forces productives et à leur propre existence, a perdu chez eux toute apparence de manifestation de soi et ne maintient leur vie qu'en l'étiolant[29].» Dans un tel contexte de dépersonnalisation, le travailleur devient étranger aux objets que fabriquent ses mains, étranger à son essence qui est de manifester son être propre en produisant et en entrant ainsi en rapport avec la nature et avec les autres hommes. En régime

---

27. Karl Marx, *Le Capital*, Troisième section, *in Œuvres (Économie)*, t. I, trad. Joseph Roy revue par Maximilien Rubel, p. 727-728.

28. Karl Marx, *Notes de lecture, in Œuvres (Économie)*, t. II, p. 33.

29. Karl Marx et Friedrich Engels, *L'Idéologie allemande*, p. 150.

MARX UTILISE LA NOTION D'ALIÉNA-
TION DANS SES PREMIERS ÉCRITS. DANS
SES ŒUVRES DITES DE «MATURITÉ»,
IL UTILISE L'EXPRESSION «RÉIFICATION»
OU «CHOSIFICATION», QUI DÉSIGNE
LA RÉALITÉ DE L'ÊTRE HUMAIN RÉDUIT À
L'ÉTAT DE CHOSE, D'OBJET À L'INTÉRIEUR
DES RAPPORTS SOCIAUX ÉTABLIS PAR LE
SYSTÈME CAPITALISTE INDUSTRIEL.

économique capitaliste, «l'ouvrier ressent la nature extérieure du travail par le fait qu'il n'est pas son bien propre, mais celui d'un autre,
qu'il ne lui appartient pas: que dans le travail l'ouvrier ne s'appartient
pas à lui-même, mais à un autre[30]».

Pour saisir toutes les dimensions de l'homme actif et libre qui
s'approprie, par le travail, la nature avec ses propres forces, et qui, ce
faisant, entre en relation de solidarité avec les autres, il faut envisager
le concept d'ALIÉNATION auquel Marx se réfère pour expliquer le fait
que l'homme n'est pas, en régime capitaliste, ce qu'il devrait être.

LES DIFFÉRENTES FORMES DE L'ALIÉNATION HUMAINE

Parce que la doctrine marxienne veut donner la possibilité à «l'homme total» de se
réaliser dans l'histoire, elle analyse, afin de mieux les combattre, les aliénations majeures
qui pèsent sur l'homme. Mais qu'est-ce que l'aliénation ? L'aliénation désigne l'état de
l'individu qui, par suite des circonstances extérieures, cesse de s'appartenir en propre, est
étranger à lui-même, devient l'esclave d'une puissance étrangère qu'il ne contrôle pas. Or,
selon Marx, le travailleur-prolétaire, qui constitue la majorité du genre humain de son
époque, est justement un être aliéné dans les principaux domaines où devraient s'exercer
sa grandeur et sa liberté: les domaines économique, politique, religieux.

L'aliénation économique

OBJECTIVER
(s')
En parlant de l'indi-
vidu, manifester
extérieurement un
fait de conscience
subjectif. Dans le
présent contexte,
la phrase pourrait
donc se lire de la
manière suivante:
l'homme se juge,
s'exprime, se mani-
feste de façon
inhumaine.

D'après Marx, l'émancipation de l'homme passe d'abord par une libération de l'aliénation économique, car c'est elle qui engendre toutes les autres, et son abolition entraînera
nécessairement la suppression des autres formes d'aliénation. Or, dans les conditions de
l'économie capitaliste, l'être humain est aliéné par le travail lui-même. Ce système économique, dominé par la division du travail et par la propriété privée des moyens de production, fait en sorte que l'homme s'**objective** de façon inhumaine. Expliquons brièvement
ces deux premiers éléments de l'aliénation économique.

LA DIVISION DU TRAVAIL　　La division du travail en tant que telle s'actualise «au
moment où s'opère une division entre travail manuel et travail intellectuel», et où, conséquemment, «la jouissance et le travail, la production et la consommation échoient en partage
à des individus différents[31]». À l'intérieur du mode de production artisanal, le cordonnier,
par exemple, entretenait un rapport direct et global avec son œuvre: il se représentait en
esprit le type de souliers qu'il se proposait de créer durant sa journée de travail. Il en ima-
ginait la structure, la forme, la couleur, les différentes étapes par lesquelles il prévoyait
passer, etc. Bref, il pensait le travail à accomplir. Ensuite, ses mains se mettaient à l'ouvrage.
En étant conscient de son ouvrage, il exécutait avec minutie chaque geste et chaque tâche
nécessaire à la réalisation de la paire de souliers. À la fin de sa journée de travail, l'artisan-
cordonnier pouvait regarder son œuvre avec fierté puisqu'elle était entièrement de lui et
qu'il pouvait s'y reconnaître.

Il en est tout autrement avec la venue du machinisme, puis de la grande industrie, où
l'ouvrier n'a plus à penser son travail, et où il doit se soumettre à une parcellisation de

---

30.　Karl Marx, *Économie et Philosophie (Manuscrits de 1844)*, in *Œuvres (Économie)*, t. II, p. 61.

31.　Karl Marx et Friedrich Engels, *L'Idéologie allemande*, p. 91.

plus en plus poussée de son travail. Dès lors, il ne doit exécuter qu'un élément limité et défini de l'ensemble des tâches essentielles à la production de l'objet, d'où l'obligation de répéter mécaniquement le même geste à longueur de journée. Le travail génère alors la plus inhumaine monotonie. Le travailleur devient lui-même une machine faisant fonctionner une machine. Ainsi, l'ouvrier devient un être divisé, enchaîné toute sa vie durant à une fonction productive partielle. Le travail en tant qu'activité le déshumanise, le rend étranger à lui-même:

> Dans son travail, l'ouvrier ne s'affirme pas, mais se nie: il ne s'y sent pas satisfait, mais malheureux: il n'y déploie pas une libre énergie physique et intellectuelle, mais mortifie son corps et ruine son esprit. C'est pourquoi l'ouvrier n'a le sentiment d'être à soi qu'en dehors du travail: dans le travail, il se sent extérieur à soi-même. Il est lui quand il ne travaille pas et, quand il travaille, il n'est pas lui. Son travail n'est pas volontaire, mais contraint. *Travail forcé*, il n'est pas la satisfaction d'un besoin, mais seulement un *moyen* de satisfaire des besoins en dehors du travail. Le caractère étranger du travail apparaît nettement dans le fait que, dès qu'il n'existe pas de contrainte physique ou autre, le travail est fui comme la peste. Le travail extérieur, le travail dans lequel l'homme s'aliène, est un travail de sacrifice de soi, de mortification. Enfin, le caractère extérieur à l'ouvrier du travail apparaît dans le fait qu'il n'est pas son bien propre, mais celui d'un autre, qu'il ne lui appartient pas, que dans le travail, l'ouvrier ne s'appartient pas lui-même, mais appartient à un autre[32].

La division du travail fait en sorte que les ouvriers ne peuvent exercer leur travail comme une «manifestation de soi», dans la mesure où ce qu'ils produisent devient «un être étranger», une «puissance indépendante» qui se situe à l'extérieur d'eux-mêmes. En d'autres mots, le rapport de l'ouvrier aux objets qu'il fabrique est un rapport aliéné dans le sens où ces objets, situés en face de lui, contiennent la force de travail dont il a été dépouillé, et qu'en plus, ces objets ne lui appartiennent pas en propre.

LA PROPRIÉTÉ PRIVÉE DES MOYENS DE PRODUCTION   La division manufacturière ou technique du travail implique nécessairement la notion de propriété. D'ailleurs, c'est par l'analyse de la division du travail que Marx aborde la problématique de la propriété privée. D'abord, il énonce que la propriété privée est «la raison, la cause du travail aliéné». Mais en même temps, elle apparaît comme «le produit, le résultat, la conséquence nécessaire du travail dépossédé du rapport aliéné de l'ouvrier à la nature et à lui-même[33]». C'est donc dire que la propriété privée se présente à Marx comme étant à la fois l'effet du travail aliéné et l'instrument par lequel le travail s'aliène. Précisons tout de suite de quel type de propriété privée il s'agit. Marx n'a jamais condamné la propriété privée des biens de consommation. Tout ce qui concourt, d'une manière nécessaire, à la satisfaction des besoins et à la survie des hommes n'est pas remis en question par Marx. L'individu peut donc être l'heureux propriétaire d'une chaîne stéréo, d'un vélo, d'une voiture, d'une maison, etc. Ce type de propriété n'entraîne aucune forme d'exploitation. D'après Marx, c'est la propriété privée des moyens de production qui, seule, pose problème. Elle est source d'aliénation dans la mesure où la majorité des hommes et des femmes doivent, pour gagner leur vie, s'en remettre à la volonté du bourgeois-capitaliste qui est le propriétaire des ressources naturelles et des instruments de production (usine, machines, outils), alors que l'ouvrier ne possède en propre que sa force de travail. «Un être, dit Marx, se considère comme

---

32. Karl Marx, *Économie et Philosophie (Manuscrits de 1844), in Œuvres (Économie)*, t. II, p. 60-61.
33. *Ibid.*, p. 67.

indépendant dès qu'il est son propre maître, et il n'est son propre maître que s'il doit son existence à lui-même. Un homme qui vit de la grâce d'un autre se considère comme dépendant[34].»

LA PLUS-VALUE OU LE VOL DU TRAVAILLEUR   Pour compléter l'explication sur l'aliénation économique dont souffre la classe prolétarienne, il faut se référer au concept de la *plus-value* qui peut être défini comme la différence entre ce que le travailleur coûte pour produire et ce qu'il rapporte en produisant. Selon Marx, le capitaliste exploite l'ouvrier, car il lui paie un salaire dont la valeur est moindre que celle des biens produits par l'ouvrier dans sa journée de travail. À titre d'exemple, supposons qu'un ouvrier requiert, pour RENOUVELER quotidiennement SA FORCE DE TRAVAIL, une valeur qui corresponde à six heures de travail (le «travail nécessaire»). Or, le capitaliste du milieu du XIXᵉ siècle fait travailler l'ouvrier quatorze heures par jour. Ces huit heures supplémentaires sont du «surtravail» dont le fruit constitue la plus-value que le capitaliste met dans sa poche. La plus-value est carrément du travail non payé à l'ouvrier. En régime capitaliste, le profit se fait sur le dos du travailleur qui est littéralement volé par son patron. En profitant des travailleurs, le groupe restreint de patrons (bourgeois capitalistes) se constitue en classe sociale dominante. Pour contrer cette exploitation éhontée de l'ouvrier, Marx propose l'abolition pure et simple du salariat, car une simple hausse du salaire ne constituerait «qu'une *meilleure rémunération d'esclaves*: ce ne serait ni pour le travailleur ni pour le travail une conquête de leur vocation et de leur dignité humaines[35]».

> RENOUVELER SA FORCE DE TRAVAIL SIGNIFIE SE LOGER, SE REPOSER, SE NOURRIR, S'HABILLER, ETC. BREF, TOUT CE QUI EST NÉCESSAIRE POUR REVENIR LE LENDEMAIN AU TRAVAIL AVEC LA CAPACITÉ DE PRODUIRE À NOUVEAU.

L'aliénation politique

L'aliénation politique découle de l'aliénation économique. La dépendance économique entraîne nécessairement la dépendance politique. Nous avons vu précédemment que l'État fait partie de la superstructure générée par une société qui se fonde sur des classes économiquement antagonistes. Plus particulièrement, la classe qui domine sur le plan économique s'empare du pouvoir politique et utilise l'État afin de maintenir ses privilèges. L'État bourgeois n'est donc pas un appareil neutre au service de toute la société. Il est l'incarnation illusoire de la communauté, car en réalité la classe possédante s'en sert comme instrument de domination de la classe prolétarienne. L'État bourgeois s'exerce exclusivement en fonction des intérêts de la bourgeoisie. «Le gouvernement moderne, dit Marx, n'est qu'un comité qui gère les affaires de la classe bougeoise toute entière[36].» En conséquence, les prolétaires doivent, s'ils veulent s'affirmer et s'émanciper à la fois comme individus et comme groupe social, «conquérir le pouvoir politique [en renversant l'État], s'ériger en classe dirigeante de la nation, devenir lui-même la nation[37].» De toute façon, «les prolétaires n'ont rien à perdre que leurs chaînes[38]!» Et, les derniers mots du *Manifeste* constituent un cri de raliement lancé aux travailleurs du monde entier: «PROLÉTAIRES DE TOUS LES PAYS, UNISSEZ-VOUS[39]!»

34. Karl Marx, *Économie et Philosophie (Manuscrits de 1844), in Œuvres (Économie)*, t. II, p. 88.

35. *Ibid.*, t. II, p. 68.

36. Karl Marx et Friedrich Engels, *Manifeste du Parti communiste*, p. 22.

37. *Ibid.*, p. 43.

38. *Ibid.*, p. 62.

39. *Ibid.*, p. 62.

LE LEADER SYNDICAL TOM MANN HARANGUE UNE FOULE DE GRÉVISTES À LIVERPOOL, EN ANGLETERRE, EN 1906.

Cependant, l'État bourgeois ne pourra être efficacement et définitivement renversé par la révolution prolétarienne que si une autre aliénation est liquidée: l'aliénation religieuse.

L'aliénation religieuse

Même si c'est l'aliénation économique qu'il importe de comprendre et de supprimer en premier lieu, la dénonciation de l'illusion religieuse et la lutte contre l'aliénation qui en découle exige, selon Marx, une vigueur particulière. Pourquoi ? Parce que la religion – en demandant, en règle générale, aux croyants de se résigner, de se soumettre, d'accepter leurs conditions misérables d'existence – paralyse tout essai de révolution et toute possibilité de progrès.

La religion est une institution idéologique et, en cela, elle exprime et répond à la misère économique et sociale des croyants et y apporte une réponse. En effet, le besoin religieux qu'éprouvent les masses asservies s'explique par la nécessité, pour elles, de s'évader de leur réalité pitoyable.

La religion, écrit Marx, est le soupir de la créature accablée, l'âme d'un monde sans cœur, comme elle est l'esprit d'une existence sans esprit. Elle est l'opium du peuple. L'abolition de la religion en tant que bonheur illusoire du peuple est une exigence de son bonheur réel. Exiger que le peuple renonce à ses illusions sur sa condition, c'est exiger qu'il abandonne une condition qui a besoin d'illusions. La critique de la religion est donc virtuellement la critique de la vallée de larmes dont la religion est l'auréole.

La critique a effeuillé les fleurs imaginaires qui ornent nos chaînes non pas pour que l'homme porte ses chaînes prosaïques et désolantes, mais pour qu'il secoue ses chaînes et cueille la fleur vivante. La critique de la religion désabuse l'homme afin qu'il pense, agisse, crée sa réalité comme un homme désabusé, parvenu à la raison, afin qu'il se meuve autour de son véritable soleil, c'est-à-dire autour de lui-même. La religion n'est que le soleil illusoire qui se meut autour de l'homme, aussi longtemps que celui-ci ne se meut pas autour de lui-même[40].

Pour supporter leurs indigences terrestres, les gens du peuple s'inventent un bonheur illusoire en compagnie d'un Dieu imaginaire qu'ils rencontreront dans un au-delà fantasmagorique. La religion soustrait donc l'homme à lui-même pour le transporter dans un monde fictif où il se berce d'illusions. Ainsi, en cherchant à soumettre les croyants à un monde de chimères, la religion transforme l'homme libre et autonome en un être qui n'a plus aucune prise sur son existence et sur son destin. Le prolétaire – économiquement, socialement et politiquement exploité – ne prend même pas conscience de l'aliénation dans laquelle il est plongé. Il souffre et prie en silence, en espérant la venue d'un monde meilleur après la vie terrestre. Cette mise à l'écart de la prise de conscience et de l'action de la classe prolétarienne n'est pas sans combler d'aise et de bonheur la classe dirigeante! Marx dénonce vigoureusement la collusion historique entre le pouvoir économique et le pouvoir religieux: les possédants s'appuyant sur la religion officielle pour justifier leur domination, pour endormir le peuple, pour l'empêcher de réfléchir sur les injustices dont il est victime et de revendiquer ses droits par la révolution. C'est dans cette mesure que la religion est «l'opium du peuple»!

MARX AUJOURD'HUI

Marx démontra, dans sa vie et dans son œuvre, un souci profond de l'être humain concret et réel. Il fit le constat suivant: le capitalisme fait de l'homme un être prisonnier économiquement, politiquement et spirituellement. Le projet marxien consiste à libérer concrètement l'être humain de ces aliénations et des institutions qui les fondent. Le but ultime de Marx fut donc l'émancipation de l'homme dans la société, c'est-à-dire la libération des aliénations dont il est l'objet afin de lui redonner son intégrité et sa dignité. En ce sens, Marx peut être considéré comme l'un des grands fondateurs de la modernité critique: il dénonce l'aliénation économique et politique qui afflige la majorité des humains, et il fustige l'aliénation religieuse en démontrant l'illusion dans laquelle elle plonge les miséreux. Marx espérait qu'un jour les conditions sociales soient propices à la réalisation de l'homme total qui se développerait à la fois intellectuellement et manuellement dans un travail socialement productif. Ainsi seraient réunis les éléments essentiels à la construction d'une société juste, vraiment humaine, rien qu'humaine, où les individus seraient heureux parce que pouvant s'y épanouir. La conception marxienne de l'être humain se fonde donc sur une croyance implicite en la bonté naturelle de l'homme. En effet, Marx pensait que le jour où il y aurait la suppression collective des entraves économique, politique et religieuse, l'être humain pourrait s'affirmer sans abuser du pouvoir et sans l'utiliser exclusivement à ses propres fins. C'est la libération collective de l'humanité prolétarienne qui intéresse Marx. Il croit que c'est en agissant collectivement sur leurs conditions d'existence aliénées que les hommes réussiront à se libérer de leurs chaînes. Les buts poursuivis par Marx sont

---

40. Karl Marx, *Critique de la philosophie hégélienne du droit, in Pages de Karl Marx*, trad. Maximilien Rubel, Paris, Payot, 1970, p. 105.

MARX A CRITIQUÉ AVEC VIGUEUR LA
PHILOSOPHIE POLITIQUE DE ROUSSEAU,
L'ACCUSANT DE NATURALISME
IDÉOLOGIQUE D'ORIGINE BOURGEOISE.

MESSIANIQUE
Relatif à la venue
d'un messie qui
viendrait libérer les
hommes et le
monde.

nobles, mais les moyens qu'il met de l'avant sont discutables. Autant Rousseau défendait l'individu libre et perfectible qui aurait réussi à contrer les pressions et les conditionnements de la civilisation, autant Marx propose des moyens pour que la collectivité se libère du joug capitaliste. Marx accorde à la classe prolétarienne un rôle **messianique**: c'est à elle que revient le mandat d'assurer le salut de milliers de travailleurs. À cette fin, l'intérêt personnel doit être subordonné à l'intérêt de la classe sociale prolétarienne. Avec Marx, c'est le primat du collectif sur l'individuel! Ce qui l'amène à juger nécessaire la dictature du prolétariat et la constitution temporaire d'un État centralisé et autoritaire jusqu'à ce que les conditions nécessaires à l'établissement du communisme aient été réalisées.

Ne peut-on reconnaître dans cet État marxien aux pouvoirs illimités, qui verrait à répondre à tous les besoins de la société, le précurseur de l'État bureaucratique et tentaculaire des mondes industrialisés de la fin de ce XXe siècle? Bien sûr, l'État technocratique contemporain n'a pas pour objectif l'instauration du communisme, mais il n'en demeure pas moins qu'il régit de plus en plus la totalité des activités humaines: il atomise et dépersonnalise les individus dans un contexte social où les politiques ont tout prévu. De sorte que le citoyen «ordinaire» se sent aujourd'hui de moins en moins concerné par les affaires publiques: il éprouve une impuissance face à la mécanique implacable de l'appareil gouvernemental des sociétés capitalistes modernes: conséquemment, il se réfugie dans la sphère privée de son existence. Ce désenchantement du citoyen face à ses obligations politiques fait en sorte qu'il s'en remet entièrement à des «professionnels» des affaires publiques (députés, ministres, technocrates, etc.) qui gèrent la collectivité. Le citoyen est désormais incapable de percevoir la société comme étant sa société. Il a perdu toute conscience sociale et politique. En lieu et place, le citoyen des pays industrialisés contemporains de tradition démocratique réclame à gogo des droits en omettant d'y associer des devoirs ou des responsabilités! Grand consommateur de biens et de services, le citoyen ordinaire est devenu aujourd'hui un consommateur de droits. Il se laisse bercer par l'illusion de l'État providence, dispensateur de services multiples, qui voit à tout et qui le protège sous son aile bienveillante…

La philosophie marxienne, nous l'avons vu, accorde une importance fondamentale au travail, qui devient en quelque sorte l'essence de l'être humain. Aujourd'hui, le travail reste une donnée capitale dans la définition de l'homme. Même si l'on a fait miroiter dans les années 70 l'idée de l'entrée de l'Occident dans une ère de loisirs, il n'en demeure pas moins que le travail que l'on fait est révélateur de ce que l'on est. Certains iront même jusqu'à affirmer que la fonction sociale que l'on occupe nous constitue comme personne. Ne va-t-on pas de nos jours jusqu'à proclamer que «sans travail, nous ne sommes rien!» ? Qui plus est, dans la foulée de l'analyse marxienne des classes sociales, ne pourrions-nous pas interpréter la composition actuelle de la société capitaliste nord-américaine sur la base de l'exclusion de certains groupes sociaux: les chômeurs, les assistés sociaux, les jeunes et les mères monoparentales sans travail dit productif ? En cette période de graves difficultés économiques et d'endettement généralisé, ces catégories de personnes ne sont-elles pas de plus en plus dévalorisées, considérées comme des citoyens de second ordre ne devant plus avoir voix au chapitre et ne devant plus bénéficier des largesses de l'État? Un jugement aussi sévère n'est possible que si l'on réduit l'être humain aux dimensions de son être historique qui produit, transforme et consomme. Certains reprochent justement à Marx d'avoir surestimé les facteurs économiques dans sa définition de l'homme. En s'intéressant presque exclusivement à l'activité économique de l'être humain dans un contexte essentiellement social, il se fait de l'homme une vision qui s'en trouve quelque peu simplifiée. Ce faisant, il aurait commis l'erreur de considérer que la libération économique collective entraîne automatiquement la liberté, la justice, la coopération entre les individus. Une telle vision négligerait l'importance chez l'être humain d'une volonté individuelle à l'écoute de ses propres instincts et de ses propres besoins, volonté qui aspire à s'affirmer et à exprimer la vie qu'elle porte en son sein. Friedrich Nietszche se fit l'ardent défenseur de cette forte volonté individuelle.

Résumé schématique de l'exposé

Karl Marx et sa lutte contre le capitalisme du XIXᵉ siècle

1. Marx analyse et critique les conditions d'existence misérables instaurées par le régime capitaliste de son époque.

2. Marx dénonce l'exploitation éhontée de la classe prolétarienne par la classe bourgeoise et il propose un modèle nouveau d'organisation économique et sociale qui permettrait la réalisation intégrale de l'être humain.

Le matérialisme dialectique et historique

1. La philosophie marxienne est un matérialisme.

   Pour appréhender le monde réel, il faut partir de la «base matérielle» de l'existence humaine, c'est-à-dire des conditions de vie économique et sociale.

2. La philosophie marxienne est un matérialisme dialectique.

   La relation de l'être humain à la nature et à autrui se présente sous la forme de l'opposition entre des éléments antagonistes: homme/nature et hommes rassemblés en classes sociales qui s'opposent.

3. La philosophie marxienne est un matérialisme historique.

   L'évolution des sociétés s'explique à partir du type d'organisation économique qu'ont connu les différents groupes sociaux à travers l'histoire de l'humanité (primat de la vie économique).

   L'infrastructure économique (le mode de production matérielle) constitue la base de l'édifice social et détermine la superstructure idéologique et juridico-politique.

L'homme comme être social et historique

1. Selon Marx, l'essence de l'homme ne se trouve pas dans une idée ou un concept Homme sous lequel se rangeraient tous les individus humains.

2. «L'individu est l'être social», c'est-à-dire qu'il se définit par son appartenance à une classe et selon les rapports sociaux dans lesquels il est inscrit.

   - Ce sont les conditions sociales matérielles d'existence qui définissent l'homme.

   - L'homme est un être historique.

   - L'existence sociale détermine la conscience des hommes.

L'être humain et le travail

1. Par le travail, l'homme devient un être de praxis: il agit concrètement dans la réalité tout en possédant une connaissance théorique de son action.

2. Par le travail, l'homme humanise la nature et se définit lui-même comme être conscient qui actualise ses capacités intellectuelles et physiques.

3. Le travail sert de médiation sociale: il établit des liens de sociabilité, de réciprocité et de solidarité humaine.

Les différentes formes de l'aliénation humaine

En régime capitaliste, l'homme est aliéné: il devient l'esclave d'une puissance étrangère sur le plan économique, politique et religieux.

1. L'aliénation économique s'explique par la division entre le travail manuel et le travail intellectuel, la propriété privée des moyens de production et la plus-value qui est du travail non payé à l'ouvrier.

2. L'aliénation politique vient du fait que la classe possédante (la bourgeoisie) s'empare du pouvoir politique et utilise l'État comme instrument de domination de la classe prolétarienne.

3. L'aliénation religieuse est «l'opium du peuple». Les possédants se servent de la religion pour justifier leur domination, pour endormir le peuple et l'empêcher de revendiquer ses droits par la révolution.

Marx aujourd'hui

1. Un parallèle peut être établi entre la vision centralisée du pouvoir politique défendue par Marx et l'État bureaucratique et tentaculaire des mondes industrialisés de la fin du XXe siècle:

- Désenchantement et impuissance de l'individu-citoyen face à ses obligations politiques. Il devient un consommateur de droits, lesquels sont dissociés des devoirs qui y sont rattachés.

2. Aujourd'hui, le travail reste une donnée capitale dans la définition de l'homme.

La fonction sociale que l'on occupe nous constitue-t-elle comme personne? Sans travail, sommes-nous rien? La société capitaliste nord-américaine se développe-t-elle en excluant des catégories de personnes jugées non productives?

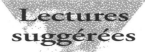

Lectures suggérées

La lecture de l'une des œuvres suivantes est suggérée dans son intégralité ou en extraits importants:

MARX, Karl, et Friedrich ENGELS. *L'Idéologie allemande*, trad. H. Auger, G. Badia, J. Baudrillard, R. Cartelle, Paris, Éditions Sociales, coll. «L'Essentiel», 1988, 279 p.

■

MARX, Karl, et Friedrich ENGELS. *Manifeste du Parti communiste*, Paris, Union générale d'éditions, coll.«10-18», 1962, 189 p.

Activités
d'apprentissage

Analyse et critique
de texte

Objectifs spécifiques

L'étudiant ou l'étudiante devra être capable:

- de démontrer sa compréhension d'un texte de Marx et de Engels en transposant dans ses propres mots un contenu partiel de ce texte philosophique;

- d'appliquer la doctrine à une situation réelle, c'est-à-dire de trouver un exemple qui illustre la véracité ou l'inexactitude d'une thèse défendue par Marx dans ce texte;

- d'évaluer le contenu, c'est-à-dire d'exprimer son accord ou son désaccord (et en donner les raisons) sur:

  - la conception que se fait Marx de la conscience de l'homme;

  - la thèse marxienne de la domination spirituelle de la classe dominante.

L'Idéologie allemande

[4ᵉ fragment]

Voici donc les faits: des individus déterminés qui ont une activité productive selon un mode déterminé entrent dans des rapports sociaux et politiques déterminés. Il faut que, dans chaque cas particulier, l'observation empirique montre dans les faits, et sans aucune spéculation ni mystification, le lien entre la structure sociale et politique et la production. La structure sociale et l'État résultent constamment du processus vital d'individus déterminés: mais de ces individus non point tels qu'ils peuvent s'apparaître dans leur propre représentation ou apparaître dans celle d'autrui, mais tels qu'ils sont *en réalité*, c'est-à-dire, tels qu'ils œuvrent et produisent matériellement: donc tels qu'ils agissent dans des limites, des présuppositions et des conditions matérielles déterminées et indépendantes de leur volonté.

La production des idées, des représentations et de la conscience est d'abord directement et intimement mêlée à l'activité matérielle et au commerce matériel des hommes, elle est le langage de la vie réelle. Les représentations, la pensée, le commerce intellectuel des hommes apparaissent ici encore comme l'émanation directe de leur comportement matériel. Il en va de même de la production intellectuelle telle qu'elle se présente dans la langue de la politique, celle des lois, de la morale, de la religion, de la métaphysique, etc., de tout un peuple. Ce sont les hommes qui sont les producteurs de leurs représentations, de leurs idées, etc., mais les hommes réels, agissants, tels qu'ils sont conditionnés par un développement déterminé de leurs forces productives et du mode de relations qui y correspond, y compris les formes les plus larges que celles-ci peuvent prendre. La conscience ne peut jamais être autre chose que l'Être conscient et l'Être des hommes est leur processus de vie réel. Et si, dans toute l'idéologie, les hommes et leurs rapports nous apparaissent placés la tête en bas comme dans une *camera obscura*[1], ce phénomène découle de leur processus de vie historique, absolument comme le renversement des objets sur la rétine découle de son processus de vie directement physique.

À l'encontre de la philosophie allemande qui descend du ciel sur la terre, c'est de la terre au ciel que l'on monte ici. Autrement dit, on ne part pas de ce que les hommes disent, s'imaginent, se représentent, ni non plus de ce qu'ils sont dans les paroles, la pensée, l'imagination et la représentation d'autrui, pour aboutir ensuite aux hommes en

---

1. Chambre noire.

chair et en os: non, on part des hommes dans leur activité réelle: c'est à partir de leur processus de vie réel que l'on représente aussi le développement des reflets et des échos idéologiques de ce processus vital. Et même les fantasmagories dans le cerveau humain sont des sublimations résultant nécessairement du processus de leur vie matérielle que l'on peut constater empiriquement et qui est lié à des présuppositions matérielles. De ce fait, la morale, la religion, la métaphysique et tout le reste de l'idéologie, ainsi que les formes de conscience qui leur correspondent, perdent aussitôt toute apparence d'autonomie. Elles n'ont pas d'histoire, elles n'ont pas de développement: ce sont au contraire les hommes qui, en développant leur production matérielle et leurs rapports matériels, transforment, avec cette réalité qui leur est propre, et leur pensée et les produits de leur pensée. Ce n'est pas la conscience qui détermine la vie, mais la vie qui détermine la conscience. Dans la première façon de considérer les choses, on part de la conscience comme étant l'individu vivant, dans la seconde façon, qui correspond à la vie réelle, on part des individus réels et vivants eux-mêmes et l'on considère la conscience uniquement comme *leur* conscience.

Cette façon de considérer les choses n'est pas dépourvue de présuppositions. Elle part des présuppositions réelles et ne les abandonne pas un seul instant. Ces présuppositions, ce sont les hommes, non pas isolés et figés de quelque manière imaginaire, mais saisis dans leur processus de développement réel dans des conditions déterminées, développement visible empiriquement. Dès que l'on représente ce processus d'activité vitale, l'histoire cesse d'être une collection de faits sans vie, comme chez les empiristes, qui sont eux-mêmes encore abstraits, ou l'action imaginaire de sujets imaginaires, comme chez les idéalistes.

C'est là où cesse la spéculation, c'est dans la vie réelle que commence donc la science réelle, positive, l'exposé de l'activité pratique, du processus de développement pratique des hommes. Les phrases creuses sur la conscience cessent, un savoir réel doit les remplacer. Dès lors qu'est exposée la réalité, la philosophie cesse d'avoir un milieu où elle existe de façon autonome. À sa place, on pourra tout au plus mettre une synthèse des résultats les plus généraux qu'il est possible d'abstraire de l'étude du développement historique des hommes. Ces abstractions, prises en soi, détachées de l'histoire réelle, n'ont absolument aucune valeur. Elles peuvent tout au plus servir à classer plus aisément la matière historique, à indiquer la succession de ses stratifications particulières. Mais elles ne donnent en aucune façon, comme la philosophie, une recette, un schéma selon lequel on peut accommoder les époques historiques. La difficulté commence seulement, au contraire, lorsqu'on se met à étudier et à classer cette matière, qu'il s'agisse d'une époque révolue ou du temps présent, et à l'exposer dans sa réalité. L'élimination de ces difficultés dépend de présuppositions qu'il nous est impossible de développer ici, car elles résultent de l'étude du processus de vie réel et de l'action des individus de chaque époque...

[*6ᵉ fragment*]

Les pensées de la classe dominante sont aussi, à toutes les époques les pensées dominantes, autrement dit la classe qui est la puissance *matérielle* dominante de la société est aussi la puissance dominante *spirituelle*. La classe qui dispose des moyens de la production matérielle dispose, du même coup, des moyens de la production intellectuelle, si bien que, l'un dans l'autre, les pensées de ceux à qui sont refusés les moyens de production intellectuelle sont soumises du même coup à cette classe dominante. Les pensées dominantes ne sont pas autre chose que l'expression idéale des rapports matériels dominants, elles sont ces rapports matériels dominants saisis sous forme d'idées, donc l'expression des rapports qui font d'une classe la classe dominante: autrement dit, ce sont les idées de sa domination. Les individus qui constituent la classe dominante possèdent, entre autres choses, également une conscience, et en conséquence ils pensent: pour autant qu'ils dominent en tant que classe et déterminent une époque historique dans toute son ampleur, il va de soi que ces individus dominent dans tous les sens et qu'ils ont une position dominante, entre autres, comme êtres pensants aussi, comme producteurs d'idées, qu'ils règlent la production et la distribution des pensées de leur époque: leurs idées sont donc les idées dominantes de leur époque. Prenons comme exemple un temps et un pays où la puissance royale, l'aristocratie et la bourgeoisie se disputent le pouvoir et où celui-ci est donc partagé: il apparaît que la pensée dominante y est la doctrine de la division des pouvoirs qui est alors énoncée comme une «loi éternelle». Nous retrouvons ici la division du travail que nous avons rencontrée précédemment (p. 72 et suiv.) comme l'une des puissances capitales de l'histoire. Elle se manifeste aussi dans la classe dominante sous forme de division entre le travail intellectuel et le travail matériel, si bien que nous aurons deux catégories d'individus à l'intérieur de cette même classe. Les uns seront les penseurs de cette classe, les idéologues actifs, qui réfléchissent et tirent leur substance principale de l'élaboration de l'illusion que cette classe se fait sur elle-même tandis que les autres auront une attitude plus passive et plus réceptive en face de ces pensées et de ces illusions, parce qu'ils sont, dans la réalité, les membres actifs de cette classe et qu'ils ont moins de temps pour se faire des illusions et des idées sur leurs propres personnes. À l'intérieur de cette classe, cette scission peut même aboutir à une certaine opposition, à une certaine hostilité des deux parties en présence. Mais, dès que survient un conflit pratique où la classe tout entière est menacée, cette opposition tombe d'elle-même, tandis que l'on voit s'envoler l'illusion que les idées dominantes ne seraient pas les idées de la classe dominante et qu'elles auraient un pouvoir distinct du pouvoir de cette classe. L'existence d'idées révolutionnaires à une époque déterminée présuppose déjà l'existence d'une classe révolutionnaire et nous avons dit précédemment (p. 95 et 96) tout ce qu'il fallait sur les présuppositions que cela implique.

Admettons que, dans la manière de concevoir la marche de l'histoire, on détache les idées de la classe dominante de cette classe dominante elle-même et qu'on en fasse une entité. Mettons qu'on s'en tienne au fait que telles ou telles idées ont dominé à telle époque, sans s'inquiéter des conditions de la production ni des producteurs de ces idées, en faisant donc abstraction des individus et des circonstances mondiales qui sont à la base de ces idées. On pourra alors dire, par exemple, qu'au temps où l'aristocratie régnait, c'était le règne des concepts d'honneur, de fidélité, etc., et qu'au temps où régnait la bourgeoisie, c'était le règne des concepts de liberté, d'égalité, etc. C'est ce que s'imagine la classe dominante elle-même dans son ensemble. Cette conception de l'histoire commune à tous les historiens, tout spécialement depuis le XVIIIe siècle, se heurtera nécessairement à ce phénomène que les pensées régnantes seront de plus en plus abstraites, c'est-à-dire qu'elles affecteront de plus en plus la forme de l'universalité. En effet, chaque nouvelle classe qui prend la place de celle qui dominait avant elle est obligée, ne fût-ce que pour parvenir à ses fins, de représenter son intérêt comme l'intérêt commun de tous les membres de la société ou, pour exprimer les choses sur le plan des idées: cette classe est obligée de donner à ses pensées la forme de l'universalité, de les représenter comme étant les seules raisonnables, les seules universellement valables. Du simple fait qu'elle affronte une *classe*, la classe révolutionnaire se présente d'emblée non pas comme classe, mais comme représentant la société tout entière, elle apparaît comme la masse entière de la société en face de la seule classe dominante. Cela lui est possible parce qu'au début son intérêt est vraiment encore intimement lié à l'intérêt commun de toutes les autres classes non dominantes et parce que, sous la pression de l'état de choses antérieur, cet intérêt n'a pas encore pu se développer comme intérêt particulier d'une classe particulière. De ce fait, la victoire de cette classe est utile aussi à beaucoup d'individus des autres classes qui, elles, ne parviennent pas à la domination: mais elle l'est uniquement dans la mesure où elle met ces individus en état d'accéder à la classe dominante. Quand la bourgeoisie française renversa la domination de l'aristocratie, elle permit par là à beaucoup de prolétaires de s'élever au-dessus du prolétariat, mais uniquement en ce sens qu'ils devinrent eux-mêmes des bourgeois. Chaque nouvelle classe n'établit donc sa domination que sur une base plus large que la classe qui dominait précédemment, mais, en revanche, l'opposition entre la classe qui domine désormais et celles qui ne dominent pas ne fait ensuite que s'aggraver en profondeur et en acuité. Il en découle ceci: le combat qu'il s'agit de mener contre la nouvelle classe dirigeante a pour but à son tour de nier les conditions sociales antérieures d'une façon plus décisive et plus radicale que n'avaient pu le faire encore toutes les classes précédentes qui avaient brigué la domination.

Toute l'illusion qui consiste à croire que la domination d'une classe déterminée est uniquement la domination de certaines idées cesse naturellement d'elle-même dès que la domination de quelque classe que ce soit cesse d'être la forme du régime social, c'est-à-dire dès qu'il n'est plus nécessaire de représenter un intérêt particulier comme étant l'intérêt général ou de représenter «l'Universel» comme dominant.

Une fois les idées dominantes séparées des individus qui exercent la domination, et surtout des rapports qui découlent d'un stade donné du mode de production, on obtient ce résultat que ce sont constamment les idées qui dominent dans l'histoire et il est alors très facile d'abstraire, de ces différentes idées, «l'Idée», c'est-à-dire l'idée par excellence, etc., pour en faire l'élément qui domine dans l'histoire et de concevoir par ce moyen toutes ces idées et concepts isolés comme des «autodéterminations» du concept qui se développe tout au long de l'histoire[2]. C'est ce qu'a fait la philosophie spéculative. Hegel avoue lui-même, à la fin de la *Philosophie de l'histoire*, qu'il «examine la seule progression *du Concept*» et qu'il a exposé dans l'histoire la «véritable *théodicée*» (p. 446). Et, maintenant, on peut revenir aux producteurs «du Concept», aux théoriciens, idéologues et philosophes, pour aboutir au résultat que les philosophes en tant que tels, ont de tout temps dominé dans l'histoire – c'est-à-dire à un résultat que Hegel avait déjà exprimé, comme nous venons de le voir. En fait, le tour de force qui consiste à démontrer que l'Esprit est souverain dans l'histoire (ce que Stirner appelle la hiérarchie) se réduit aux trois efforts suivants:

---

2. Il est également naturel de faire dériver tous les rapports humains du concept de l'homme, de l'homme représenté, de l'essence de l'homme, de l'Homme en un mot.

1. Il s'agit de séparer les idées de ceux qui, pour des raisons empiriques, dominent en tant qu'individus matériels et dans des conditions empiriques, de ces hommes eux-mêmes et de reconnaître en conséquence que ce sont des idées ou des illusions qui dominent l'histoire.

2. Il faut apporter un ordre dans cette domination des idées, établir un lien mystique entre les idées dominantes successives, et l'on y parvient en les concevant comme des «autodéterminations du concept». (Le fait que ces pensées sont réellement liées entre elles par leur base empirique rend la chose possible: en outre, comprises en tant que pensées *pures et simples*, elles deviennent des différenciations de soi, des distinctions que produit la pensée elle-même.)

3. Pour dépouiller de son aspect mystique ce «concept qui se détermine lui-même», on le transforme en une personne − «la Conscience de soi» − ou, pour paraître tout à fait matérialiste, on en fait une série de personnes qui représentent «le Concept» dans l'histoire, à savoir «les penseurs», les «philosophes», les idéologues qui sont considérés à leur tour comme les fabricants de l'histoire, comme «le comité des gardiens», comme les dominateurs. Du même coup, on a éliminé tous les éléments matérialistes de l'histoire et l'on peut tranquillement lâcher la bride à son destrier spéculatif.

Dans la vie courante, n'importe quel *shopkeeper*[3] sait fort bien faire la distinction entre ce que chacun prétend être et ce qu'il est réellement: mais notre histoire n'en est pas encore arrivée à cette connaissance vulgaire. Pour chaque époque, elle croit sur parole ce que l'époque en question dit d'elle-même et les illusions qu'elle se fait sur soi.

MARX, Karl et Friedrich ENGELS. *L'Idéologie allemande*, trad. H. Auger, G. Badia, J. Baudrillard, R. Cartelle, Paris, Éditions Sociales, coll. «L'Essentiel», 1988, p. 76-79 et p. 111-116.

---

3. Boutiquier.

Questions d'analyse et de critique

1. Dans ce texte (4e fragment), Marx postule que: «Ce n'est pas la conscience qui détermine la vie, mais la vie qui détermine la conscience. Dans la première façon de considérer les choses, on part de la conscience comme étant l'individu vivant, dans la seconde façon, qui correspond à la vie réelle, on part des individus réels et vivants eux-mêmes et l'on considère la conscience uniquement comme *leur* conscience.»

   a) Dites, dans vos propres mots, ce que Marx entend par là.

   b) Êtes-vous en accord ou en désaccord avec la manière dont Marx se représente la conscience de l'homme ainsi que son origine? Vous devez fonder vos jugements, c'est-à-dire apporter au moins trois arguments pour appuyer vos affirmations. (*Minimum suggéré: une page.*)

2. Dans ce texte (6e fragment), Marx affirme que: «Les pensées de la classe dominante sont aussi, à toutes les époques les pensées dominantes, autrement dit la classe qui est la puissance *matérielle* dominante de la société est aussi la puissance dominante *spirituelle*.»

   a) Dites, dans vos propres mots, ce que Marx entend par là.

   b) Illustrez par un exemple actuel (en conséquence, autre que ceux utilisés par Marx) la véracité ou l'inexactitude de cette thèse.

3. À la fin de ce texte, Marx critique la philosophie spéculative qui soutient que ce sont «les idées qui dominent dans l'histoire», et que ces «idées et concepts isolés [sont] des "autodéterminations" du concept qui se développe tout au long de l'histoire». Et Marx ajoute la remarque marginale suivante: «Il est également naturel ensuite de faire dériver tous les rapports humains du concept de l'homme, de l'homme représenté, de l'essence de l'homme, de l'Homme en un mot.»

   Expliquez, dans vos propres mots, les raisons pour lesquelles Marx ne peut accepter que le concept d'Homme représente «tous les rapports humains».

B

Exercice comparatif: Marx et Rousseau

Objectif spécifique

L'étudiant ou l'étudiante devra être capable de procéder à une comparaison entre deux conceptions de l'être humain à propos d'un même thème.

Contexte de réalisation

Individuellement, à l'occasion d'un texte d'environ 350 mots (une page et demie), comparer, c'est-à-dire examiner les rapports de ressemblance et de différence entre la conception marxienne et la conception rousseauiste de l'être humain à propos du thème de la société.

Étapes suggérées

1. a) Caractériser la conception marxienne de l'être humain en regard du thème de la société. Par exemple, demandez-vous dans quelle mesure, selon Marx, la société définit essentiellement l'être humain en lui imposant des conditions concrètes d'existence.

   b) Caractériser la conception rousseauiste de l'être humain en regard du thème de la société. Par exemple, demandez-vous en quoi et comment, selon Rousseau, la société dénature l'être humain en défigurant son être profond.

2. a) S'il y a lieu, identifier les liens ou les similitudes entre la conception marxienne et la conception rousseauiste de l'être humain à propos du thème de la société.

   b) S'il y a lieu, dégager les oppositions ou les antagonismes entre la conception marxienne et la conception rousseauiste de l'être humain à propos du thème de la société.

C

Exercice sur la dimension sociale de l'être humain

Objectifs spécifiques

L'étudiant ou l'étudiante devra être capable:

• de transposer dans ses propres mots le contenu d'une citation portant sur la dimension sociale de l'être humain;

• d'évaluer cette citation, c'est-à-dire d'exprimer son accord ou son désaccord et en donner les raisons.

Consignes

1. Choisissez une citation parmi les dix citations qui suivent.

2. Reformulez dans vos propres mots la citation choisie.

3. Répondez aux questions-guides posées.

   (Il est à noter que vous êtes tout à fait en droit de déborder le cadre de ces questions et de répondre à toutes autres questions que vous jugez prioritaires.)

Note: Cette activité d'apprentissage doit surtout servir à développer, d'une manière étayée et cohérente, votre opinion sur la dimension sociale de l'être humain en transposant dans vos propres mots et en évaluant le contenu de la citation choisie. Conséquemment, demandez-vous si vous êtes en accord ou en désaccord avec la position défendue dans cette citation. Vous devez apporter au moins trois arguments-clés pour appuyer vos affirmations. (*Minimum suggéré pour l'ensemble de l'activité: deux pages.*)

1. ALAIN (*Propos II*, 22 juil. 1908, Paris, Pléiade, p. 82).

> Je crois que la société est fille de la peur, et non pas de la faim. Bien mieux, je dirais que le premier effet de la faim a dû être de disperser les hommes plutôt que de les rassembler, tous allant chercher leur nourriture justement dans les régions les moins explorées. Seulement tandis que le désir les dispersait, la peur les rassemblait. Le matin, ils sentaient la faim et devenaient anarchistes. Mais le soir ils sentaient la fatigue et la peur, et ils aimaient les lois.

a) Croyez-vous, d'une part, que la société soit «la fille de la peur» et que les hommes aiment les lois justement parce qu'elles les protègent de cette peur primitive?

b) D'autre part, pensez-vous, à l'instar du philosophe Alain, que les hommes, éprouvant la faim, deviennent individualistes et anarchistes?

2. CHAMFORT, Sébastien (*Maximes et pensées, caractères et anecdotes*, Paris, 1775, Garnier-Frères, chap. 1, p. 67).

> Les fléaux physiques et les calamités de la nature humaine ont rendu la société nécessaire. La société a ajouté aux malheurs de la nature. Les inconvénients de la société ont amené la nécessité du gouvernement, et le gouvernement ajoute aux malheurs de la société. Voilà l'histoire de la nature humaine.

a) Croyez-vous que le besoin de vivre en société soit né de la nécessité de se protéger contre les «malheurs de la nature», et que cet impératif entraîne des conséquences négatives en bout de ligne?

b) Que pensez-vous de ce bref portrait de l'histoire de la nature humaine brossé par Chamfort?

3. COMTE, Auguste (*Système de politique positive*, 1852, t. II, chap. V, p. 304).

> Notre nature cérébrale, simultanément disposée au sentiment, à l'activité et à l'intelligence, nous rend susceptibles de trois modes d'association, suivant celle des trois tendances qui devient prépondérante. De là résultent successivement trois sociétés humaines, de moins en moins intimes et de plus en plus étendues, dont chacune forme l'élément spontané de la suivante, la famille, la cité et l'Église.

a) Pensez-vous que la preuve de la composante sociale de l'être humain se manifeste par sa tendance à l'«association»?

b) Êtes-vous en accord ou en désaccord avec Auguste Comte qui lie «sentiment» à «famille», «activité» à «cité» et «intelligence» à «Église»?

4. DELACROIX, Eugène (*Journal*, 17 novembre 1852).

> L'homme est un animal sociable qui déteste ses semblables.

a) Dans le cadre de cette citation, quel sens peut-on donner à l'expression «animal sociable»?

b) Y a-t-il une contradiction véritable ou une simple apparence de contradiction dans l'affirmation de Delacroix?

5. DIDEROT, Denis (*Observations sur l'instruction de S.M.I. aux députés pour la confection des lois*, 1774, art. 250, p. 70).

> Si la terre avait satisfait d'elle-même à tous les besoins de l'homme, il n'y aurait point eu de société: d'où il s'ensuit, ce me semble que c'est la nécessité de lutter contre l'ennemi commun, toujours subsistant, la nature, qui a rassemblé les hommes.

a) Diderot ne simplifie-t-il pas trop la réalité en voyant la naissance de la société comme le résultat de la lutte pour la satisfaction des besoins?

b) Peut-on imaginer une terre d'abondance qui ne soit pas organisée en société?

6. KANT, Emmanuel (*Idées d'une histoire universelle au point de vue cosmo-politique*, 1784, trad. S. Piobetta, *in La Philosophie de l'Histoire*, Aubier, p. 64).

Le moyen dont la nature se sert pour mener à bien le développement de toutes ses dispositions est leur antagonisme au sein de la Société, pour autant que celui-ci est cependant en fin de compte la cause d'une ordonnance régulière de cette Société. J'entends ici par antagonisme *l'insociable sociabilité* des hommes, c'est-à-dire leur inclination à entrer en société, inclination qui est cependant doublée d'une répulsion générale à le faire, menaçant constamment de désagréger cette société.

a) Croyez-vous, à l'instar de Kant, que les êtres humains ont à la fois une inclination et une répulsion à entrer en société?

b) Quels seraient, d'après vous, les comportements qui pourraient entraîner la désagrégation de la société?

7. KANT, Emmanuel (*Anthropologie du point de vue pragmatique*, 1798, trad. Michel Foucault, Vrin, 1964, p. 167).

L'homme n'était pas destiné à faire partie d'un troupeau comme un animal domestique, mais d'une ruche comme les abeilles.

a) Quelles sont les principales caractéristiques d'un animal domestique qui vit en troupeau?

b) Décrivez les attitudes et les comportements des abeilles à l'intérieur de la ruche qui pourraient servir de fondements à la comparaison: hommes / société = abeilles / ruche.

8. MARX, Karl et Friedrich ENGELS (*L'Idéologie allemande*, 1846, trad. H. Auger, G. Badia, J. Baudrillard, R. Cartelle, Éditions sociales, p. 474).

La société a toujours évolué dans le cadre d'un antagonisme, celui des hommes libres et des esclaves dans l'antiquité, des nobles et des serfs au Moyen Âge, de la bourgeoisie et du prolétariat dans les temps modernes.

a) D'après vous, cette interprétation de l'histoire de l'humanité en fonction d'un conflit entre deux classes qui s'opposent constitue-t-elle une lecture réductrice de la réalité?

b) Est-ce que, selon vous, la société d'aujourd'hui peut être comprise et expliquée à partir de l'antagonisme bourgeoisie / prolétariat?

9. ROUSSEAU, Jean-Jacques (*Émile ou De l'Éducation*, 1772, Livre I, t. 3, Éditions du Seuil, t. 3, p. 21).

Les bonnes institutions sociales sont celles qui savent le mieux dénaturer l'homme, lui ôter son existence absolue pour lui en donner une relative, et transporter le *moi* dans l'unité commune: en sorte que chaque particulier ne se croit plus un, mais partie de l'unité, et ne soit plus sensible que dans le tout.

a) Croyez-vous que la vie en société dénature l'être humain?

b) Est-ce que l'être humain y perd son individualité en ne se percevant plus que dans le tout?

10. SCHOPENHAUER, Arthur (*Parerga und Paralipomena*, 1851, t. II, chap. 31, 400, trad. Cantacuzène, 1880).

Par une froide journée d'hiver, un troupeau de porcs-épics s'était mis en groupe serré pour se garantir mutuellement contre la gelée par leur propre chaleur. Mais tout aussitôt ils ressentirent les atteintes de leurs piquants, ce qui les fit s'éloigner les uns des autres. Quand le besoin de se chauffer les eut rapprochés de nouveau, le même inconvénient se renouvela, de façon qu'ils étaient ballottés de ça et de là entre les deux souffrances, jusqu'à ce qu'ils eussent fini par trouver une distance moyenne qui leur rendit la situation supportable. Ainsi, le besoin de société, né du vide et de la monotonie de leur propre intérieur, pousse les hommes les uns vers les autres: mais leurs nombreuses qualités repoussantes et leurs insupportables défauts les dispersent de nouveau. La distance moyenne qu'ils finissent par découvrir et à laquelle la vie en commun devient possible, c'est la *politesse* et les *belles manières*.

a) Que pensez-vous de la position de Schopenhauer qui dit que notre «besoin de société» naît «du vide et de la monotonie» de notre vie intérieure?

b) Quelles seraient nos «qualités repoussantes» et nos «insupportables défauts» qui font que le lien social ne dure pas?

c) Quelles «distances moyennes» (autres que «la politesse et les belles manières») pourrions-nous découvrir et expérimenter pour que la vie en commun devienne possible?

CHAPITRE QUATRIÈME

L'homme

comme être d'instincts, de désirs et de passions

Nietzsche ou la philosophie à coups de marteau[1]

> L'HOMME EST UNE CORDE
> TENDUE ENTRE LA BÊTE ET
> LE SURHOMME, UNE CORDE
> AU-DESSUS D'UN ABÎME. DANGER
> DE LE FRANCHIR, DANGER
> DE RESTER EN ROUTE, DANGER
> DE REGARDER EN ARRIÈRE...
>
> Friedrich Nietzsche, *Ainsi parlait
> Zarathoustra*, p. 20.

NIETZSCHE ET LE NIHILISME EUROPÉEN DE LA FIN DU XIXᵉ SIÈCLE

PHILOLOGIE

Le *Petit Robert* (1991) définit la philologie comme «l'étude d'une langue par l'analyse critique des textes».

Friedrich Nietzsche naît le 15 octobre 1844 à Röchen, dans le royaume de Saxe, en Prusse. Son père, pasteur luthérien, meurt alors que Friedrich n'a que cinq ans. Entouré de sa mère, de sa sœur Elisabeth et de deux tantes aux mœurs sévères, il passe une enfance et une adolescence calmes et pieuses. En octobre 1858, récipiendaire d'une bourse de la ville de Naumbourg, il entre au collège de Pforta réputé pour la qualité de son enseignement humaniste. En septembre 1864, Nietzsche entreprend de brillantes études en théologie et en **philologie** classique (latin et grec ancien), à l'Université de Bonn. Pendant ces années de formation, la lecture de l'ouvrage de Arthur Schopenhauer (1788-1860) *Le Monde comme volonté et comme représentation* (1818) marque profondément Nietzsche. Il n'entérinera pas les thèses défendues par Schopenhauer, mais il s'inspirera de certains thèmes traités par ce dernier, dont la «volonté absolument libre» et le «vouloir-vivre». Le 12 février 1868, Nietzsche obtient une chaire de langue et de littérature grecques à l'université de Bâle. Au même moment, il se lie d'amitié avec Richard Wagner (1813-1883) chez qui il admire le génie musical, le sens du tragique et la volonté héroïque à l'œuvre dans ses opéras. Cette amitié ne durera toutefois que trois ans. En avril 1872, Nietzsche se brouille définitivement avec Wagner. La même année, Nietzsche publie *La Naissance de la tragédie* (1872). Cet ouvrage porte un regard neuf sur l'antiquité grecque. La culture hellénique n'est pas seulement constituée de l'art APOLLINIEN qui véhicule la sérénité, l'harmonie, la «juste mesure» et la sagesse rationnelle. Nietzsche montre que l'hellénisme a aussi donné naissance à la tragédie qui, sur fond DIONYSIAQUE met en scène l'homme luttant contre un destin implacable. Selon Nietzsche, la tragédie grecque réunit sublimement l'esprit dionysiaque et l'esprit apollinien. *La Naissance de la tragédie* pertube l'interprétation traditionnelle de la civilisation hellénique et, conséquemment, ne fait pas l'unanimité auprès des philologues de l'époque. Nietzsche est fortement contesté; sa réputation est ébranlée. Nietzsche a trente ans et il souffre d'incessants maux de tête et de troubles occulaires. Au printemps 1879, il se voit obligé de quitter son poste de professeur. Dès lors, à la recherche d'un climat favorable à sa santé précaire ainsi qu'à l'éclosion de son œuvre, il entreprend de nombreux voyages en Suisse, en France et en Italie. Ces neuf années d'errance correspondent à une période fébrile de création où le philosophe solitaire et souffrant arrive à un sommet de fécondité intellectuelle. Il écrit coup sur coup *Humain trop humain, Le Voyageur et son ombre, Aurore, Le Gai Savoir, Ainsi parlait Zarathoustra, Par-delà le bien et le mal, La Généalogie de la morale, Le Cas Wagner, Le Crépuscule des idoles, L'Antéchrist, Nietzsche contre Wagner* et *Ecce homo* (qui ne paraîtra qu'en 1908). Le 3 janvier 1889, Nietzsche est terrassé par une crise de folie[2]. Il n'écrira plus jamais. La maladie l'enferme dans un mutisme complet. Sa mère et sa sœur le soigneront pendant 11 ans. Nietzsche meurt à Weimar le 25 août 1900 sans jamais savoir qu'il est devenu célèbre.

APOLLON, DIEU DE LA LUMIÈRE ET DE LA CLARTÉ, EST LE FILS DE ZEUS, LE DIEU SUPRÊME DU POLYTHÉISME GREC. INCARNANT L'IDÉAL GREC DE LA BEAUTÉ, IL SYMBOLISE LA MESURE, L'ORDRE ET L'HARMONIE.

DANS LA MYTHOLOGIE GRECQUE, DIONYSOS EST LE DIEU DE L'IVRESSE, DU RIRE, DE L'EXALTATION ET DE LA DÉMESURE.

WAGNER DONNE NAISSANCE AU DRAME INTÉGRAL QUI ALLIE MUSIQUE ET POÉSIE.

---

1. «Comment philosopher à coups de marteau?» est le sous-titre d'un ouvrage de Nietzsche intitulé *Le Crépuscule des idoles* (1888). Philosopher à coups de marteau peut être interprété dans le sens d'une critique radicale qui démolit et fracasse les idoles et les faux dieux, afin de procéder à la construction et à l'affirmation de son propre vouloir.

2. Quelle a été la cause de cette démence? Nous ne le saurons sans doute jamais avec assurance, mais plusieurs commentateurs invoquent une méningite syphilitique contractée dès 1865.

Nietzsche était un homme ambivalent. Les principaux traits de sa personnalité nous sont révélés par Lou Andréas Salomé, une belle et brillante finlandaise de qui Nietzsche s'était épris en 1882. Dans le premier livre qui fut consacré à Nietzsche, elle écrit:

> Ses gestes, et d'une façon générale tout son maintien, donnaient une impression de silence et de réserve. Il ne se départait jamais d'une grande courtoisie et d'une douceur presque féminine[3].

Cependant, on dit également de lui qu'il était «l'homme des extrêmes»: autant son tempérament se caractérisait par la douceur et la bienveillance, autant il pouvait être fougueux, exalté et violent.

Quant à son œuvre philosophique, on peut dire qu'elle est un cri d'une grande beauté poétique à l'image de la vie intérieure tourmentée de son auteur. Rares sont les philosophes qui ont utilisé une écriture aussi exubérante, flamboyante, incandescente! En regard du langage philosophique traditionnel, son style polémique, éclaté, **aphoristique** savait «danser avec les mots». Nietzsche possédait une voix provocatrice, intempestive, prophétique, visionnaire, qui parlait pour les siècles à venir. Aussi est-il difficile d'en saisir toute la portée avec assurance, car Nietzsche révèle sa pensée sous le couvert d'un symbolisme qui la dérobe à notre appréhension. Pour comprendre la philosophie nietzschéenne, il faut se laisser imprégner par les images frémissantes, par les métaphores et les paraboles colorées; il faut apprendre à lire entre les lignes.

Par ses écrits, Nietzsche se fait l'annonciateur passionné d'une pensée radicale que l'on nomme le nihilisme. De quoi s'agit-il au juste? Nietzsche définit le *nihilisme* comme un processus de dévaluation des valeurs qui affecte, selon lui, l'humanité européenne de son époque et qui est le symptôme de la décadence de cette civilisation. Le nihilisme est une attitude qui se caractérise d'abord par la croyance en des valeurs supérieures. Selon Nietzsche, cette croyance de l'homme en un monde idéal témoigne précisément de la négation de celui dans lequel il se trouve. L'expression «nihilisme» veut dire que, pour l'homme moderne, la vie n'est rien car seules comptent les valeurs auxquelles il aspire. Mais de quelles valeurs parle Nietzsche et que représentent-elles?

> Les valeurs supérieures au service desquelles l'homme devait vivre, surtout quand elles disposaient de lui au prix de lourdes peines: ces valeurs sociales, on les a, en vue de leur amplification, érigées au-dessus de l'homme, comme si elles étaient les commandements de Dieu, en tant que la «réalité», en tant que le monde «vrai», en tant qu'espoir et avenir du monde. Maintenant que l'origine mesquine de ces valeurs se montre clairement, tout nous paraît alors dévalué, «absurde», – mais ce n'est qu'un état intermédiaire[4].

Cet état intermédiaire a amené le *dernier homme*[5] à penser que tout est en vain, que tout est dénué de sens et de but. Or, si plus rien n'a de sens, aucune valeur ne peut prétendre être supérieure à une autre: tout est égal, tout se vaut. Une telle attitude incite à être pessimiste, à considérer que tout est absurde, à vivre une grande lassitude, à plonger dans le confort de croire qu'il ne sert plus à rien de se demander «pourquoi?». Aux yeux de Nietzsche,

APHORISTIQUE
Qui se rapporte à l'aphorisme, sorte de maxime qui résume, de façon concise et parfois lapidaire, une appréciation ou un jugement d'ordre moral. Généralement énigmatique, son sens nécessite une interprétation minutieuse.

3. Lou Andréas Salomé, *Friedrich Nietzsche*, Paris, Réimpressions Gordon et Breach, 1970, p. 17.

4. Friedrich Nietzsche, *Le nihilisme européen*, trad. Angèle Kremer-Mariatti, Paris, Union générale d'éditions, coll. «10–18», 1976, p. 173-174.

5. Nous reparlerons plus loin du *dernier homme*, de l'*homme du ressentiment* ou de l'*homme du commun*. Trois dénominations différentes, un seul et même homme: l'homme faible, incapable de supporter la vie dans sa réalité sensible, qui évite tous les risques et se contente de son plat bonheur.

NE PEUT-ON VOIR DANS LE NIHILISME DÉCRIÉ PAR NIETZSCHE LES SIGNES AVANT-COUREURS DU NIHILISME ACTUEL QUI CONSIDÈRE QU'UNE OPINION EN VAUT UNE AUTRE, QU'AUCUNE VALEUR OU IDÉAL N'EST SUPÉRIEUR À UN AUTRE?

ce NIHILISME décadent constitue «la pensée la plus paralysante qui soit[6]». Il faut renverser et dépasser ce «nihilisme passif» et le remplacer par un «nihilisme actif» ou «extatique» qui, au lieu de s'apitoyer sur l'absence de sens, s'instaure lui-même comme une dissolution, une destruction volontaire et active des anciennes tables de valeurs.

Les principales tables de valeurs qui fondent la civilisation européenne et qui doivent être fracassées sont celles véhiculées par: 1) Le christianisme, qui valorise des petites vertus comme la charité, le devoir, l'espérance, l'humilité, la pitié et le ressentiment. 2) L'ascétisme, qui considère que le développement moral ne se fait qu'au prix d'une lutte contre les exigences du corps. Les valeurs d'austérité, de mortification, de pénitence et de privation sont dès lors encouragées. 3) Le rationalisme, qui accorde à la raison seule le pouvoir de connaître et qui met de l'avant une valeur unique: la Vérité. 4) La science, qui ne croit qu'en ce qui est exact, vérifiable, et s'exprimant dans des lois universelles. L'objectivité devient alors le seul critère permettant une représentation fidèle de la réalité. 5) La démocratie, qui défend l'idée que tous les hommes sont égaux. En défendant le principe universel de l'égalité, l'idéal démocratique postule qu'un homme en vaut un autre. 6) Le socialisme, qui fait prévaloir l'intérêt général sur les intérêts particuliers et qui, ce faisant, prône l'égalitarisme et le collectivisme.

Nietzsche veut renverser toutes ces tables de valeurs décadentes. Il veut édifier une culture nouvelle en procédant à une transmutation radicale des idéaux, des valeurs, des idoles éternelles qui fondent la civilisation européenne depuis Socrate (~469 – ~399). Ainsi, il s'oppose particulièrement à toutes les systématisations rationalistes (dont celle de Descartes) qui véhiculent un excès de confiance dans les pouvoirs de la raison humaine: la raison seule ne peut tout expliquer, et il n'y a pas nécessairement «adéquation entre les choses et la pensée». Un «monde-vérité» (monde métaphysique, monde des apparences) a été édifié artificiellement afin de se superposer à la réalité, de l'immobiliser, de la rendre logique et de la falsifier.

SOCRATE A ÉTÉ LE PREMIER PHILOSOPHE OCCIDENTAL À IMPOSER LA RAISON ET LA VÉRITÉ COMME SOURCES DE LA VERTU ET DU BONHEUR.

La «vérité» n'est pas quelque chose qui est là et qu'il faut trouver et découvrir, – mais quelque chose qu'il faut créer, qui donne son nom à une opération, mieux encore à la volonté de remporter une victoire, volonté qui, par elle-même, est sans fin: introduire la vérité, c'est un processus *in infinitum*, une détermination active, – et non point la venue à la conscience de quelque chose qui serait fixe et déterminé[7].

Pour Nietzsche, ce n'est pas la recherche de la Vérité, du Bien ou d'un Absolu qui doit animer l'être humain; ce sont les passions du vouloir vivre. La tradition philosophique occidentale et le christianisme ont trop longtemps surestimé la raison au détriment du corps, dans le but avoué ou non de maîtriser les passions. Pour retrouver la source de vie originale, Nietzsche renverse ce schéma millénaire en réhabilitant chez l'être humain «les anciens instincts qui jusqu'ici faisaient sa force, sa joie et son caractère redoutable[8]».

6. Friedrich Nietzsche, *Le nihilisme européen*, p. 156.

7. Friedrich Nietzsche, *La Volonté de puissance, Essai d'une transmutation de toutes les valeurs*, trad. Henri Albert, Paris, Librairie Générale Française, coll. «Le livre de poche» (Classiques de philosophie), 1991, p. 310.

8. Friedrich Nietzsche, *La Généalogie de la morale*, trad. Henri Albert, Paris, Éditions Gallimard, coll. «Idées», 1969, p. 121.

LE DÉPASSEMENT DE SOI DANS L'AFFIRMATION DE SES DÉSIRS, INSTINCTS ET PASSIONS

Les grandes philosophies idéalistes ainsi que la morale judéo-chrétienne ont, sous une forme ou sous une autre, valorisé le monde de l'esprit et condamné le monde sensible. Par exemple, la philosophie de Descartes, en postulant le *cogito*, fait de la pensée l'essence de l'homme et, nous l'avons vu dans le chapitre premier, n'accorde aucun crédit à la connaissance issue des sens. Le dogme chrétien, quant à lui, apparente le monde vrai à un royaume de Dieu comme ultime récompense d'une vie terrestre vertueuse. En associant le péché au corps et en réprouvant toutes joies autres que spirituelles, la morale chrétienne, selon Nietzsche, poursuit depuis vingt siècles un unique objectif: le dressage de l'homme instinctuel. Or, si la philosophie idéaliste, la religion et la morale ont ainsi dévalorisé les sens et les instincts, c'est par faiblesse et décadence, pense Nietzsche. Éliminer de la vie les sentiments, les passions et les pulsions demeure la solution à laquelle recourent les volontés anémiques et dégénérées. C'est vouloir produire un type d'homme «faible» qui s'est coupé d'une partie importante de lui-même, la part la plus concrète, le sensible. Précisons tout de suite que chez Nietzsche, la notion de faible ne désigne pas quelqu'un qui serait opprimé socialement et économiquement, ou encore handicapé physiquement ou mentalement; ce concept fait plutôt référence à un type d'homme domestiqué, soumis à des valeurs petites, tristes, mesquines, coupables et rancunières. Il s'agit en fait de l'*homme du ressentiment* qui éprouve de l'amertume, de la rancœur face à la vie. Il renonce à tout ce qui demande de la maîtrise, ce qui est changeant et équivoque: le corps, les sens et les passions. N'ayant pas la force d'assumer l'existence terrestre, l'homme du ressentiment réclame des certitudes toutes faites, intemporelles et immuables. À l'idéal de la raison abstraite et du besoin d'un absolu hors du monde, Nietzsche oppose le projet d'un accroissement de la vie. Il se porte à la défense du «sens de la terre». Il se fait l'apôtre du corps: «Il y a plus de raison dans ton corps que dans ta meilleure sagesse[9]», proclame Nietzsche. Il promulgue le culte de la vie. Et vivre, c'est plonger dans l'abondance chaotique de forces et de contradictions que la vie recèle en son sein; c'est accorder le droit de cité aux instincts et aux passions que les morales ont depuis longtemps réprouvés sous prétexte que l'animalité de l'homme l'empêchait d'accéder à l'au-delà. Or, puisque aucun monde suprasensible ne se superpose au monde terrestre, la mission de l'être humain est, selon Nietzsche, d'accroître toutes les forces créatrices de la vie qui dorment en lui et qui sont sources de dépassement de soi. Pour Nietzsche, ces forces instinctives constituent la seule réalité puisqu'elles sont le triomphe de la vie sur la mort. Il s'agit de vivre sa vie en écoutant la voix de son corps, en se dépensant sans retenue ni avarice, loin du souci de se conserver. «Osez donc d'abord croire en vous-mêmes, dit Nietzsche, – en vous-mêmes et en vos entrailles! Quiconque n'a pas foi en lui-même ment toujours[10].»

La mort de Dieu

La condition nécessaire à tel dépassement de soi par l'affirmation de ses désirs, instincts et passions implique toutefois l'obligation de «faire mourir Dieu», c'est-à-dire de nier l'existence d'un Dieu, maître suprême qui fonde la Morale.

---

9. Friedrich Nietzsche, *Ainsi parlait Zarathoustra*, trad. Maurice Betz, Paris, Éditions Gallimard, coll. «Le livre de poche classique», 1965, p. 45.

10. *Ibid.*, p. 145.

11. *Ibid.*, p. 42.

Mon moi, écrit Nietzsche, m'a enseigné une nouvelle fierté, je l'enseigne aux hommes: ne plus enfouir leur tête dans le sable des choses célestes, mais la porter fièrement, une tête terrestre qui crée les sens de la terre[11]!

Selon Nietzsche, Dieu doit être nié parce qu'il est à l'origine de morales d'esclaves fondées sur des valeurs telles que la patience et la résignation, qui commandent l'abdication face aux contraintes et aux misères de l'existence; l'humilité, qui, en réprimant tout mouvement d'orgueil, conduit à l'abaissement volontaire de soi devant sa propre faiblesse ou insuffisance; la charité, qui appelle au sacrifice de soi, voire à l'oubli de soi; l'espérance en un monde surnaturel, inventé de toutes pièces, venant après la vie terrestre, qui nous libérerait enfin de notre souffrance et de notre impuissance. Bref, Dieu et ses morales instituées fondent leur souveraineté sur la faiblesse et sur l'ignorance des hommes.

Sous l'hégémonie d'un Dieu tout puissant, ces morales s'édifient à partir du nivellement des esprits («l'esprit de troupeau», dit Nietzsche); elles empêchent l'expression des valeurs individuelles fortes. Elles font de l'homme un être bonasse qui s'est coupé de la vie. D'ailleurs, ces morales impliquent généralement l'obéissance passive et la soumission aveugle à des dogmes et à des règles qui briment l'expression des désirs, des instincts et des passions, bref, qui nient la vie. En ce sens, elles ne peuvent convenir qu'aux «malades et moribonds qui ont méprisé le corps et la terre[12]». Les individus qui veulent s'inventer et se créer audacieusement, qui veulent faire coïncider en eux leur être (c'est-à-dire ce qu'ils sont profondément) et leur devenir (c'est-à-dire le devoir d'être plus) n'accepteront plus d'être sous le joug d'un Dieu, maître de leur destinée. Ils feront non seulement mourir Dieu, mais également tous les maîtres, toutes les idoles afin de pouvoir pleinement s'appartenir eux-mêmes, pour pouvoir être «ce moi qui crée, qui veut, qui donne la mesure et la valeur des choses[13]».

Il faut donc cesser de croire en Dieu, fondement de la morale, si l'on veut rester fidèle à la vie, aux désirs et aux passions au-delà du bien et du mal. Une précision s'impose ici. Nietzsche valorise l'exaltation des sentiments, l'ivresse de vivre, l'effervescence du corps et des instincts; mais il ne nous invite pas à les extérioriser brutalement, à déchaîner anarchiquement les forces animales contenues en nous par une frêle pellicule de civilité. Au contraire, il nous exhorte à les diriger pour qu'elles s'expriment en une volonté de puissance.

LA VOLONTÉ DE PUISSANCE

La volonté de puissance constitue l'un des concepts fondamentaux de la conception nietzschéenne de l'être humain. Mais il faut prendre garde de ne pas l'interpréter à un premier degré. La volonté de puissance ne correspond pas à un désir de dominer psychologiquement les autres en les écrasant de notre supériorité intellectuelle, par exemple. Aucune idée d'agressivité ou de compétition ne s'y trouve. Non plus que l'idée de domination politique, sociale ou économique, dans le but d'en retirer de la gloire, du prestige ou des richesses. Il ne s'agit pas d'avoir la volonté d'être le maître du monde ou de devenir puissant, mais d'exercer la puissance de sa volonté, d'être plus fort dans le sens de vouloir avec force son propre accroissement. La force dont parle Nietzsche se situe «en dehors de toutes les conventions sociales».

---

12. *Ibid.*, p. 42.
13. *Ibid.*, p. 42.

Les plus forts [sont] les plus modérés, ceux qui n'ont pas besoin de dogmes extrêmes, ceux qui non seulement admettent, mais aiment aussi une bonne part de hasard, de non-sens. Ceux qui peuvent songer à l'homme, en réduisant quelque peu sa valeur, sans qu'ils se sentent par là diminués et affaiblis: les plus riches par rapport à la santé, ceux qui sont à la hauteur du plus grand malheur et qui, à cause de cela, ne craignent pas le malheur, – des hommes qui sont certains de leur puissance et qui, avec une fierté consciente, représente la force à laquelle l'homme est parvenu[14].

La volonté de puissance est possession de soi

La volonté de puissance, c'est la volonté de possession de soi pour mieux se surpasser. La volonté de puissance est l'être de l'homme. Et d'après Nietzsche, l'être humain devient ce qu'il est profondément en osant vivre un «égoïsme souverain». Car, pour s'affirmer soi-même, il ne faut penser qu'à soi, il faut tout subordonner à son plaisir, à son intérêt et à son développement individuels. Il faut trouver que:

Le fruit le plus mûr de l'arbre est l'individu souverain, l'individu qui n'est semblable qu'à lui-même, l'individu affranchi de la moralité des mœurs, l'individu autonome et supermoral (car «autonome» et «moral» s'excluent), bref l'homme à la volonté propre, indépendante et persistante, l'homme qui peut promettre, – celui qui possède en lui-même la conscience fière et vibrante de ce qu'il a enfin atteint par là, de ce qui s'est incorporé en lui, une véritable conscience de la liberté et de la puissance, enfin le sentiment d'être arrivé à la perfection de l'homme[15].

Les notions de croissance, de force, d'appropriation, de conquête, de combat, de prépondérance colorent la volonté de puissance nietzschéenne. Concrètement, l'actualisation de cette volonté de puissance implique deux stades distincts.

La volonté de puissance est rejet des «tu dois»

Dans un premier temps, il faut rejeter catégoriquement toutes les lois, règles et prescriptions morales, bref tous les «tu dois» qui nous ont été enseignés puisqu'ils conduisent, selon Nietzsche, à une tyrannie et à un arbitraire qui enseignent «à haïr le laisser-aller, l'excessive liberté, et qui inculque le besoin des horizons limités[16]». Dans tous les cas, les innombrables «tu dois» et «tu ne dois pas» proviennent de ce que Nietzsche appelle «la morale *contre nature*, c'est-à-dire presque toute morale enseignée, honorée, prêchée jusqu'à ce jour *contre* les instincts de la vie. […] Elle est une *condamnation*, tantôt secrète, tantôt brutale et fracassante, de ces instincts[17]». Il est évident que tous ces «tu dois» forment des contraintes qui rétrécissent les perspectives de la liberté.

---

14. Friedrich Nietzsche, *La Volonté de puissance, Essai d'une transmutation de toutes les valeurs*, p. 48.

15. Friedrich Nietzsche, *La Généalogie de la morale*, p. 78-79.

16. Friedrich Nietzsche, *Par-delà le bien et le mal*, trad. Geneviève Bianquis, Paris, Union générale d'éditions, coll. «10–18», 1967, p. 113.

17. Friedrich Nietzsche, *Le Crépuscule des idoles*, trad. Jean-Claude Hemery, Paris, Éditions Gallimard, NRF, coll. «Idées», 1977, p. 49-50.

La volonté de puissance est création de valeurs nouvelles

La volonté est créatrice, – ainsi parle ZARATHOUSTRA. Tout ce «qui fut» est fragment, énigme et cruel hasard, – jusqu'à ce que la volonté créatrice ajoute: «Mais c'est là ce que j'ai voulu.» – Jusqu'à ce que la volonté créatrice ajoute: «C'est là ce que je veux! C'est ainsi que je le voudrai[18].

ZARATHOUSTRA ÉTAIT UN PROPHÈTE ET UN RÉFORMATEUR RELIGIEUX IRANIEN QUI VÉCUT AU VIe SIÈCLE. SA DOCTRINE SE CARACTÉRISAIT PAR UNE CONSCIENCE AIGUË DU BIEN ET DU MAL ET PAR LA NOTION DE CHOIX MORAL. DANS *AINSI PARLAIT ZARATHOUSTRA*, NIETZSCHE SE SERT DU PERSONNAGE (IL EST ZARATHOUSTRA) POUR DÉNONCER LES VALEURS MILLÉNAIRES DE LA MORALE ÉTABLIE, POUR AFFIRMER LA TRANSFORMATION TOTALE DES VALEURS ET LA NÉCESSITÉ DU DÉPASSEMENT DE SOI.

Une telle volonté affirme «la puissance d'un vouloir» qui crée ses propres valeurs sans chercher l'approbation des autres. Ces valeurs ne naîtront pas d'un rationalisme de glace car, d'après Nietzsche, la volonté rationnelle, lucide et réfléchie a vu le jour grâce au dressage par la société de la sauvagerie primitive de l'homme. Donc, elle obéit à des règles extérieures à elle-même. La volonté de puissance, au contraire, n'obéit qu'à elle-même; elle n'accepte pas d'être domptée et transformée en une esclave soumise aux contraintes rationnelles et sociales. De sorte que les valeurs nouvelles créées sous son influence intensifieront la volonté de vivre, déborderont d'une énergie vitale, glorifieront la réalisation des instincts au détriment des valeurs de la raison. Méfions-nous de la raison, car elle se veut logique et linéaire, et ce faisant, elle fige le devenir des choses en une analyse froide et statique!

La vie s'exprime davantage par les instincts que par la raison, écrit Nietzsche. Quel qu'il soit, l'instinct est source de liberté, l'instrument de progrès[19].

La vie du célèbre écrivain américain Henry Miller (1891-1980) illustre bien la volonté de puissance nietzschéenne. Né dans le quartier populaire de Brooklyn (New York), Miller ne semblait promis à aucun grand destin. Alors qu'il peine à gagner sa vie comme chef des coursiers à la Western Union Telegraph, il décide à 33 ans de devenir romancier. Il se rend en France et mène, dans le Paris du début des années trente, une vie de bohème où il divinise les plaisirs de la chair et de l'esprit réunis. Le monde qu'il côtoie est celui des bas-fonds de la ville: celui des illuminés, des obsédés, des poètes et des prostituées. Il y trouve la liberté, la faim et la misère. Mais rien ne réussit à le décourager de son projet d'écrire qui lui permet de s'appartenir en propre et de n'accepter de servitudes que celles qu'il se serait données lui-même. Homme fort, ardent, passionné, imprévisible, il empoigne la vie et la croque à belles dents. Il ne s'interdit pas de désirer et de jouir et repousse civilités et interdits. Son existence sert de toile de fond à ses romans. Miller écrit comme il vit: avec audace, acharnement, vigueur, dérèglement. Son premier roman, *Tropique du cancer* (Paris, 1934) fait scandale. Jugé obscène, l'œuvre de Miller est interdite aux États-Unis pendant plus de trente ans. En 1964, la Cour suprême de l'Illinois autorise la diffusion du *Tropique du cancer*. La qualité de l'œuvre de Miller est enfin reconnue. Il deviendra le grand Henry Miller. La volonté de puissance consiste donc à affronter avec force les désirs et les pulsions qui nous habitent. Non pas tenter de les éliminer ou de les refouler, comme le fait l'homme faible, en inventant l'idée du mal pour expulser de sa vie ces forces dont il a peur parce qu'il ne sait comment les maîtriser. Au contraire, il s'agit de déployer ces forces, il faut «croître et s'étendre, accaparer, conquérir la prépondérance, non pas pour je ne sais quelles raisons morales ou immorales, mais parce que la vie, précisément, est volonté de puissance[20]»; cette vie exige, pourrait-on ajouter, son propre dépassement dans le surhumain.

---

18. Friedrich Nietzsche, *Ainsi parlait Zarathoustra*, p. 165-166.

19. Friedrich Nietzsche, *Par-delà le bien et le mal*, p. 69.

20. *Ibid.*, p. 210.

LE SURHUMAIN

« "*Tous les dieux sont morts; nous voulons à présent que le Surhomme vive!* Que ceci soit un jour, au grand midi, notre suprême volonté!" Ainsi parlait Zarathoustra[21] ». Le surhomme représente le modèle, le portrait de l'être humain idéal auquel doit tendre le genre humain. Voyons brièvement ses principales caractéristiques.

Le surhumain est affirmation de l'individualité

Le surhomme s'oppose de façon absolue à ce que Nietzsche appelle le *dernier homme*, c'est-à-dire l'être faible, égalisé et passif, bref l'être totalement réduit à la bête de troupeau. Le surhomme représente symboliquement la cime de toute l'humanité. Il est celui qui s'affirme lui-même dans son individualité héroïque, qui va au bout de sa différence sans ressentir le besoin de ratification venant de l'extérieur. Zarathoustra est le prophète du surhomme; il annonce la venue d'un nouveau type d'humanité non encore existante:

Je vous enseigne le Surhomme. L'homme est quelque chose qui doit être surmonté. Qu'avez-vous fait pour le surmonter[22]?

Le surhumain n'est pas un individu, un Être suprême ou un gourou qui viendrait sauver le monde; il est une figure mythique. Il correspond à un état qui concourt à son propre dépassement. C'est pourquoi il nous semble préférable d'utiliser l'expression «surhumain» plutôt que «surhomme»[23].

Le surhumain est un hymne à la vie

Le surhumain, affirmant la volonté de puissance dans sa plénitude, est un hymne puissant à la vie. Il s'emploie à affirmer et à exalter la vie. Il magnifie les pulsions et les passions parce qu'elles constituent justement la source de toute énergie vitale. Le surhumain est l'instinct de vie, la volonté de vivre par excellence; il est celui qui intensifie la vie. Or, la vie est décrite par Nietzsche en termes de force, d'appropriation, d'agression, d'assujettissement de tout ce qui est étranger et plus faible. Vivre, c'est faire sa place et imposer sa propre volonté aux choses et aux êtres.

Le surhumain est immoral

Le surhumain est immoral, dans le sens où il agit délibérément contre les morales établies. Ici, Nietzsche lui-même peut servir d'exemple. Dans une Vienne rigide et puritaine, il forme un couple élargi avec son ami, le poète et philosophe Rainer Maria Rilke (1875-1926) et Lou Andréas Salomé. Les deux hommes aiment la même femme et ne s'en cachent pas… Et bien sûr, il y a les livres écrits par Nietzsche, où on retrouve les plus virulentes critiques des morales instituées. La morale chrétienne est la première visée parce que «la foi chrétienne, dans son

LOU ANDRÉAS SALOMÉ EST SANS DOUTE LA SEULE FEMME QUE NIETZSCHE AIT AIMÉE.

---

21. Friedrich Nietzsche, *Ainsi parlait Zarathoustra*, p. 94.

22. *Ibid.*, p. 18.

23. De toute façon, les traducteurs utilisent tantôt «surhumain», tantôt «surhomme»!

principe, est sacrifice de l'esprit, de toute sa liberté, de tout son orgueil, de toute confiance en soi; par surcroît, elle est asservissement, risée et mutilation de soi[24]». Le surhumain la condamne sans ambage parce qu'elle prêche, en plus des valeurs de petitesse que nous avons précédemment identifiées, les qualités de renoncement et de sacrifice. Autre morale à subir les foudres du surhumain: la MORALE ASCÉTIQUE, qui enseigne l'affranchissement de l'esprit par le mépris du corps, l'austérité, la privation et la mortification. Elle aussi affirme qu'il faut satisfaire le moins possible les instincts, maîtriser ses désirs, se débarrasser des passions et dominer les sensations de plaisir et de douleur! Enfin, en accordant la primauté à l'exceptionnel sur le commun, le surhumain tente de contrer la morale démocratique qui prône l'égalité.

> **U**N BEL EXEMPLE D'ASCÉTISME NOUS EST DONNÉ PAR SAINT JÉRÔME (347 – 420) QUI PARTIT VIVRE DANS LE DÉSERT ET POUSSA LA FRUGALITÉ JUSQU'À FAILLIR MOURIR D'INANITION.

Le surhumain est élitiste

Le surhumain est élitiste dans la mesure où il pense que «toute élévation du type humain a toujours été et sera toujours l'œuvre d'une société aristocratique qui croit à de multiples échelons de hiérarchie et de valeurs entre les hommes […] condition indispensable au progrès en dignité du type humain[25]». Une hiérarchie naturelle existe donc entre les êtres humains. Dans une même société, nous retrouvons des hommes d'exception qui s'élèvent par rapport à l'homme-masse nivelé, uniformisé, servile et amorphe. Nietzsche se sert de l'aristocrate comme modèle de ce type d'hommes supérieurs qu'il appelle aussi les hommes d'élite. «C'est je ne sais quelle certitude fondamentale qu'une âme aristocratique possède au sujet d'elle-même, quelque chose qu'il est impossible de chercher, de trouver, et peut-être même de perdre […] L'âme aristocratique a le respect de soi.» Notons qu'il n'est pas question ici d'une aristocratie fondée sur l'hérédité ou sur l'argent. Est aristocrate celui qui possède la volonté de puissance, celui qui a de l'envergure, qui connaît sa valeur, a foi en lui-même, est fier et altier.

> Tout ce qu'il trouve en soi, il l'honore; une telle morale consiste dans la glorification de soi-même. Elle met au premier plan le sentiment de la plénitude, de la puissance qui veut déborder, le bien-être d'une tension interne, la conscience d'une richesse désireuse de donner et de se prodiguer; l'aristocrate aussi vient en aide au malheureux, non par pitié le plus souvent, mais poussé par la profusion de force qu'il sent en lui. L'aristocrate révère en soi l'homme puissant et maître de soi, qui sait parler et se taire, qui aime exercer sur soi la rigueur et la dureté, et qui respecte tout ce qui est sévère et dur[26].

L'*homme du commun*, aussi appelé le *dernier homme*, au contraire, valorise le relâchement, l'assoupissement et le repos. Il est pessimiste, méfiant et avachi. Au lieu de vivre en pleine lumière, son esprit se plaît dans les recoins et les faux-fuyants. Il garde silence, attend, se rapetisse. Constamment, l'*homme du commun* fait preuve de faiblesse et appelle «patience», parfois même «vertu», ce qui, en fait, n'est que lâcheté.

---

24. Friedrich Nietzsche, *Par-delà le bien et le mal*, p. 72.
25. *Ibid.*, p. 207.
26. *Ibid.*, p. 211.

Ce qu'il honore, quant à lui, c'est la pitié, la main complaisante et toujours ouverte, la bonté du cœur, la patience, l'assiduité, l'humilité, l'affabilité, car ce sont les qualités les plus utiles et presque les seuls moyens de supporter le poids de l'existence[27].

Le surhumain est dur

Autre caractéristique du surhumain: la dureté. «Ô mes frères, je place au-dessus de vous cette table nouvelle: DEVENEZ DURS[28]!» Encore là, il faut dépasser la lecture que nous en donnerait le langage courant. La dureté du surhumain n'en fait pas un monstre sanguinaire. Il faut être dur parce que «les créateurs sont durs [parce que] le plus dur seul est le plus noble[29]». Il faut être durs si nous ne voulons pas tomber dans la facilité de la douceur et de la pitié; si nous ne voulons pas nous apitoyer sur notre sort en disant: «Je ne suis pas capable. Je suis trop petit. Je suis faible. Je ne réussirai jamais…» Un document de la télévision suisse-romande présenté à Radio Québec illustre à merveille cette philosophie de la DURETÉ. On y montre l'attitude d'un couple envers leur enfant mongolien. Au lieu de le couver, de le protéger sans cesse contre le monde extérieur et contre lui-même, les parents l'obligent à participer à toutes les activités de la famille: randonnées à vélo, alpinisme, ski alpin, etc. L'apprentissage de ces différentes disciplines sportives ne se fait pas sans difficultés puisque les individus atteints de cette affection congénitale ont tendance à se décourager devant l'effort, à abandonner, même, dès le premier échec. À première vue, certaines scènes de ce document apparaissent d'une grande dureté. Par exemple, l'enfant vient de faire une chute spectaculaire en ski, ou de retomber de vélo: il souffre, se plaint, préfère arrêter. Ne se laissant pas amadouer, ses parents exigent alors de lui qu'il se relève et qu'il recommence. Mais quelle joie, quelle immense satisfaction pouvions-nous lire sur le visage de cet enfant, lorsque après de multiples efforts et de nombreux échecs, il réussissait enfin à se surpasser !

> EN RÉPROUVANT LA MOLLESSE, LE FLÉCHISSEMENT DU CARACTÈRE, LA TIMIDITÉ PEUREUSE, LA DURETÉ PERMET, SELON NIETZSCHE, D'ALLER PLUS LOIN, DE SE DÉPASSER.

Le surhumain est maître de soi et créateur

Enfin, le surhumain est un grand homme, un génie, un maître: non pas maître des autres, c'est-à-dire conducteur du troupeau, mais maître de soi et de ses actes. Il est celui qui se donne sa propre loi, dont le fondement est la pure affirmation de soi.

> L'homme le plus grand, c'est le plus solitaire, le plus caché, le plus isolé, celui qui se place au-delà du bien et du mal, le maître de ses propres vertus, l'homme au vouloir surabondant[30].

---

27. Friedrich Nietzsche, *Par-delà le bien et le mal*, p. 213.

28. Friedrich Nietzsche, *Ainsi parlait Zarathoustra*, p. 248.

29. *Ibid.*, p. 247 et 248.

30. Friedrich Nietzsche, *Par-delà le bien et le mal*, p. 150.

Le surhumain affirme l'essence de la vie. Il ne possède ni le pouvoir politique, ni la richesse. Il ne domine pas le monde. Son règne est celui de la création qui incarne la possibilité même de l'avenir. «Le créateur, écrit Nietzsche, est celui qui donne un but aux hommes et qui donne son sens et son avenir à la terre[31].» Le surhumain est foncièrement et intégralement créateur; il est un créateur impétueux.

Il sent qu'il détermine lui-même ses valeurs, il n'a pas à chercher l'approbation; il juge: «Ce qui m'est nuisible est nuisible en soi.» Il a conscience que c'est lui qui confère de l'honneur aux choses, c'est lui qui crée les valeurs[32].

Il symbolise le grand génie solitaire qui possède le pouvoir d'exalter la beauté qui stimule la volonté de vivre. Mais plus que cela, c'est l'art qui, à travers lui, est reconnu par Nietzsche comme la valeur suprême, puisque c'est dans la création artistique que l'on peut le plus et le mieux aller au-delà de soi:

> Dans cet état, l'on enrichit tout de sa propre plénitude, tout ce que l'on voit, tout ce que l'on veut, on le voit gonflé, tendu, fort, plein à craquer de force. L'homme qui connaît cet état transfigure les choses jusqu'à ce qu'elles lui renvoient l'image de sa puissance – jusqu'à ce qu'elles ne soient plus que des reflets de sa perfection. Ce qui l'oblige à tout transfigurer, à tout rendre parfait, c'est l'art. Même tout ce qui n'est pas devient, malgré tout, pour l'homme une occasion de jouir de son être: dans l'art, l'homme tire jouissance de se voir parfait[33].

L'art est le «grand stimulant de la vie»; il pousse le créateur à se surmonter, à plonger à l'intérieur de son propre chaos pour en faire sugir une explosion de réalités nouvelles, autres, magnifiées. En fait, nous assistons par l'intermédiaire du surhumain à la glorification de l'artiste par Nietzsche. Plus que tout autre, l'artiste chante l'ivresse de la vie par et à travers sa création. Il est celui qui exprime les sentiments, les instincts et les impulsions cachés au plus profond de son être; celui qui plonge au cœur des forces primitives de la vie où aucune voie n'est tracée à l'avance, où il n'y a ni loi, ni maître sauf sa propre volonté de créer. À titre d'exemple, pensons au peintre français Paul Gauguin (1848-1903) qui, en 1883, quitta son emploi d'agent de change, abandonnant femme et enfants pour se consacrer exclusivement à son œuvre. Animé d'une vigoureuse volonté, il affronta mille sacrifices et souffrances pour aller au bout de lui-même et de son art. Parlant de sa vie, Gauguin dit qu'il a voulu établir le droit de tout oser.

EN 1887, GAUGUIN ROMPT DÉFINITIVE-MENT AVEC L'IMPRESSIONNISME POUR CRÉER SON PROPRE ESTHÉTISME PICTURAL, QUI CHERCHE À REJOINDRE LES SOURCES PRIMITIVES DE L'ART.

31. Friedrich Nietzsche, *Ainsi parlait Zarathoustra*, p. 226.
32. Friedrich Nietzsche, *Par-delà le bien et le mal*, p. 211.
33. Friedrich Nietzsche, *Le Crépuscule des idoles*, p. 92-93.

LE PROJET DE LA DÉMESURE ASSUMÉE

Après ce que nous venons de voir, la conception nietzschéenne de l'être humain peut être interprétée comme une invitation à s'inscrire dans un projet de vie dangeureuse, où l'on choisit les sentiers difficiles et abrupts sur lesquels peu de gens osent s'aventurer. Par son projet de la démesure assumée, Nietzsche nous demande de toujours côtoyer le risque et de le susciter sans cesse. Il nous demande d'aimer la vie difficile et dangereuse, car elle permet le dépassement de soi. «J'aime ceux qui ne savent vivre qu'en sombrant, car ils passent au-delà[34].» Et Nietzsche ajoute:

> L'homme est une corde tendue entre la bête et le surhomme, une corde au-dessus d'un abîme. Danger de le franchir, danger de rester en route, danger de regarder en arrière – frisson et arrêt dangereux. Ce qu'il y a de grand en l'homme, c'est qu'il est un pont et non un but: ce que l'on peut aimer en l'homme, c'est qu'il est une transition et un déclin[35].

Le point de départ d'un tel projet est la *vision tragique* de l'univers que Nietzsche emprunte aux Grecs présocratiques (Eschyle et Sophocle, entre autres) qui proposaient un portrait d'homme ayant le courage d'assumer le destin implacable et le tragique de la vie avec ses contradictions et ses douleurs. La vision tragique, c'est en quelque sorte une plongée volontaire dans le non-sens, dans l'absurde où il n'y a aucun but, aucune fin. Or, en face du non-sens (donc, de l'absence de valeur), les gens éprouvent généralement un déchirement, une douleur, un vide qui les insécurisent. Le tragique nietzschéen, quant à lui, ne ressent ni tristesse, ni crainte, ni pessimisme. Il connaît même un énorme bonheur devant le non-sens de la vie, parce qu'il a alors la pleine responsabilité de vivre intensément cette existence terrestre. D'autant plus qu'il est désormais «dépositaire de cet ultime secret: "Rien n'est vrai, tout est permis…"[36]» À l'instar du tragique grec, le projet de démesure auquel nous convie Nietzsche se veut l'affirmation joyeuse de la vie. Son culte est celui de Dionysos, dieu grec du vin et du délire extatique qui personnifie l'affirmation des instincts, du rire et de la fête. Nietzsche restaure les grandes émotions tragiques; il dit «oui» à l'intensification de la vie, il affirme la liberté sans limite, celle des enfants, des rêves, de la folie où il est permis de «perdre pied pour une fois! Planer! Errer! Être fou[37]!».

Et cela sera possible, si nous osons plonger dans l'imprévisible, l'inattendu, «l'innocence du devenir»; si nous embrassons pleinement le hasard au lieu de l'éviter ou de le contredire. Il s'agit donc de trouver sa joie et sa libération dans le non-calcul, dans une absence de prévoyance. Il faut avoir foi en chaque instant de la vie auquel on s'ouvre sans prudence, car dans l'instant senti comme nécessaire et vécu pleinement, entièrement, l'être humain découvre la force d'appré-

> NIETZSCHE NOUS APPELLE À UNE RUPTURE D'ÉQUILIBRE OÙ NOUS PRENONS LE RISQUE D'ASSUMER NOTRE PROPRE DÉMESURE EN FAISANT SORTIR LA FOLIE QUI EST EN NOUS ET QUI PORTE AU DÉPASSEMENT DE SOI.

hender les autres instants à venir avec la même intensité. Chemin faisant, il s'ouvre à la volonté de puissance qui commande de ne pas laisser pourrir au fond de soi les désirs, les potentialités et les talents, mais de les actualiser avec vigueur et passion. Nietzsche dénonce la faiblesse humaine qui exige «quelque chose de sûr». Il nous demande de vivre en dehors des limites fixées d'avance, de nous abandonner à la passion et à l'irrationnel. «La démesure est la route qui conduit au surhumain[38]», proclame-t-il.

---

34. Friedrich Nietzsche, *Ainsi parlait Zarathoustra*, p. 21.

35. *Ibid.*, p. 20-21.

36. Friedrich Nietzsche, *La Généalogie de la morale*, p. 228.

37. Friedrich Nietzsche, *Le Gai Savoir*, trad. Pierre Klossowski, Paris, Union générale d'éditions, coll. «10–18», 1973, p. 122.

38. Friedrich Nietzsche, *Ainsi parlait Zarathoustra*, p. 20.

NIETZSCHE AUJOURD'HUI

Au-delà d'une philosophie profondément individualiste de l'être humain, à quoi peut bien correspondre aujourd'hui ce vibrant appel à la démesure et au dépassement de soi que nous lance Nietzsche? De nos jours, l'individu vivant dans les pays industrialisés occidentaux est tellement aux prises avec des conditionnements et des contrôles sociaux qu'il s'en trouve dépersonnalisé. Le même moule pour tous; tous dans le même moule! L'«individu moyen» possède une conscience satisfaite et obscurcie par les «bienfaits» de la société de consommation. Dès lors, la conception nietzschéenne de l'être humain nous exhorte à ne jamais nous contenter de notre petit confort, de nos petites joies, de nos petits mensonges, bref, de notre bonheur standardisé. Cette philosophie nous met en garde contre la facilité et contre nous-mêmes. Et, ce faisant, Nietzsche pose le problème le plus brûlant pour nous, hommes et femmes modernes, menacés par un optimisme ouaté et un confort bourgeois qui rendent impossibles la croissance et le dépassement de soi: comment être créateur de ses propres valeurs quand règne, dans la civilisation que nous habitons, la loi du moindre effort et du petit contentement, quand tout nous incite à nous asseoir sur nos acquis, au lieu de travailler à nous développer, à accroître nos potentialités?

La conception nietzschéenne de l'être humain nous appelle à une remise en question de notre condition et de notre situation pour que nous devenions des êtres uniques. «L'individu, écrit-il, ose être unique et a le courage de se détacher de la masse[39].» En somme, Nietzsche nous invite à vivre dans la tempête, balayé par le vent du large, ébranlé par un incessant questionnement venu de nos propres profondeurs.

Cette invitation possède cependant une facette moins reluisante. Il faut admettre que Nietzsche propose une philosophie de l'homme farouchement individualiste qui interpelle l'individualisme contemporain tant valorisé en cette fin du XXe siècle. Ce dernier proclame l'affirmation, la liberté et la souveraineté de l'individu dans un univers entièrement désacralisé. Cet individualisme, fruit de maintes luttes et pierre angulaire de notre actuelle civilisation, ne s'est-il pas enfermé dans ce qu'Alexis de Tocqueville appelait les «petits et vulgaires plaisirs[40]»? Quels sont les idéaux qui animent aujourd'hui la vie des humains? Attentifs à leur seule personne, éprouvant un souci de soi démesuré, les individus que nous sommes devenus s'enferment désormais dans le monde du quant-à-soi et de l'hédonisme tous azimuts. En conséquence, nous pourrions décrire notre rapport à nous-mêmes et à autrui comme étant profondément narcissique.

L'Occident, en effet, donne naissance à des Narcisses qui, tombant amoureux de leur propre image, deviennent incapables d'aimer autrui. Leurs principales préoccupations consistent à bichonner leurs corps et à atteindre la paix de l'esprit. Ils s'adonnent donc exclusivement à des pratiques (*jogging*, *body building*, méditation trancendentale, thérapies de croissance personnelle, etc.) visant l'amélioration de leurs potentialités privées. Ils font le choix de se développer seuls plutôt que de prendre le risque de se limiter ou de se perdre en autrui. Ils se veulent un je autosuffisant donné au regard de l'autre, mais un autre non engageant, un autre gardé à distance. Au lieu de s'investir dans la relation à autrui, les Narcisses d'aujourd'hui misent avant tout sur eux-mêmes. Ils pensent que ce repli sur soi

39. Friedrich Nietzsche, *Par-delà le bien et le mal*, p. 262.

40. Alexis de Tocqueville, *De la démocratie en Amérique*, Paris, Éditions Gallimard, coll. «Folio/Histoire», vol. 2, 1991, p. 385.

est une protection efficace contre l'éventuel envahissement de l'autre dans leur vie. Cet individualisme narcissique contemporain a été décrié par plusieurs (D. Bell, C. Lasch et G. Lipovestky, entre autres) comme correspondant à un repliement sur soi qui conduit inévitablement à une inconscience des enjeux et des grandes problématiques de notre monde. C'est comme si étant exclusivement préoccupé de soi, l'individu entretenait un rapport au monde où il ne puise que ce qui peut alimenter son propre moi. Un autre auteur, Charles Taylor[41], voit derrière cet individualisme actuel, malgré les formes d'expres-

sion controversées qu'il peut prendre, un idéal moral de quête de «véracité à soi-même[42]». Taylor utilise le concept d'«authenticité» pour décrire cet idéal auquel correspond cette «recherche de l'épanouissement de soi». Il ne se fait pas pour autant le défenseur de la «culture de l'authenticité» qui «veut qu'une société libérale reste neutre sur les questions qui concernent la nature d'une bonne vie». La poursuite de l'authenticité personnelle est toutefois considérée par Taylor comme un idéal moral qui, bien que s'étant dégradé, «reste extrêmement valable et capable de redresser notre conduite».

Nietzsche aurait sûrement apprécié cette «recherche de l'épanouissement de soi», ce besoin de «véracité à soi-même», cette «poursuite d'authenticité» qui caractériseraient l'individualisme contemporain. Pour autant que cette quête se fasse sous l'angle des instincts, des appétits et des passions énergiques qui permettent l'affirmation, le dépassement de soi et de la vie que l'on porte en soi.

Tout au long de ce chapitre, nous avons vu que Nietzsche prône le règne de la vie libérée de toute entrave et affranchie des idoles condamnant son éclosion et sa vigueur. Cet appel nietzschéen à la vie instinctuelle démasquée, mise à nue n'annonçait-il pas déjà Freud qui, au début du XXᵉ siècle propose une analyse des profondeurs de l'âme humaine.

LES NARCISSES S'ADONNENT EXCLUSIVEMENT À DES PRATIQUES VISANT L'AMÉLIORATION DE LEURS POTENTIALITÉS PRIVÉES.

---

41. Né en 1931, Charles Taylor est un philosophe et un politicologue canadien de réputation internationale. Il enseigne à l'université McGill de Montréal. Dans *Sources of the Self, The Making of Modern Identity* (Harvard University Press, 1989), Taylor présente une réflexion profonde sur l'homme et le monde modernes.

42. Charles Taylor, *Grandeur et misère de la modernité*, Montréal, Bellarmin, coll. «L'Essentiel», 1993, p. 28-38.

Résumé schématique de l'exposé

Nietzsche et le nihilisme européen de la fin du XIXᵉ siècle

1. La fin du XIXᵉ siècle souffre d'un *nihilisme passif* où les valeurs qui orientent la vie des hommes sont dévaluées. Conséquemment, tout est dénué de sens, tout est égal, tout est noir.

2. Symptôme de la décadence de la civilisation européenne, cette attitude doit être dépassée par un *nihilisme actif* ou *extatique* qui détruit volontairement les anciennes tables de valeurs afin d'édifier une culture nouvelle.

3. Ce qui doit être particulièrement renversé, c'est la croyance que la raison, la vérité, le bien ou Dieu doivent guider la vie des hommes.

Dépassement de soi dans l'affirmation de ses désirs, instincts et passions

1. Renoncer au corps, aux sens et aux passions, c'est être un *homme du ressentiment* qui éprouve de l'amertume face à la vie et qui n'a pas la force d'assumer l'existence terrestre.

2. Se dépasser soi-même par l'affirmation de ses désirs, instincts et passions demande de ne plus croire en Dieu parce qu'il est à l'origine de morales d'esclaves fondées sur de petites valeurs qui font appel à l'esprit de troupeau et qui commandent de se soumettre à des dogmes et à des règles qui nient la vie.

La volonté de puissance

La volonté de puissance, c'est exercer la puissance de sa volonté pour se posséder et se surpasser soi-même:

- être égoïste, c'est-à-dire s'affirmer pleinement en ne pensant qu'à soi;

- rejeter les «tu dois» qui vont «contre les instincts de la vie» et qui limitent la liberté individuelle;

- créer ses propres valeurs sans chercher l'approbation des autres.

Le surhumain

Le surhumain représente le modèle, l'état idéal auquel doit tendre le genre humain.

1. Le surhumain affirme son individualité et sa différence. Ce faisant, il s'oppose au *dernier homme*, c'est-à-dire l'être faible et passif qui fait partie du troupeau.

2. Le surhumain affirme la volonté de puissance dans sa plénitude et est un hymne puissant à la vie.

3. Le surhumain est immoral. Il agit contre les morales établies: la morale chrétienne, qui prêche le renoncement et le sacrifice; la morale ascétique qui enseigne la privation, la mortification, le mépris du corps; la morale démocratique, qui prône l'égalité.

4. Le surhumain est élitiste; il croit qu'une hiérarchie «naturelle» existe entre les êtres humains. Il y a ceux qui possèdent une *âme aristocratique*, qui ont de l'envergure, qui connaissent leur valeur et ont foi en eux-mêmes. Et, il y a l'*homme du commun*, méfiant, pessimiste, qui valorise le relâchement et la petitesse.

Le projet de la démesure assumée

La conception nietzschéenne de l'être humain correspond à un projet de vie dangeureuse:

- côtoyer le risque;
- affirmer joyeusement la vie;
- vivre en dehors des limites fixées d'avance;
- se mettre en rupture d'équilibre où l'on assume sa propre démesure qui est source de dépassement de soi.

Nietzsche aujourd'hui

1. La philosophie nietzschéenne de l'homme nous met en garde contre notre bonheur standardisé fait de petits conforts et d'optimisme ouaté. Elle nous appelle à une remise en question de notre conscience satisfaite et obscurcie par les «bienfaits» de la société de consommation.

2. Farouchement individualiste, cette philosophie de l'homme interpelle l'individualisme narcissique contemporain qui peut être interprété comme un repli dans le quant-à-soi et l'hédonisme tous azimuts ou comme une recherche d'authencité et d'épanouissement de soi.

Lectures suggérées

La lecture de l'une des œuvres suivantes est suggérée dans son intégralité ou en extraits importants:

NIETZSCHE, Friedrich. *Le Crépuscule des idoles*, trad. Jean-Claude Hemery, Paris, Éditions Gallimard, NRF, coll. «Idées», 1977, 153 p.

■

NIETZSCHE, Friedrich. *Par-delà le bien et le mal*, trad. Geneviève Bianquis, Paris, Union générale d'éditions, coll. «10–18», 1967, 251 p.

Activités d'apprentissage

A

Analyse et critique de texte

Objectifs spécifiques

L'étudiant ou l'étudiante devra être capable:

- de démontrer sa compréhension d'un texte de Nietzsche en répondant à des questions précises;

- de transposer dans ses propres mots le contenu partiel de ce texte philosophique;

- d'évaluer le contenu, c'est-à-dire d'exprimer son accord ou son désaccord (et en donner les raisons) sur quelques interprétations de l'être humain mises de l'avant par Nietzsche dans ce texte.

TEXTE DE NIETZSCHE

De l'homme supérieur

1

orsque je vins pour la première fois parmi les hommes, je fis la folie du solitaire, la grande folie : je me mis sur la place publique.

Et comme je parlais à tous, je ne parlais à personne. Mais le soir, des danseurs de corde et des cadavres furent mes compagnons ; et moi-même j'étais presque un cadavre. Mais, avec le matin, une vérité m'apparut : alors j'appris à dire : « Que m'importent la place publique et la populace, le vacarme de la populace et les longues oreilles de la populace ! »

Hommes supérieurs, apprenez de moi ceci : sur la place publique personne ne croît aux hommes supérieurs. Si vous voulez parler sur la place publique, soit ! Mais la populace clignera de l'œil : « Nous sommes tous égaux. »

« Hommes supérieurs ? – ainsi parle la populace en clignant de l'œil, – il n'y a pas d'hommes supérieurs, nous sommes tous égaux, un Homme vaut l'autre, devant Dieu nous sommes tous égaux ! »

Devant Dieu ! Voici que ce Dieu est mort. Mais devant la populace nous ne voulons pas être égaux. Hommes supérieurs, éloignez-vous de la place publique !

2

Devant Dieu ! – Voici que ce Dieu est mort. Hommes supérieurs, ce Dieu a été votre plus grand danger.

Vous n'êtes ressuscités que depuis qu'il gît dans la tombe. C'est maintenant seulement que vient le grand midi, à présent l'homme supérieur devient maître !

Avez-vous compris cette parole, ô mes frères ? Vous êtes effrayés : votre cœur est-il pris de vertige ? L'abîme bâille-t-il ici à vos yeux ? Le chien de l'enfer aboie-t-il à vos trousses ?

Allons ! Hommes supérieurs ! Maintenant seulement la montagne de l'avenir humain va enfanter. Dieu est mort : maintenant nous voulons que le Surhomme vive.

3

Les plus soucieux demandent aujourd'hui: «Comment conserver l'homme?» Mais Zarathoustra demande, ce qu'il est le seul et le premier à demander: «Comment l'homme sera-t-il surmonté?»

Le Surhomme me tient au cœur, c'est lui qui est pour moi la chose unique, — et non point l'homme: non pas le prochain, non pas le plus misérable, non pas le plus affligé, non pas le meilleur.

Ô mes frères, ce que je puis aimer en l'homme, c'est qu'il soit une transition et un déclin. Et, en vous aussi, il y a beaucoup de choses qui me font aimer et espérer.

Vous avez méprisé, ô hommes supérieurs, c'est là ce qui me fait espérer. Car les grands méprisants sont aussi les grands adorateurs.

Vous avez désespéré, c'est ce qu'il faut honorer en vous. Vous n'avez pas appris comment vous pourriez vous rendre, vous n'avez pas appris les petites prudences.

Aujourd'hui, les petites gens sont devenus les maîtres, ils prêchent tous la résignation, et la modestie et la prudence, et l'application, et les égards et la longue énumération des petites vertus.

Ce qui relève de la femme ou du valet, et surtout le mélange populacier: c'est là ce qui veut à présent devenir maître de toutes les destinées humaines – ô dégoût! dégoût! dégoût!

Cela demande et redemande, et ne se lasse pas de demander: «Comment conserver l'homme le mieux, le plus longtemps, le plus agréablement?» C'est ainsi qu'ils sont les maîtres d'aujourd'hui.

Ces maîtres d'aujourd'hui, surmontez-les moi, ô mes frères, — ces petites gens: c'est eux qui sont le plus grand danger pour le Surhomme.

Surmontez-moi, hommes supérieurs, les petites vertus, les petites prudences, les égards pour les grains de sable, le fourmillement des fourmis, le misérable contentement de soi, «le bonheur du plus grand nombre!»

Et désespérez plutôt que de vous rendre. Et, en vérité, je vous aime, parce que vous ne savez pas vivre aujourd'hui, ô hommes supérieurs! Car c'est ainsi que vous vivez le mieux!

4

Avez-vous du cœur, ô mes frères? Êtes-vous hardis? Non pas du courage devant témoins, mais le courage des solitaires, le courage des aigles dont il n'est même pas de dieu qui soit le spectateur?

Les âmes froides, les mulets, les aveugles, les hommes ivres n'ont pas ce que j'appelle du cœur. Celui-là en a qui connaît la peur, mais qui contraint la peur; celui qui voit l'abîme avec fierté.

Celui qui voit l'abîme, mais avec des yeux d'aigle, — celui qui saisit l'abîme avec des serres d'aigle : celui-là a du courage.

5

«L'homme est méchant» — ainsi parlaient pour ma consolation tous les plus sages. Hélas ! si c'était encore vrai aujourd'hui ! Car le mal est la meilleure force de l'homme.

«Il faut que l'homme devienne meilleur et plus méchant» — c'est ce que j'enseigne, moi. Le plus grand mal est nécessaire pour le plus grand bien du Surhomme.

C'était bon pour ce prédicateur des petites gens de souffrir et de porter les péchés des hommes. Mais moi, je me réjouis du grand péché comme de ma grande consolation.

Mais ces sortes de choses ne sont pas dites pour les longues oreilles : toutes les paroles ne sont pas faites pour toutes les bouches. Ce sont là des choses subtiles et lointaines : que les pattes de moutons n'essaient pas de les saisir !

6

Vous, les hommes supérieurs, croyez-vous que je sois là pour réparer ce que vous avez mal fait ?

Ou que je veuille dorénavant vous coucher plus commodément, vous qui souffrez ? Ou vous montrer, à vous qui êtes errants, égarés et perdus dans la montagne, des sentiers plus faciles ?

Non ! Non ! Trois fois non ! Il faut qu'il en périsse toujours plus et toujours des meilleurs de votre espèce, — car il faut que votre destinée soit de plus en plus mauvaise et de plus en plus dure. Car c'est ainsi seulement, — ainsi seulement que l'homme grandit vers la hauteur où la foudre le frappe et le brise : assez haut pour la foudre !

Mon esprit et mon désir vont au petit nombre, aux choses longues et lointaines : que m'importerait votre nombreuse et brève petite misère.

Pour moi vous ne souffrez pas encore assez ! Car c'est de vous que vous souffrez, vous n'avez pas encore souffert de l'homme. Vous mentiriez si vous disiez le contraire ! Vous tous, vous ne souffrez pas de ce dont j'ai souffert.

7

Il ne me suffit pas que la foudre ne nuise plus. Je ne veux point la faire dévier, je veux qu'elle apprenne à travailler pour moi.

Depuis longtemps ma sagesse s'amasse comme un nuage, elle devient de plus en plus tranquille et plus sombre. Ainsi fait toute sagesse qui doit un jour jeter des éclairs.

Pour ces hommes d'aujourd'hui je ne veux ni être lumière, ni être appelé lumière. Ceux-là je veux les aveugler. Foudre de ma sagesse ! crève-leur les yeux !

8

Ne veuillez rien qui soit au-dessus de vos forces: il y a une mauvaise fausseté chez ceux qui veulent au-dessus de leurs forces.

Singulièrement lorsqu'ils veulent de grandes choses! car ils éveillent la méfiance envers les grandes choses, ces faux-monnayeurs et comédiens subtils:

— jusqu'à ce qu'enfin ils soient faux devant eux-mêmes, avec les yeux louches, bois vermoulus et peinturés, attifés de grands mots et de vertus d'apparat, par un clinquant de fausses œuvres.

Prenez garde, ô hommes supérieurs! Rien n'est pour moi plus précieux et plus rare aujourd'hui que la probité.

Cet aujourd'hui n'appartient-il pas à la populace? Or, la populace ne sait ni ce qui est grand, ni ce qui est petit, ni ce qui est droit ou honnête: elle est innocemment tortueuse, elle ment toujours.

9

Ayez aujourd'hui une bonne méfiance, hommes supérieurs! hommes courageux! hommes francs! Et tenez secrètes vos raisons. Car cet aujourd'hui appartient à la populace.

Ce que la populace a appris à croire sans raisons, qui pourrait le renverser auprès d'elle par des raisons?

Sur la place publique, on convainc par des gestes. Mais les raisons rendent la populace méfiante.

Et si la vérité a par hasard remporté la victoire, demandez-vous alors avec une bonne méfiance: «Quelle grande erreur a combattu pour elle?»

Gardez-vous aussi des savants! Ils vous haïssent, car ils sont stériles! Ils ont des yeux froids et secs, devant eux tous les oiseaux sont déplumés.

Ceux-ci se vantent de ne pas mentir: mais l'impuissance à mentir est encore bien loin de l'amour de la vérité. Gardez-vous!

L'absence de fièvre est bien loin d'être de la connaissance! Je ne crois pas aux esprits réfrigérés. Quiconque ne sait pas mentir ne sait pas ce que c'est que la vérité.

10

Si vous voulez monter haut, servez-vous de vos propres jambes! Ne vous faites pas porter en haut, ne vous asseyez pas sur le dos et sur le chef d'autrui!

Mais toi, tu es monté à cheval! Galopes-tu maintenant, à vive allure vers ton but? Mais, mon ami, ton pied boiteux est lui aussi à cheval!

Quand tu seras arrivé à ton but, quand tu sauteras de ton cheval: c'est justement sur ta hauteur, homme supérieur, — que tu trébucheras!

11

Vous qui créez, ô hommes supérieurs ! Une femme n'est enceinte que de son propre enfant.

Ne vous laissez point induire en erreur ! Qui donc est votre prochain ? Et dussiez-vous agir « pour le prochain » que vous ne créeriez quand même pas pour lui !

Désapprenez donc ce « pour », vous qui créez : votre vertu justement veut que vous ne fassiez nulle chose avec des « pour », des « à cause de », et des « parce que ». Il faut que vous vous bouchiez les oreilles contre ces petits mots faux.

Le « pour le prochain » n'est que la vertu des petites gens : chez eux on dit : « Qui se rassemble s'assemble » et « une main lave l'autre » : – ils n'ont ni le droit ni la force de votre égoïsme !

Dans votre égoïsme, vous qui créez, il y a la prévoyance et la précaution de la femme enceinte ! Ce que personne n'a encore vu de ses yeux, le fruit : c'est lui que protège, et épargne, et nourrit tout votre amour.

Là où il y a tout votre amour, chez votre enfant, là aussi il y a toute votre vertu ! Votre œuvre, votre volonté, c'est là votre « prochain » : ne vous faites pas accroire de fausses valeurs !

12

Vous qui créez, hommes supérieurs ! Quiconque doit enfanter est malade ; et celui qui a enfanté est impur.

Demandez aux femmes : on n'enfante pas parce que cela fait plaisir. La douleur fait caqueter les poules et les poètes.

Vous qui créez, il y a en vous beaucoup d'impuretés. Car il a fallu que vous fussiez mères.

Un nouvel enfant : ô combien de nouvelles impuretés sont venues au monde ! Écartez-vous ! Celui qui a enfanté doit laver son âme !

13

Ne soyez pas vertueux au-delà de vos forces ! Et n'exigez de vous-mêmes rien qui soit invraisemblable.

Marchez sur les traces où déjà la vertu de vos pères a marché. Comment voudriez-vous monter haut si la volonté de vos pères ne montait pas avec vous ?

Mais celui qui veut être le premier, qu'il prenne bien garde de ne pas être le dernier ! Et là où furent les vices de vos pères, vous ne devez pas chercher la sainteté !

Que serait-ce si celui-là exigeait de lui la chasteté, dont les pères ont fréquenté chez les femmes et ont aimé les vins forts et la chair de sanglier ?

Ce serait une folie ! Cela me semblerait beaucoup pour un tel homme, qu'il ne fût l'homme que d'une seule femme ou de deux ou de trois.

Et s'il fondait des couvents et s'il écrivait au-dessus de la porte: «Ce chemin conduit à la sainteté» je dirais quand même: À quoi bon ! c'est une nouvelle folie !

Il s'est fondé pour lui-même une maison de correction et un asile: Grand bien lui fasse ! Mais je n'y crois pas.

Dans la solitude grandit ce que chacun y apporte, même la bête intérieure. Aussi faut-il dissuader beaucoup de gens de la solitude.

Y a-t-il eu jusqu'à présent sur la terre quelque chose de plus impur qu'un saint du désert ? Autour de pareils êtres le diable n'était pas seul à être déchaîné, — il y avait aussi le cochon.

14

Timide, honteux, maladroit, semblable à un tigre qui a manqué son bond: c'est ainsi, ô hommes supérieurs, que je vous ai souvent vus vous glisser à part. Vous aviez manqué un coup de dé.

Mais que vous importe, à vous autres joueurs de dés ! Vous n'avez appris à jouer et à narguer comme il faut jouer et narguer ! Ne sommes-nous pas toujours assis à une grande table de moquerie et de jeu ?

Et parce que vous avez manqué de grandes choses, est-ce une raison pour que vous soyez vous-mêmes manqués ? Et si vous êtes vous-mêmes manqués, est-ce une raison pour que l'homme soit manqué ? Mais si l'homme est manqué: allons, courage !

15

Plus une chose est élevée dans son genre, plus est rare sa réussite. Vous autres hommes supérieurs qui vous trouvez ici, n'êtes-vous pas tous manqués ?

Pourtant, ayez bon courage, qu'importe cela ! Combien de choses sont encore possibles ! Apprenez à rire de vous-mêmes, comme il faut rire !

Quoi d'étonnant aussi que vous soyez manqués, que vous ayez réussi à moitié, vous qui êtes à moitié brisés ! N'est-ce pas l'avenir de l'homme qui se heurte et se presse en vous ?

Ce que l'homme a de plus lointain, de plus profond, la hauteur de ses étoiles et sa force immense: tout cela ne déborde-t-il pas en écumant dans votre marmite ?

Quoi d'étonnant si plus d'une marmite se casse ! Apprenez à rire de vous-mêmes comme il faut faire ! O hommes supérieurs, combien de choses sont encore possibles !

Et, en vérité, combien de choses ont déjà réussi ! Comme cette terre abonde en petites choses bonnes et parfaites et bien réussies !

Placez autour de vous de petites choses bonnes et parfaites, ô hommes supérieurs. Leur maturité dorée guérit le cœur. La perfection nous apprend à espérer.

16

Quel fut jusqu'à présent sur la terre le plus grand péché? Ne fut-ce pas la parole de celui qui a dit: «Malheur à ceux qui rient ici-bas!»

N'a-t-il pas trouvé de raisons de rire sur la terre? S'il en est ainsi, il a mal cherché. Un enfant même trouve encore de quoi rire.

Celui-là n'aimait pas assez: sinon il nous aurait aussi aimés, nous autres rieurs! Mais il nous a haïs et honnis en nous vouant aux gémissements et aux grincements de dents.

Faut-il donc tout de suite maudire, quand on n'aime pas? Cela me semble de mauvais goût. Mais c'est ce qu'il a fait, cet intolérant. Il était issu de la populace.

Et lui-même n'aimait pas assez: autrement il aurait été moins irrité qu'on ne l'aimât pas. Tout grand amour ne veut pas l'amour: il veut davantage.

Écartez-vous du chemin de tous ces intolérants! C'est là une espèce pauvre et malade, une espèce populacière: elle jette un regard malin sur cette vie, elle a le mauvais œil pour cette terre.

Écartez-vous du chemin de tous ces intolérants! Ils ont les pieds lourds et les cœurs fiévreux: ils ne savent pas danser. Comment pour de telles gens la terre pourrait-elle être légère!

17

Toutes les bonnes choses s'approchent de leur but par des détours. Comme les chats elles font le gros dos, elles ronronnent intérieurement de leur bonheur prochain — toutes les bonnes choses rient.

La démarche de quelqu'un laisse deviner s'il marche déjà dans sa propre voie. Regardez-moi donc marcher! Mais celui qui s'approche de son but — celui-là danse.

Et, en vérité, je ne suis point devenu une statue, et je ne me tiens pas encore là, rigide, engourdi, pétrifié telle une colonne; j'aime la course rapide.

Et, bien qu'il y ait sur la terre des marécages et une épaisse détresse: celui qui a les pieds légers court par-dessus la vase et danse comme sur de la glace balayée.

Élevez vos cœurs, mes frères, haut, plus haut! Et n'oubliez pas non plus vos pieds! Levez aussi vos pieds, bon danseurs, et mieux que cela, sachez aussi vous tenir sur la tête!

18

Cette couronne du rieur, cette couronne de roses: moi-même je me la suis posée sur la tête, j'ai canonisé moi-même mon rire. Je n'ai trouvé personne d'assez fort pour cela aujourd'hui.

Zarathoustra le danseur, Zarathoustra le léger, celui qui agite ses ailes, prêt au vol, faisant signe à tous les oiseaux, prêt et agile, divinement léger:

Zarathoustra le devin, Zarathoustra le rieur, ni impatient, ni absolu, quelqu'un qui aime les bonds et les écarts; je me suis moi-même placé cette couronne sur la tête!

19

Élevez vos cœurs, mes frères, haut! plus haut! Et n'oubliez pas non plus vos pieds! Levez aussi vos pieds, bons danseurs, et mieux que cela: sachez aussi vous tenir sur la tête!

Dans le bonheur aussi il y a des animaux lourds et des pieds-bots de naissance. Ils s'efforcent singulièrement, pareils à un éléphant qui s'efforcerait de se tenir sur la tête.

Mieux vaut encore être fou de bonheur que fou de malheur, mieux vaut danser lourdement que marcher comme un boiteux. Apprenez donc de moi la sagesse: même la pire des choses a deux bons revers, — même la pire des choses a de bonnes jambes pour danser: apprenez donc vous-mêmes, ô hommes supérieurs, à vous tenir droit sur vos jambes!

Désapprenez donc la mélancolie et toutes les tristesses de la populace! Ô comme les arlequins populaires me paraissent tristes aujourd'hui! Mais cet aujourd'hui appartient à la populace.

20

Faites comme le vent lorsqu'il s'élance des cavernes de la montagne: il veut danser sur son propre sifflement. Les mers frémissent et s'agitent à son passage.

Celui qui donne des ailes aux ânes et qui trait les lionnes, qu'il soit loué, cet esprit bon et indomptable qui passe comme un ouragan, sur tout ce qui est aujourd'hui et sur toute la populace, — celui qui est l'ennemi de toutes les têtes de chardons, de toutes les têtes fêlées, et de toutes les feuilles sèches et de toutes les mauvaises herbes: loué soit cet esprit de tempête, sauvage, bon et libre, qui danse sur les marécages et les tristesses comme sur des prairies!

Celui qui hait les chiens malades de la populace et toute cette engeance[1] manquée et obscure: béni soit cet esprit de tous les esprit libres, la tempête riante qui souffle la poussière dans les yeux de tous les broyeurs de noir[2] et à tous les purulents[3].

---

1. Engeance: se dit d'une personne méprisable ou détestable.
2. Broyeur de noir: se dit de quelqu'un qui est pessimiste.
3. Purulent: se dit de celui qui répand l'infection, la pourriture morale.

Ô hommes supérieurs, ce qu'il y a de pire en vous : c'est que vous n'avez pas appris à danser comme il faut danser ; – à danser par-dessus vos têtes ! Qu'importe que vous n'ayez pas réussi !

Combien de choses sont encore possibles ! Apprenez donc à rire par-dessus vos têtes ! Élevez vos cœurs, bons danseurs, haut, plus haut ! Et n'oubliez pas non plus le bon rire !

Cette couronne du rieur, cette couronne de roses : à vous, mes frères, je jette cette couronne ! J'ai canonisé le rire ; hommes supérieurs, apprenez donc à rire ! »

NIETZSCHE, Friedrich. *Ainsi parlait Zarathoustra*, trad. Maurice Betz, Paris, Éditions Gallimard, coll. « Le livre de poche classique », 1965, p. 326-338.

Questions d'analyse et de critique

1. *a)* Est-ce que Nietzsche pense que nous sommes tous égaux en tant qu'êtres humains ? Illustrez la réponse que donne Nietzsche à cette question par un passage (une citation) de ce texte.

b) Quelle est votre opinion là-dessus ? En d'autres mots, est-ce que vous croyez que les êtres humains sont égaux ou inégaux entre eux ? Vous devez fonder vos jugements, c'est-à-dire apporter au moins deux arguments différents pour appuyer vos affirmations. (*Minimum suggéré : une demi-page.*)

2. Nietzsche dit que « Dieu a été le plus grand danger » pour les hommes supérieurs ; que ces derniers ne sont « ressuscités que depuis qu'il [Dieu] gît dans la tombe ».

a) Tentez d'expliquer dans vos propres mots le sens qu'il est possible de donner à cette affirmation.

b) Qu'en pensez-vous personnellement ? Êtes-vous pour ou contre cette affirmation ? Apportez au moins deux arguments différents pour appuyer vos affirmations. (*Minimum suggéré : une demi-page.*)

3. *a)* Qu'est-ce que Nietzsche dit de la résignation, de la modestie, de la prudence, de l'application et des égards ? En d'autres mots, comment les

dénomme-il et à qui les attribue-t-il ?

b) Et vous, que pensez-vous de la résignation, de la modestie, de la prudence, de l'application et des égards ? Reprenez un à un chacun des éléments mentionnés en les définissant d'abord et en les évaluant ensuite. (*Minimum suggéré : une demi-page.*)

4. À la fin de ce texte (passage 20), Nietzsche loue celui qui possède un « esprit de tempête, sauvage, bon et libre, qui danse sur les marécages et les tristesses comme sur des prairies ! Celui qui haït les chiens malades de la populace et toute cette engeance manquée et obscure : béni soit cet esprit de tous les esprit libres, la tempête riante qui souffle la poussière dans les yeux de tous les broyeurs de noir et à tous les purulents ».

a) À la lumière de la philosophie nietzschéenne de l'homme, reformulez ce passage dans vos propres mots.

b) Êtes-vous en accord ou en désaccord avec cette façon de concevoir l'être humain ? Apportez au moins deux arguments différents pour appuyer vos affirmations. (*Minimum suggéré : une demi-page.*)

B

Exercice comparatif: Nietzsche et Descartes

Objectif spécifique

L'étudiant ou l'étudiante devra être capable de procéder à une comparaison entre deux conceptions modernes de l'être humain à propos d'un même thème.

Contexte de réalisation

Individuellement, à l'occasion d'un texte d'environ 350 mots (une page et demie), comparer, c'est-à-dire examiner les rapports de ressemblance et de différence entre la conception nietzschéenne et la conception cartésienne de l'être humain à propos du thème du corps.

Étapes suggérées

1. *a)* Caractériser la conception nietzschéenne de l'être humain en regard du thème du corps. Par exemple, demandez-vous en quoi et comment le corps est-il, pour Nietzsche, l'instrument de la vie et source de dépassement de soi.

   b) Caractériser la conception cartésienne de l'être humain en regard du thème du corps. Par exemple, demandez-vous dans quelle mesure le corps est-il, pour Descartes, une source d'erreurs dont il faut se méfier.

2. *a)* S'il y a lieu, identifier les liens ou les similitudes entre la conception nietzschéenne et la conception cartésienne de l'être humain à propos du thème du corps.

   b) S'il y a lieu, dégager les oppositions ou les antagonismes entre la conception nietzschéenne et la conception cartésienne de l'être humain à propos du thème du corps.

CHAPITRE CINQUIÈME

L'homme

comme être régi par l'inconscient

Freud ou la psychanalyse

L'INCONSCIENT EST LE PSYCHIQUE LUI-MÊME ET SON ESSENTIELLE RÉALITÉ. SA NATURE INTIME NOUS EST AUSSI INCONNUE QUE LA RÉALITÉ DU MONDE EXTÉRIEUR, ET LA CONSCIENCE NOUS RENSEIGNE SUR LUI D'UNE MANIÈRE AUSSI INCOMPLÈTE QUE NOS ORGANES DES SENS SUR LE MONDE EXTÉRIEUR.

Sigmund Freud, *L'Interprétation des rêves*, p. 520.

FREUD ET LA PRATIQUE D'UNE NOUVELLE THÉRAPEUTIQUE AU DÉBUT DU XXᵉ SIÈCLE[1]

POSITIVISTE

Se dit de toute tendance d'esprit, doctrine ou attitude de recherche qui s'en tient uniquement à la connaissance des faits révélés par l'expérience. Le positivisme tient son origine des ouvrages d'Auguste Comte (1798-1857): *Cours de philosophie positive* (1830-1842); *Discours sur l'Esprit positif* (1844); *Catéchisme positiviste* (1852); *Système de politique positive* (1852-1854).

CATHARSIS

Mot grec signifiant purification, purgation. Procédé expérimenté par le Dʳ Josef Breuer (1842-1925) qui consistait à extirper du patient mis sous hypnose les secrets (scènes traumatisantes) qui affectaient son comportement afin d'en permettre la reproduction.

Sigmund Freud naît le 6 mai 1856, à Freiberg, en Moravie (aujourd'hui, la Tchécoslovaquie). Sa famille est de langue et de culture allemandes. En 1859, la crise économique ruine le commerce du père de Sigmund, Jacob Freud, négociant en laines. Ce dernier installe alors sa famille à Vienne, en Autriche; Freud y passera la majeure partie de sa vie. En 1873, il commence ses études médicales à l'université de Vienne et les termine en 1881, à l'âge de vingt-cinq ans. Il s'intéresse surtout à la neurophysiologie, c'est-à-dire à l'étude du cerveau et du système nerveux. À cette époque, Freud se consacre exclusivement à des travaux de recherche en laboratoire. L'observation, la mesure, l'examen minutieux des faits: tel est le crédo **positiviste** qui le fait adhérer à la pensée scientifique de son temps.

La deuxième moitié du XIXᵉ siècle est particulièrement riche en recherches dans les domaines des sciences de la vie et des sciences physiques. Ces recherches conduisent à des découvertes qui modifient radicalement la vision qu'on se fait de l'homme et du monde. Mentionnons, entre autres, la théorie évolutionniste de Charles Darwin (1809-1882), qui considérait l'être humain comme un animal s'étant transformé et adapté aux influences du milieu; la naissance de la psychologie scientifique avec Gustave Fechner (1801-1887), qui démontrait que l'esprit humain peut être un objet d'études et d'observations exactes; les expérimentations de Louis Pasteur (1822-1895) et de Robert Koch (1843-1910), qui fondaient la science bactériologique; les recherches de Georges Mendel (1822-1884), qui créaient la génétique; enfin, les études de Hermann von Helmholtz (1821-1894), qui, établissant le principe de conservation de l'énergie, permettaient d'entrevoir l'être humain comme un système dynamique d'énergies diverses qui obéissent aux lois physiques et chimiques. C'est cette conception particulière de l'homme qu'enseignait Ernst Brücke (1819-1892), directeur du laboratoire de physiologie à l'Université de Vienne. Influencé par Brücke et par tout ce foisonnement scientifique, Freud veut être un savant, pas un médecin. Or, à cette époque, faire des recherches médicales ne constitue pas un métier assurant une sécurité financière. Et considérant les conditions modestes de sa famille, Freud est obligé d'embrasser la carrière médicale. De 1882 à 1885, il complète sa formation clinique à l'Hôpital général de Vienne, se spécialisant en neuropathologie. Par la suite, il obtient une bourse d'études qui lui permet d'étudier à Paris, à la Salpêtrière, avec Jean-Martin Charcot (1825-1893), neurologue alors mondialement connu. À l'automne 1886, Freud se marie à Martha Bernays, jeune fille peu fortunée issue d'une famille d'intellectuels juifs. Il ouvre un cabinet et commence à pratiquer comme spécialiste des maladies nerveuses: il rencontre ses premiers patients auxquels on donne à cette époque le nom de «nerveux». Au début de sa pratique, il utilise les méthodes de l'électrothérapie et de l'hypnose sous la forme de ***catharsis***. Insatisfait des résultats que permettaient ces techniques de traitement des maladies nerveuses, Freud met patiemment en place une nouvelle méthode de psychologie clinique à laquelle il donne le nom de *psychanalyse*. Proclamant

---

1. Dans le cadre limité de ce chapitre, il aurait été peu pertinent d'essayer de présenter la théorie psychanalytique dans son ensemble. Nous nous limiterons donc aux seuls concepts qui esquissent la conception freudienne de l'être humain.

l'importance de l'inconscient et de la sexualité chez l'être humain, et ce dès la naissance, Freud subit pendant les dix premières années de sa vie professionnelle l'incompréhension, voire l'hostilité des milieux scientifiques officiels. Par ailleurs, c'est toute la société bien pensante et puritaine de la fin du XIXᵉ siècle qui est choquée par ses thèses audacieuses. Mais à force d'efforts soutenus (Freud était un bourreau de travail) et de luttes acharnées (Freud était ambitieux), il réussit petit à petit à imposer ses vues en fondant une association psychanalytique, en formant des disciples, en écrivant plusieurs ouvrages[2], en contribuant à diverses revues spécialisées, en donnant des conférences dans de nombreux congrès en Europe et aux États-Unis, etc. Mari fidèle, père de six enfants, bourgeois respectable, amateur de cigares, de statuettes antiques et de jardins anglais bien ordonnés, Freud mène une longue et controversée carrière. Ce n'est qu'à cinquante ans qu'il connaît la notoriété. À soixante-dix ans, il est l'une des personnalités les plus illustres de son temps. En juin 1938, Freud réussit à fuir le nazisme hitlérien: il se réfugie à Londres. Il y meurt le 23 septembre 1939. Freud souffrait d'un cancer de la mâchoire maintes fois opéré, qui l'a fait atrocement souffrir pendant les seize dernières années de sa vie.

À PARTIR DE 1902, TOUS LES MERCREDIS, FREUD RASSEMBLE QUELQUES CONFRÈRES DANS SA SALLE D'ATTENTE DU 19 BERGGASSE. DE CES RENCONTRES NAÎTRA LA SOCIÉTÉ PSYCHANALYTIQUE DE VIENNE.

LA PSYCHANALYSE

Freud fonda la psychanalyse, une nouvelle méthode qui permet d'investiguer les processus psychiques profonds à l'œuvre dans la **névrose** et dans l'**hystérie**. À partir de cette investigation, la psychanalyse devient une thérapeutique médicale d'exploration du passé. Cette «technique de traitement analytique[3]» cherche à identifier les causes perturbatrices (traumatismes) responsables des troubles mentaux (angoisses, phobies, obsessions, etc.) souvent accompagnés de symptômes physiques graves (paralysie, perte de l'usage d'un sens, saignement, perte de conscience, etc.) alors que le patient est physiologiquement sain.

NÉVROSE

«Affection psychogène où les symptômes sont l'expression symbolique d'un conflit psychique trouvant ses racines dans l'histoire infantile du sujet et constituant des compromis entre le désir et la défense.» Exemples: névrose d'angoisse, névrose narcissique ou mélancolique, névrose obsessionnelle. (Jean Laplanche et J.-B. Pontalis, *Vocabulaire de la psychanalyse*, Paris, P.U.F., 1981, p. 267 et suivantes.)

HYSTÉRIE

«Classe de névroses présentant des tableaux cliniques très variés. Les deux formes symptomatiques les mieux isolées sont l'hystérie de conversion, où le conflit psychique vient se symboliser dans les symptômes corporels les plus divers, paroxystiques (crise émotionnelle avec théâtralisme) ou plus durables (anesthésies, paralysies hystériques, sensation de «boule» pharyngienne, etc.), et l'hystérie d'angoisse, où l'angoisse est fixée de façon plus ou moins stable à tel ou tel objet extérieur (phobies).» (Jean Laplanche et J.-B. Pontalis, *Vocabulaire de la psychanalyse*, Paris, P.U.F., 1981, p. 177-178.)

---

2. Voici les principales œuvres de Freud dans l'ordre où elles ont été publiées en français: *Introduction à la psychanalyse* (Paris, Payot, 1921, coll. «Petite Bibliothèque Payot», 1971). *Cinq leçons sur la psychanalyse* (Paris, Payot, 1921, coll. «Petite Bibliothèque Payot», 1971). *Trois essais sur la théorie de la sexualité* (Paris, Gallimard, 1922, coll. «Idées», 1962). *Totem et tabou* (Paris, Payot, 1923, coll. «Petite Bibliothèque Payot», 1965). *La science des rêves* (Paris, Éditions Alcan, 1925). Nouvelle traduction sous le titre *L'interprétation des rêves* (Paris, P.U.F., 1967). *Le rêve et son interprétation* (Paris, Gallimard, 1925, coll. «Idées», 1969). *La psychopathologie de la vie quotidienne* (Paris, Payot, 1925, coll. «Petite Bibliothèque Payot», 1971). *Ma vie et la psychanalyse* (Paris, Gallimard, 1928, coll. «Idées», 1968). *L'avenir d'une illusion* (Paris, Denoël et Steele, 1934, réédition Paris, P.U.F., 1971). *Malaise dans la civilisation* (Paris, Denoël et Steele, 1934, réédition Paris, P.U.F., 1971). *Nouvelles conférences sur la psychanalyse* (Paris, Gallimard, 1936, coll. «Idées», 1971). *Moïse et le monothéisme* (Paris, Gallimard, 1948, coll. «Idées», 1967). *Abrégé de psychanalyse* (Paris, P.U.F., 1964).

3. Sigmund Freud, *Abrégé de psychanalyse*, trad. Anne Berman, Paris, P.U.F., 1970, p. 14.

ACTES MANQUÉS SYMPTOMA-TIQUES

Expression utilisée par Freud pour désigner tous les comportements exécutés machinalement et présentés comme étant le fruit du hasard, mais qui, en fait, expriment des pulsions et des pensées inconscientes (exemples: oublis, lapsus, fait d'égarer un objet).

RÉSISTANCE

«Au cours de la cure psychanalytique, on donne le nom de résistance à tout ce qui, dans les actions et les paroles de l'analysé, s'oppose à l'accès de celui-ci à son inconscient.» (Jean Laplanche et J.-B. Pontalis, *Vocabulaire de la psychanalyse*, Paris, P.U.F., 1981, p. 420.)

Notre tâche scientifique dans le domaine de la psychologie consistera à traduire les processus inconscients en processus conscients pour combler ainsi les lacunes de notre perception consciente[4].

La technique nouvelle et révolutionnaire d'introspection qu'expérimente Freud est la méthode de *l'association libre* pour retrouver le souvenir des événements ou des conflits traumatisants à l'origine des symptômes névrotiques, souvenir enfoui dans les profondeurs de l'«âme» du malade. Même s'il ne sait pas ce qui a été rejeté au plus profond de sa psyché, seul le patient peut le découvrir et travailler à le rendre inoffensif en exprimant librement tout ce qui vient à son esprit: mots, idées, pensées, réminiscences, **actes manqués symptomatiques**, rêves, etc. «qui subissent déjà l'influence de l'inconscient et sont souvent des rejetons de ce dernier[5]». Avec l'aide de l'analyste, le patient tentera de surmonter ses propres **résistances** afin de reconstituer sa vie psychique inconsciente et de se réapproprier sa propre histoire. Ainsi, les motivations cachées de son comportement pourront-elles accéder à la conscience après un long travail conjoint de mise à nu et d'interprétation des causes qui ont perturbé sa personnalité. Le rôle de l'analyste sera de guider le patient pour qu'il ramène à sa conscience ces causes «souterraines» afin d'en permettre l'intégration. La psychanalyse freudienne, nous le voyons, propose un traitement particulier des troubles mentaux (surtout les névroses et les hystéries). Or, Freud postule qu'il est «impossible d'établir scientifiquement une ligne de démarcation entre les états normaux et anormaux[6]». Dans la vie quotidienne, nous posons des actes dits «normaux» (lapsus, oublis, actes manqués, rêves) qui s'expliqueraient selon la même grille d'analyse que les actes dits «pathologiques» (névroses, obsessions, etc.). En conséquence, l'étude des troubles de la personnalité permettrait de se faire une idée du psychisme normal qui fonctionne sur plusieurs plans. La psychanalyse se présente alors comme une théorie psychologique qui décrit et explique les processus psychiques à l'œuvre chez l'être humain.

Avec sa *théorie des trois qualités psychiques* (l'inconscient, le préconscient et le conscient), appelée la 1RE TOPIQUE[7], Freud a révolutionné la représentation qu'on se fait de l'être humain. C'est à une nouvelle conception de la personnalité à laquelle il nous convie. Et même si Freud a toujours refusé l'existence d'une philosophie particulière de l'homme à laquelle la psychanalyse aurait donné son expression, il faut reconnaître que l'œuvre freudienne constitue une représentation neuve et originale de l'être humain[8]. En outre, Freud fut l'un des penseurs contemporains qui osa le plus s'aventurer dans les profondeurs de l'être.

À LA FOIS THÉORIE DES CATÉGORIES ET DÉSIGNATION D'UN LIEU DONNÉ, «TOPIQUE» SERT À DISTINGUER DES PARTIES DANS LE PSYCHISME HUMAIN ET DE S'EN FAIRE UNE REPRÉSENTATION SPATIALE, SANS QUE CELLE-CI N'AIT AUCUN RAPPORT AVEC UNE DISPOSITION ANATOMIQUE RÉELLE.

4. Sigmund Freud, *Abrégé de psychanalyse*, note de bas de page, p. 20.
5. *Ibid.*, p. 42.
6. *Ibid.*, p. 71-72.
7. Dans le chapitre septième de l'*Interprétation des rêves* (1900), Freud présente cette 1re topique, c'est-à-dire ce premier système de représentation et d'explication du psychisme humain.
8. Freud avoue lui-même que la psychanalyse est «avant tout un art d'interprétation»... Interpréter ne signifie-t-il pas donner une signification à l'être humain, à ses actes et à ses paroles? De plus, il faut dire que la psychanalyse dépasse largement la psychologie descriptive. Freud présente d'ailleurs la psychanalyse comme une «*métapsychologie* [au-delà de la psychologie] lorsque nous réussissons à décrire un processus psychique sous les rapports *dynamique, topique, économique*». (Sigmund Freud, *Métapsychologie*, trad. Jean Laplanche et J.-B. Pontalis, Paris, Éditions Gallimard, coll. «Idées», 1968, p. 89.)

LA THÉORIE DES TROIS QUALITÉS PSYCHIQUES

L'inconscient (ics)

Dans son livre *La science des rêves*, publié en 1900, Freud défend la thèse que le rêve est une «réalisation de désir» qui supprime une exigence ou un besoin. Par exemple, mon organisme éprouve la faim pendant que je dors: je rêve alors que je prends un repas assouvissant à merveille cette faim qui me tenaille. Ou encore, supposons qu'à l'état de veille, j'aie désiré la femme de mon ami, mais sans que ce désir ne parvienne à ma conscience. La nuit venue, je rêve que je fais l'amour avec elle ou avec une autre femme qui porte son prénom ou avec une partenaire anonyme. Ce deuxième exemple illustre que les rêves, parfois, expriment symboliquement des tendances ou des désirs inconscients, en général réprimés à l'état de veille, donc contrariés dans leur cours par les exigences de la morale ambiante. C'est par l'étude du rêve que Freud découvre l'importance capitale de l'inconscient dans la vie psychique de l'être humain: une couche profonde du psychisme échappe à notre conscience. Tous les phénomènes psychiques ne sont donc pas conscients, et le rêve constitue la «voie royale» permettant de rejoindre et d'étudier l'inconscient.

Or, au début du XXe siècle, la dimension de l'inconscient était fort mal connue. Certains psychologues et philosophes[9] l'avaient déjà pris en considération, mais le mérite revient à Freud d'en avoir identifié le contenu et mis en lumière les manifestations dynamiques dans le psychisme tout entier. Pour Freud, l'inconscient est la vie psychique elle-même; il en est la matrice et la source. «Bien des gens, écrit Freud, appartenant ou non aux milieux scientifiques, se contentent de croire que le conscient constitue à lui seul tout le psychisme[10]». Au contraire, seule une petite part de l'activité psychique est consciente, selon Freud. La presque totalité en est inconsciente et contient les désirs et les idées inavouables qui conditionnent le comportement. Et c'est justement cette large part d'inconscient où «les règles de la pensée et de la logique ne jouent pas[11]» qui constitue le psychisme humain.

> **F**REUD DISTINGUE DANS LE RÊVE UN *CONTENU MANIFESTE*, C'EST-À-DIRE LES SOUVENIRS QUE NOUS EN AVONS AU RÉVEIL ET QUE NOUS POUVONS RACONTER — FREUD LE QUALIFIE DE «FAÇADE DERRIÈRE LAQUELLE SE DISSIMULE LE FAIT RÉEL» — ET UN *CONTENU LATENT* LOURD DE SIGNIFICATIONS, QU'IL EST POSSIBLE D'INTERPRÉTER «AVEC LE SECOURS DES ASSOCIATIONS QUE LE RÊVEUR LUI-MÊME AJOUTE AUX ÉLÉMENTS DU CONTENU MANIFESTE».
> (*Abrégé de psychanalyse*, p. 33.)

---

9. Mentionnons, entre autres, Wilhelm Gottfried Leibniz (1646-1716), pour qui les *aperceptions* (représentations conscientes) n'occupaient qu'une infime place dans les forces qui dirigent l'action humaine; Arthur Schopenhauer (1788-1860), qui considérait qu'une force universelle et aveugle (la *volonté*) agit en nous et oriente nos comportements; Carl-Gustav Carus (1789-1869) qui, pour la première fois, traitait de l'*inconscient* comme d'un principe naturel soit *absolu* ou *relatif* qui gouverne la destinée de toute réalité, y compris la psyché humaine; Friedrich Nietzsche (1844-1900), qui avait déjà décrit l'homme comme un être d'instincts en des termes annonciateurs du discours freudien: «Tous nos motifs conscients, écrivait Nietzsche, sont des phénomènes de surface; derrière eux se déroule la lutte de nos instincts et de nos états: la lutte pour la puissance.» (*Œuvres posthumes*, 138.)

10. Sigmund Freud, *Abrégé de psychanalyse*, p. 18.

11. *Ibid.*, p. 32-33.

PSYCHIQUE

Se dit du psychisme ou de la vie psychique, laquelle constitue l'ensemble des faits psychiques, c'est-à-dire tout ce qui concerne la personnalité d'un individu, sa psyché, son «âme». Ces faits psychiques sont à l'origine de ses attitudes et de ses comportements.

L'hypothèse de l'inconscient est nécessaire et légitime, et nous possédons de multiples preuves de l'existence de l'inconscient. Elle est nécessaire, parce que les données de la conscience sont extrêmement lacunaires; aussi bien chez l'homme sain que chez le malade, il se produit fréquemment des actes **psychiques** qui, pour être expliqués, présupposent d'autres actes qui, eux, ne bénéficient pas du témoignage de la conscience. Ces actes ne sont pas seulement les actes manqués et les rêves, chez l'homme sain, et tout ce qu'on appelle symptômes psychiques et phénomènes compulsionnels chez le malade; notre expérience quotidienne la plus personnelle nous met en présence d'idées qui nous viennent sans que nous en connaissions l'origine, et de résultats de pensée dont l'élaboration nous est demeurée cachée. Tous ces actes conscients demeurent incohérents et incompréhensibles si nous nous obstinons à prétendre qu'il faut bien percevoir par la conscience tout ce qui se passe en nous en fait d'actes psychiques[12].

Les pulsions

Cette vie psychique inconsciente se déroule en nous et détermine, à notre insu, notre comportement. Elle est constituée d'«excitations pulsionnelles». Freud utilise généralement le terme de pulsion afin de jumeler deux types de tendances qui dirigent, selon lui, l'activité de l'être humain: les tendances physiologiques et les tendances psychiques.

SOMATIQUE

Se dit de tout ce qui est organique et concerne le corps.

Si, en nous plaçant d'un point de vue biologique, nous considérons maintenant la vie psychique, le concept de «pulsion» nous apparaît comme un concept-limite entre le psychisme et le **somatique**, comme le représentant psychique des excitations issues de l'intérieur du corps et parvenant au psychisme, comme une mesure de l'exigence de travail qui est imposée au psychisme en conséquence de sa liaison au corporel[13].

ÉROS

Dieu grec de l'amour, fils d'Aphrodite (déesse de l'amour) et d'Arès (dieu de la guerre).

En somme, les pulsions correspondent à des *poussées* psychiques qui viennent du corps et dont l'unique *but* est de supprimer «l'état d'excitation à la source de la pulsion» en se satisfaisant à l'aide d'un objet. Selon Freud, il existe deux pulsions fondamentales qui illustrent la dualité du psychisme humain: 1) **Éros**, aussi appelée *libido*, est la pulsion d'amour. Éros est amour de soi et de toute personne ou de tout objet duquel un individu s'éprend. L'énergie de la libido voit à la conservation de soi et à la conservation de l'espèce. En tant que pulsion de vie, Éros cherche à répandre la vie et à créer des liens; 2) **Thanatos**, aussi appelée *destruction* ou *pulsion de mort*, veut «briser tous les rapports […], ramener ce qui vit à l'état inorganique[14]». Thanatos correspond à une tendance naturelle chez tout être humain à être agressif face au monde extérieur ou à retourner contre lui-même cette pulsion agressive (autodestruction). Au début de la vie d'un être humain, ces deux pulsions fondamentales agissent à l'intérieur du psychisme et se neutralisent l'une l'autre. Au cours du développement, Éros et Thanatos forment un processus dynamique de forces

THANATOS

Dieu grec de la mort, fils de la Nuit et frère d'Hypnos.

---

12. Sigmund Freud, *Métapsychologie*, trad. Jean Laplanche et J.-B. Pontalis, Paris, Éditions Gallimard, coll. «Idées», 1968, p. 66-67.

13. *Ibid.*, p. 18.

14. Sigmund Freud, *Abrégé de psychanalyse*, p. 8.

THANATOS, DIEU GREC DE LA MORT. BASE DE LA COLONNE DU TEMPLE D'ARTÉMIS À ÉPHÈSE (~350).

opposées qui se conjuguent l'une à l'autre pour former la personnalité de l'individu. Ces deux pulsions primordiales devraient normalement être intégrées au niveau de la conscience lors de la petite enfance. Mais à cause d'un vécu traumatisant (en particulier la crainte de perdre l'amour des parents), ou à cause de circonstances extérieures (règles éducatives strictes), ces pulsions (plus particulièrement, leurs représentations[15]) peuvent avoir subi la *censure* : elles peuvent avoir été l'objet du **refoulement**. Niées par la conscience, qui n'a alors plus d'autre choix que de les oublier de façon définitive, ces représentations de pulsions sont reléguées dans l'inconscient [ics]. Mais les désirs libidinaux et agressifs ainsi refoulés dans la zone inconsciente n'en continuent pas moins d'exister et d'influencer la conduite de l'individu.

> **REFOULEMENT**
>
> Mécanisme psychique de défense qui repousse dans l'inconscient, en mettant à l'écart et en tenant à distance du conscient – sans la participation volontaire du sujet –, les tendances ou les désirs sexuels et agressifs (et leurs représentations) non acceptés par le milieu familial et social.

La psychanalyse nous a appris que l'essence du processus de refoulement ne consiste pas à supprimer, à anéantir une représentation représentant la pulsion, mais à l'empêcher de devenir conscient. Nous dirons alors qu'elle se trouve dans l'état «inconsciente» et nous pouvons fournir des preuves solides de ce que, tout en étant inconsciente, elle peut produire des effets dont certains même atteignent finalement la conscience[16].

Le conscient (cs) et le préconscient (pcs)

Un *acte psychique* (une représentation incongrue, déplacée, inacceptable) qui ne réussit pas à passer à travers l'épreuve de la censure est refoulé dans le système inconscient (ics). Mais s'il franchit cette épreuve, «il entre dans la deuxième phase et appartient désormais au deuxième système que nous décidons d'appeler le système cs[17]». Le système conscient (cs) représente tous les phénomènes psychiques immédiatement présents à l'esprit. Situé à la limite du psychisme humain, le conscient n'occupe qu'une infime partie de ce dernier. Grâce à sa relation directe avec le monde extérieur, le conscient est responsable de la perception sensorielle et de la motilité.

---

15. En allemand, le mot représentation, *vorstellung*, signifie «le contenu concret d'un acte de pensée». Freud l'utilise plus particulièrement dans le sens de «traces» de l'objet, de l'évènement ou de la pulsion qui vient s'inscrire dans les «systèmes mnésiques» (liés aux souvenirs).

16. Sigmund Freud, *Métapsychologie*, p. 65.

17. *Ibid.*, p. 76.

La prise de conscience dépend avant tout des perceptions reçues de l'extérieur par nos organes sensoriels. […] Certes, certains renseignements conscients nous viennent aussi de l'intérieur du corps, les sentiments, qui exercent même sur notre vie psychique une influence bien plus impérieuse que les perceptions externes. Enfin, en diverses circonstances, les organes sensoriels fournissent, en plus de leurs perceptions spécifiques, des sentiments, des sensations douloureuses. Ces impressions, comme nous les appelons pour les distinguer des perceptions conscientes, émanent aussi de nos organes terminaux[18].

Revenons à la représentation incongrue dont nous parlions plus tôt. Il se peut que cette dernière, parce qu'elle a été censurée, ne puisse parvenir tout de suite à la conscience, mais qu'elle soit *susceptible de le devenir* sans trop de résistance et dans la mesure où certaines conditions soient remplies. Freud donne le nom de système «préconscient» (pcs) à cette phase par laquelle un acte psychique a la possibilité de devenir conscient. Le préconscient représente donc les PHÉNOMÈNES PSYCHIQUES OU AFFECTS absents de l'esprit, mais qui peuvent être plus ou moins facilement ramenés à la conscience grâce au langage, soit accidentellement ou par un effort de la volonté.

> SELON FREUD, «UNE PULSION NE PEUT JAMAIS DEVENIR OBJET DE LA CONSCIENCE, SEULE LE PEUT LA REPRÉSENTATION QUI LA REPRÉSENTE» OU L'«ÉTAT D'AFFECT» SOUS LEQUEL LA PULSION APPARAÎT.
> (*Métapsychologie*, p. 82.)

L'APPAREIL PSYCHIQUE REVU ET CORRIGÉ

Freud s'est intéressé toute sa vie à ce qui se passe – sans que nous en ayons conscience – entre notre cerveau (c'est-à-dire le lieu physiologique où se situe et agit notre vie psychique) et les actes que nous posons. Il a voulu inventorier les lois et les principes qui gouvernent notre appareil psychique. Ainsi, pour mieux en comprendre le fonctionnement, il a proposé, à partir de 1923, un deuxième système conceptuel (qualifié de 2e topique) représentant l'appareil psychique. Freud postule l'existence de trois concepts structuraux, trois «provinces ou instances de l'appareil psychique[19]»: le ça, le surmoi et le moi.

> L'ANCIENNE TOPIQUE (L'ICS, LE CS ET LE PCS) N'EST PAS REJETÉE PAR FREUD, MAIS UNE NOUVELLE DISTRIBUTION VIENT DÉSORMAIS SE SUPERPOSER À LA PRÉCÉCENTE.

Le ça[20]

Freud donne le nom de ça à la partie la plus ancienne de l'appareil psychique. Le psychisme n'est d'abord que le ça inorganisé, c'est-à-dire «tout ce que l'être apporte en naissant[21]». Le ça constitue «le noyau de notre être[22]»; il correspond à la base primitive et inconsciente du psychisme qui est dominée par les besoins primaires. Le psychisme du nouveau-né n'est constitué à l'origine que du ça. Lorsqu'il a faim, l'enfant manifeste cette

---

18. Sigmund Freud, *Abrégé de psychanalyse*, p. 24-25.

19. *Ibid.*, p. 24.

20. Le ça est la traduction française du terme allemand *das Es* (*id*, en latin).

21. *Ibid.*, p. 4.

22. *Ibid.*, p. 74.

pulsion par des pleurs et des cris. Il veut se satisfaire tout de suite. Il est entièrement pris par cette faim qui mobilise la totalité de son être. En somme, le ça est une espèce de marmite chaotique où bouillonnent les désirs, besoins et pulsions organiques. «Les pulsions organiques agissent à l'intérieur du ça et résultent elles-mêmes de la fusion en proportions variables de deux forces primitives: l'Éros et la Destruction[23]», dont nous avons parlé précédemment.

Il est à noter que les pulsions sexuelles (Éros) sont considérées par Freud comme la principale force motivant l'être humain. Qui plus est, cette force «se manifeste clairement très tôt après la naissance[24]». Cependant, la sexualité est pour Freud une notion large qui désigne beaucoup plus que les activités et le plaisir reliés au fonctionnement de l'appareil génital. Elle englobe toute une série de pratiques et d'excitations qui procurent du plaisir, et ce dès l'enfance (par exemple, sucer son pouce). Nous avons déjà mentionné que Freud donne le nom de *libido* à cette pulsion sans objet défini et sans destination précise qui anime la personne humaine vers la satisfaction de ses besoins. Cette dernière fonctionne exclusivement selon le *principe de plaisir*, c'est-à-dire selon un processus primaire d'accomplissement du désir qui ne tient compte d'aucune règle, norme ou logique. C'est comme si une pulsion nous poussait à satisfaire nos désirs dans l'immédiat, de façon égoïste et inconsidérée sans que nous pensions à nous protéger contre ce qui pourrait menacer ou compromettre la sécurité de notre personne ou l'ordre moral et social en vigueur. Évidemment, agir de manière impulsive, en ne se souciant pas des conséquences reliées aux actes que nous posons, risque d'entrer en conflit avec la raison qui, elle, pense au lendemain et voit à éviter les dangers.

LE REFOULÉ   Le ça symbolise le psychisme humain à l'état naturel. Il est ce lieu, au plus profond de nous, où s'agitent les pulsions avant toute manifestation et contrôle de la culture. Mais, il sert aussi de réservoir au *refoulé*.

> L'inconscient est la seule qualité dominant à l'intérieur du ça. […] À l'origine, tout était ça. Le moi s'est développé à partir du ça sous l'influence persistante du monde extérieur. Durant ce lent développement, certains contenus du ça passèrent à l'état préconscient, s'intégrant ainsi dans le moi. D'autres demeurèrent dans le ça en en constituant le noyau difficile d'accès. Mais durant ce développement, le moi jeune et faible a repoussé dans l'inconscient et supprimé certains contenus qu'il avait déjà intégrés, et s'est comporté de la même façon à l'égard de nombres d'impressions nouvelles qu'il aurait pu recueillir, de sorte que ces dernières, rejetées, n'ont pu laisser de traces que dans le ça. C'est à cette partie du ça que nous donnons, du fait de son origine, le nom de *refoulé*. Nous ne sommes pas toujours en mesure de délimiter nettement les deux catégories dans ce contenu du ça, ce qui d'ailleurs importe peu. Contentons-nous de dire que le ça comporte des contenus innés et des faits acquis au cours de l'évolution du moi[25].

---

23. *Ibid.*, p. 74.
24. *Ibid.*, p. 13.
25. *Ibid.*, p. 26.

En résumé, nous pouvons dire que les pulsions primaires forment le contenu inné du ça, alors que le refoulé est constitué de faits acquis, c'est-à-dire de représentations qui ont été reléguées dans l'inconscient parce qu'elles exprimaient des tendances culturellement, socialement ou moralement inacceptables. On donne le nom de *censure* au processus qui permet le refoulement. C'est comme si un interdit était posé et que la représentation d'une pulsion jugée incorrecte était chassée de la conscience et oubliée, quoique continuant à y vivre et à s'y développer. Le «processus de refoulement, écrit Freud, ne consiste pas à supprimer, à anéantir une représentation représentant la pulsion, mais à l'empêcher de devenir conscience[26]». Prenons comme exemple l'un des cas thérapeutiques rapportés par Freud lui-même. Il s'agit d'une patiente qui était tombée amoureuse du mari de sa sœur. Cette dernière meurt subitement. Malgré la peine ressentie face à cette mort soudaine, la patiente ne peut s'empêcher de penser que son beau-frère, désormais veuf, pourra enfin l'épouser. Horrifiée par cette idée inconvenable, elle la «refoule» complètement. Mais elle tombe gravement malade. Freud diagnostique une hystérie aux symptômes sévères. La cure psychanalytique permet de faire réapparaître cette «idée révoltante» à la conscience de la patiente afin qu'elle puisse l'identifier comme étant la cause du grave traumatisme enfoui dans son inconscient.

Notons que «le refoulé exerce, en direction du conscient, une pression continue, qui doit être équilibrée par une contre-pression incessante. Maintenir le refoulement suppose donc une dépense constante de force; le supprimer, cela signifie, du point de vue économique, une épargne[27]». Tout au long de notre développement, le refoulement exige donc de notre psychisme une dépense d'énergie qui pourrait être utilisée à d'autres fins... Mais quelle est l'origine du refoulement, qu'est-ce qui en est la source? Reprenons l'exemple du nourrisson qui éprouve une faim subite: ses parents lui apprendront tôt ou tard à se discipliner, à cesser de pleurer et de crier et à attendre patiemment qu'ils soient disponibles pour le nourrir. Plus tard, on lui montrera à contrôler ses besoins naturels: la régularité et la propreté seront exigées de lui. On lui enseignera ensuite qu'il est incorrect de briser ses jouets, d'être agressif envers ses camarades ou de faire des crises de violence. Ses satisfactions auto-érotiques pourront aussi lui être interdites. Bref, ses parents lui inculqueront l'ensemble des valeurs et des règles propres à la société dans laquelle il grandira et qui, en règle générale, s'opposent à l'actualisation spontanée des pulsions. Toutes ces tendances sexuelles ou agressives réprimées par l'éducation – et plus particulièrement les représentations liées à ces tendances – seront refoulées dans les profondeurs de l'inconscient. L'instance psychique qui représente les exigences de la société et ses interdits est le *surmoi*.

---

26. Sigmund Freud, *Métapsychologie*, p. 65.
27. Sigmund Freud, *Abrégé de psychanalyse*, p. 53.

Le surmoi (*Über-ich* / super-égo)

Durant la longue période d'enfance que nous traversons et pendant laquelle nous dépendons de nos parents, se forme une instance qui prolonge l'influence de ceux-ci. Freud appelle «surmoi» cette instance qui se modèle sur l'autorité parentale **introjectée** au cours de l'enfance.

Ce n'est évidemment pas la seule personnalité des parents qui agit sur l'enfant, mais transmises par eux, l'influence des traditions familiales, raciales et nationales, ainsi que les exigences du milieu social immédiat qu'ils représentent. Le surmoi d'un sujet, au cours de son évolution, se modèle aussi sur les successeurs et sur les substituts des parents, par exemple sur certains éducateurs, certains personnages qui représentent au sein de la société des idéaux respectés[28].

Selon Freud, le surmoi démontre souvent une sévérité beaucoup plus grande que celle des parents réels ou des personnes les représentant. Il met en place un «code moral» exigeant et étroit. Par exemple, le surmoi ne juge pas uniquement le moi sur les actes posés, mais considère aussi les intentions et les pensées non encore actualisées. En ce sens, le surmoi représente un idéal à atteindre et répond au *principe de perfection*. C'est comme si le surmoi se faisait son propre cinéma en se projetant des images idéales de pensées et de comportements qui correspondent aux représentations intériorisées des valeurs parentales. En cela, il ressemble au ça puisque ces deux instances perçoivent la réalité de façon irréaliste: le ça en présente une vision anarchique, alors que le surmoi en propose une vision idéalisée.

> Le surmoi représente toutes les contraintes morales et aussi l'aspiration vers le perfectionnement, bref tout ce que nous concevons maintenant psychologiquement comme faisant partie de ce qu'il y a de plus haut dans la vie humaine. C'est en nous tournant vers les sources d'où découle le surmoi que nous parviendrons plus aisément à connaître sa signification; or nous savons que le surmoi dérive de l'influence exercée par les parents, les éducateurs, etc. En général, ces derniers se conforment, par l'éducation des enfants, aux prescriptions de leur propre surmoi. Quelle qu'ait été la lutte menée entre leur surmoi et leur moi, ils se montrent sévères et exigeants vis-à-vis de l'enfant. Ils ont oublié les difficultés de leur propre enfance et sont satisfaits de pouvoir s'identifier à leurs parents à eux, à ceux qui leur avaient autrefois imposé de dures restrictions. Le surmoi de l'enfant ne se forme donc pas à l'image des parents, mais bien à l'image du surmoi de ceux-ci; il s'emplit du même contenu, devient le représentant de la tradition, de tous les jugements de valeur qui subsistent ainsi à travers les générations[29].

Le contenu du surmoi (prescriptions, contraintes et restrictions morales, aspirations idéales de perfection, jugements de valeur) s'élabore à partir du surmoi des parents (agents de transmission de la moralité et de la tradition), mais quel est le mécanisme précis qui en

---

INTROJECTER

Terme psychanalytique décrivant le processus inconscient par lequel l'enfant, par exemple, incorpore l'image des parents à son moi et à son surmoi.

---

28. *Ibid.*, p. 5-6.

29. Sigmund Freud, *Nouvelles conférences sur la psychanalyse*, trad. Anne Berman, Paris, Éditions Gallimard, coll. «Idées», 1971, p. 90-91.

ŒDIPE

Personnage de la mythologie grecque qui tue Laïos, roi de Thèbes, sans savoir qu'il est son père, et qui devient l'époux de Jocaste en ignorant qu'elle est sa mère.

signe l'origine? Le surmoi naît, selon Freud, à la suite du refoulement du *complexe d'Œdipe*. Le complexe d'Œdipe peut brièvement être décrit comme l'attachement incestueux inconscient que tous les enfants éprouvent, de trois à six ans, envers le parent de sexe opposé. Cet attachement entraîne: 1) une jalousie ressentie envers le parent du même sexe, qui est perçu, dans l'inconscient, comme un rival et 2) une culpabilité inconsciente qui fait suite aux sentiments d'agressivité à son égard. Les pulsions œdipiennes ainsi enfouies au plus profond de l'inconscient sont en quelque sorte remplacées par le surmoi. Plus le complexe d'Œdipe aura été fort, plus vite le refoulement sera effectué («sous l'influence de l'enseignement religieux, de l'autorité, de l'instruction, des lectures [*Essais de psychanalyse*, p. 204]»), plus le surmoi règnera avec rigueur afin de contrôler l'utilisation de l'énergie des pulsions.

En conclusion, on peut dire que le surmoi correspond à une norme impérative qui résulte de l'intériorisation, au cours de l'enfance, de l'autorité parentale-institutionnelle et du sens moral de la culture environnante. En cela, le surmoi représente en quelque sorte la réalité, le monde extérieur, les exigences du milieu social et moral dans lequel nous grandissons et nous nous développons. En reléguant dans l'inconscient les pulsions libidinales et agressives jugées excessives ou indécentes, donc en réfrénant les satisfactions non permises par notre culture (tabous et interdits), le surmoi joue un rôle de censure. Nous le «ressentons, dans son rôle de justicier, comme

LORSQU'UNE ENQUÊTE RÉVÈLE QU'IL EST COUPABLE DU MEURTRE DE SON PÈRE ET D'AMOUR INCESTUEUX À L'ENDROIT DE SA MÈRE, ŒDIPE SE CRÈVE LES YEUX.

notre *conscience* [qui surveille l'autre instance psychique (le moi)] lui donne des ordres, le dirige, le menace de châtiment, exactement comme les parents dont elle a pris la place[30]».

Le moi (*das Ich* / égo)

Freud donne le nom de *moi* à cette «fraction de notre psychisme», à cette mince «surface» coincée à la limite de l'inconscient et de la réalité extérieure, et à laquelle correspond en partie la qualité de conscient. Au contact du monde extérieur, le moi s'est développé à partir d'une transformation du ça. Voyons quels sont les principaux rôles que Freud lui accorde:

Le moi dispose du contrôle des mouvements volontaires. Il assure l'auto-conservation et, pour ce qui concerne l'extérieur, remplit sa tâche en apprenant à connaître les excitations, en accumulant (dans la mémoire) les expériences qu'elles lui fournissent, en évitant les excitations trop fortes (par la fuite), en s'accomodant des excitations modérées (par l'adaptation), enfin en arrivant à modifier, de façon appropriée et à son avantage, le monde extérieur (activité)[31].

---

30. Sigmund Freud, *Abrégé de psychanalyse*, p. 84-85.

31. *Ibid.*, p. 4.

En somme, nous pourrions dire que la fonction primordiale du moi permet une espèce de présence au monde: «Je suis là, j'occupe un espace, je m'y déplace, j'ai froid ou chaud, soif ou faim, j'éprouve un désir pour telle femme ou tel homme, etc.» C'est le moi qui établit un contact entre les besoins pulsionnels issus de l'organisme et la réalité extérieure. Un moi sain assure un rapport exact au monde extérieur. Le moi est le représentant du «principe de réalité». En ce sens, il est l'instance qui sert d'intermédiaire entre le ça et les contraintes du monde extérieur représentées par le surmoi. «De même que le ça n'obéit qu'à l'appât du plaisir, le moi est dominé par le souci de la sécurité. Sa mission est la conservation de soi que le ça semble négliger[32].» Il essaie d'interposer une activité réflexive entre la pulsion et ce qu'il faut faire pour l'actualiser. En se basant sur les expériences passées et en prenant en considération la situation présente, il pèse le pour et le contre et décide si le mode de satisfaction projetée est réalisable sans danger et si le moment choisi est approprié. Tout cela a pour but ultime d'éviter la culpabilité que pourrait créer le surmoi et ainsi d'empêcher la naissance de l'angoisse qui en découlerait. Ainsi le moi peut suspendre temporairement la pulsion jusqu'à ce que l'objet pouvant effectivement satisfaire cette dernière soit découvert; ou encore, jusqu'à ce que l'objet désiré se rende disponible. L'exemple suivant peut illustrer cette fonction du moi axé sur le principe de réalité et qui, conséquemment, tient compte de l'«épreuve de réalité». La femme avec laquelle je vis est installée à son bureau. Je la regarde et, soudain, j'éprouve du désir pour elle. Mais elle travaille avec beaucoup de concentration à un rapport très important qu'elle doit obligatoirement remettre demain à son travail! C'est mon moi qui fera que je tolérerai que la satisfaction de mon désir soit différée ou ajournée. Je respecterai donc son travail et attendrai qu'elle ait terminé son rapport en espérant que…

Le moi possède une autre fonction capitale: celle d'agir comme instance **inhibitrice**. «L'évolution du Moi, écrit Freud, va de la perception instinctive des instincts à la domination des instincts, de l'obéissance aux instincts à l'inhibition des instincts[33].» Freud décrit l'inhibition des instincts de la manière suivante:

> Au-dedans, il (le moi) mène une action contre le ça en acquérant la maîtrise des exigences pulsionnelles et en décidant si celles-ci peuvent être satisfaites ou s'il convient de différer cette satisfaction jusqu'à un moment plus favorable ou encore s'il faut les étouffer tout à fait[34].

Le moi impose de fortes contraintes aux élans du ça. Avant d'autoriser une action qui pourrait amener des conséquences fâcheuses ou engendrer de l'anxiété et de l'angoisse, le moi peut utiliser un **mécanisme de défense** tout à fait inconscient et automatique: le refoulement. Grâce à celui-ci, un barrage est érigé contre la pulsion menaçante, qui est alors réfrénée sans que la volonté ou la liberté de l'individu y soit pour quelque chose. Prenons un autre exemple pour illustrer le refoulement. Un jeune manœuvre obtient un nouvel emploi dans une usine. À la première rencontre avec son contremaître, il ressent une antipathie à son endroit. Et plus les semaines passent, plus le rapport entre les deux hommes s'envenime. Le contremaître surveille sans cesse l'employé, le réprimande à la moindre faute. Le jeune manœuvre se met à le détester carrément et à éprouver beaucoup d'agressivité envers lui. Mais, pour ne pas risquer de perdre son emploi, le jeune homme

INHIBITION

Processus qui met au repos les données psychiques imprudentes ou inconvenables en les empêchant de se produire ou d'arriver à la conscience. Afin d'éviter l'angoisse, ou d'entrer en conflit avec le surmoi, le moi empêche l'éclosion de la pulsion.

MÉCANISMES DE DÉFENSE

Procédés inconscients utilisés par le moi pour canaliser ou contrôler les pulsions du ça qui risqueraient de porter atteinte à l'équilibre de la personnalité. Ces procédés (refoulement, projection, formation négative, fixation, régression) instaurent un compromis défensif entre le désir et la réalité. Afin de protéger le moi menacé d'angoisses, ces procédés peuvent déformer ou même refuser la réalité.

---

32. *Ibid.*, p. 76.
33. Sigmund Freud, *Essais de psychanalyse*, trad. Dr S. Jankélévitch; revu par Dr A. Hesnard, Paris, Petite Bibliothèque Payot, 1968, p. 230.
34. Sigmund Freud, *Abrégé de psychanalyse*, p. 4.

ne riposte pas et ronge son frein en silence. Or, une nuit, il rêve qu'il tue son contre-maître à coups de couteau. Au réveil, il ne se rappellera pas le contenu de son rêve, car l'objectif premier du refoulement – comme celui de tout mécanisme de défense, d'ailleurs – est de maintenir hors de la conscience les conflits qu'il résout.

Dans le but de protéger son intégrité, le moi peut aussi réprimer délibérément et consciemment les pulsions répréhensibles du ça. Prenons cette fois-ci comme exemple un professeur âgé d'une cinquantaine d'années qui éprouverait, envers l'une de ses jeunes étudiantes, un désir sexuel ardent qui ne cesse de le troubler. Aussitôt le cours terminé, il peut, sans faire intervenir sa raison, signifier à son étudiante l'immense désir qu'il ressent à son endroit. À l'inverse, il peut, étant donné qu'il est et restera son professeur, se dire qu'il serait bien imprudent de se laisser ainsi aller à une impulsion aussi subite que déplacée. Conséquemment, il jugera préférable de différer la manifestation de son désir et attendra la fin de la session. Enfin, en dernière possibilité, il peut se traiter de «vieux fou», alléguer le statut maître/élève, la différence d'âge inacceptable, les risques qu'on l'apprenne et ceux de perdre son emploi, etc., pour étouffer définitivement ce désir. Et comme par magie, la semaine suivante, lorsqu'il reverra la jeune étudiante, le désir d'elle ne sera plus aussi pressant.

Nous voyons par cet exemple que, dans son activité, le moi prend en considération les valeurs, les normes et les règles de la culture ambiante. Il découvre le moyen le plus favorable et le moins périlleux de satisfaire besoins et pulsions tout en tenant compte des exigences du monde extérieur. En cela, il peut être considéré comme une sorte d'avocat qui négocie avec deux parties adverses: le ça et le surmoi. Sa principale tâche est de résoudre les conflits surgissant entre ces deux instances. Plus particulièrement, le moi est le lieu d'un équilibre, solide ou fragile, s'érigeant entre les pulsions du ça et les pressions morales du surmoi. Ce faisant, «le moi se voit obligé de satisfaire tout à la fois les exigences de la réalité, celles du ça et du surmoi, tout en préservant sa propre organisation et en affirmant son autonomie[35]». Complétons cette description de l'interrelation des trois instances de l'appareil psychique par un dernier passage des *Nouvelles conférences sur la psychanalyse* où Freud explique comment le moi est contraint de «servir trois maîtres sévères»:

> Un adage nous déconseille de servir deux maîtres à la fois. Pour le pauvre moi la chose est bien pire, il a à servir trois maîtres sévères et s'efforce de mettre de l'harmonie dans leurs exigences. Celles-ci sont toujours contradictoires et il paraît souvent impossible de les concilier; rien d'étonnant dès lors à ce que souvent le moi échoue dans sa mission. Les trois despotes sont le monde extérieur, le surmoi et le ça. […] Il [le moi] se sent comprimé de trois côtés, menacé de trois périls différents auxquels il réagit, en cas de détresse, par la production d'angoisse. Tirant son origine des expériences de la perception, il est destiné à représenter les exigences du monde extérieur, mais il tient cependant à rester le fidèle serviteur du ça, à demeurer avec lui sur le pied d'une bonne entente, à être considéré par lui comme un objet et à s'attirer sa libido. En assurant le contact entre le ça et la réalité, il se voit souvent contraint de revêtir de rationalisations préconscientes les ordres inconscients donnés

---

35. Sigmund Freud, *Abrégé de psychanalyse*, p. 39.

par le ça, d'apaiser les conflits du ça avec la réalité et, faisant preuve de fausseté diplo-
matique, de paraître tenir compte de la réalité, même quand le ça demeure inflexible
et intraitable. D'autre part, le surmoi sévère ne le perd pas de vue et, indifférent aux
difficultés opposées par le ça et le monde extérieur, lui impose les règles déterminées
de son comportement. S'il vient à désobéir au surmoi, il en est puni par de pénibles
sentiments d'infériorité et de culpabilité. Le moi ainsi pressé par le ça, opprimé par
le surmoi, repoussé par la réalité, lutte pour accomplir sa tâche économique, rétablir
l'harmonie entre les diverses forces et influences qui agissent en lui et sur lui: nous
comprenons ainsi pourquoi nous sommes souvent forcés de nous écrier: «Ah, la vie
n'est pas facile!» Le moi, quand il est forcé de reconnaître sa propre faiblesse, est saisi
d'effroi: peur réelle devant le monde extérieur, craintes de la conscience devant le
surmoi, anxiété névrotique devant la puissance qu'ont les passions dans le ça[36].

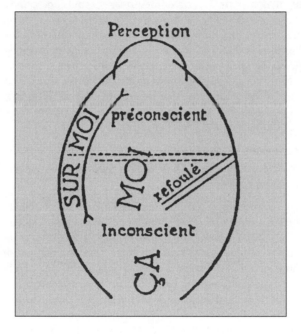

Figure 5.1
Le schéma freudien
de l'appareil psychique

Source: Sigmund Freud, *Nouvelles
conférences sur la psychanalyse,*
Paris, Éditions Gallimard, coll.
«Idées», 1971, p. 107.

L'HOMME IDÉAL

moral de Freud

Aujourd'hui, il n'est pas possible de se représenter l'être humain sans prendre en
compte la conception que Freud en a développé. Depuis la mise en lumière de l'inconscient, nous savons désormais que nous possédons une personnalité ignorée de nous-mêmes
et que, par conséquent, nous avons à démasquer parfois les motivations inconscientes qui
nous font faire ceci ou cela, qui nous font être ceci ou cela. Désormais, grâce à Freud,
nous savons que le milieu culturel et social dans lequel nous grandissons conditionne et

---

36. Sigmund Freud, *Nouvelles conférences sur la psychanalyse,* p. 104-105.

modèle notre affectivité, voire notre personne tout entière. Cette «pression civilisatrice[37]» supprime de façon souvent excessive (car elle provoque des NÉVROSES) les manifestations des pulsions instinctuelles et leurs manifestations. Bien sûr, la civilisation naît de la maîtrise des pulsions instinctuelles qui ne peuvent s'épancher librement à cause de leur caractère asocial. «Une grande partie de notre trésor de civili-sation, si hautement prisé, écrit Freud, s'est constitué au détriment de la sexualité et par l'effet d'une limitation des pulsions sexuelles[38].»

Conséquemment, on peut dire que, selon Freud, l'essence de l'être humain est un amalgame conflictuel de nature (le ça) et de culture (le surmoi). À sa naissance, le petit humain est d'abord entièrement sous le joug des instincts. Il est exclusivement orienté vers la satisfac-tion narcissique de ses pulsions. Il n'est pas en mesure de peser le pour et le contre de ses actes (nature). Puis, confronté à la réalité culturelle environnante, il doit petit à petit domestiquer ses pulsions qui vont à l'encontre des valeurs, des normes et des règles de la société (culture). C'est par le biais de la socialisation que la culture tentera de contrôler, en la réprimant, sa nature biologique. Et l'homme idéal, pour Freud, sera celui qui aura réussi à maîtriser ses pulsions par la volonté et la rai-son (le moi), ces dernières ayant été appuyées par le surmoi dans leur tâche de contenir les instincts. Maîtriser ses pulsions ne veut cependant pas dire les supprimer totalement. Car, sous peine de voir naître et se développer une névrose, il ne faut pas annihiler toutes les «exigences pulsionnelles» du ça en se mettant exclusivement sous le contrôle des «exi-gences morales du surmoi» trop dures et sévères.

> Est considéré comme correct tout comportement du moi qui satisfait à la fois les exigences du ça, du surmoi et de la réalité, ce qui se produit quand le moi réussit à concilier ces diverses exigences[39].

Dans sa visée première – en investiguant l'inconscient et en démontrant que la vie psychique obéit à ses lois – le freudisme met en question la conception traditionnelle de l'homme, qui est perçu comme un sujet rationnel, autonome, conscient, maître de lui-même et de ses agirs. Ce faisant, Freud présente l'homme comme un être de pulsions et de désirs davantage régi par l'inconscient que par la raison. Mais au fond, dans sa dernière visée, la conception freudienne de l'être humain reste attachée aux grandes philosophies rationalistes. Malgré sa tentative de présenter le corps (pulsions/instincts [le ça]) et l'esprit (activités réflexives [le moi] et morales [le surmoi]) comme un ensemble unifié à l'intérieur de l'appareil psychique, Freud ne valorise pas, comme l'avait fait Nietzsche, le monde des instincts et des pulsions. Certes, il essaie de dépasser le dualisme corps-esprit instauré par la philosophie de Descartes, mais il n'en demeure pas moins que la psychanalyse reste une grille d'analyse rationaliste qui explore les structures psychiques de la personnalité humaine ainsi que les stades successifs de son évolution. Qui plus est, jamais cette exploration

37. Sigmund Freud, *Malaise dans la civilisation*, trad. C.H. et J. Audier, Paris, P.U.F., 1971, p. 57.

38. Sigmund Freud, *Abrégé de psychanalyse*, p. 79.

39. *Ibid.*, p. 5.

freudienne n'a justifié le libre épanchement du ça. Au contraire, la psychanalyse semble promouvoir le sujet, la conscience, la maîtrise de soi. Le traitement analytique ne correspond-il pas à l'accession à la conscience d'un conflit qui déchire le sujet ? Freud ne s'est-il pas écrié : « Puisse un jour l'intellect – l'esprit scientifique, la raison accéder à la dictature dans la vie psychique des humains ! Tel est notre vœu le plus ardent » ? Freud considérait et présentait d'ailleurs la psychanalyse comme un savoir scientifique qui, somme toute, expliquait rationnellement les bienfaits de la sublimation instinctuelle en vue de réalisations culturelles et sociales. En somme, Freud percevait la transformation des pulsions sous des formes socialement utilisables (la **sublimation**) comme étant tout à fait légitime. Diriger, endiguer, canaliser les pulsions vers des objets et des buts sociaux, pour autant que cela se fasse sans excès, constituait aux yeux de Freud l'œuvre de toute civilisation digne de ce nom.

SUBLIMATION

Processus de production d'activités dites supérieures qui désexualisent en quelque sorte les pulsions libidinales ou agressives. La production d'œuvres d'art, la construction de cathédrales ou l'engagement à une œuvre sociale valorisée par la culture de l'époque représentent des exemples de sublimation.

FREUD AUJOURD'HUI

Le portrait que Freud brosse de l'être humain, même s'il est déduit de faits cliniques, reste une théorie générale de la nature humaine et, spécifiquement, de l'inconscient et de ses diverses manifestations. Cette théorie, qui, en donnant une vision nouvelle de la condition humaine, a secoué la psychologie traditionnelle, ne peut toutefois revendiquer un caractère d'OBJECTIVITÉ IRRÉFUTABLE. Cette conception de l'être humain est et demeure, au même titre que toutes les autres, une interprétation de l'homme qui cherche à donner un sens à des dimensions de la réalité humaine jusqu'alors négligées, voire ignorées. En cela, elle peut être considérée comme une approche philosophique de l'être humain. Comme tous les autres penseurs présentés dans ce manuel, Freud a voulu répondre au célèbre « Connais-toi toi-même ». Il a tenté de résoudre certaines énigmes qui obscurcissent l'existence humaine. Il s'est interrogé sur la signification des pulsions qui animent la vie des humains, sur la lutte entre la vie et la mort au sein même de l'individu et au cœur des sociétés humaines, sur le poids qu'impose la civilisation à l'individu, etc.

ON NE PEUT SOUMETTRE LES THÉORIES FREUDIENNES À DES TESTS SPÉCIFIQUES ET RÉPÉTÉS QUI EN DÉMONTRERAIENT LA VÉRACITÉ ABSOLUE. EN CE SENS, LA THÉORIE PSYCHANALYTIQUE NE PEUT REVENDIQUER LE CARACTÈRE « SCIENTIFIQUE » CAR, NE POUVANT ÊTRE RÉFUTÉE, ELLE RESTE INVÉRIFIABLE.

À ce propos, demandons-nous si notre civilisation condamne excessivement la libre expression des instincts et des pulsions ? La culture occidentale contemporaine incite-t-elle trop fortement à refouler ou à sublimer les pulsions jugées incompatibles avec la vie sociale ? Par exemple, les hommes et les femmes d'aujourd'hui n'auraient-ils pas tendance à sublimer leurs énergies sexuelles et agressives dans leurs activités professionnelles ? Pensons aux *dinks* (*double income no kids*), ces couples ayant deux sources de revenus, sans enfant, qui peuplent de plus en plus l'Amérique ! Pensons aussi aux *yuppies* (*young urban professionals*) qui prolifèrent comme des mouches au soleil. Ces deux catégories d'individus consacrent la presque totalité de leur existence à travailler. La carrière devient la voie privilégiée de réalisation de soi. Toutes leurs énergies sont investies dans leurs réussites professionnelles. Horaires chargés, prévisions, planifications aux multiples visages ne visent qu'un seul but : atteindre un statut financier et social envié et enviable. En conséquence, l'objectif primordial de ces *yuppies* ou de ces *dinks* sera d'offrir le maximum d'efficacité dans leur spécialité. Ils fonctionneront d'une manière essentiellement froide et cérébrale, négligeant ou ne développant guère la sphère affective de leur vie. En fait, ces individus sont carrément incapables d'attachement affectif authentique aux êtres et aux choses. Ils calculent trop pour pouvoir aimer vraiment. Leur but principal dans l'existence n'est pas de partager mais de se vendre au plus offrant, c'est-à-dire de s'échanger sur le marché du travail contre la plus forte rémunération ou le statut le plus élevé. Sans résistance, ces prototypes de l'humanité de la société de consommation acceptent de s'intégrer dans un monde d'images, d'apparences, de conventions pour autant que ce monde leur octroie un statut. Ils consentent à se nourrir d'artifices, à vivre superficiellement, à orienter leur existence en fonction de l'appât du gain, du bien-être, de l'accumulation de gadgets nouveaux mais souvent inutiles, de la consommation passive de loisirs à la mode, etc. Toutefois, en atteignant un tel niveau de conformisme, ils handicapent sérieusement la possibilité même de développer leur personnalité d'une manière originale et créatrice. En paraphrasant Érich Fromm (1900-1980), nous pourrions dire qu'ils ont l'abondance, mais qu'ils n'ont pas la joie de vivre. Ils sont plus riches, mais ils sont moins libres. Ils consomment davantage, mais ils sont plus vides… Ils ont beaucoup, mais ils sont peu[40].

De sorte que cette plongée tous azimuts dans la carrière se fait au prix d'une sublimation excessive risquant de mettre en péril leur équilibre psychique. Et quand ces *yuppies* ou ces *dinks* ont mal à l'âme, qu'ils éprouvent de la difficulté avec le bonheur, ils vont consulter un thérapeute… Or, Freud continue d'exercer aujourd'hui une influence profonde sur la pratique thérapeutique. En effet, le freudisme a donné lieu à un foisonnement d'applications qui, en s'inspirant plus ou moins de la théorie fondatrice, proposent des cures diverses pour soulager les misères de l'âme humaine. Et puisque, en règle générale, les *yuppies* et les *dinks* sont intelligents, articulés, scolarisés et à l'aise financièrement, ils constituent la clientèle-cible des psychothérapies d'inspiration psychanalytique. Rencontrer son analyste à heures fixes, deux fois par semaine, cinquante minutes par séance, et au tarif horaire de quatre-vingt-cinq dollars, convient tout à fait à ces *workaholics*. N'ont-ils pas à découvrir les sources souterraines à l'origine de leur mal-être? Une fois mis sur la voie du questionnement et de la connaissance de soi, n'auraient-ils pas intérêt à trouver ou à retrouver la dimension personnelle de leur être qu'ils ont, à l'évidence, égarée ou négligée? À cette fin, nous pourrions leur suggérer de se mettre au contact de l'une des plus belles et des plus généreuses philosophies de l'être humain du mileu du XXᵉ siècle: le personnalisme d'Emmanuel Mounier.

40. Erich Fromm, *De la désobéissance*, Paris, Robert Laffont, 1982, p. 82 et p. 87.

Résumé schématique de l'exposé

Freud et la pratique d'une nouvelle thérapeutique au début du XXᵉ siècle

1. Porté par les recherches et les découvertes en sciences de la vie et en sciences physiques, au début du siècle, Freud met au point la psychanalyse ou «technique de traitement analytique» qui permet d'investiguer le passé du malade atteint d'une névrose ou d'une hystérie. Cette introspection permet au patient de retrouver le souvenir des traumatismes à l'origine de ses dysfonctionnements. Ainsi, il pourra, à l'aide de l'analyste, se réapproprier sa propre histoire.

2. En tant que théorie psychologique, la psychanalyse décrit et explique les processus psychiques à l'œuvre chez l'être humain. Cette théorie psychanalytique constitue une représentation originale et révolutionnaire de l'homme.

La théorie des trois qualités psychiques

La 1ʳᵉ topique est la première représentation théorique du psychisme présenté par Freud. Le psychisme humain possède trois systèmes ou qualités psychiques.

1. L'inconscient (ics):

   - C'est par l'étude du rêve que Freud découvre que l'ics constitue la majeure partie du psychisme.
   - Les pulsions, c'est-à-dire des poussées psychiques qui viennent du coprs, alimentent l'ics. Les deux pulsions fondamentales qui forment, à l'intérieur de l'ics, un processus dynamique de forces opposées sont: *Éros* (libido ou pulsion d'amour) et *Thanatos* (destruction ou pulsion de mort).

   - Certaines représentations de ces pulsions libidinales et agressives – subissant la censure du refoulement – ont été reléguées dans l'ics, mais n'en continuent pas moins d'exister et d'influencer la conduite de l'individu.

2. Le conscient (cs):

   Le système cs n'occupe qu'une infime partie du psychisme et est responsable de la perception sensorielle et de la motilité.

3. Le préconscient (pcs):

   Le système pcs correspond à la phase par laquelle un acte psychique inconscient peut être ramené à la conscience grâce au langage, soit accidentellement ou par un effort de la volonté.

L'appareil psychique revu et corrigé

À partir de 1923, Freud propose un deuxième système conceptuel (qualifié de 2ᵉ topique) représentant l'appareil psychique. Ce dernier est constitué de trois instances: le ça, le moi et le surmoi.

1. Le ça est le réservoir renfermant les pulsions primaires innées et les représentations refoulées. Il correspond à la base primitive et inconsciente du psychisme. Le ça répond au *principe de plaisir*, c'est-à-dire qu'il veut se satisfaire immédiatement, de façon égoïste et inconsidérée.

2. Le surmoi représente les exigences de la société et ses interdits. Constitué de la moralité ambiante intériorisée au cours du développement de l'individu, le surmoi censure les pulsions libidinales et agressives jugées excessives ou indécentes. Il répond au *principe de perfection*, c'est-à-dire à une vision idéalisée du comportement humain. L'origine du surmoi vient du refoulement du *complexe d'Œdipe*.

3. Le moi assure la présence et l'adaptation à la réalité. Il est le représentant du *principe de réalité*. Avant d'autoriser la satisfaction d'une pulsion, le moi analyse la situation, se demande si cela peut engendrer des conséquences fâcheuses, de l'anxiété ou de l'angoisse, s'il vaut mieux inhiber la pulsion imprudente ou inconvenable. Coincé entre le monde extérieur, le surmoi et le ça, le moi peut être considéré comme un avocat négociant entre les pulsions du ça et les pressions morales du surmoi.

L'homme idéal

1. Selon Freud, l'essence de l'être humain est un amalgame conflictuel de nature (le ça) et de culture (le surmoi).

2. Freud présente l'homme comme un être de pulsions et de désirs régi par l'inconscient. Mais, il ne valorise pas le libre épanchement des instincts et des pulsions. Au contraire, la psychanalyse fait la promotion du sujet conscient qui maîtrise (sans excès) ses pulsions par la volonté et la raison (le moi). D'ailleurs, la *sublimation*, c'est-à-dire la transformation des pulsions libidinales et agressives en des productions socialement valorisées, constitue le fondement de toute civilisation digne de ce nom.

Freud aujourd'hui

En sublimant de façon excessive les pulsions libidinales et agressives dans la carrière, les *dinks* et les *yuppies* d'aujourd'hui ne risquent-ils pas de mettre en péril leur équilibre psychique? Et quand ces derniers ont mal à l'âme, ils vont consulter un thérapeute d'allégeance freudienne qui les aidera à découvrir les sources souterraines à l'origine de leur mal-être.

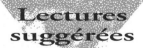

Lectures suggérées

La lecture de l'une des œuvres suivantes est suggérée dans son intégralité ou en extraits importants:

FREUD, Sigmund. *Abrégé de psychanalyse*, trad. Anne Berman, Paris, Presses Universitaires de France, Bibliothèque de psychanalyse, 1970, 86 p.

■

FREUD, Sigmund. *Essais de psychanalyse*, trad. Dr S. Jankélévitch; revu par Dr A. Hesnard, Paris, Petite Bibliothèque Payot, 1968, 280 p.

Activités d'apprentissage

A

Analyse et critique de texte

Objectifs spécifiques

L'étudiant ou l'étudiante devra être capable:

- de démontrer sa compréhension d'un texte de Freud en transposant dans ses propres mots des contenus partiels de ce texte philosophique;

- d'évaluer le contenu, c'est-à-dire d'exprimer son accord ou son désaccord (et en donner les raisons) sur les notions fondamentales de la psychanalyse freudienne décrites dans ce texte.

12-13-16-18

La conscience et l'inconscient

ans ce chapitre d'introduction, je n'ai rien de nouveau à dire et je ne puis guère éviter la répétition de ce que j'ai souvent eu l'occasion de dire précédemment.

La division du psychique en un psychique conscient et un psychique inconscient constitue la prémisse fondamentale de la psychanalyse, sans laquelle elle serait incapable de comprendre les processus pathologiques, aussi fréquents que graves, de la vie psychique et de les faire rentrer dans le cadre de la science. Encore une fois, en d'autres termes: la psychanalyse se refuse à considérer la conscience comme formant l'essence même de la vie psychique, mais voit dans la conscience une simple qualité de celle-ci, pouvant coexister avec d'autres qualités ou faire défaut [...]

«Être conscient» est avant tout une expression purement descriptive et se rapporte à la perception la plus immédiate et la plus certaine. Mais l'expérience nous montre qu'un élément psychique, une représentation par exemple, n'est jamais conscient d'une façon permanente. Ce qui caractérise plutôt les éléments psychiques, c'est la disparition rapide de leur état conscient. Une représentation, consciente à un moment donné, ne l'est plus au moment suivant, mais peut le redevenir dans certaines conditions, faciles à réaliser. Dans l'intervalle, nous ignorons ce qu'elle est; nous pouvons dire qu'elle est *latente*, entendant par là qu'elle est capable à tout instant de *devenir consciente*. En disant qu'une représentation est restée, dans l'intervalle, *inconsciente*, nous formulons encore une définition correcte, cet état *inconscient* coïncidant avec l'état latent et l'aptitude à revenir à la conscience [...]

Nous avons obtenu le terme ou la notion de l'inconscient en suivant une autre voie, et notamment en utilisant des expériences dans lesquelles intervient le *dynamisme* psychique. Nous avons appris ou, plutôt, nous avons été obligés d'admettre, qu'il existe d'intenses processus psychiques, ou représentations (nous tenons ici compte principalement du facteur quantitatif, c'est-à-dire économique), capables de se manifester par des effets semblables à ceux produits par d'autres représentations, voire par des effets qui, prenant à leur tour la forme de représentations, sont susceptibles de devenir conscients, sans que les processus eux-mêmes qui les ont produits le deviennent. Inutile de répéter ici en détail ce qui a été dit tant de fois. Qu'il nous suffise de rappeler que c'est en ce point qu'intervient la théorie psychanalytique, pour déclarer que si certaines représentations sont incapables de devenir conscientes, c'est à cause d'une certaine force qui s'y oppose; que sans cette force elles pourraient bien devenir conscientes, ce qui nous permettrait de constater combien peu elles diffèrent d'autres éléments psychiques, officiellement reconnus comme tels. Ce qui rend cette théorie irréfutable, c'est qu'elle a trouvé dans la technique psychanalytique un moyen qui permet de vaincre la force d'opposition et d'amener à la conscience ces représentations inconscientes. À l'état dans lequel se trouvent ces représentations, avant qu'elles soient amenées à la conscience, nous avons donné le nom de *refoulement*; et quant à la force qui produit et maintient le refoulement, nous disons que nous la ressentons, pendant le travail analytique, sous la forme d'une *résistance*.

Notre notion de l'inconscient se trouve ainsi déduite de la théorie du refoulement. Ce qui est refoulé est pour nous le prototype de l'inconscient. Nous savons cependant qu'il existe deux variétés d'inconscient: les faits psychiques latents, mais susceptibles de devenir conscients, et les faits psychiques refoulés qui, comme tels et livrés à eux-mêmes, sont incapables d'arriver à la conscience. Notre manière d'envisager le dynamisme psychique ne peut pas rester sans influence sur la terminologie et la description. Aussi disons-nous que les faits psychiques latents, c'est-à-dire inconscients au sens descriptif, mais non dynamique, du mot, sont des faits *préconscients*, et nous réservons le nom d'*inconscients* aux faits psychiques refoulés, c'est-à-dire dynamiquement inconscients. Nous sommes ainsi en possession de trois termes: *conscient*, *préconscient* et *inconscient*, dont la signification n'est plus purement descriptive. Nous admettons que le préconscient se rapproche davantage du conscient que l'inconscient et, comme nous n'avons pas hésité à attribuer à ce dernier un caractère psychique, nous hésiterons d'autant moins à reconnaître ce caractère au préconscient, c'est-à-dire à ce qui est latent [...]

Or, nos trois termes: *conscient, préconscient, inconscient*, sont faciles à manier et nous donnent une grande liberté de mouvements, à la condition de ne pas oublier que si, au point de vue descriptif, il y a deux variétés d'inconscient, il n'y en a qu'une seule, au point de vue dynamique. Dans certains cas, nous pouvons faire un exposé en négligeant cette distinction, mais dans d'autres elle est indispensable. Quoi qu'il en soit, nous sommes suffisamment habitués à ce double sens de l'inconscient et nous n'en avons jamais éprouvé une grande gêne. Il me paraît, en tout cas, inévitable. En ce qui concerne, enfin, la distinction entre le conscient et l'inconscient, elle se réduit à une simple question de perception, question qui comporte la réponse *oui* ou *non*, l'acte de la perception lui-même ne nous fournissant pas la moindre information sur les raisons pour lesquelles une chose est perçue ou non. On aurait tort de se plaindre de ce que le dynamisme psychique se manifeste toujours sous un double aspect (conscient et inconscient).

Mais les recherches psychanalytiques ultérieures ont montré que ces distinctions étaient, elles aussi, insuffisantes et insatisfaisantes. Parmi les situations dans lesquelles ce fait apparaît d'une façon particulièrement nette, nous citerons la suivante qui nous semble décisive. Nous nous représentons les processus psychiques d'une personne comme formant une organisation cohérente et nous disons que cette organisation cohérente constitue le *Moi* de la personne. C'est à ce *Moi*, prétendons-nous, que se rattache la conscience, c'est lui qui contrôle et surveille les accès vers la motilité, c'est-à-dire l'extériorisation des excitations. Nous voyons dans le *Moi* l'instance psychique qui exerce un contrôle sur tous ses processus partiels, qui s'endort la nuit et qui, tout en dormant, exerce un droit de censure sur les rêves. C'est encore de ce *Moi* que partiraient les refoulements, à la faveur desquels certaines tendances psychiques sont, non seulement éliminées de la conscience, mais mises dans l'impossibilité de se manifester ou de s'exprimer d'une façon quelconque. Au cours de l'analyse, ces tendances, éliminées par le refoulement, se dressent contre le *Moi*, et la tâche de l'analyse consiste à supprimer les résistances que le *Moi* nous oppose dans nos tentatives d'aborder les tendances refoulées. Or, on constate au cours de l'analyse que le malade se trouve fort embarrassé lorsqu'on lui impose certaines tâches, que ses associations se trouvent en défaut toutes les fois qu'elles se rapprochent de ce qui est refoulé. Nous lui disons alors qu'il subit l'influence d'une résistance, mais il n'en sait rien lui-même; et alors même que les sentiments pénibles qu'il éprouve l'obligent à reconnaître qu'il est dominé par une résistance, il est incapable de dire en quoi elle consiste et d'où elle vient. Mais comme cette résistance émane certainement de son *Moi* et en fait partie, nous nous trouvons devant une situation que nous n'avions pas prévue. Nous avons trouvé dans le *Moi* lui-même quelque chose qui est aussi inconscient que les tendances refoulées et se comporte comme elles, c'est-à-dire produit des effets très marqués, sans devenir conscient, et ne peut être rendu tel qu'à la suite d'un travail spécial. De ce fait, nous nous heurtons, dans notre travail analytique, à d'innombrables difficultés et obscurités, lorsque nous voulons nous en tenir à nos définitions habituelles, en ramenant, par exemple, la névrose à un conflit entre le conscient et l'inconscient. À cette opposition nous devons, étant donné la manière dont nous concevons la structure psychique, en substituer une autre : l'opposition entre le *Moi* cohérent et les éléments détachés du *Moi* et refoulés.

Mais le fait que nous venons de signaler est encore plus gros de conséquences pour notre conception de l'inconscient. Le point de vue dynamique nous en avait fourni une première correction, le point de vue structural nous en fournit une autre. Nous sommes amenés à reconnaître que l'inconscient ne coïncide pas avec les éléments refoulés. Il reste vrai que tout ce qui est refoulé est inconscient, mais il y a des éléments qui sont inconscients sans être refoulés. Une partie du *Moi*, et Dieu sait quelle importante partie, peut également être inconsciente, et l'est certainement. Et cette partie inconsciente du *Moi* n'est pas latente, au même titre que le préconscient, car si elle l'était, elle ne pourrait pas être activée, sans devenir consciente, et on ne se heurterait pas à de si grosses difficultés toutes les fois qu'on voudrait la rendre consciente. Nous nous trouvons ainsi dans la nécessité d'admettre l'existence d'un troisième inconscient, non refoulé; mais nous avouons que, de ce fait même, le caractère de l'inconscient perd pour nous toute signification précise. L'inconscient devient une qualité aux significations multiples qui ne justifie pas les généralisations et les déductions rigoureuses en vue desquelles nous l'utiliserions volontiers. Mais nous aurions tort de la négliger, car, à tout prendre, la propriété « conscient » ou « inconscient » constitue la seule lueur susceptible de nous guider à travers les ténèbres des profondeurs psychiques [...].

LE MOI ET LE ÇA (ES)

[...] Un individu se compose ainsi pour nous d'un *Ça* psychique, inconnu et inconscient, auquel se superpose le *Moi* superficiel, émanant du système P (perception) comme d'un noyau. Pour donner de ces rapports une représentation pour ainsi dire graphique, nous dirons que le *Moi* ne recouvre le *Ça* que par sa surface formée par le système P, à peu près comme le disque germinal recouvre l'œuf. Il n'existe pas entre le

Moi et le *Ça* de séparation tranchée, surtout dans la partie inférieure de celui-là, où ils tendent à se confondre.

Mais ce qui est refoulé se confond également avec le *Ça*, dont il n'est qu'une partie. C'est par l'intermédiaire du *Ça* que les éléments refoulés peuvent communiquer avec le *Moi* dont ils sont nettement séparés par les résistances qui s'opposent à leur apparition à la surface. Nous voyons aussitôt que presque toutes les distinctions que nous venons de décrire, en suivant les suggestions de la pathologie, ne se rapportent qu'aux couches superficielles, les seules que nous connaissions de l'appareil psychique.

La naissance du *Moi* et sa séparation du *Ça* dépendent encore d'un autre facteur que l'influence du système P. Le propre corps de l'individu et, avant tout, sa surface constituent une source d'où peuvent émaner à la fois des perceptions externes et des perceptions internes. Il est considéré comme un objet étranger, mais fournit au toucher deux variétés de sensations, dont l'une peut être assimilée à une perception interne. La psychophysiologie a d'ailleurs suffisamment montré comment notre propre corps se dégage du monde des perceptions. La douleur semble jouer, elle aussi, un rôle important dans ce processus et la manière dont, dans les maladies douloureuses, nous acquérons une nouvelle connaissance de nos organes est peut-être de nature à nous donner une idée de la manière dont nous nous élevons à la représentation de notre corps en général.

Il est facile de voir que le *Moi* est une partie du *Ça* ayant subi des modifications sous l'influence directe du monde extérieur, et par l'intermédiaire de la conscience-perception. Il représente, dans une certaine mesure, un prolongement de la différenciation superficielle. Il s'efforce aussi d'étendre sur le *Ça* et sur ses intentions l'influence du monde extérieur, de substituer le principe de la réalité au principe du plaisir qui seul affirme son pouvoir dans le *Ça*. La perception est au *Moi* ce que l'instinct ou l'impulsion instinctive sont au *Ça*. Le *Moi* représente ce qu'on appelle la raison et la sagesse, le *Ça*, au contraire, est dominé par les passions. Tout cela s'accorde avec les distinctions courantes et bien connues, mais ne doit être pris que d'une façon très générale et considéré comme étant d'une exactitude purement virtuelle.

L'importance fonctionnelle du *Moi* consiste en ce que, d'une façon normale, c'est lui qui contrôle les avenues de la motilité. Dans ses rapports avec le *Ça*, on peut le comparer au cavalier chargé de maîtriser la force supérieure du cheval, à la différence près que le cavalier domine le cheval par ses propres forces, tandis que le *Moi* le fait avec des forces d'emprunt. Cette comparaison peut être poussée un peu plus loin. De même qu'au cavalier, s'il ne veut pas se séparer du cheval, il ne reste souvent qu'à le conduire là où il veut aller, de même le *Moi* traduit généralement en action la volonté du *Ça* comme si elle était sa propre volonté.

Le *Moi* est avant tout une entité corporelle, non seulement une entité toute en surface, mais une entité correspondant à la projection d'une surface. Pour nous servir d'une analogie anatomique, nous le comparerions volontiers au « mannequin cérébral » des anatomistes, placé dans l'écorce cérébrale, la tête en bas, les pieds en haut, les yeux tournés en arrière et portant la zone du langage à gauche.

Les rapports entre le *Moi* et la conscience ont été souvent décrits, mais quelques faits importants méritent d'être signalés à nouveau. Habitués à introduire partout le point de vue de la valeur sociale ou morale, nous ne sommes pas surpris d'entendre dire que les passions inférieures ont pour arène l'inconscient, et nous sommes persuadés que les fonctions psychiques pénètrent dans la conscience d'autant plus facilement et sûrement que leur valeur sociale ou morale est plus grande. Mais l'expérience psychanalytique nous montre que cette manière de voir repose sur une erreur ou sur une illusion. Nous savons, en effet, d'une part, que même un travail intellectuel difficile et délicat et qui, dans des conditions ordinaires, exige une grande concentration de la pensée, peut s'accomplir dans le préconscient, sans parvenir à la conscience. Il s'agit là de cas dont la réalité est au-dessus de toute contestation, de cas qui se produisent, par exemple, dans l'état de sommeil et se manifestent par le fait qu'une personne retrouve au réveil la solution d'un problème difficile, mathématique ou autre, qu'elle avait cherchée en vain à l'état de veille[1].

Mais nous pouvons citer un autre fait, beaucoup plus étrange. Nous constatons au cours de nos analyses qu'il y a des personnes chez lesquelles l'attitude critique à l'égard de soi-même et les scrupules de conscience, c'est-à-dire des fonctions psychiques auxquelles s'attache certainement une valeur sociale et morale très grande, se présentent comme des manifestations inconscientes et, comme telles, se montrent d'une très grande efficacité; le caractère inconscient de la résistance que les malades opposent au cours de l'analyse ne constitue donc pas la seule manifestation de ce genre. Mais ce fait nouveau, qui nous oblige, malgré l'affinement de notre sens critique, à parler d'un *sentiment de culpabilité inconscient*, est de nature à aggraver l'embarras que nous éprouvons déjà du fait de la résistance inconsciente et à nous mettre en présence de nouvelles énigmes, surtout lorsque nous en venons à nous assurer peu à peu que dans un grand nombre de névroses ce *sentiment de culpabilité inconscient* joue, au point de vue économique, un rôle décisif et oppose à la guérison les plus grands obstacles. Pour en revenir à notre échelle de valeurs, nous pouvons donc dire: ce n'est pas seulement ce qu'il y a de plus profond en nous qui peut être inconscient, mais aussi ce qu'il y a de plus élevé. Nous avons là comme une nouvelle démonstration de ce que nous avons dit plus haut au sujet du *Moi* conscient, à savoir qu'il ne représente que notre corps.

LE MOI, LE SUR-MOI ET L'IDÉAL DU MOI

[...] *C'est ainsi que la modification la plus générale que la phase sexuelle, dominée par le Complexe d'Œdipe, imprime au Moi consiste essentiellement en ce qu'elle y laisse subsister ces deux identifications[2], rattachées l'une à l'autre par des liens dont nous ne savons rien de précis. Cette modification du Moi assume une place à part et un rôle particulier et s'oppose à l'autre contenu du Moi, en tant que Moi idéal ou Sur-Moi.*

Ce *Sur-Moi* n'est cependant pas un simple résidu des premiers choix d'objets par le *Ça*; il a également la signification d'une formation destinée à réagir énergiquement contre ces choix. Ses rapports avec le *Moi* ne se bornent pas à lui adresser le conseil: «sois ainsi» (comme ton père), mais ils impliquent aussi l'interdiction: «ne sois pas ainsi» (comme ton père); autrement dit: «ne fais pas tout ce qu'il fait; beaucoup de

---

1. Un cas de ce genre m'a été communiqué récemment, et à titre d'objection contre ma description du «travail de rêve».
2. Identification au père et identification à la mère.

choses lui sont réservées, à lui seul». Ce double aspect du *Moi* idéal découle du fait qu'il a mis tous ses efforts à refouler le *Complexe d'Œdipe* et qu'il n'est né qu'à la suite de ce refoulement. Il est évident que refouler le *Complexe d'Œdipe* ne devait pas être une tâche très facile. S'étant rendu compte que les parents, surtout le père, constituaient un obstacle à la réalisation des désirs en rapport avec le *Complexe d'Œdipe*, le *Moi* infantile, pour se faciliter cet effort de refoulement, pour augmenter ses ressources et son pouvoir d'action en vue de cet effort, dressa en lui-même l'obstacle en question. C'est au père que, dans une certaine mesure, il emprunta la force nécessaire à cet effet, et cet emprunt constitue un acte lourd de conséquences. Le *Sur-Moi* s'efforcera de reproduire et de conserver le caractère du père, et plus le *Complexe d'Œdipe* sera fort, plus vite (sous l'influence de l'enseignement religieux, de l'autorité, de l'instruction, des lectures) s'en effectuera le refoulement, plus forte sera aussi la rigueur avec laquelle le *Sur-Moi* régnera sur le *Moi*, en tant qu'incarnation des scrupules de conscience, peut-être aussi d'un sentiment de culpabilité inconscient. Nous essaierons de formuler plus loin quelques conjectures concernant la source à laquelle le *Sur-Moi* puise et la force qui lui permet d'exercer cette domination et le caractère de contrainte qui se manifeste sous la forme d'un impératif catégorique.

En réfléchissant à ce que nous avons dit relativement au mode d'apparition du *Sur-Moi*, nous constatons qu'il constitue la résultante de deux facteurs biologiques excessivement importants : de l'état d'impuissance et de dépendance infantile que l'homme subit pendant un temps assez long, et de son *Complexe d'Œdipe* que nous avons rattaché à l'interruption que le développement de la libido subit du fait de la période de latence, c'est-à-dire aux doubles dispositions de sa vie sexuelle. En ce qui concerne cette dernière particularité qui est, paraît-il, spécifiquement humaine, une hypothèse psychanalytique la représente comme un reste héréditaire de l'évolution vers la culture qui s'était déclenchée sous la poussée des conditions de vie inhérentes à la période glaciaire. C'est ainsi que la séparation qui s'opère entre le *Sur-Moi* et le *Moi*, loin de représenter un fait accidentel, constitue l'aboutissement naturel du développement de l'individu et de l'espèce, développement dont elle résume pour ainsi dire les caractéristiques les plus importantes; et même, tout en apparaissant comme une expression durable de l'influence exercée par les parents, elle perpétue l'existence des facteurs auxquels elle doit sa naissance.

À d'innombrables reprises, on a reproché à la psychanalyse de ne pas s'intéresser à ce qu'il y a d'élevé, de moral, de supra-personnel dans l'homme. Ce reproche était doublement injustifié : injustifié au point de vue historique, injustifié au point de vue méthodologique. Au point de vue historique, parce que la psychanalyse a attribué dès le début aux tendances morales et esthétiques un rôle important dans les efforts de refoulement; au point de vue méthodologique, parce que les auteurs de ce reproche ne voulaient pas comprendre que la recherche psychanalytique n'avait rien de commun avec un système philosophique, en possession d'une doctrine complète et achevée, mais qu'elle était obligée de procéder progressivement à la compréhension des complications psychiques, à la faveur d'une décomposition analytique des phénomènes tant normaux qu'anormaux. Tant que nous avions à nous occuper de l'étude des éléments refoulés de la vie psychique, nous ne pouvions guère partager le souci angoissant de ceux qui voulaient à tout prix assurer l'intégrité de ce qu'il a de sublimé et d'élevé dans l'âme humaine. Mais à présent que nous avons abordé l'analyse du Moi, nous pouvons répondre

25 à tous ceux qui, ébranlés dans leur conscience morale, nous objectaient qu'il devait bien y avoir dans l'homme une essence supérieure : certes, et cette essence supérieure n'est autre que le Moi idéal, le Sur-Moi, dans lequel se résument nos rapports avec les parents. Petits enfants, nous avons connu ces êtres supérieurs qu'étaient pour nous nos parents, nous les avons admirés, craints et, plus tard, assimilés, intégrés à nous-mêmes.

26 Le *Moi* idéal représente ainsi l'héritage du *Complexe d'Œdipe* et, par conséquent, l'expression des tendances les plus puissantes, des destinées libidinales les plus importantes du *Ça*. Par son intermédiaire, le *Moi* s'est rendu maître du *Complexe d'Œdipe* et s'est soumis en même temps au Ça. Alors que le *Moi* représente essentiellement le monde extérieur, la réalité, le *Sur-Moi* s'oppose à lui, en tant que chargé des pouvoirs du monde intérieur, du *Ça*. Et nous devons nous attendre à ce que les conflits entre le *Moi* et l'idéal reflètent, en dernière analyse, l'opposition qui existe entre le monde extérieur et le monde psychique.

27 Ce que la biologie et les destinées de l'espèce humaine ont déposé dans le *Ça*, est repris, par l'intermédiaire de la formation idéale, par le *Moi* et revécu par lui à titre individuel. Étant donné son histoire, son mode de formation, le *Moi* idéal présente les rapports les plus intimes et les plus étroits avec l'acquisition phylogénique, avec l'héritage archaïque de l'individu. Ce qui fait partie des couches les plus profondes de la vie psychique individuelle devient, grâce à la formation du *Moi* idéal, ce qu'il y a de plus élevé dans l'âme humaine, à l'échelle de nos valeurs courantes. Mais on tenterait en vain de localiser le *Moi* idéal de la même manière dont on localise le Moi tout court ou de le plier à l'une des comparaisons par lesquelles nous avons essayé d'illustrer les rapports entre le *Moi* et le *Ça*.

28 Il est facile de montrer que le *Moi* idéal satisfait à toutes les conditions auxquelles doit satisfaire l'essence supérieure de l'homme. En tant que formation substitutive de la passion pour le père, il contient le germe d'où sont nées toutes les religions. En mesurant la distance qui sépare son *Moi* du *Moi* idéal, l'homme éprouve ce sentiment d'humilité religieuse qui fait partie intégrante de toute foi ardente et passionnée. Au cours du développement ultérieure, le rôle du père avait été assumé par des maîtres et des autorités dont les commandements et prohibitions ont gardé toute leur force dans le *Moi* idéal et exercent, sous la forme de scrupules de conscience, la censure morale. La distance qui existe entre les exigences de la conscience morale et les manifestations du *Moi* fait naître le sentiment de culpabilité.

FREUD, Sigmund. *Essais de psychanalyse*, trad. Dr S. Jankélévitch; revu par Dr A. Hesnard, Paris, Petite Bibliothèque Payot, 1968, p. 179-206.

Questions d'analyse et de critique

1. À la lumière de ce texte, définissez dans vos propres mots les notions de conscient, préconscient, inconscient, refoulement, résistance, moi, ça et surmoi.

2. Reprenez, une à une ces notions fondamentales de la psychanalyse freudienne et dites ce que vous en pensez. En d'autres mots, évaluez-les séparément. (*Minimum suggéré: une page.*)

B

Exercice comparatif: Freud et Rousseau

Objectif spécifique

L'étudiant ou l'étudiante devra être capable de procéder à une comparaison entre deux conceptions de l'être humain à propos d'un même thème.

Contexte de réalisation

Individuellement, à l'occasion d'un texte d'environ 350 mots (une page et demie), comparer, c'est-à-dire examiner les rapports de ressemblance et de différence entre la conception freudienne et la conception rousseauiste de l'être humain à propos du thème de la nature/culture.

Étapes suggérées

1. *a)* Caractériser la conception freudienne de l'être humain en regard du thème de la nature/culture. Par exemple, demandez-vous en quoi et comment la culture correspond-elle, pour Freud, à la pression civilisatrice qui vient transformer les pulsions sous des formes socialement utilisables.

   b) Caractériser la conception rousseauiste de l'être humain en regard du thème de la nature/culture. Par exemple, demandez-vous dans quelle mesure la culture vient, selon Rousseau, pervertir la nature originelle de l'homme.

2. *a)* S'il y a lieu, identifier les liens ou les similitudes entre la conception freudienne et la conception cartésienne de l'être humain à propos du thème de la nature/culture.

   b) S'il y a lieu, dégager les oppositions ou les antagonismes entre la conception freudienne et la conception rousseauiste de l'être humain à propos du thème de la nature/culture.

C

Jeu de mots croisés sur les concepts freudiens

Objectif spécifique

L'étudiant ou l'étudiante devra être capable de démontrer sa compréhension de l'exposé (p. 114 à 130) de la conception freudienne de l'être humain et des principaux concepts qui y sont expliqués en faisant les mots croisés qui suivent[41].

---

41. Ces mots croisés ont été créés par André Bergeron, professeur de psychologie au cégep de Saint-Jérome. Nous lui exprimons toute notre gratitude et notre amitié.

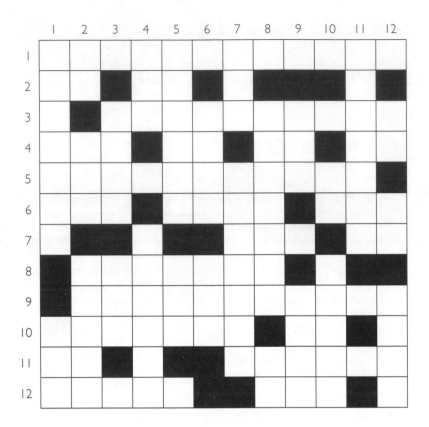

Horizontalement

1. Théorie formulée par Freud
2. Ancien do – Article
3. Le *surmoi* répond à ce principe
4. Pièce de monnaie – Indique une alternative – Petit ruisseau – D'un verbe gai
5. Ensemble des phénomènes psychiques échappant à la conscience
6. Enlève – Connaît – Cite textuellement
7. Les siens – Note de musique
8. Passer quelque chose par le feu
9. Mécanisme de défense par lequel une pulsion est rendue inconsciente
10. Le *moi* répond à ce principe – Terminaison
11. Marque le lieu – Instance morale de la personnalité
12. Opinions – Cheville au golf

Verticalement

1. Habite le *ça* – Souverain
2. Saint – Obtiennent – Père de la psychanalyse
3. Parasite – Prénom féminin
4. Pour ouvrir une serrure – Emportée rapidement
5. Oiseau échassier (pl.) – Instance de la personnalité
6. Se répandit en fondant – Point que l'on vise
7. Rejette – Sculptés finement
8. Principe auquel on se réfère – Ancienne note
9. Élimine – Supérieure d'un couvent
10. Notre-Seigneur – Fin
11. Relatif au sport
12. Négation – Instance de la personnalité – Groupe de trois personnes

CHAPITRE SIXIÈME

L'homme

comme personne
Mounier ou le personnalisme

LA PERSONNE N'EST PAS UN JARDIN CLOS OÙ LE CIVILISÉ S'ABRITE DE LA CIVILISATION, MAIS LE PRINCIPE SPIRITUEL QUI DOIT ANIMER, EN LA RÉINVENTANT À SON NIVEAU, TOUTE CIVILISATION.

Emmanuel Mounier, *Manifeste au service du personnalisme, in Œuvres*, p. 586.

MOUNIER ET LA REVUE *ESPRIT*

Le nom d'Emmanuel Mounier ne peut être séparé de la philosophie personnaliste et de la revue *Esprit* qui en assura le rayonnement pendant plus d'un quart de siècle. Mais avant d'aborder sa vision de l'être humain, voyons qui fut Emmanuel Mounier et l'époque tourmentée dans laquelle il mena son action.

APOSTOLIQUE

Se dit d'une mission dont le but est la propagation de la foi à l'exemple des apôtres du Christ.

Emmanuel Mounier naît à Grenoble le 1er avril 1905. Son père est pharmacien salarié et, même s'il n'offre à sa famille que des conditions d'existence modestes, il rêve d'un fils médecin. À l'âge de seize ans, Emmanuel est donc inscrit à la faculté des sciences. Il y connaît trois années de souffrance et de désespoir, car la chimie, la physique et l'histoire naturelle ne réussissent guère à répondre aux questionnements profonds qui habitent son esprit. Il se réoriente en philosophie et suit avec un grand intérêt, de 1924 à 1927, les cours de Jacques Chevalier[1] à l'université de Grenoble.

> LE TERME «PERSONNALISME» A ÉTÉ UTILISÉ POUR LA PREMIÈRE FOIS PAR CHARLES RENOUVIER (1815-1903), PHILOSOPHE FRANÇAIS QUI POSA LA LIBERTÉ COMME FONDEMENT DE LA VIE MORALE DE LA PERSONNE. MOUNIER REPREND CETTE EXPRESSION POUR QUALIFIER SA PHILOSOPHIE DONT «L'AFFIRMATION CENTRALE [EST] L'EXISTENCE DE PERSONNES LIBRES ET CRÉATRICES».
> (*Le personnalisme*, p. 15.)

Animé d'une foi chrétienne inébranlable, Mounier considère sa formation philosophique comme une base nécessaire à sa vocation **apostolique**. Le 29 octobre 1927, il débarque à Paris pour poursuivre ses études de philosophie. En 1928, il passe brillamment l'agrégation.

PAGE FRONTISPICE D'UN DES PREMIERS NUMÉROS DE LA REVUE *ESPRIT*, FONDÉE PAR EMMANUEL MOUNIER.

Au lieu de préparer une thèse de doctorat, il préfère rédiger un ouvrage sur *La pensée de Charles Péguy*[2], qui est publié en 1931. Après deux années d'enseignement et d'animation de groupes de discussion, c'est la fondation de la revue *Esprit*, en août 1932. Mounier en est le directeur et le demeurera jusqu'en 1950. En octobre 1932 paraît le premier numéro de la désormais célèbre revue. *Esprit* se veut une revue militante rassemblant des croyants et des incroyants qui soumettent à la critique les institutions politiques et sociales dans le but de proposer et de défendre une vision de la société dans laquelle la personne constituerait le fondement essentiel. Conséquemment, *Esprit* se définit comme «un foyer de recherches et de rassemblement» et non comme l'organe d'un groupuscule ou d'un parti politique, ni le porte-parole de l'Église catholique romaine. *Esprit* se veut le lieu d'un discours éclairé et le fer de lance d'un mouvement international visant à révolutionner l'homme et le monde des années trente. D'abord, il s'agira de faire l'analyse et la critique de la civilisation matérialiste, mercantile, rationaliste et individualiste qui est en train de s'écrouler. Et puisque ce monde qui agonise appelle un ordre nouveau, *Esprit* sera l'expression privilégiée d'un mouvement de pensée qui proposera une société à construire de toutes pièces par les hommes et les femmes de bonne volonté.

---

1. Jacques Chevalier (1884-1962), auteur catholique, est ministre de l'Éducation nationale française sous l'Occupation. À la Libération, il est condamné à la prison. C'est dans le recueillement de cette réclusion forcée qu'il écrit son *Histoire de la pensée*, une brique de quatre volumes totalisant 3 138 pages publiée chez Flammarion en 1955-1956.

2. L'ouvrage *La pensée de Charles Péguy* a été écrit en collaboration avec Charles Izard et Marcel Péguy. Charles Péguy (1873-1914), écrivain catholique, mena à la fois une œuvre en prose, polémique, engagée et une œuvre lyrique aux forts accents de spiritualité.

Une crise de civilisation affecte l'époque de Mounier. Notons d'abord que l'Europe est en plein marasme politique. Nous assistons à la montée de nationalismes étroits qui conduiront aux fanatismes et aux **totalitarismes** parmi les plus dégradants que l'humanité ait connus. La guerre civile sévit en Espagne, le nazisme s'est installé en Allemagne[3], et le fascisme de Benito Mussolini (1883-1945) règne en Italie. Aux yeux de Mounier, l'État fasciste est à proscrire car :

> il réclame la maîtrise absolue de la vie privée, de l'économie, de la vie spirituelle, pour lui et par l'intermédiaire de son organe actif, le Parti, dans la main de son Chef : ainsi la dictature collective se résout en dictature personnelle par la dictature d'une minorité agissante aidée d'une police[4].

Mentionnons aussi le collectivisme marxiste, qui trouve son application dans le régime militariste de Joseph Staline (1879-1953), installé en U.R.S.S.

> La lacune essentielle du marxisme est d'avoir méconnu la réalité intime de l'homme, celle de la vie personnelle. […] L'optimisme que le marxisme professe, contrairement au fascisme, sur l'avenir de l'homme, est un optimisme de l'homme collectif recouvrant un pessimisme radical de la personne. Toute la doctrine de l'aliénation présuppose que l'individu est incapable de se transformer lui-même, d'échapper à ses propres mystifications[5].

TOTALITARISME

Système politique d'un régime à parti unique, n'admettant aucune opposition organisée, dans lequel le pouvoir politique dirige souverainement et tend à confisquer la totalité des activités de la société qu'il domine. *(Petit Robert, 1993.)*

Sur le plan économique, c'est la crise! En 1929, le monde occidental connaît le krach boursier de Wall Street : le capitalisme libéral chancelle sur ses propres bases. De grandes fortunes s'écroulent, l'inflation et le chômage apportent une misère générale. Les valeurs de l'argent, du profit et de la rentabilité ne peuvent plus servir de fondement à la vie des individus et des sociétés qui les rassemblent. Selon Mounier, l'économie capitaliste est à condamner, car elle «tend à s'organiser tout entière en dehors de la personne sur une fin quantitative, impersonnelle et exclusive : le profit[6]».

LE 29 OCTOBRE 1929, L'EFFONDREMENT DES COURS DE LA BOURSE SÈME LA PANIQUE CHEZ DES MILLIERS D'INVESTISSEURS.

---

3. Au début de 1933, Adolf Hitler (1889-1945) prend le pouvoir à Berlin.

4. Emmanuel Mounier, *Manifeste au service du personnalisme, in Œuvres,* t. I, Paris, Éditions du Seuil, 1961, p. 505.

5. *Ibid.*, p. 519.

6. *Ibid.*, p. 587.

Sur le plan des idées, un courant philosophique est en train de monopoliser les esprits et de devenir un style de vie: l'existentialisme athée[7]. Mounier s'oppose à cette doctrine.

Si l'existentialisme n'avait pour signification que de rappeler le sens tragique de l'homme et de son destin, contre l'optimisme léger de l'expansion libérale, nous ne pourrions que nous sentir accordés avec lui. Mais le discrédit qu'il jette sur tout ce qui n'est pas une liberté pure et comme gratuite au moins à son jaillissement, tend à dévaluer toute existence consolidée, celle du monde, celle de l'histoire, celle des sociétés organisées, celle même des fidélités personnelles[8].

Mounier a trente ans. Il ne veut ni du fascisme, ni du communisme, ni du capitalisme, ni de l'existentialisme athée. Il vient d'épouser une Bruxelloise, Pauline Leclercq, dont il est bellement amoureux. Cette dernière l'accompagne dans la lutte qu'il mène pour dévoiler la commune humanité des hommes et des femmes dans des temps bien difficiles. N'oublions pas que la pensée de Mounier s'incarne déjà dans l'action: son engagement se veut radical. Il participe aux grands débats de l'heure, mais il refuse l'embrigadement de parti ou le jeu de la violence. Mounier veut conjurer ce qui est imminent pour tous ceux qui se donnent la mission de voir ce qui vient: la plongée dans la nuit de la Seconde Guerre mondiale.

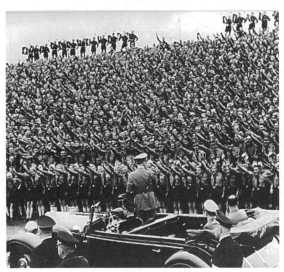

HITLER PÉNÈTRE DANS LE STADE ZEPPELIN DE NUREMBERG SOUS LES ACCLAMATIONS DES JEUNESSES NAZIES.

Les dénonciations et les critiques contre le «désordre établi» menées par Mounier et ses collaborateurs dérangent l'establishment catholique et politique qui grenouille pendant l'occupation allemande du sol français. Sous le régime de Vichy[9], le 25 août 1941, la revue *Esprit* est frappée d'un interdit de publication. Mounier se réfugie avec sa famille à Lyon et fait reparaître *Esprit*. Le 15 janvier 1942, il est arrêté: on l'accuse d'être «le directeur spirituel de la Résistance». Du mois de juillet au mois d'octobre, il est incarcéré à Vals-les-Bains, puis à la prison Saint-Paul de Lyon. Fin octobre 1942, Mounier est jugé et acquitté. Il part pour Dieulefit, alors que les Allemands envahissent Lyon. Suivront huit années d'écriture et de publication[10], d'organisation et d'animation des groupes *Esprit* en France et à l'étranger. Le 22 mars 1950, durant son sommeil, Emmanuel Mounier meurt d'une crise cardiaque. Il n'a que 45 ans.

7. Nous verrons dans le prochain chapitre le principal représentant français de l'existentialisme athée: Jean-Paul Sartre.

8. Emmanuel Mounier, *Manifeste au service du personnalisme*, p. 237.

9. C'est le nom qui fut donné au gouvernement français installé à Vichy du 10 juillet 1940 au 20 août 1944. Le maréchal Pétain en était le président et son gouvernement favorisa une politique de collaboration avec l'occupant allemand.

10. Les principaux ouvrages de Mounier sont: *Révolution personnaliste et communautaire* (1934); *De la propriété capitaliste à la propriété humaine* (1934); *Manifeste au service du personnalisme* (1936); *L'affrontement chrétien* (1944); *Traité du caractère* (1946); *Introduction aux existentialismes* (1947); *Qu'est-ce que le personnalisme?* (1947); *L'éveil de l'Afrique noire* (1948; *La petite peur du XXᵉ siècle* (1949); *Le personnalisme* (1949); *Feu la chrétienté* (1950); *L'espoir des désespérés* (1953).

Emmanuel Mounier s'est nourrit toute sa vie à l'Évangile; son adhésion religieuse illumine donc nécessairement sa conception de l'homme. Toutefois, cette fidélité à la foi chrétienne n'en fait pas pour autant une philosophie rigoriste, dogmatique et désincarnée. Le christianisme de Mounier en est un de sincérité, de rayonnement, d'accueil et d'engagement. Mounier critiqua vertement le christianisme institué de son époque qui participait au désordre établi en se cachant derrière une sentimentalité pieuse ou dans une mystique refusant l'engagement et la dénonciation de l'injustice. En cela, l'œuvre de Mounier impose d'elle-même le respect même si nous ne partageons pas sa croyance. C'est à une vision renouvelée de l'homme en société que Mounier nous convie. Le PERSONNALISME de Mounier appelle à une double vocation: l'éveil à soi-même et le travail pour l'amélioration des conditions de la vie en société par la valorisation de la communion avec autrui.

> «**N**OUS APPELONS PERSONNALISTE TOUTE DOCTRINE, TOUTE CIVILISATION AFFIRMANT LE PRIMAT DE LA PERSONNE HUMAINE SUR LES NÉCESSITÉS MATÉRIELLES ET SUR LES APPAREILS COLLECTIFS QUI SOUTIENNENT SON DÉVELOPPEMENT.»
>
> *(Manifeste au service du personnalisme, p. 483.)*

> **M**OUNIER NE REJETTE PAS EN BLOC LES PHILOSOPHIES DE L'HOMME EN VIGUEUR À SON ÉPOQUE. IL SE FAIT UN DEVOIR D'EN MONTRER LES INSUFFISANCES TOUT EN METTANT EN LUMIÈRE LES ÉLÉMENTS POSITIFS ET L'EXPÉRIENCE AUTHENTIQUE QU'ELLES RENFERMENT.

Pour fonder une civilisation nouvelle qui se situerait entre le capitalisme et le communisme, entre l'individualisme et le collectivisme, entre l'idéalisme et le matérialisme, il faut, selon Mounier, redécouvrir une réalité oubliée: la personne.

L'ÉVEIL À SOI-MÊME

Dans le contexte de l'effondrement d'une civilisation fondée sur l'argent et l'individualisme, Mounier affirme le primat de la personne et des valeurs spirituelles. Il met sa foi dans la dignité humaine[11] et dans un désir d'authenticité véritable. Cet univers personnel qui doit fonder l'existence de chaque homme n'est pas donné d'avance: il est à conquérir et à construire. Or, pour accéder à notre univers personnel (notre intériorité) qui, seul, permet l'autonomie, le dépassement de soi et la rencontre d'autrui, Mounier identifie trois dimensions fondamentales de la personne: la vocation, l'incarnation et la communion.

La vocation

Pour trouver notre vocation, nous devrons méditer et nous recueillir. La vocation est définie par Mounier comme «la recherche jusqu'à la mort d'une unité pressentie, désirée et jamais réalisée»; cette unité, nous constituant en propre, fait que «toute personne a une signification telle qu'elle ne peut être remplacée à la place qu'elle occupe dans l'univers des personnes[12]». Cette signification qui nous est personnelle et qui fait que nous sommes nous et non un autre nous sera accessible grâce au recueillement (le «sur soi»). Le recueillement est fait de détachement face aux préoccupations terrestres afin de se reprendre, de se

---

11. Mounier n'a pas inventé cette notion de la dignité de la personne. Elle est issue d'une longue tradition chrétienne et le philosophe Emmanuel Kant (1724-1804) l'avait déjà reprise dans sa doctrine morale en stipulant que l'on ne doit jamais considérer l'homme comme un moyen mais comme une fin en soi.

12. Emmanuel Mounier, *Le personnalisme*, Paris, Presses Universitaires de France, coll. «Que sais-je?», 1978, p. 54.

ressaisir, de se centrer, de descendre en soi et de cueillir la vie intérieure qui nous anime en propre. Qui plus est, Mounier affirme que «le recueillement nous délivre de cette prison des choses». Mais attention à la menace que représente le moi qui se regarde avec trop de complaisance ou de narcissisme. Car «trop de ruminations nous dissipe, trop d'intériorité nous subtilise, trop de sollicitude pour nous-même, fut-elle spirituelle, installe l'égocentrisme comme un cancer dans la place[13]». À l'évidence, cette quête de soi que représente la vocation est acte de liberté. Mais quelle signification le personnalisme donne-t-il à la liberté?

La liberté sous conditions

Mounier ne croit pas à la liberté absolue et illimitée, pur jaillissement d'une subjectivité totale qui se vivrait sans appui ni secours. Il craint «l'arbitraire vital» et «la volonté de puissance» que peut receler une telle liberté. Il se demande comment une liberté sans bornes ni limites pourrait conserver un «visage humain». Ce qu'il défend, c'est la liberté d'une personne «constituée et située en elle-même, dans le monde et devant les valeurs[14]». En ce sens, la liberté humaine connaît, selon Mounier, de multiples limites: celles qui viennent de notre être propre qui ne possède pas tous les pouvoirs et toutes les forces; celles qui proviennent du monde, de ses nécessités et de ses contingences. Conséquemment, ceux qui affirment une liberté totale et absolue se tiennent davantage du côté du mythe que de celui de la réalité. En fait, être libre dans une perspective personnaliste, c'est prendre en compte notre propre condition, s'y appuyer et se servir de nos limites comme autant d'obstacles permettant à la liberté de s'affirmer et de progresser. Être libre, c'est aussi faire œuvre de valorisation, de personnalisation du monde et de soi-même. Nos choix donnent de la valeur au monde, lui confèrent une valeur qu'il n'avait pas avant que nous agissions. Et, de dire Mounier, moi, qui fait acte de choix, «je choisis chaque fois indirectement moi-même, et m'édifie dans le choix. Pour avoir osé, pour m'être exposé, pour avoir risqué dans l'obscurité et dans l'incertitude, je me suis un peu plus trouvé sans m'être positivement cherché[15]».

L'incarnation

Pour actualiser notre incarnation dans le monde, nous devrons nous engager. «Refuser l'engagement, c'est refuser la condition humaine», proclame Mounier[16]. L'*engagement* est action dans le monde, et toute action – pour être droite et valide – ne négligera ni repoussera le concours de la spiritualité ou la préoccupation de l'efficacité. La vie de la personne ne se situe pas dans deux mondes séparés: celui de la vie spirituelle et celui de l'action terrestre. «La personne, écrit Mounier, n'est pas une retraite intérieure, un domaine circonscrit, auquel viendrait s'accoter du dehors mon activité. Elle est une présence agissante dans le volume total de l'homme, toute son activité y est intéressée[17].» S'incarner, c'est s'engager, et s'engager, c'est agir (en prenant en compte l'intégralité de sa personne) afin de transformer le monde, de se former (en enrichissant son univers personnel de valeurs) et de se joindre aux autres hommes.

---

13. Emmanuel Mounier, *Le personnalisme*, p. 55.

14. *Ibid.*, p. 71.

15. *Ibid.*, p. 75.

16. *Ibid.*, p. 105.

17. Emmanuel Mounier, *Manifeste au service du personnalisme*, p. 526.

La communion

Pour nous initier «à la vie en autrui», nous devrons apprendre le dépouillement et le don de soi[18]. Le dépouillement dont il est question ici correspond au *processus de personnalisation* qui consiste à apprendre à être une personne. Cet apprentissage implique, selon Mounier,

> un travail continu de dépouillement contre tous les obstacles, venus de l'individualité ou de la personnalité, qui paralysent, dévient, dupent l'œuvre de personnalisation : idoles et entraînements du langage, pseudo-sécurités, personnages, bonne conscience, adhésions superficielles, illusions de l'enthousiasme, résistances de l'instinct, persistances de l'habitude[19].

Si nous négligeons, affirme Mounier, l'un des trois «exercices essentiels de la formation de la personne» que nous venons de décrire, nous ne nous réaliserons pas en tant que personne. Mais qu'entend-il au juste par personne?

La personne comme être singulier et irréductible

> Une personne est un être spirituel constitué comme tel par une manière de subsistance et d'indépendance de son être; elle entretient cette subsistance par son adhésion à une hiérarchie de valeurs librement adoptées, assimilées et vécues par un engagement responsable et une constante conversion; elle unifie ainsi toute son activité dans la liberté et développe par surcroît à coups d'actes créateurs, la singularité de sa vocation[20].

Ce que nous sommes comme personne correspond donc à notre être profond qui défend des VALEURS qui lui sont propres et qui s'engage en posant des actes novateurs dans lesquels nous nous reconnaissons. Bref, il s'agit de découvrir sa vocation, c'est-à-dire le «principe spirituel de vie qui ne réduit pas ce qu'il intègre, mais le sauve, l'accomplit en le recréant de l'intérieur[21]». Ce principe spirituel nous singularise comme personne et fait de nous des êtres irréductibles appelés à se rapprocher de l'humanité de tous les hommes en faisant œuvre de témoignage dans le monde. Mounier donne le nom de *secret* (l'«en soi») à cette dimension singulière et irréductible de la personne. «Les gens tout en dehors, tout en exhibition, n'ont pas de secret, pas de densité, ni d'arrière-plan. Ils se lisent à livre ouvert, et s'épuisent vite[22].» Ils n'ont pas ou ont perdu le sens de la *pudeur*, cette haute qualité morale qui procure à la personne le sentiment de «n'être pas épuisée dans ses expressions et d'être menacée dans son être par celui qui prendrait son existence manifeste pour son existence totale[23]». Nous sommes donc plus que notre dehors, que ce que nous paraissons être. Nous avons un

> LES *VALEURS* CONSTITUENT L'ÂME, LE «CŒUR VIVANT DES PERSONNES». (*LE PERSONNALISME*, P. 82.) LES VALEURS N'EXISTENT PAS EN DEHORS DU SUJET QUI LES VIT; ELLES SONT EN QUELQUE SORTE RÉENFANTÉES PAR LE SUJET HUMAIN QUI SE DÉFINIT PAR ELLES.

18. Le don de soi est décrit plus loin dans ce chapitre comme l'une des attitudes permettant de trouver le «chemin vers autrui».

19. Emmanuel Mounier, *Révolution personnaliste et communautaire, in Œuvres*, t. I, Paris, Éditions du Seuil, 1961, p. 339.

20. Emmanuel Mounier, *Manifeste au service du personnalisme*, p. 523.

21. *Ibid.*, p. 528.

22. Emmanuel Mounier, *Le personnalisme*, p. 47.

23. *Ibid.*, p. 48.

«mystère personnel» qui possède ses propres sources intérieures et qui nous rend sujet différent de tous les autres sujets. Mounier s'appuie sur l'idée que la personne est un sujet et non pas un objet.

> Elle [la personne] est même ce qui dans chaque homme ne peut être traité comme un objet. Voici mon voisin. Il a de son corps un sentiment singulier que je ne puis éprouver; mais je puis regarder ce corps de l'extérieur, en examiner les humeurs, les héridités, la forme, les maladies, bref le traiter comme une matière de savoir physiologique, médical, etc. Il est fonctionnaire, et il y a un statut de fonctionnaire, une psychologie du fonctionnaire que je puis étudier *sur* son cas, bien qu'ils ne soient pas *lui*, lui tout entier et dans sa réalité compréhensive. Il est encore, de la même façon, *un* Français, *un* bourgeois, ou *un* maniaque, *un* socialiste, *un* catholique, etc. Mais il n'est pas *un* Bernard Chartier: il est Bernard Chartier. Les mille manières dont je puis le déterminer comme *un* exemplaire d'une classe m'aident à le comprendre et surtout à l'utiliser, à savoir comment me comporter pratiquement avec lui. Mais ce ne sont que des coupes prises chaque fois sur un aspect de son existence. Mille photographies échafaudées ne font pas un homme qui marche, qui pense et qui vit[24].

La personne est un être irréductible dans la mesure où elle constitue une synthèse unique qui a su et qui sait intérioriser et intégrer d'une façon singulière et originale tout ce qui l'entoure. Cette œuvre de personnalisation («l'élan de personnalisation») permet de nous faire en tant qu'unité cohérente qui ne peut être entamée d'aucune de ses dimensions sans que le tout n'en soit altéré. Il ne faut cependant pas interpréter cette quête d'unité, de singularité et d'irréductibilité comme la recherche de l'originalité ou de l'exception:

> La recherche de l'originalité apparaît comme un produit second, pour ne pas dire un sous-produit de la vie personnelle, le héros en pleine bataille, l'amant quand il se donne, le créateur obsédé par son œuvre, le saint déporté par l'amour de Dieu, en ces moments où ils touchent à la plus haute vie personnelle, ne cherchent pas à se différencier, ou à se singulariser, leur regard n'est pas posé sur la forme de leur action, il est avec eux, tout entier, jeté hors d'eux-mêmes, trop possédés par ce qu'ils sont pour examiner comment ils sont. Bien plus, ils nous disent tous qu'à ces sommets de l'existence, ils rejoignent une sorte de banalité supérieure, les thèmes les plus simples de l'humanité commune[25].

Ainsi une personne qui choisit de s'accomplir en adhérant à des valeurs qui la font être et grandir est appelée à «l'exceptionnel» au sein même de la vie «ordinaire».

---

24. Emmanuel Mounier, *Le personnalisme*, p. 5.

25. *Ibid.*, p. 58.

Une spiritualité personnelle engagée

Face à l'agonie de la société bourgeoise qui produit un homme matérialiste, englué dans les objets, utilisant les autres comme des moyens, Mounier propose la restauration de l'homme possédant une dimension intérieure capable de spiritualité et de rencontres. C'est à une véritable RÉVOLUTION SPIRITUELLE que Mounier nous invite. D'après lui, tout commence par un travail personnel de l'homme sur lui-même afin de découvrir sa vie intérieure profonde et d'accéder au sens «du dessous des choses» avec son être entier: corps et esprit. En effet, la vie de l'esprit ne doit, sous aucun prétexte, être coupée de la vie du corps. Car l'être humain

> UNE RÉVOLUTION ÉCONOMIQUE QUI NE SERAIT PAS ORIENTÉE SPIRITUELLEMENT (C'EST-À-DIRE QUI NE SERAIT PAS EN MÊME TEMPS RÉVOLUTION INTÉRIEURE DE L'ESPRIT) GÉNÉRERAIT, SELON MOUNIER, DES VALEURS EXCLUSIVES DE PUISSANCE ET DE CONFORT. EN CONSÉQUENCE, ELLE DEVRAIT ÊTRE RÉPROUVÉE.

pense avec son corps, avec ses mains, avec son pays, avec son temps, bien que tout l'effort de sa pensée soit de pénétrer d'éternité, sans jamais pouvoir l'abandonner, sa situation concrète. Il ne pense pas à partir d'idées détachées, de signes isolés, mais d'expériences pénétrantes, portant la charge de toute sa vie personnelle, et élargissant de l'une à l'autre les horizons d'universalité dont la vie de l'esprit, ensuite, purifiera la ligne[26].

Ce n'est donc pas à une mystique de la vie intérieure hors du corps et du monde que Mounier nous convie puisqu'il fait la jonction entre le spirituel et le charnel, entre la pensée et l'action. «L'homme, écrit-il, est corps au même titre qu'il est esprit, tout entier "corps" et tout entier "esprit"[27]». Nous sommes «esprit» dans le sens où nous sommes pensée et spiritualité: d'une part, nous possédons une conscience qui se rend intelligible (en percevant, en expliquant et en nommant) la matière, les objets, le monde, les humains; et d'autre part, nous sommes animés d'une vie intérieure profonde qui nous fait adhérer à des valeurs qui nous personnalisent. Comme le dit Mounier, je suis un «corps» dans la mesure où

> je suis *exposé* par lui, à moi-même, au monde, à autrui, c'est par lui que j'échappe à la solitude d'une pensée qui ne serait que pensée de ma pensée. Refusant de me laisser entièrement transparent à moi-même, il me jette sans cesse hors de moi, dans la problématique du monde et des luttes de l'homme. Par la sollicitation des sens, il me lance dans l'espace, par son vieillissement il m'apprend la durée, par sa mort, m'affronte à l'éternité. Il fait peser sa servitude, mais en même temps il est à la racine de toute conscience et de toute vie spirituelle. Il est le médiateur omniprésent de la vie de l'esprit[28].

Séparer ou opposer arbitrairement ces deux dimensions de l'être humain provient d'un cartésianisme équivoque et constitue une aberration prononcée contre la personne. Aberration que s'est permis le **spiritualisme** en survalorisant l'esprit par l'oubli ou la condamnation du corps; aberration qu'a connu aussi le matérialisme en voulant expliquer toute la réalité à partir de la matière et en affirmant, comme nous l'avons vu avec Marx, la primauté des structures économiques et sociales sur l'individu. Ces deux interprétations de l'homme correspondent, selon Mounier, à un même réductionnisme de la personne.

SPIRITUALISME

Doctrine d'après laquelle l'esprit ou l'âme constitue la substance de toute réalité. La philosophie spiritualiste considère l'esprit comme une entité distincte et supérieure à la matière en général et au corps en particulier.

---

26. Emmanuel Mounier, *Feu la chrétienneté, in Œuvres*, t. III, Paris, Éditions du Seuil, 1962, p. 592.

27. Emmanuel Mounier, *Le personnalisme*, p. 15.

28. *Ibid.*, p. 24-25.

C'est pourquoi, le personnalisme veut saisir

> tout problème humain sur toute l'ampleur de l'humanité concrète, de la plus humble condition matérielle à la plus haute possibilité spirituelle. Les croisades sont à la fois, à des titres divers pour chacune d'elles, des produits éminents du sentiment religieux et des mouvements économiques de la féodalité déclinante. Il est donc vrai que l'explication par l'instinct (Freud) et l'explication par l'économie (Marx) sont une voie d'approche de tous les phénomènes humains jusqu'aux plus hauts. Mais en retour aucun, même les plus élémentaires, ne se comprend sans les valeurs, les structures et les vicissitudes de l'univers personnel, immanent comme une fin à tout esprit humain, et au travail de la nature. Le spiritualisme et le moralisme sont impuissants parce qu'ils négligent les servitudes biologiques et économiques. Mais non moins le matérialisme, pour la raison inverse[29].

Fort de ce constat, Mounier essaie de réunir ces deux tendances. Il préconise une forte spiritualité qui se situe au cœur de la vie. Il appelle la personne à un engagement spirituel qui adhère avec sincérité à des valeurs d'amour, de bonté et de charité. Mais cet engagement doit s'affirmer et s'insérer, d'une manière concrète, pleine et responsable, dans la réalité. Soyons clair. La personne, selon Mounier, est avant tout une réalité spirituelle qui se caractérise par une vie dynamique de l'esprit en recherche de vérités; mais elle doit aussi se faire chair et il importe qu'elle se dévoile dans le monde. Ainsi, au lieu de s'enfermer dans un monastère pour se consacrer à la vie contemplative, le prêtre ouvrier se manifeste dans le monde. Son engagement moral s'actualise soit à l'usine, soit dans des milieux défavorisés: jeunes délinquants, drogués, prostituées. C'est *vers autrui* et même *en autrui* qu'il veut témoigner de sa spiritualité. C'est par l'exemple qu'il désire communiquer aux autres sa foi en la personne. Ignace de Loyola (1491-1556), fondateur de la Compagnie de Jésus, peut aussi bien illustrer cette thèse de Mounier puisque la règle de vie de ce saint était «la contemplation dans l'action».

La communication étant l'expérience fondamentale de la personne, une philosophie personnaliste combattra, avec la plus grande vigueur, le bonheur individuel bourgeois pour que enfin, après être venus à bout de l'individualisme, nous puissions déboucher sur la communion avec l'autre.

LA COMMUNION AVEC AUTRUI

Bien qu'unique, la personne ne constitue pas un «monde suffisant, isolé sur son propre jaillissement[30]». Au contraire, elle se doit de sortir d'elle-même pour s'ouvrir aux autres; elle doit s'incarner et s'engager dans l'expérience de la communauté. En effet, l'identification des caractéristiques essentielles de l'univers personnel ne serait que vaine spéculation si l'on n'y incluait pas l'engagement dans l'action qui vise à communier avec autrui dans le milieu social. La personne n'est pas un concept abstrait et désincarné. «La personne s'expose, elle s'exprime[31].» Elle est toujours présentée par Mounier comme se devant d'agir sur et dans le monde, comme se devant d'être présente à son époque. La personne se veut *incorporée*, c'est-à-dire ayant des attaches vitales à la nature, et ouverte à la communauté. Or, cette démarche appelle nécessairement le don de soi qui, évidemment, s'oppose à l'individualisme imperméable à l'autre.

29. Emmanuel Mounier, *Le personnalisme*, p. 22.

30. *Ibid.*, p. 79.

31. *Ibid.*, p. 57.

Non à l'individualisme

L'individualisme n'offre, selon Mounier, qu'une caricature de la personne. Il correspond à «un système de mœurs, d'idées» qui inscrit l'individu dans «des attitudes d'isolement et de défense[32]». L'individualisme est une philosophie et une pratique du quant-à-soi, de l'avarice et de la solitude. En ce sens, il peut être associé à l'«esprit bourgeois», qui privilégie les valeurs de propriété, de confort, de sécurité et de considération. Quant aux valeurs de «l'esprit petit bourgeois»,

[elles] sont celles du riche, rabougries par l'indigence et par l'envie. Rongé jusque dans sa vie privée par le souci d'avancement comme le bourgeois est rongé par le souci de la considération, il n'a qu'une pensée: arriver. Et pour arriver un moyen qu'il érige en valeur suprême: l'économie, non pas l'économie du pauvre, faible garantie contre un monde où tout malheur est pour lui, mais l'économie avare, précautionneuse, d'une sécurité qui avance pas à pas, l'économie prise sur la joie, sur la générosité, sur la fantaisie, sur la bonté, la véritable avarice de sa vie maussade et vide[33].

D'ailleurs, l'individualisme donne naissance à «un homme abstrait, sans attaches ni communauté naturelle[34]» qui se disperse dans les choses et qui entre dans un rapport à autrui où la méfiance, le calcul et la revendication prédominent. Cette idéologie individualiste génère aussi des institutions qui protègent et assurent la survie des égoïsmes individuels et qui ne permettent l'association aux autres qu'en vue du meilleur rendement et du meilleur profit possibles. Et ces institutions constituent la base de la société qui n'est que la somme des individus qui en font partie, des individus repliés sur eux-mêmes, verrouillés derrière leur égoïsme, consolidés dans leur suffisance.

Le personnalisme cherche, au contraire, à établir l'individu «dans les perspectives ouvertes de la personne[35]». Puisqu'elle est «maîtrise, choix, formation, conquête de soi[36]», la personne s'oppose à l'individu qui se ferme aux autres; elle ne peut d'aucune façon se réduire à l'être individuel. Bien plus,

la personne ne croît qu'en se purifiant incessamment de l'individu qui est en elle. Elle n'y parvient pas à force d'attention sur soi, mais au contraire, en se faisant *disponible*, et par là plus transparente à elle-même et à autrui. Tout se passe comme si n'étant plus «occupée de soi», «pleine de soi», elle devenait, et alors seulement, capable d'autrui[37].

32. Emmanuel Mounier, *Le personnalisme*, p. 32.
33. Emmanuel Mounier, *Manifeste au service du personnalisme*, p. 494.
34. Emmanuel Mounier, *Le personnalisme*, p. 32.
35. *Ibid.*, p. 32.
36. Emmanuel Mounier, *Révolution personnaliste et communautaire*, p. 177.
37. Emmanuel Mounier, *Le personnalisme*, p. 32.

Le chemin vers autrui

D'après Mounier, les autres personnes ne nous limitent pas puisqu'elles nous font être et croître, mais encore faut-il les rencontrer. Ainsi, pour trouver «le chemin vers autrui», il importe d'adopter certaines attitudes, de suivre certaines règles de conduite qui permettront d'être présent, ouvert et engagé à l'autre:

1. D'abord, il faut apprendre à *sortir de soi* pour devenir disponible à autrui. En effet, le détachement, la dépossession, le décentrage de soi sont nécessaires et essentiels si l'on veut contrer l'égocentrisme, le narcissisme et l'individualisme qui enferment le moi à l'intérieur de lui-même, le rendant incapable d'autrui.

2. *Comprendre autrui* en abandonnant notre propre point de vue pour se situer au point de vue de l'autre. Cette deuxième attitude ne signifie pas qu'il faille se dissoudre en autrui en cessant d'être soi-même ou en abandonnant toujours et définitivement sa propre façon de penser et de faire. Non, il s'agit simplement d'embrasser la singularité de l'autre (ce qui fait qu'il est lui et non un autre) dans un acte d'accueil afin d'accéder à une réelle compréhension de sa personne.

3. *Prendre sur soi, assumer le destin, la peine, la joie, la tâche d'autrui*, «avoir mal à sa poitrine». En d'autres termes, il faut avoir le souci d'autrui jusqu'au point de participer à ses peines et à ses joies, en les vivant comme si elles étaient les nôtres parce que l'autre nous importe, parce que nous l'aimons. Au lieu de regarder l'autre de l'extérieur comme nous avons si souvent tendance à le faire, il est question ici de le percevoir de l'intérieur. Il s'agit, en quelque sorte, d'éprouver, à l'intérieur de soi, ce que l'autre ressent, de se «mettre dans sa peau» comme on dit. Aujourd'hui, le terme de **sympathie** est généralement utilisé pour décrire cette expérience unique de communion avec autrui.

4. *Donner.* Au-delà de l'instinct de possession, de l'intérêt individuel ou du froid raisonnement, la personne authentique ne se trouve elle-même qu'en se donnant. Le don sans mesure et sans espoir de retour constitue la plus originale et la plus belle des expériences humaines. La générosité ne mesure ni ne calcule. Elle est élan de pure gratuité. Elle s'ouvre et s'offre à l'autre parce qu'elle se veut amour.

Le bénévolat en milieu hospitalier illustre de façon convaincante ces quatres premières attitudes permettant la rencontre d'autrui (le décentrage de soi, l'accueil, la sympathie et le don de soi). Prenons plus particulièrement ceux et celles qui se dévouent, d'une manière purement altruiste, auprès des patients atteints de cancer. Afin d'alléger la souffrance et la solitude des malades en phase terminale, les bénévoles accompagnent ces derniers, en règle générale, pendant les dernières semaines qui les séparent de la mort. Le bénévole rencontre le malade dans le but de lui permettre de se raconter à quelqu'un qui lui témoigne de l'intérêt, de l'attention et de la tendresse. C'est une main caressante, un visage ouvert, un regard qui comprend et partage la souffrance que le bénévole offre au mourant. Et s'il fait ainsi le don de sa personne et de son temps, c'est uniquememt parce qu'il aime son prochain et la vie qu'il porte en lui.

SYMPATHIE

Le *Petit Robert* (1991) définit la sympathie comme la «participation à la douleur d'autrui, [le] fait de ressentir tout ce qui le touche».

«La relation d'aide dans laquelle les bénévoles s'inscrivent est fondée essentiellement sur l'écoute et la compassion.» Mère Teresa, une religieuse indienne d'origine yougoslave qui a reçu le prix Nobel de la paix en 1979, personnifie la générosité et le dévouement pour autrui.

5. *Être fidèle.* La fidélité, selon Mounier, est aussi une disposition à atteindre si nous voulons véritablement rencontrer l'autre. Pour trouver son apogée, la relation d'amour ou d'amitié doit nécessairement impliquer une continuité. Cela ne veut pas dire que l'on doive s'engager dans une relation à l'autre enfermée dans la répétition, la monotonie et l'habitude, ou encore que l'on se promette fidélité par principe ou parce qu'on s'y sent obligé. Au contraire, le rapport amoureux ou amical véritable se fonde sur une fidélité créatrice qui se choisit librement et se construit au jour le jour parce qu'elle génère un amour ou une amitié qui comble.

Un tel projet de communion avec autrui fondé sur l'«être vers» devrait entraîner nécessairement la constitution de la seule société valable: celle qui promeut dans l'union les diversités uniques et vivantes que sont les personnes; celle qui permet à la fois la révolution des cœurs et la transformation des institutions.

La société communautaire

L'expérience de la communauté devient essentielle pour sortir de l'isolement de l'individualisme («le monde du moi») et de l'anonymat du collectivisme («LE MONDE DE L'ON»). L'individualisme ayant été décrit précédemment, présentons ce que Mounier appelle «le monde de l'On». Ce monde représente le niveau le plus bas que puisse atteindre un univers d'hommes. Le monde de l'On est:

L'EXPRESSION «LE MONDE DE L'ON» PROVIENT DE MARTIN HEIDEGGER (1889-1976), PHILOSOPHE ALLEMAND DONT LES ANALYSES DE L'ÉTANT HUMAIN DANS LE MONDE SERVIRENT D'INSPIRATION AUX PHILOSOPHIES EXISTENTIALISTES DE L'APRÈS-GUERRE.

celui où nous nous laissons agglomérer quand nous renonçons à être des sujets lucides et responsables: le monde de la conscience somnolente, des instincts sans visage, de l'opinion vague, du respect humain, des relations mondaines, du bavardage quotidien, du conformisme social ou politique, de la médiocrité morale, de la foule, de la masse anonyme, de l'appareil irresponsable. Monde dévitalisé et désolé, où chaque personne s'est provisoirement renoncée comme personne pour devenir un quelconque, n'importe qui, interchangeable. Le monde de l'On ne constitue ni un *nous* ni un *tout*. Il n'est pas lié à telle ou telle forme sociale, il est, en toutes, une manière d'être. Le premier acte de la vie personnelle est la prise de conscience de cette vie anonyme et la révolte contre la dégradation qu'elle représente[38].

Cette prise de conscience et cette révolte face au monde de l'On se fera dans l'appel de «la communauté entendue comme une intégration de personnes dans l'entière sauvegarde de la vocation de chacune[39]». L'appel de la communauté se fait dans le *nous*, un nous qui, cependant, doit laisser une place au *je*, au risque de le voir se dissoudre dans l'exaltation et l'ivresse collectives. Ainsi devons-nous nous méfier de la mentalité de parti qui enrégimente, hypnotise, rend conforme aux «camarades[40]». À l'encontre d'un tel «monde du nous autres», l'union à autrui devra idéalement s'actualiser, selon Mounier, dans une société pluraliste et autogérée qui regroupera des communautés (par exemple les couples, les familles, les métiers, les syndicats, etc.) autonomes, responsables et fraternelles. Cette société communautaire réhabilitera la VIE PRIVÉE en la distinguant nettement de la vie publique; elle protégera de l'individualisme et du totalitarisme en affirmant en théorie et en pratique la primauté de la personne. En effet, la communauté véritable ne naît pas de «l'effacement des personnes, mais de leur accomplissement»; il est impossible «d'asseoir la communauté sur autre chose que sur des personnes solidement constituées[41]». Et ces personnes fortes et solidaires se rassembleront en une vraie communauté lorsque chacune d'entre elles découvrira l'autre comme une *personne* et la traitera comme telle. Ainsi sera formée une communauté dont la solidité et les liens seront si profonds qu'elle s'opposera au monde d'aujourd'hui, monde «sans visage, fait d'hommes sans visage... où il n'y a plus de prochain, où il ne reste plus que des semblables, et qui ne se regardent pas[42]». Bref, cette société communautaire constituera un monde humain, vraiment humain où il sera permis à l'individu de se singulariser comme personne et de se différencier des autres non en s'isolant de ceux-ci, mais en s'intéressant à leur présence réelle et en les reconnaissant en tant que personne.

La communauté personnaliste, qui est «une personne de personnes[43]», convie à un type ultime de présence et de reconnaissance: celui du «rapport de la personne créée au Toi absolu, Dieu, [qui] se nomme transcendance[44]».

> EN ÉVITANT LE REPLI SUR SOI, IL FAUT RETROUVER L'*INTIMITÉ*, LE *PRIVÉ*, QUI EST CE LIEU PERMETTANT LE RECUEILLEMENT. «ENTRE MA VIE SECRÈTE ET MA VIE PUBLIQUE, LA ZONE DU PRIVÉ MARQUE LE CHAMP OÙ JE CHERCHE À MAINTENIR DANS MON ÊTRE SOCIAL, LA PAIX DES PROFONDEURS, L'INTIMITÉ ÉCHANGÉE DE PERSONNE À PERSONNE.»
> (*Le personnalisme*, p. 49.)

---

38. Emmanuel Mounier, *Le personnalisme*, p. 40.

39. Emmanuel Mounier, *Révolution personnaliste et communautaire*, p. 175.

40. Terme utilisé par les communistes pour dénommer, dans un esprit de fraternité et d'égalité, l'autre ou son prochain.

41. Emmanuel Mounier, *Révolution personnaliste et communautaire*, p. 190-191.

42. Emmanuel Mounier, *Manifeste au service du personnalisme*, p. 536-537.

43. Emmanuel Mounier, *Révolution personnaliste et communautaire*, p. 175.

44. *Ibid.*, p. 193.

LA PERSONNE ET LA TRANSCENDANCE

«Y a-t-il une réalité au-delà des personnes?» La réponse que Mounier apporte à cette question est claire et sans équivoque: «Dans la perspective que nous soutenons, le mouvement qui fait la personne ne se referme pas sur elle; mais il indique une TRANSCENDANCE qui habite parmi nous[45].» La personne, selon Mounier, correspond à une entité dynamique qui peut voir à son propre développement et surpassement, mais elle n'est pas, comme chez Nietzsche, un absolu se suffisant à lui-même. Il y a nécessité pour la personne de se dépasser dans plus grand qu'elle-même. Elle doit transcender ses dimensions exclusivement humaines afin d'atteindre l'expérience du divin. Elle doit s'ouvrir, communier, se dépasser dans la quête de valeurs universelles qui, elles-mêmes, doivent converger vers l'ABSOLU.

> LE CONCEPT DE TRANSCENDANCE EST UTILISÉ PAR MOUNIER NON DANS LE SENS D'UNE «RÉALITÉ SÉPARÉE ET PLAFONANT AU-DESSUS» D'UNE AUTRE RÉALITÉ, MAIS DANS LE SENS D'UNE «RÉALITÉ SUPÉRIEURE EN QUALITÉ D'ÊTRE».
> (*Le personnalisme*, p. 77.)

L'aspiration transcendante de la personne n'est pas une agitation, mais la négation de soi comme monde clos, suffisant, isolé sur son propre jaillissement. La personne n'est pas l'être, elle est mouvement d'être vers l'être, et elle n'est consistante qu'en l'être qu'elle vise[46].

> POUR MOUNIER, «L'ABSOLU N'EST PAS DE CE MONDE ET N'EST PAS COMMENSURABLE À CE MONDE».
> (*LE PERSONNALISME*, P. 77.)

Pour saisir la signification de cet énoncé apparemment complexe, il suffit de se poser la question suivante: «Quel est cet être que vise la personne?» (ou comme le formule Mounier: «Quel est le terme du mouvement de transcendance[47]?»). Pour le personnalisme chrétien que défend Mounier, cet être porte le nom de «Personne suprême». En d'autres mots, la personne doit s'orienter et se dépasser en s'élevant vers Dieu. Or, ce rapport de foi, que la personne entretient avec un Dieu transcendant, doit se construire librement en faisant concilier intimité avec communauté de croyance, deux perspectives essentielles à toute démarche religieuse authentique. «La formule janséniste "moi seul et mon Dieu" est aussi fausse pour la vie religieuse que pour la vie de n'importe quelle valeur en nous[48].» Certes, une communion personnelle avec Dieu ne peut se faire dans les bruits de la foule. Mais la communauté des chrétiens n'est pas la foule. Lorsque cette communauté de croyance se fait religion, elle institue une collaboration, un partage, une médiation relationnelle avec la «Personne transcendante». Cependant, le personaliste chrétien fera preuve de discernement et de vigilance face aux formes, aux figures concrètes que prend la pratique religieuse de son époque, cette dernière pouvant introduire des «déviations visibles ou secrètes dans les valeurs chrétiennes[49]».

---

45. Emmanuel Mounier, *Le personnalisme*, p. 77.

46. *Ibid.*, p. 79.

47. *Ibid.*, p. 80.

48. *Ibid.*, p. 83.

49. *Ibid.*, p. 93.

MOUNIER AUJOURD'HUI

Dans le contexte d'une crise de civilisation, Emmanuel Mounier s'est révolté contre la «dépersonnalisation massive» de l'homme dépourvu de spiritualité et incapable de communion altruiste; il s'est insurgé contre l'individualisme bourgeois qui s'embourbe dans les choses en oubliant les êtres; il a proposé une vision de l'homme et de ses rapports avec les autres, vision susceptible d'éclairer tout individu croyant ou non croyant qui veut se mettre à l'écoute d'une philosophie affirmant la valeur absolue de la personne humaine.

En proposant la création d'un homme nouveau et d'une civilisation nouvelle qui se porteraient à la défense de la personne, le personnalisme d'Emmanuel Mounier a représenté, au XXe siècle, une des principales réactions contre l'individualisme libéral, le fascisme, le collectivisme marxiste et l'existentialisme athée. En ce sens, l'œuvre de Mounier s'identifie à une époque précise, mais elle n'en demeure pas moins un vivant et UTOPIQUE appel à la découverte de son univers personnel, à la justice, à la communion fraternelle dans une «civilisation dévouée à la personne».

> L'APPEL LANCÉ PAR MOUNIER NOUS APPARAÎT UTOPIQUE DANS LE SENS QUE SA CONCEPTION DE L'HOMME ET SON PROJET DE SOCIÉTÉ COMMUNAUTAIRE S'APPUIENT SUR DES VISÉES QUELQUE PEU IDÉALES ET DIFFICILEMENT RÉALISABLES DANS LA VIE RÉELLE.

Mais qu'en est-il de l'univers personnel des jeunes adultes d'aujourd'hui? Ont-ils une spiritualité qui leur est propre ou sont-ils emportés dans le monde du divertissement? Sont-ils des hommes du divertissement? Mounier décrit l'homme du divertissement de la manière suivante:

> L'homme du divertissement vit comme expulsé de soi, confondu avec le tumulte extérieur: ainsi l'homme prisonnier de ses appétits, de ses fonctions, de ses habitudes, de ses relations, du monde qui le distrait. Vie immédiate, sans mémoire, sans projet, sans maîtrise, ce qui est la définition même de l'extériorité, et sur un registre humain de la vulgarité. La vie personnelle commence avec la capacité de rompre le contact avec le milieu, de se reprendre, de se ressaisir, en vue de se ramasser sur un centre, de s'unifier[50].

ALTÉRITÉ
Se dit du fait d'être un autre. En logique, l'altérité est la négation stricte de l'identité.

Afin d'éclairer cette problématique particulière de la spiritualité des jeunes adultes qui crouleraient sous le poids du divertissement, nous ferons appel aux données résultant de la recherche-action menée par l'équipe de Jacques Grand'Maison. Cette enquête, dont les résultats ont été publiés en mars 1992 dans *Le drame spirituel des adolescents*[51], voulait cerner les orientations culturelles, sociales et religieuses des adolescents (12 à 20 ans) de la grande région des Basses-Laurentides. Nous ne retiendrons de cette analyse que le profil spirituel des jeunes adultes interviewés, profil marqué par «une crise du croire en corrélation avec une crise d'**altérité**[52]».

50. Emmanuel Mounier, *Le personnalisme*, p. 46.

51. *Le drame spirituel des adolescents, Profils sociaux et religieux*, sous la direction de Jacques Grand'Maison, Montréal, Éditions Fides, coll. «Cahiers d'études pastorales», n° 10, 1992.

52. *Ibid.*, p. 21.

Disons d'abord qu'une véritable crise de la transcendance a été identifiée chez un grand nombre des jeunes adultes interrogés: «À mesure qu'ils s'inscrivent dans la société et la culture sécularisées, les facteurs d'imperméabilité au religieux, au spirituel et surtout à la transcendance se multiplient[53].» En lieu et place, ces jeunes adultes vivent un religieux magique, ésotérique et cosmique dans lequel ils s'insèrent d'une manière immanente. Le groupe d'âge des 17 à 20 ans a particulièrement retenu notre attention. Lisons ce que les auteurs du rapport d'enquête en disent:

Leurs options de vie s'appuient sur un petit nombre de valeurs. Mais celles auxquelles ils tiennent doivent être profondes: l'autonomie personnelle, le respect de soi et des autres, l'entraide, les droits fondamentaux. Très occupés à se trouver ou à se faire une place par les études, par la quête d'un emploi rémunérateur et épanouissant, ils jugent n'avoir pas le temps pour un engagement social soutenu, même s'ils y sont ouverts. C'est une petite minorité qui s'engage dans les causes nouvelles. La plupart, tout en cherchant une gestion réaliste de leur vie, sont plutôt tournés vers les profondeurs d'eux-mêmes avec un souci prioritaire

LES SOURIRES DE CES JEUNES ADULTES D'AUJOURD'HUI CACHENT-ILS DES STYLES DE VIE MARQUÉS PAR L'INSÉCURITÉ ET L'INCERTITUDE?

de bien-être affectif, physique, matériel, agrémenté de relations intéressantes avec un petit nombre d'amis judicieusement sélectionnés et aux affinités très proches.

Leurs rapports au religieux se font de plus en plus flous, distants, abstraits. Ils se disent tolérants et même respectueux des convictions religieuses des autres. Ils n'y cherchent pas une inspiration pour eux-mêmes. Leur discours sur la religion est souvent un bricolage de lambeaux arrachés aux grandes religions. Ils cherchent plutôt une sorte de sagesse morale sensée, bien accordée à leur expérience, à leur philosophie de la vie, à leurs besoins concrets, à leur bien-être intérieur, et à un vivre ensemble viable et non conflictuel. Leur dure critique morale de la société n'en fait pas pour cela des révolutionnaires. Ils se méfient de ceux qui veulent les charrier, les embarquer dans leurs Causes, leur Religion. Mais ils n'hésitent pas à participer à des opérations ponctuelles sur des problèmes collectifs précis. Leur horizon symbolique, mythique a quelque chose de *La petite maison dans la prairie*: une famille heureuse, bien lotie dans un environnement naturel et social bucolique. Tout le contraire de leur contexte et style de vie actuel: chaotique, agité, à la course, dispersé, marqué par tant d'insécurité, d'incertitudes au présent comme au futur[54].

---

53. *Ibid.*, p. 29.

54. *Ibid.*, p. 64-65.

Tout comme les autres adolescents plus jeunes, les 17 à 20 ans fuient la dure réalité de notre fin de siècle en bougeant beaucoup, en s'inscrivant dans une «suractivité surtout ludique» et en s'enfermant dans un monde de «surabondance des biens offerts et des mille et un désirs à assouvir[55]».

Ces jeunes adultes d'aujourd'hui éprouvent, semble-t-il, l'incapacité à se percevoir eux-mêmes comme un projet qui se fait dans le temps et dans l'espace. Ils auraient peut-être intérêt à se mettre en contact avec la philosophie existentialiste de Jean-Paul Sartre qui, bien que ne proposant aucune transcendance, considère l'être humain comme un projet libre et responsable qui se choisit lui-même.

55. *Le drame spirituel des adolescents, Profils sociaux et religieux*, p. 89.

Résumé schématique de l'exposé

Emmanuel Mounier et la revue *Esprit*

1. En 1932, Mounier fonde la revue *Esprit* qui soumet les institutions politiques et sociales de l'époque à une critique éclairée. Le but poursuivi: rassembler croyants et incroyants afin de proposer et de défendre une vision de la société dont la personne constituerait le fondement essentiel.

2. L'époque de l'entre-deux-guerres connaît une crise de civilisation sans précédent: Mounier dénonce et critique le désordre établi par le fascisme, le communisme, le capitalisme et l'existentialisme athée.

L'éveil à soi-même

1. Mounier affirme le primat de la personne. À cette fin, il faut conquérir et construire notre univers personnel:

   - En trouvant notre vocation par le recueillement. Cette quête de soi est acte de liberté, c'est-à-dire:
     - la prise en compte de notre propre condition et de nos limites;
     - l'œuvre de valorisation et de personnalisation du monde et de nous-même.

   - En actualisant notre incarnation dans le monde, c'est-à-dire en s'engageant sans négliger le concours de la spiritualité ni le souci de l'efficacité.

   - En communiant avec la vie en autrui par:
     - un travail de dépouillement contre tout ce qui empêche l'œuvre de personnalisation;
     - l'apprentissage du don de soi.

Il affirme également que

2. La personne comme être singulier et irréductible:

   - Ce que nous sommes comme personne correspond à notre secret, notre mystère personnel faisant que nous possédons un principe spirituel de vie, des valeurs qui nous sont propres et des sources intérieures fécondes qui nous rendent sujets différents de tous les autres sujets.

   - Pour être une personne singulière et irréductible, il ne s'agit pas de rechercher l'originalité ou l'exception, mais de s'accomplir en adhérant à des valeurs qui font être et grandir.

il affirme aussi qu'il faut

3. Une spiritualité personnelle engagée:

   C'est avec notre «esprit» (notre «pensée», notre «spiritualité») et avec notre «corps» (qui nous expose à nous-mêmes, au monde, à autrui) que nous devons nous engager d'une manière concrète, pleine et responsable, dans la réalité de notre époque.

La communion avec autrui

pour Mounier

Si la personne veut s'ouvrir aux autres et communier avec autrui dans le mileu social, elle doit:

1. Dire non à l'individualisme parce que cette idéologie correspond à une pratique du quant-à-soi, de l'avarice et de la solitude. L'individualiste entre dans un rapport à autrui où la méfiance et le calcul prédominent: individus repliés sur eux-mêmes, égoïstes et suffisants.

2. Trouver le chemin vers autrui:
   - en sortant de soi pour devenir disponible à autrui;
   - en comprenant autrui par l'accueil du point de vue autre;
   - en prenant sur soi ce que l'autre vit et ressent;
   - en se donnant sans calcul et sans espoir de retour;
   - en étant fidèle par choix libre et créateur.

3. Fonder la société communautaire pour sortir de l'isolement de l'individualisme (le monde du moi) et par souci de révolte contre l'anonymat du collectivisme (le monde de l'On). La société communautaire sera un monde humain (le *nous* qui laisse une place au *je*) où il nous sera permis de nous singulariser comme personne et de nous différencier des autres en nous intéressant à leur présence réelle et en les reconnaissant en tant que personne.

La personne et la transcendance

La personne n'est pas un absolu se suffisant à elle-même:

1. Elle doit s'ouvrir et être en communion avec des valeurs universelles qui convergent vers l'absolu.

2. Elle doit s'orienter et se dépasser en s'élevant vers Dieu: intimité et communauté de croyance, perspectives essentielles à toute démarche religieuse authentique.

Mounier aujourd'hui

1. Les jeunes adultes d'aujourd'hui ont-ils une spiritualité qui leur est propre ou sont-ils emportés dans le monde du divertissement?

2. La recherche-action menée par l'équipe de Jacques Grand'Maison, en 1992, révèle les données suivantes:
   - Les jeunes adultes vivent un drame spirituel profond. Ils connaissent une véritable crise de la transcendance. Mais ils s'inscrivent, d'une manière immanente, dans un univers religieux magique, ésotérique et cosmique.
   - Les jeunes adultes fuient la dure réalité de notre fin de siècle par une bougeotte tous azimuts, une «suractivité surtout ludique» et un conformisme au monde des désirs à assouvir par le biais des biens qu'offre la société de consommation.

Lecture suggérée

La lecture de l'œuvre suivante est suggérée dans son intégralité ou en extraits importants:

MOUNIER, Emmanuel. *Le personnalisme*, Paris, Presses Universitaires de France, coll. «Que sais-je?», 1985, 128 p.

Activités d'apprentissage

A

Analyse et critique de texte

Objectifs spécifiques

L'étudiant ou l'étudiante devra être capable :

- de démontrer sa compréhension d'un texte de Mounier en faisant un résumé, c'est-à-dire en faisant une description condensée du texte par l'identification des idées directrices et des principales idées secondaires;

- d'appliquer, c'est-à-dire de rapporter les propos de Mounier à la réalité actuelle afin d'y déceler des rapports de ressemblance ou de dissemblance.

TEXTE DE MOUNIER

Le personnalisme et la révolution du XXᵉ siècle

DEUXIÈME PARTIE

a pensée et l'action, pour le personnalisme, étant étroitement liées, on attend de lui qu'il définisse non seulement des méthodes et des perspectives générales d'action, mais des lignes précises de conduite. Un personnalisme qui se contenterait de spéculer sur les structures de l'univers personnel, sans autre effet, trahirait son nom.

Cependant, le lien des fins aux moyens n'est pas un lien immédiat et évident, par suite des rapports complexes qu'introduit la transcendance des valeurs. Deux hommes peuvent être d'accord sur les pages qui précèdent et ne pas l'être sur le problème de l'école en France, sur le syndicat qu'ils choisissent ou sur les structures économiques à encourager; il n'y a là rien d'exceptionnel: Sorel a inspiré Lénine et Mussolini. L'action se pense par réflexion sur des analyses concrètes et des choix effectifs au sein d'une perspective de valeurs. Les valeurs peuvent être communes, les analyses différer et les paris diverger. Même une pensée, comme le marxisme, entièrement subordonnée à l'analyse politico-sociale, ne peut assurer de trajets directs de ses concepts à ses consignes: sauf erreur, Staline, Trotsky et Léon Blum se pensent également marxistes.

Depuis les années 1930, les thèmes personnalistes ont été repris à travers une certaine situation historique et dans une démarche de pensée combattante. Nous ne voudrions pas lier le personnalisme au détail de ces recherches, qui ne se prétendent ni exhaustives, ni définitives. Au moins sont-elles illustratives, et dessinent-elles un mouvement qui n'est pas sans unité. Suivons-le.

Le Nihilisme européen. Cette réflexion est née de la crise de 1929, qui a sonné le glas du bonheur européen et dirigé l'attention sur les révolutions en cours. Aux inquiétudes et aux malheurs qui commençaient alors, les uns donnaient une explication purement technique, d'autres purement morale. Quelques jeunes hommes pensèrent que le mal était à la fois économique et moral, dans les structures et dans les cœurs; que le remède ne pouvait donc éluder, ni la révolution économique, ni la révolution spirituelle. Et que l'homme étant fait comme il est, on devait trouver des nœuds étroits de l'une à l'autre. Il fallait d'abord analyser les deux crises afin de déblayer les deux voies.

La crise spirituelle est une crise de l'homme classique européen, né avec le monde bourgeois. Il avait cru réaliser l'animal raisonnable, où la raison triomphante avait domestiqué définitivement l'animalité, et le bonheur, neutralisé les passions. Trois coups de semonce furent donnés en cent ans à cette civilisation trop sûre de son équilibre: Marx, sous les harmonies économiques, révélait la lutte sans merci des forces sociales profondes; Freud, sous les harmonies psychologiques, découvrait la marmite des instincts; Nietzsche enfin, annonçait le nihilisme européen avant de passer la voix à Dostoïewsky. Les deux guerres mondiales, l'avènement des États policiers et de l'univers concentrationnaire ont, depuis, largement orchestré leurs thèmes. Aujourd'hui, le nihilisme européen s'étend et s'organise sur le recul des grandes croyances qui tenaient nos pères debout: foi chrétienne, religion de la science, de la raison ou du devoir. Ce monde désespéré a ses philosophes, qui parlent d'absurdité et de désespoir, ses écrivains qui jettent la dérision à tous vents. Il a ses masses, moins éclatantes. «Le suprême désespoir, dit Kierkegaard, est de n'être pas désespéré.» Le règne de la médiocrité satisfaite est sans doute la forme moderne du néant, et peut-être, comme le voulait Bernanos, du démoniaque.

On ne sait plus ce qu'est l'homme et comme on le voit aujourd'hui traverser d'étonnantes transformations, on pense qu'il n'y a pas de nature humaine. Pour les uns, cela se traduit: tout est *possible* à l'homme, et ils retrouvent un espoir; pour d'autres: tout est *permis* à l'homme, et ils lâchent toute bride; pour d'autres enfin: tout est *permis sur* l'homme, et nous voilà à Büchenwald[a]. Tous les jeux qui nous divertiraient du désarroi ont épuisé leur vertu, ou touchent à la satiété. Le jeu des idées a donné son chef-d'œuvre avec le système d'Hegel: il signe, en effet, la fin de la philosophie, là où la philosophie n'est qu'une architecture savante à masquer notre angoisse. L'aliénation religieuse qui s'est fixée au dieu des Philosophes et des banquiers nous autorise, en effet, s'il s'agit de cette idole, à proclamer la mort de Dieu. Que les guerres laissent un peu de répit au miracle technique, et bientôt, gavés de confort, nous pourrons dire la mort du bonheur. Une sorte de XIVe siècle s'effrite sous nos yeux: le temps approche de «refaire la Renaissance»[1].

La crise des structures s'emmêle à la crise spirituelle. À travers une économie affolée, la science mène sa course impassible, redistribue les richesses et bouleverse les forces. Les classes sociales se disloquent, les classes dirigeantes sombrent dans l'incompétence et l'indécision. L'État se cherche dans ce tumulte. Enfin, la guerre ou la préparation à la guerre, résultante de tant de conflits, paralyse depuis trente ans l'amélioration des conditions d'existence et les fonctions primaires de la vie collective.

Refus du nihilisme. Devant cette crise totale, trois attitudes se manifestent.

Les uns se livrent à la peur et à son réflexe habituel: le repli conservateur sur les idées acquises et les puissances établies. La ruse de l'esprit conservateur est d'ériger le passé en une pseudo-tradition, ou même en une pseudo-nature, et de condamner tout mouvement au nom de cette forme abstraite. Il se couvre ainsi de prestige cependant

1. Ce fut le titre de l'article liminaire du n° 1 d'*Esprit* en 1932.

a. Camp de concentration allemand créé en 1937. Plus de 50 000 personnes y sont mortes.

qu'il compromet, en les retirant de la vie, les valeurs qu'il prétend sauver. On y cherche la sécurité : il porte en ses flancs la fureur et la mort.

D'autres s'évadent dans l'esprit de catastrophe. Ils embouchent la trompette de l'Apocalypse, ils rejettent tout effort progressif sous prétexte que l'eschatologie[b] est seule digne de leur grande âme ; ils vocifèrent sur les désordres du temps, sur ceux du moins qui confirment leurs préjugés. Névrose classique des temps de crise, où les mystifications foisonnent.

Reste une issue et une seule : affronter, inventer, foncer, la seule qui depuis les origines de la vie ait toujours bousculé les crises. Les animaux qui pour lutter contre le danger se sont fixés dans les recoins tranquilles, et alourdis d'une carapace, n'ont donné que des moules et des huîtres. Ils vivent d'épaves. Le poisson, qui a couru l'aventure de la peau nue et du déplacement, a frayé le chemin qui débouche sur l'*homo sapiens*. Mais il y a plusieurs manières de foncer.

Nous ne combattons pas le mythe conservateur de la sécurité pour verser au mythe aveugle de l'aventure. Devant la médiocrité, l'ennui et le désespoir, ce fut la tentation de beaucoup de jeunes hommes, et des meilleurs, en ce début de XXᵉ siècle. Un Lawrence, un Malraux, un Jünger sont leurs maîtres, sur Nietzsche comme fond. «Un homme actif et pessimiste à la fois, dit Manuel dans l'*Espoir*, c'est ou ce sera un fasciste, sauf s'il a une fidélité derrière lui.» Il ne reste à sa solitude cernée par la mort qu'à se précipiter dans les ivresses d'une vie unique et somptueuse, à défier l'obstacle, la règle, la coutume, à chercher dans le paroxysme le substitut d'une foi vivante, et à laisser quelque part sur cette terre maudite une cicatrice durable, fût-ce au prix de la cruauté, pour s'assurer d'une existence que la frénésie même n'arrive pas à rendre évidente. Une certaine pente de l'existentialisme peut conduire de ce côté ; mais les déceptions accumulées et le brigandage des temps de guerre sont au moins aussi favorables à ce cocktail de lyrisme et de réalisme. Alcool à oublier les problèmes, réservé à qui peut se l'offrir : nous savons aujourd'hui qu'il finit au crime collectif[2].

Est-ce pour l'éviter que tant d'autres se donnent corps et âme aux consignes d'un parti ? Certes, on a bien vite parlé de conformisme. Il y a, dans ce sens nouveau du travail collectif et de l'impératif disciplinaire, sur une nostalgie des églises perdues, une modestie, un esprit de sacrifice et de communauté plus respectables que l'anarchisme intellectuel qui finit à trente ans dans une étude de notaire ou s'éternise entre les tables de café. Mais que sont-ils sans l'esprit de liberté et l'esprit de vérité ?

De toutes ces remarques on peut, semble-t-il, conclure quelques règles de stratégie personnaliste.

1. Du moins au départ, l'indépendance à l'égard des partis et des groupements constitués est nécessaire à une nouvelle mesure des perspectives. Elle n'affirme pas un anarchisme ou un apolitisme de principe. Aussi bien, partout où

---

2. Ces *pseudo-valeurs spirituelles fascistes* furent dénoncées dans un numéro spécial d'*Esprit* (septembre 1933), qui y revint en décembre 1947. (*La pause des fascismes est terminée*) et sur le plan moins politique autour d'une *Interrogation à Malraux* (octobre 1948).

---

b. Le *Petit Robert* (1991) définit l'eschatologie comme l'«étude des fins dernières de l'homme et du monde».

l'adhésion individuelle à une action collective laisse à l'adhérent une liberté d'exercice suffisante, elle est préférable à l'isolement.

2. Si l'esprit n'est pas une force folle ou magique, la seule affirmation des valeurs spirituelles risque d'être mystificatrice partout où elle ne sera pas accompagnée d'une assignation rigoureuse de leurs conditions d'action et de leurs moyens.

3. La solidarité du «spirituel» et du «matériel» implique qu'en toute question, toute la problématique soit embrassée, qui va des données «viles» aux données «nobles», avec une grande rigueur d'un côté et de l'autre : l'esprit de confusion est le premier ennemi des pensées à angle vaste.

4. Le sens de la liberté et le sens du réel commandent que la recherche se garde de tout *a priori* doctrinaire, soit positivement prête à tout, même à changer de direction pour rester fidèle au réel et à son esprit.

5. La cristallisation massive des désordres dans le monde contemporain a conduit des personnalistes à se dire révolutionnaires. Ce mot doit être dépouillé de toute facilité mais non pas de toute pointe. Le sens des continuités nous détourne d'accepter le mythe de la révolution-table rase : une révolution est toujours une crise morbide, et elle n'apporte point de solution automatique. Révolutionnaire veut dire simplement, mais veut dire que le désordre de ce siècle est trop intime et trop obstiné pour être éliminé sans un renversement de vapeur, une révision profonde des valeurs, une réorganisation des structures et un renouvellement des élites. Cela étant admis, il n'est pire usage du mot que d'en faire un conformisme, une surenchère ou un substitut à la pensée.

La société économique. Le marxisme a raison d'affirmer une certaine primauté de l'économique. Ne méprisent généralement l'économique que ceux qu'a cessé de harceler la névrose du pain quotidien. Un tour de banlieue serait préférable, pour les convaincre, à des arguments. À l'étape encore primaire de l'histoire où nous sommes, les besoins, les habitudes, les intérêts et les gênes économiques déterminent massivement les comportements et les opinions des hommes. Il n'en résulte pas que les valeurs économiques soient exclusives, ou supérieures aux autres : le primat de l'économique est un désordre historique dont il faut sortir.

Pour en sortir, il ne suffit pas d'entraîner les hommes, il faut contraindre les choses : on ne guérira l'économique qu'avec l'économique, sinon seulement par l'économique.

Sur les modalités techniques du désordre, le personnalisme comme tel n'a rien à dire, mais à étudier et à constater, comme quiconque. Il constate, pour parler gros, que le capitalisme sous ses diverses formes est, en Europe, à bout de souffle et d'invention. Le capitalisme américain, encore en période d'expansion, peut, en se mêlant aux affaires du vieux monde, lui donner un moratoire. Mais tôt ou tard, vivant des mêmes structures, il connaîtra d'aussi sérieuses contradictions. Cette évolution doit d'ailleurs être suivie de près, sans appliquer «au capitalisme» une notion dessinée une fois pour toutes et insensible au développement des faits.

Rapportée à une perspective personnaliste, cette critique rencontre par plusieurs incidences l'analyse marxiste. L'homme, qui a commencé à devenir politiquement sujet avec la démocratie libérale, reste généralement objet sur le plan de l'existence économique. La puissance anonyme de l'argent[3], son privilège dans la distribution du profit et des avantages de ce monde, durcissent les classes et y aliènent l'homme réel. Il doit retrouver la disposition de lui-même, ses valeurs subverties par la tyrannie de la production et du profit, sa condition décentrée par les délires de la spéculation. Sinon l'impérialisme économique ne craint pas, où il se sent menacé, de se retourner contre la liberté qu'il défend où elle lui est utile, et de confier sa suprême défense à des régimes de terreur, ou à des guerres inexpiables.

On ne substituera pas au capitalisme un régime construit de toutes pièces. L'économie a plus de continuité. C'est en plein corps capitaliste qu'apparaissent les premières ébauches d'un monde socialiste, qui doit se développer, si l'on entend par socialisme : l'abolition de la condition prolétarienne ; la substitution à l'économie anarchique, fondée sur le profit, d'une économie organisée sur les perspectives totales de la personne ; la socialisation sans étatisation des secteurs de la production qui entretiennent l'aliénation économique[4] ; le développement de la vie syndicale[5] ; la réhabilitation du travail[6] ; la promotion, contre le compromis paternaliste, de la personne ouvrière[7] ; le primat du travail sur le capital ; l'abolition des classes formées sur la division du travail ou de la fortune ; le primat de la responsabilité personnelle sur l'appareil anonyme. L'option pour le socialisme comme direction générale de la réorganisation sociale n'entraîne pas que l'on approuve toutes les mesures qui peuvent être proposées en son nom. Ici le socialisme s'endort, là il s'égare ou se pervertit sous l'appareil administratif et policier. Le besoin est d'autant plus pressant d'un socialisme rénové, à la fois rigoureux et démocratique. C'est cette invention qui est demandée à l'Europe, et vers laquelle le personnalisme cherche sa voie politique actuelle. L'avenir lui dira s'il en doit suivre d'autres, selon la leçon des temps.

Dans cette perspective, les problèmes d'organisation et les problèmes humains sont inséparables : la grande épreuve du XXᵉ siècle sera sans doute d'éviter la dictature des technocrates qui, de droite ou de gauche, oublient l'homme sous l'organisation. Mais il n'est pas si commode d'assurer la liaison des deux séries de problèmes. Certains sont tentés d'édifier *a priori* une économie à leur image de l'homme, mais comme les premiers constructeurs d'automobiles plaquaient leur image de la voiture (à cheval) sur une structure à la recherche de sa forme propre. Les uns se réfèrent à l'organisme humain, et imaginent une économie corporative[8] où l'harmonie des ouvriers, des employeurs, de la nation et de l'État est postulée par des mythes d'identification que contredisent avec

---

3. *Esprit*, octobre 1933 : *L'argent, misère du pauvre, misère du riche.*

4. Sur les nationalisations, *Esprit*, avril 1945, et janvier 1940. Sur la propriété : numéro spécial *De la propriété capitaliste à la propriété humaine*, avril 1934.

5. Sur le syndicalisme, numéros spéciaux d'*Esprit*, juillet 1936, mars 1937.

6. Numéro spécial d'*Esprit* sur *Le travail et l'homme*, juillet 1933.

7. *Esprit*, numéro spécial de mars 1936 : *La personne ouvrière.*

8. *Esprit*, septembre 1934, numéro spécial : *Duplicités du corporatisme.*

éclat les divergences permanentes d'intérêts. D'autres pensent aux relations inter-personnelles, et imaginent une société où les rapports économiques seraient la multi-plication indéfinie des rapports d'homme à homme dans une poussière de petits groupes «à l'échelle humaine» (mythe proudhonien). Mais l'économie moderne, dans ses données, semble évoluer comme la physique, vers le concret par l'abstrait. C'est le détour des équations de l'aérodynamique qui a rendu à l'avion les formes belles et souples de l'oiseau; ce sont sans doute des structures d'abord très éloignées des schémas du corpo-ratisme ou du contractualisme qui mèneront demain aux formes simples mais imprévi-sibles d'une économie humaine.

Reste la question des moyens : comment passer du désordre économique actuel à l'ordre de demain ? Ils varieront sans doute avec les circonstances. Le passage du capitalisme à l'échelle mondiale, son unification possible dans un impérialisme puis-sant rendent peu probable une évolution sans résistances et sans crises. La démocratie parlementaire, qui s'est montrée incapable à l'échelle nationale de réformes économiques profondes, ne laisse guère d'espoir à une échelle plus vaste. Un «travaillisme sans tra-vailleurs», qui jaillirait de la seule bonne volonté conciliatrice de la fraction éclairée des classes moyennes, a montré son impuissance à travers les Résistances européennes. Il reste que le socialisme sera, suivant sa formule primitive, l'œuvre des travailleurs eux-mêmes, des mouvements ouvriers et paysans organisés, joints aux fractions lucides de la bourgeoisie. Qu'il soit conquis par fragments ou en bloc, vite ou lentement, directement ou par détours, c'est le secret de l'avenir. Mais il aura le visage qu'auront ces mouvements : d'où l'importance de veiller, non seulement à leurs conquêtes, mais à leur intégrité.

La société familiale. La condition des sexes.   Aucune classification linéaire n'est pos-sible en matière humaine. La société familiale, qui vient à ce rang par ses aspects charnels, est par certains aspects aussi une des plus spirituelles. La littérature moderne a dénoncé à satiété ses étroitesses et ses ravages. D'autres ne sont pas loin de l'idolâtrer, et crient au sacrilège dès qu'on rappelle ses limites. Elle ne mérite, à vrai dire, ni cet excès d'honneur ni cette indignité.

Elle est d'abord une structure charnelle, compliquée, rarement tout à fait saine, qui sécrète d'innombrables drames individuels et collectifs par ses déséquilibres affectifs internes. Même quand elle est saine, son horizon charnel borne souvent sa spiritualité. Par contre, il lui communique cette densité et cette lumière intime qui est sa poésie propre.

Elle est une cellule sociale, la première des sociétés de l'enfant; il y apprend les rapports humains, elle les entretient ensuite à portée du cœur, et c'est sa grandeur; cependant, et c'est sa faiblesse, les personnes y manquent souvent de la distance néces-saire à l'intimité même, elles y sont menacées dans leur vitalité spirituelle par l'usure de l'habitude et les passions de la tribu. Enfin ses déséquilibres internes se commu-niquent aux sociétés qui la portent : beaucoup de révoltes politiques et religieuses sont des révoltes retardées contre le passé familial.

Son passif est donc lourd, et il interdit toute idéalisation excessive. Il pousse quelques-uns à ne voir en elle qu'une valeur réactionnaire[9].

---

9. Ce contre quoi réagit le petit livre de Jean Lacroix, *Force et faiblesses de la famille* (Éditions du Seuil, 1948), convergeant avec un livre un peu antérieur de L. Doucy.

Mais elle n'est pas seulement une utilité biologique ou sociale, et à ne la défendre que sous son aspect fonctionnel, beaucoup en perdent le sens. Ce sens, c'est d'être le lieu d'articulation du public et du privé, d'unir une certaine vie sociale avec une certaine intimité. Elle socialise l'homme privé et intériorise les mœurs. Par ce rôle de médiation, elle est un nœud capital de l'univers personnel. Qu'elle s'affaisse sur sa lourdeur charnelle, elle dévirilise ceux qu'elle a charge de mener au-delà d'elle-même, vers les sociétés plus parfaites. Qu'elle se socialise entièrement, se livre à l'impérialisme familial, il est peu de spectacles aussi vulgaires. La famille propriétaire de ses membres, la famille hérissée de droits et de colères, ceux qui se complaisent à en donner cette image furieuse n'ont rien compris à son miracle fragile, tissé par l'amour, éducateur de l'amour. Elle étouffe à l'inverse si l'on y confond intimité et promiscuité, fermeture au grand air. Les charmes du privé sont l'opium de la bourgeoisie, son moyen de se cacher la misère du monde : il faut sauver les valeurs privées de cette profanation.

Communauté incorporée, la famille subit, de la part des conditions de milieu, des modifications de structure qui peuvent affecter profondément son visage sans atteindre son être. L'organisation de la jeunesse comme âge indépendant[10], la plus grande mobilité des déplacements, la démocratisation des mœurs desserrent lentement le vieux faisceau familial. Est-ce pour le bien ou pour le mal ? S'il est vrai que l'indiscipline croissante des mœurs et les derniers sursauts de l'individualisme sapent dangereusement l'institution familiale dans ce qu'elle a de plus valable, il ne faut pas confondre cette décomposition avec son aération et sa promotion à une plus grande universalité.

Une fois ces perspectives précisées, nous pouvons y situer les problèmes de la condition sexuelle, sur lesquelles les grandes philosophies elles-mêmes restent étrangement discrètes. Ils ne se réduisent pas, comme le laisse entendre un certain familialisme, aux problèmes de la famille objective; ils sont compris cependant dans l'ordre intérieur que la famille exprime socialement. L'homme et la femme ne s'achèvent que dans le couple, le couple ne s'achève que sur l'enfant : orientation intérieure et comme de surabondance, non pas finalité utilitaire et extrinsèque. Au niveau du sexe isolé, ou du couple isolé, s'épanouissent une série de problèmes partiellement valables, partiellement suscités par cet isolement artificiel. Les masquer, c'est entretenir et souvent provoquer le désordre qu'on les accuse de nourrir. Mais ils ne reçoivent leur lumière définitive que de leur mise en place dans l'ensemble de la condition privée et de la condition humaine.

Il serait bien naïf de reprocher à la respectabilité bourgeoise d'avoir inventé le pharisaïsme[c] sexuel. Elle en a toutefois développé des formes particulièrement odieuses, nées de la peur et de l'intérêt. La morale serait mieux servie par un peu de lucidité, et des perspectives moins basses.

On le voit encore dans le vaste problème de la condition de la femme. On n'a pas fini de débrouiller, dans son pseudo «mystère», le permanent et l'historique. Ce n'est ni la suffisance masculine, ni l'exaspération des féminités vengeresses qui éclaireront le problème. Il est vrai cependant que notre monde social est un monde fait par l'homme

10. *Esprit*, numéro spécial : *Mouvements et institutions de jeunesse*, octobre 1945.

c. Comportement formaliste et hypocrite du pharisien qui incarne les bonnes mœurs de façon ostentatoire.

et pour l'homme, que les réserves de l'être féminin sont de celles dans lesquelles l'humanité n'a pas encore massivement puisé. Comment le développer jusqu'au bout de ses ressources, sans l'emprisonner dans ses fonctions, comment l'intégrer au monde et lui intégrer le monde, quelles valeurs nouvelles, quelle condition nouvelle ce projet appelle-t-il, autant de questions et de tâches pour qui donne son sens plein à l'affirmation : la femme aussi est une personne[11].

La société nationale et internationale.   La nation représente une médiation plus universalisante que la famille ; elle éduque et épanouit l'homme raisonnable, enrichit l'homme social par la complexité des milieux qu'elle lui offre, le projette vers l'éventail entier de ses possibilités. Son danger corrélatif c'est la plus grande généralité, qui résiste moins au verbalisme passionnel, à la tutelle des intérêts ou de l'État. Le nationalisme apparaît aujourd'hui à l'évidence suranné, ruineux et régressif. Cependant, le sens national est encore un puissant auxiliaire contre l'égoïsme vital de l'individu et des familles, contre l'emprise de l'État et l'asservissement des intérêts économiques cosmopolites. De ce haut lieu se règle une part de l'équilibre humain ; il ne regarde pas seulement le citoyen : la nation est un élément intégrant de notre vie spirituelle. Elle mourra peut-être un jour, mais son rôle médiateur n'est pas achevé.

Elle se clôt et sème la guerre si elle n'est articulée sur un ordre international. L'erreur des meilleurs esprits dès 1918 a été de croire, dans la ligne de l'idéologie libérale, que cet ordre pouvait se fonder sur les seules assises du sentiment, du contrat juridique et des institutions parlementaires, pendant que d'autres forces, passionnelles, économiques et sociales développent leurs conflits et mènent aux explosions. Le deuxième après-guerre maintient l'illusion (O.N.U.), et joue plus cyniquement la force : un mal s'ajoute à l'autre. Cependant, le monde s'internationalise en fait de plus en plus. Il n'est plus de nations indépendantes au vieux sens du mot. Les aires d'influence préludent à l'unité mondiale, qui devra se faire tôt ou tard, mais sous trois conditions : que les nations renoncent à la souveraineté totale, non pas au profit d'un superimpérialisme, mais d'une communauté démocratique des peuples ; que l'union se fasse entre les peuples et leurs représentants élus, non entre les gouvernements ; que les forces d'impérialisme, notamment économique, qui se servent tantôt du nationalisme, tantôt du cosmopolitisme, soient brisées par les peuples unis. Jusque-là, toute organisation internationale sera minée de l'intérieur par les forces de guerre. Le fédéralisme comme utopie directrice est bien une expression du personnalisme[12] : mais une utopie directrice, qu'il s'agisse de pacifisme[13] ou de fédéralisme[14], ne doit jamais se transformer en utopie actuelle, et se masquer le sens que lui font prendre les circonstances, parfois contre son esprit.

---

11. Numéro spécial d'*Esprit*, juin 1936 : *La femme aussi est une personne*.

12. C'est la thèse avancée par *Esprit* : *L'Europe contre les hégémonies*, novembre 1938, et que soutiennent aujourd'hui dans les conseils européens, mais sans y ajouter toujours ces réserves, des personnalistes de formation, comme Alexandre Marc, Henri Brugmans, Denis de Rougemont.

13. Numéro spécial d'*Esprit*, février 1949 : *Révision des pacifismes*.

14. Numéro spécial d'*Esprit*, novembre 1948 : *Les deux visages du fédéralisme européen*.

Une mention particulière est due dans notre époque à la société interraciale. D'évidence, l'égalité des personnes exclut toute forme de racisme, et sa variante, la xénophobie[d] : ce qui ne veut point dire qu'elle nie les problèmes concrets posés par les différences ethniques. Le fait colonial est en train de prendre fin. La justice ordonne aux métropoles de guider effectivement et loyalement vers l'indépendance ces peuples qu'elles se sont engagés à éduquer, et qu'elles ont parfois arrachés à un équilibre politique qui valait bien le leur. La moindre clairvoyance leur conseille de ne pas rejeter à la violence des peuples avec qui elles pourraient sauver leur œuvre passée dans de nouvelles communautés de nations[15].

L'État. La démocratie. Esquisse d'une théorie personnaliste du pouvoir.   La politique n'est pas un but dernier, absorbant tous les autres. Néanmoins, si la politique n'est pas tout, elle est en tout.

Son premier repère doit être de trouver la place de l'État. L'État, répétons-le, n'est pas la nation, ni même une condition nécessaire pour que la nation passe à l'être véritable[16]. Seuls les fascistes proclament leur identité au profit de l'État. L'État, c'est l'objectivation forte et concentrée du droit, qui naît spontanément de la vie des groupes organisés (G. Gurvitch). Et le droit est le garant institutionnel de la personne. L'État est pour l'homme, non l'homme pour l'État.

Le problème crucial pour le personnalisme est celui de la légitimité du pouvoir exercé par l'homme sur l'homme, qui semble contradictoire avec le rapport interpersonnel. C'est bien ce que pensent les anarchistes[17]. Pour eux, l'affirmation sans contrainte de l'individu suffirait à faire surgir spontanément un ordre collectif. Le pouvoir, par contre, est fatalement corrupteur et oppressif, quelle que soit sa structure. La thèse libérale n'est pas essentiellement différente. À l'autre extrême, les théoriciens du pouvoir absolu pensent que l'homme, incurablement égoïste, ne peut s'élever par lui-même à la loi collective, et doit y être soumis par la contrainte. Ainsi, d'un côté, optimisme de la personne, pessimisme du pouvoir ; en face, pessimisme de la personne, optimisme du pouvoir. Deux côtés, dans le rapport de la personne à la collectivité, un terme est idéalisé, l'autre écrasé. Anarchisme et libéralisme oublient que les personnes plongeant dans la nature, on ne peut contraindre les choses sans contraindre les hommes. Cependant, si cette contrainte rend le pouvoir inévitable, elle ne le fonde pas. Il ne peut être fondé que sur le destin final de la personne, il doit la respecter et la promouvoir. Il en sort plusieurs conséquences.

---

15. Sur la question juive : *Esprit*, mai 1933, sept. 1945, oct. 1947. Sur la question coloniale, dossiers Indochine, déc. 1933 ; A.E.F., mars 1934 ; Maroc, déc. 1937 et avr. 1947 ; Algérie, juillet 1947 et oct. 1948 ; Viet Nam : févr. 1947 et *passim* ; Madagascar, févr. 1948 : deux numéros de doctrine : *Le colonialisme, son avenir, sa liquidation* ; déc. 1935, et *Dernières chances de l'Union française*, juillet 1949. Sur la xénophobie et le problème des étrangers, le numéro : *L'émigration, problème révolutionnaire* (juillet 1931).

16. Emmanuel Mounier, *Anarchie et personnalisme* (*Esprit*, avril 1937). Sur le problème de l'État, en même temps que l'œuvre de Georges Gurvitch (1897-1965), voir J. Lacroix, *Personne et amour* ; Denis de Rougemont (1906-...), *Politique de la personne* (Albin Michel).

17. Et Marx lui-même, qui annonce le dépérissement futur de l'État.

---

d. Haine envers tout ce qui est étranger.

D'abord, que la personne doit être protégée contre l'abus de pouvoir, et tout pouvoir non contrôlé tend à l'abus. Cette protection exige un statut public de la personne[18] et une limitation constitutionnelle des pouvoirs de l'État: équilibre du pouvoir central par les pouvoirs locaux, organisation du recours des citoyens contre l'État, *habeas corpus*[e], limitation des pouvoirs de police, indépendance du pouvoir judiciaire.

Si la personne peut être subordonnée, il lui convient de ne l'être qu'en gardant sa souveraineté de sujet, réduite au maximum l'inévitable aliénation que lui impose la condition de gouverné. C'est le problème de la *démocratie*. Il y a sur le mot beaucoup d'ambiguïtés. Il désigne tantôt une forme de gouvernement, tantôt un régime de spontanéité des masses. Elle est, en fait, la recherche d'une forme de gouvernement qui s'articule sur la spontanéité des masses, afin d'assurer la participation des sujets à l'ordre objectif du pouvoir. Mais si les deux problèmes ne peuvent être séparés, ils doivent être distingués: la «démocratie permanente» des uns et le gouvernement permanent de l'État totalitaire sont deux formes de confusion tyrannique.

La souveraineté populaire ne peut se fonder sur l'autorité du nombre; le nombre (ou la majorité) est arbitraire comme le bon plaisir d'un seul. Elle ne peut cependant, comme l'a bien vu Rousseau, être rabattue sur une souveraineté anarchique des libertés individuelles. Elle est l'autorité d'une société de personnes rationnellement organisée dans un ordre juridique, elle est la souveraineté du droit: le droit, médiateur entre les libertés et l'organisation, poursuit en chassé-croisé la mise en œuvre collective des libertés et la personnalisation continue des pouvoirs. L'initiative populaire s'y exprime sur deux plans.

Indirectement, par une représentation aussi sincère, intégrale et efficace que possible des volontés des citoyens[19]. Elle suppose un souci prépondérant de leur éducation politique. Les partis ont longtemps assuré cette fonction: quand ils deviennent des appareils à dépersonnaliser le militant et l'électeur par la lourdeur administrative, le conformisme intérieur, la sclérose idéologique, ils se démettent d'eux-mêmes. Liés à l'étape libérale de la démocratie, mal assurés entre l'idéologie, la tactique et les classes sociales que bon gré mal gré ils décalquent, ils semblent en voie de dépassement. Un statut des partis peut remédier à ces maux, il ne suffit pas; sur de nouvelles structures sociales, la démocratie devra susciter non pas un parti unique et totalitaire durcissant leurs défauts communs et menant à l'État policier, mais des structures nouvelles d'éducation et d'action politique correspondant au nouvel état social[20]. La sincérité de la représentation suppose aussi que le pouvoir n'en fausse pas l'expression; que fonctionne une vie politique spontanée et sanctionnée; que la majorité gouverne pour tous et pour l'éducation, non pour l'extermination de la minorité.

18. Proposé par *Esprit* en 1939, a fait l'objet dans la même revue, en 1944-1945 d'un projet de déclaration qui eut quelque influence sur la constitution française de 1946.

19. *Le problème de la représentation*, numéro spécial d'*Esprit*, mars 1939.

20. *Le régime des partis, Bilan-avenir*, numéro spécial d'*Esprit*, mai 1939. Le problème du statut des partis, par François Goguel, *Esprit*, janvier 1946.

e. Acte légal garantissant la liberté individuelle du citoyen.

Quand la représentation trahit sa mission, la souveraineté populaire s'exerce par des pressions directes sur les pouvoirs: manifestations, émeutes, groupements spontanés, clubs, grèves, boycottage, à la limite insurrection nationale. L'État, né de la force et oublieux de ses origines, considère ces pressions comme illégales. Lorsqu'il couvre l'injustice ou l'oppression, elles sont cependant la légalité profonde. Il faut bien reconnaître que dans les cent cinquante dernières années (que l'on pense à la naissance du droit ouvrier) elles ont créé plus de droit que l'initiative des juristes et la bonne volonté des puissants. Peut-être vont-elles trouver un nouveau champ d'action dans l'élaboration du droit international. Elles sont un droit difficile à exercer, prompt à abuser, mais inaliénable, du citoyen[21].

À côté de ces problèmes permanents du pouvoir et de l'État, il faut souligner l'étroite solidarité des formes politiques et du contenu sociologique qu'elles recouvrent. La critique marxiste de la démocratie formelle est dans son ensemble décisive. Les droits que donne aux citoyens l'État libéral sont pour un grand nombre d'entre eux aliénés dans leur existence économique et sociale. L'État parlementaire n'est plus guère qu'une survivance. Ses rouages tournent à vide, ses discours sèment le vent et récoltent la tempête. La démocratie politique doit être entièrement réorganisée sur une démocratie économique effective, adaptée aux structures modernes de la production[22].

C'est sur cette base organique que peut être seulement restaurée l'autorité légitime de l'État. Parler de cette restauration sans dire en vue de quoi et avec qui, c'est revendiquer seulement pour l'injustice établie un pouvoir plus fort d'exécution. L'État devra-t-il disparaître ? Le gouvernement des hommes sera-t-il un jour détruit par l'administration des choses ? On peut en douter, vu l'étroit emmêlement des hommes et des choses, et l'impossibilité croissante de laisser les choses aller à la dérive. L'État peut-il même renoncer à son unité ? L'exigence personnaliste a cru parfois devoir s'exprimer par la revendication d'un «État pluraliste[23]», aux pouvoirs divisés et affrontés pour se garantir mutuellement de l'abus. Mais la formule risque de passer pour contradictoire; il faudrait parler plutôt d'un État articulé au service d'une société pluraliste.

L'Éducation de la personne. La formation de la personne en l'homme, et de l'homme aux exigences individuelles et collectives de l'univers personnel, commence à la naissance.

On a pu dire de notre éducation[24] qu'elle était sur une large échelle un «massacre des innocents»: méconnaissant la personne de l'enfant comme telle, lui imposant un condensé des perspectives de l'adulte, les inégalités sociales forgées par les adultes, remplaçant le discernement des caractères et des vocations par le formalisme autoritaire du savoir. Le mouvement d'éducation nouvelle, qui a réagi, est partiellement dévié

21. Par exemple, en ce qui concerne la grève, les numéros spéciaux d'*Esprit*: *Grève et arbitrage*, juillet 1938, *La grève est-elle anachronique ?*, mars 1948.

22. *Y a-t-il deux démocraties ? Esprit*, mars 1946.

23. *Esprit*, mars et août-sept. 1935.

24. Jacques Lefrancq, dans *Esprit*. Voir B. Charbonneau, La fabrication des bons élèves (*Esprit*, nov. 1937), et les études de Roger Gal dans la même revue.

par l'optimisme libéral et son idéal exclusif de l'homme floride, philanthrope[f] et bien adapté. Il doit être réformé, on a tendance à dire virilisé, par la remise en perspective totale de l'homme individuel et social.

De qui relève l'éducation de l'enfant? Cette question dépend d'une autre; quel est son but? Il n'est pas de *faire*, mais d'*éveiller* des personnes. Par définition, une personne se suscite par appel, elle ne se fabrique pas par dressage. L'éducation ne peut donc avoir pour fin de façonner l'enfant au conformisme d'un milieu familial, social ou étatique, ni se restreindre à l'adapter à la fonction ou au rôle qu'adulte, il jouera. La transcendance de la personne implique que la personne n'appartient à personne d'autre qu'à elle-même: l'enfant est sujet, il n'est ni *RES societatis*, ni *RES familiae*, ni *RES Ecclesiae*[g]. Cependant, il n'est pas sujet pur ni sujet isolé. Inséré dans des collectivités, il se forme par elles et en elles; si elles ne sont pas à son égard des toutes-puissances, elles sont des milieux formateurs naturels: la famille et la nation, tous deux ouverts sur l'humanité, auxquels le chrétien ajoute l'Église.

Le problème de l'éducation ne se réduit pas au problème de l'école: l'école est un instrument éducatif parmi d'autres, il y a abus et erreur à en faire l'instrument principal; elle n'est pas chargée d'une «intruction» abstraite qui serait définissable en dehors de toute éducation, mais de l'éducation scolaire, secteur de l'éducation totale. Cette dernière étant la plus étroitement liée aux besoins de la nation (formation du citoyen et du producteur) est celle où la nation, par ses organismes, a le droit de regard et l'organisation le plus direct: l'école n'est pas un organe d'État, mais elle est dans nos pays modernes une institution nationale; ses modalités doivent être modelées aux besoins et situations concrètes de la nation, dans le cadre du droit naturel éducatif. Ces conditions peuvent amener soit à disperser, soit à concentrer l'institution scolaire, sans jamais l'étatiser. Le secteur éducatif extra-scolaire doit jouir d'une liberté aussi entière que possible[25]. Enfin, organe de toute la nation, l'école, à ses divers degrés, ne doit pas être le privilège d'une fraction de la nation, elle a charge de distribuer à tous le minimum de connaissances qui sert un homme libre, et d'appeler dans tous les milieux, en leur donnant des facilités effectivement égales, les sujets qui doivent renouveler à chaque génération l'élite directrice de la nation[26].

La culture.   La culture n'est pas un secteur, mais une fonction globale de la vie personnelle. Pour un être qui se fait, et se fait par développement, tout est culture; l'aménagement d'une usine ou la formation d'un corps, comme la tenue d'une conversation ou

---

25. Sur les problèmes d'éducation et de l'école: *Manifeste au service du personnalisme*, *Esprit*, février 1936 *(Pour un statut pluraliste de l'école)*; décembre 1944 (H. Marrou, Protoschéma d'un plan de réforme universitaire); mars 1945 (André Philip, Projet d'un statut du service public de l'enseignement); mars-avril 1949 (numéro spécial: *Propositions de paix scolaire*); octobre 1949 (suite au précédent). Et reste toujours actuelle la *Théorie de l'éducation*, de Laberthonnière (Vrin).

26. Sur la formation des élites, voir les études de Jean Gadoffre, etc., études publiées dans *Esprit* en 1945, et reprises dans *Le style du XXᵉ siècle* (Éditions du Seuil).

---

f. Se dit d'un individu qui manifeste une conduite désintéressée ne recherchant aucun profit.

g. Cette formule peut être traduite par: «L'enfant n'est ni Chose de la société, ni Chose de la famille, ni Chose de l'Église.»

l'usage de la terre. C'est dire qu'il n'y a pas *une* culture à l'égard de laquelle toute autre activité serait inculte (un «homme cultivé») mais autant de cultures diverses que d'activités. Il faut le rappeler contre notre civilisation livresque[27].

La vie personnelle étant liberté et surpassement, et non pas accumulation et répétition, la culture ne consiste en aucun domaine dans l'entassement du savoir, mais dans une transformation profonde du sujet, qui le dispose à plus de possibilités par plus d'appels intérieurs. Comme on l'a dit, elle est ce qui reste quand on ne sait plus rien: l'homme même.

Il en suit que, comme tout ce qui est de la personne, elle s'éveille, elle ne se fabrique ni ne s'impose. Pas plus que rien de ce qui est de la personne, elle ne se développe dans une liberté pure, sans que mille sollicitations et contraintes ne la pressent et qu'elle en tire profit. Mais étant invention même quand elle consomme, elle se fige par l'orthodoxie[h], meurt sous le décret. Il va de soi qu'une culture, à un certain niveau, peut et doit être dirigée, il vaudrait mieux dire aidée. Mais elle ne supporte pas d'être dressée. Et au niveau créateur, elle a besoin d'être seule, quand bien même dans cette solitude, le monde entier vient librement bourdonner[28].

Il est vrai qu'un certain soutien des collectivités est indispensable à la création; vivantes, elles la font vivante, médiocres, elles l'étiolent. Mais l'acte créateur surgit toujours d'une personne, fût-elle perdue dans la foule: les chansons dites populaires ont toutes un auteur. Et quand bien même tous les hommes deviendraient artistes, ils ne seraient pas un artiste, ils seraient tous artistes. Ce qui est vrai dans les conceptions collectivistes de la culture, c'est que les castes tendant à confiner la culture dans la convention, le peuple est toujours la grande ressource de renouveau culturel.

Enfin, toute culture est transcendance et dépassement. Dès que la culture s'arrête, elle devient inculture: académisme, pédantisme, lieu commun. Dès qu'elle ne vise pas à l'universalité, elle se dessèche en spécialité. Dès qu'elle confond universalité et totalité arrêtée, elle se durcit en système.

La plupart de ces conditions se dérobent aujourd'hui sous la culture, d'où son désordre. La division mains blanches-mains noires et les préjugés liés sur la primauté de l'«esprit» laissent confondre la culture avec les connaissances livresques et les techniques intellectuelles. La profonde division des classes qui accompagne ce préjugé a bloqué la culture, ou du moins ses instruments, ses privilèges et parfois son illusion dans une minorité, où elle se sophistique et s'appauvrit. Ici, une classe sociale l'engage de plus en plus à son service, à sa justification ou à sa mystification; là, c'est un gouvernement: partout, elle étouffe. Les communes mesures d'une société et d'une spiritualité ont disparu sous la convention et le dernier cri. Les créateurs n'ont plus de public, et là où existe un public, des créateurs n'ont pas le moyen d'en surgir. Le régime économique

---

27. Voir Denis de Rougemont, *Penser avec les mains* (Albin Michel).

28. *Esprit*, numéro spécial: *Alerte à la culture dirigée*, novembre 1936; décembre 1948: *Trois vues sur l'affaire Lyssenko*.

---

h. Le *Petit Robert* (1991) définit l'orthodoxie comme l'«ensemble des principes, des usages traditionnellement ou généralement admis». En conséquence, orthodoxie est synomyme de conformisme.

et social est largement cause de tous ces maux. Il crée une caste de culture qui pousse l'art (de cours, de salon, de chapelle) à l'ésotérisme, au snobisme ou à la rareté pour la flatter, à l'académisme pour la rassurer, à la frivolité pour l'étourdir, au piquant, à la complication, à la brutalité pour la désennuyer. Quand la technique, avec la multiplication des moyens, multiplie les possibilités de transfiguration, l'argent les commercialise et les avilit au plus grand profit du plus petit nombre, gâchant l'auteur, l'œuvre et le public. La condition de l'artiste, du professeur ou du savant oscillent entre la misère du réprouvé et la servitude du fournisseur[29]. Autant de maux dépendant des structures sociales, qui ne disparaîtront qu'avec les structures qui les entretiennent. Ils ne doivent pas faire oublier cependant la part non moins considérable, dans l'affaiblissement de la culture, de la dévalorisation de la conscience contemporaine par le recul de grandes perspectives de valeurs (religieuses, rationnelles, etc.), et l'invasion provisoire de l'obsession mécanique et utilitaire.

Situation du christianisme. Nous avons distingué, dans la réalité religieuse concrète, la part de l'éternel, ses amalgames avec des forces temporelles caduques et les compromissions où les hommes la commettent. L'esprit religieux ne consiste pas à couvrir le tout par l'apologétique[i], mais à dégager l'authentique de l'inauthentique, et le durable du caduc. Il rencontre ici l'esprit du personnalisme[30].

Les compromissions du christianisme contemporain cumulent plusieurs survivances historiques: la vieille tentation théocratique[j] de la mainmise sur les consciences par l'État; le conservatisme sentimental qui lie le sort de la foi à des régimes périmés; la dure logique de l'argent qui guide ce qu'il devrait servir. Ailleurs, en réaction contre ces nostalgies et ces adhérences, une coquetterie frivole s'acoquine au succès du jour. Qui veut maintenir aux valeurs chrétiennes leur vigueur doit organiser, de tous côtés, la rupture du christianisme avec ces désordres établis.

Mais ce n'est encore qu'une action très extérieure. Plus essentiel est le problème crucial que pose au christianisme notre temps. Le christianisme n'est plus seul. Des réalités massives, des valeurs incontestables naissent apparemment hors de lui, suscitent des morales, des héroïsmes et des sortes de saintetés. Il ne semble pas de son côté avoir réussi avec le monde moderne (développement de la conscience, de la raison, de la science, de la technique et des masses travailleuses) le mariage qu'il a réussi avec le monde médiéval. Touche-t-il donc à sa fin? Ce divorce en est-il le signe? Une étude

---

29. Voir *Esprit*, numéro spécial: *L'art et la révolution spirituelle*, octobre 1934; numéro *Pour un nouvel humanisme*, octobre 1935.

30. Voir notamment *Esprit*: numéro *Rupture de l'ordre chrétien et du désordre établi*, mars 1933; numéro *Argent et religion*, octobre 1934; numéro *Pour une nouvelle chrétienté*, octobre 1935; numéro *Monde chrétien, monde moderne*, août-septembre 1946; P.H. Simon *Les catholiques, la politique et l'argent* (Éditions Montaigne, 1935). Les cahiers *Jeunesse de l'Église* étudient ces problèmes en permanence.

---

i. Le *Petit Robert* (1991) définit l'apologétique comme la «partie de la théologie ayant pour objet d'établir, par des arguments historiques et rationnels, le fait de la révélation chrétienne dont l'Église est l'organe».

j. Se dit de tout «mode de gouvernement dans lequel l'autorité, censée émaner directement de la Divinité, est exercée par une caste sacerdotale ou par un souverain considéré comme le représentant de Dieu sur la terre» (*Petit Robert*, 1991).

plus poussée de ces faits nous amène à penser que cette crise n'est pas la fin du christianisme, mais la fin d'une chrétienté, d'un régime de monde chrétien vermoulu qui rompt ses amarres et part à la dérive, laissant derrière lui les pionniers d'une chrétienté nouvelle. Il semble qu'après avoir peut-être frôlé pendant quelques siècles la tentation juive de l'installation directe du Royaume de Dieu au plan de la puissance terrestre, le christianisme revienne lentement à sa position première: renoncer au gouvernement de la terre et aux apparences de sa sacralisation pour former l'œuvre propre de l'Église, la communauté des chrétiens dans le Christ, mêlés aux autres hommes pour l'œuvre profane. Ni théocratie, ni libéralisme, mais retour à la double rigueur de la transcendance et de l'incarnation. Pas plus cependant des tendances actuelles que de celles d'hier on ne peut dire qu'elles soient une figure définitive des rapports entre le christianisme et le monde, car il n'en existe point. L'essentiel, dans chacune, est que soit maintenu l'esprit vivant.

La crise du christianisme n'est pas seulement une crise historique de la chrétienté, elle est plus largement une crise des valeurs religieuses dans le monde blanc. La philosophie des Lumières les croyait artificiellement suscitées, et se persuadait de leur prochaine disparition. Elle put quelque temps autoriser cette illusion sous la montée de l'enthousiasme scientifique. Mais c'est une leçon maintenant évidente du XXᵉ siècle que là où elles disparaissent sous leur visage chrétien, les formes religieuses réapparaissent sous une autre donnée: divinisation du corps, de la collectivité, de l'Espèce dans son effort d'ascension, d'un Chef, d'un Parti, etc. Tous les comportements que dégage la phénoménologie religieuse se retrouvent dans ces cadres nouveaux, sous une forme généralement dégradée, très rétrograde par rapport au christianisme, parce que précisément l'univers personnel et ses exigences en sont plus ou moins éliminés. C'est là un des problèmes cruciaux de notre siècle.

Les positions esquissées dans ces quelques pages sont discutables et sujettes à révision. Elles ont la liberté de n'être point pensées par application d'une idéologie reçue, mais d'être découvertes, progressivement, avec la condition de l'homme de notre temps. Qu'elles suivent les progrès de cette découverte, tout personnaliste ne peut que le souhaiter, et que le mot de personnalisme soit un jour oublié, parce qu'il ne sera plus besoin d'attirer l'attention sur ce qui devrait devenir la banalité même de l'homme.

MOUNIER, Emmanuel. *Le personnalisme*, Presses Universitaires de France, coll. «Que sais-je?», 1978, p. 109-127.

Questions d'analyse et de critique

1. Les positions esquissées dans ces quelques pages tracent un portrait de l'homme et de sa condition à la fin des années quarante.

Faites un résumé des thèmes dont se sert Mounier pour décrire cet homme et son époque. En d'autres termes, résumez ce que Mounier dit du nihilisme européen, du refus du nihilisme, de la société économique, de la société familiale, de la condition des sexes, de la société nationale et internationale, de l'État, de la démocratie, d'une théorie personnaliste du pouvoir, de l'éducation de la personne, de la culture et de la situation du christianisme. (*Minimum suggéré pour le traitement de chacun de ces thèmes: dix lignes.*)

2. Ce portrait de l'homme et de sa condition tel que tracé par Mounier est, à notre avis, d'une criante actualité. En conséquence, prenez chacun des thèmes que vous avez précédemment résumés et demandez-vous dans quelle mesure les principaux caractères que vous avez identifiés peuvent être appliqués à la réalité actuelle. (*Minimum suggéré: une page et demie.*)

B

Exercice comparatif: Mounier et Freud

Objectif spécifique

L'étudiant ou l'étudiante devra être capable de procéder à une comparaison entre deux conceptions contemporaines de l'être humain à propos d'un même thème.

Contexte de réalisation

Individuellement, à l'occasion d'un texte d'environ 350 mots (une page et demie), comparer, c'est-à-dire examiner les rapports de ressemblance et de différence entre la conception mouniériste et la conception freudienne de l'être humain à propos du thème des valeurs.

Étapes suggérées

1. *a)* Caractériser la conception mouniériste de l'être humain en regard du thème des valeurs. Par exemple, demandez-vous en quoi et comment, selon Mounier, les valeurs constituent notre univers personnel et correspondent à la dimension spirituelle et irréductible de notre être.

b) Caractériser la conception freudienne de l'être humain en regard du thème des valeurs. Par exemple, demandez-vous dans quelle mesure ce que nous appelons nos valeurs provient en fait de l'introjection au cours de l'enfance du surmoi de nos parents ou de leurs représentants.

2. *a)* S'il y a lieu, identifier les liens ou les similitudes entre la conception mouniériste et la conception freudienne de l'être humain à propos du thème des valeurs.

b) S'il y a lieu, dégager les oppositions ou les antagonismes entre la conception mouniériste et la conception freudienne de l'être humain à propos du thème des valeurs.

Identification d'énoncés personnalistes
et évaluation d'une mise en situation problématique

Objectifs spécifiques

L'étudiant ou l'étudiante devra être capable:

- de démontrer une habileté analytique en identifiant les positions ou jugements qui correspondent à une conception personnaliste de l'être humain;

- d'évaluer une situation problématique à la lumière de la conception personnaliste de l'être humain.

Questions

1. Parmi les énoncés suivants, identifiez ceux qui révèlent une philosophie personnaliste:

   a) Pierre voulait réussir. Il a pris les moyens qu'il fallait. De toute façon, le but qu'on poursuit justifie toujours les moyens qu'on utilise!

   b) Ce qui importe, c'est l'ensemble des individus qui constituent la société. L'État doit donc voir à ce que chacun occupe la place qui lui convient. Alors chacun pourra contribuer efficacement au bien commun.

   c) C'est par un travail assidu sur lui-même que l'être humain peut réussir à s'élever à la dignité de personne.

   d) La personne se suffit à elle-même. Il n'y a rien d'autre que la personne qui importe. Au-delà d'elle, c'est le néant!

   e) Marie a besoin d'aide pour mener une vie décente. Joseph est son ami. Il doit donc aider Marie dans la mesure de ses moyens.

   f) Je reconnais à Jean le droit d'être homosexuel, je respecte son orientation sexuelle.

   g) Ce que je valorise, c'est la découverte d'autrui. J'ai de nombreux amis que je renouvelle sans cesse.

   h) La pornographie sous toutes ses formes est condamnable parce qu'elle dégrade les femmes en faisant d'elles des objets de désir et de plaisir.

   i) C'est la personne individuelle qui compte! En conséquence, il faut d'abord penser à soi et à ses propres intérêts si l'on veut ensuite pouvoir s'ouvrir aux autres.

   j) Je dois être solidaire des autres étudiants et participer aux diverses manifestations si cela peut permettre l'atténuation de leurs difficultés financières, même si moi je n'en éprouve aucune.

2. Vous êtes médecin et vous adhérez à la conception personnaliste de l'être humain. Une nuit où vous êtes de garde à l'urgence du Centre hospitalier Bons Secours, un enfant de quatre ans, accompagné de ses parents, vous est amené. Il est gravement accidenté et vous devez procéder sans délai à une transfusion sanguine pour lui sauver la vie. Or, les parents, qui sont Témoins de Jéovah, s'y opposent catégoriquement.

   Que direz-vous aux parents de cet enfant et que ferez-vous concrètement?

Consignes

1. Puisque vous avez à vous identifier à un médecin personnaliste, écrivez votre texte au «je».

2. Apportez au moins trois arguments de type personnaliste pour appuyer votre plaidoyer et votre action. (*Minimum suggéré: une page.*)

CHAPITRE SEPTIÈME

L'homme

comme projet

Sartre ou l'existentialisme athée

> JE SUIS CONDAMNÉ À ÊTRE LIBRE.
> CELA SIGNIFIE QU'ON NE
> SAURAIT TROUVER À MA LIBERTÉ
> D'AUTRES LIMITES QU'ELLE-MÊME
> OU, SI L'ON PRÉFÈRE, QUE NOUS
> NE SOMMES PAS LIBRES DE CESSER
> D'ÊTRE LIBRES.
>
> Jean-Paul Sartre, *L'Être et le Néant*,
> p. 515.

SARTRE ET LES EXISTENTIALISMES[1] DE L'APRÈS-GUERRE

PHÉNOMÉNO-LOGIE

Du grec *phainome-non*, «phénomène», et *logos*, «étude, science». Étude des phénomènes ou d'un ensemble de phénomènes tels qu'ils se présentent directement à la conscience. Edmund Husserl (1859-1938) fonda cette méthode d'investigation philosophique qui fut, par la suite, privilégiée par les existentialistes.

Il n'existe pas un existentialisme, mais des philosophies existentialistes. Ce courant philosophique rassemble des penseurs importants dont les écrits furent déterminants au XXᵉ siècle. Présentons brièvement les principaux représentants de l'existentialisme «contemporain». Sören Kierkegaard (1813-1855), philosophe et théologien danois, dont l'influence fut marquante pour tous les philosophes de l'existence, qu'ils aient été chrétiens ou athées. Kierkegaard fut le premier à affirmer le primat de l'existence et à mettre en scène l'existence subjective de l'individu aux prises avec les problématiques de la foi, de l'angoisse et du désespoir. En cela, il peut être considéré comme le père des existentialismes. Karl Jaspers (1883-1969), philosophe et psychologue allemand, analyse la présence de l'humain dans le monde par les situations auxquelles il est confronté (l'échec, la souffrance, la faute, la mort, etc.); ces situations-limites dévoilent à l'humain sa propre finitude et posent l'exigence d'une transcendance (l'être/l'englobant). Martin Heidegger (1889-1976), philosophe allemand, trace une **phénoménologie** de l'existence humaine par l'analyse existentielle des modes d'être de l'*être-là* (*Dasein*): la facticité, la déréliction, l'être-au-monde, l'historicité. Gabriel Marcel (1889-1973), philosophe et dramaturge français, dont la réflexion porte surtout sur les rapports humains (notions d'autrui et de fidélité), est le principal porte-parole de l'existentialisme chrétien. Gabriel Marcel oppose à l'*Avoir* le mystère de l'*Être* et la rencontre nécessaire de l'homme avec Dieu dans la foi. Simone de Beauvoir (1908-1986), philosophe, essayiste, romancière, militante politique, féministe, complice de la philosophie sartrienne, fait de la conquête et de l'usage de la liberté le pivot autour duquel s'organisent son œuvre et sa vie. Et bien sûr, Jean-Paul Sartre (1905-1980), dont on a dit qu'il incarnait notre siècle, peut être considéré comme l'une des plus prestigieuses figures du monde intellectuel de la deuxième moitié du XXᵉ siècle.

IDÉALISTE

Brièvement défini, se dit, en philosophie, de la doctrine d'après laquelle le monde extérieur se réduit aux idées que nous en avons.

Ces philosophies, bien qu'elles divergent dans leurs façons de traiter les thèmes existentialistes, ont toutefois une préoccupation commune: l'existence de l'être humain prise dans sa réalité et dans sa singularité concrètes. Les philosophies existentialistes interrogent directement l'existence humaine en vue de tirer au clair l'énigme que l'homme est pour lui-même. Elles sont, par définition, des philosophies qui cherchent à répondre aux questions que l'homme se pose sur sa propre existence. Puisqu'elles prennent comme point de départ la

SÖREN KIERKEGAARD FUT LE PREMIER PENSEUR À AFFIRMER LE PRIMAT DE L'EXISTENCE.

subjectivité de l'individu engagé dans l'expérience vécue, c'est l'être humain «dans le monde» qui les intéresse. En ce sens, elles s'opposent aux doctrines **idéalistes** qui ont tendance à définir l'être humain d'une manière abstraite et détachée de la vie.

En France, Jean-Paul Sartre est le fondateur de l'existentialisme athée. Connu dans le monde entier, traduit dans toutes les langues, Sartre devient la figure de proue incontestée du mouvement existentialiste de l'après-guerre qui se présente sous la forme d'une «mode»,

---

1. Dans un entretien radiophonique réalisé et diffusé sur France Inter, en 1973, Sartre dit: «Je ne renonce à rien de ce que j'ai écrit [...] Je suis passé de l'existentialisme au marxisme sans renoncer à mes idées.» (Cassettes Radio France K1199 AD035). En conséquence, nous avons délibérément fait le choix de présenter un exposé «classique» de la conception sartrienne de l'être humain en négligeant la période dite «matérialiste» de sa philosophie, période qui débute après la parution, en 1946, de *L'existentialisme est un humanisme*.

C'EST AU CAFÉ DE FLORE, DANS LE QUAR-
TIER DE SAINT-GERMAIN-DES-PRÉS, QUE SE
RÉUNISSAIENT SARTRE ET SES CONFRÈRES
POUR DISCUTER DE LEURS TRAVAUX.

tant philosophique, littéraire que vestimentaire. L'originalité de Sartre réside dans le fait qu'il écrit de nombreux romans et pièces de théâtre[2] qui traduisent, par la voie de la fiction, ses thèses philosophiques. Son œuvre littéraire connaît la consécration lorsque le prix Nobel de littérature lui est octroyé en 1964. Il refuse ce prix prestigieux, parce que, selon lui, «l'écrivain ne doit pas se laisser institutionnaliser[3]». À ce sujet, quelques années plus tard, il dira : «Je ne vois pas pourquoi une cinquantaine de messieurs âgés qui font de mauvais livres me couronneraient. C'est aux lecteurs à dire ce que je vaux. Pas à ces messieurs là[4].» Même s'il décline l'honneur que ces vieux messieurs lui font, c'est à sa production littéraire que Sartre doit son immense popularité, car il faut bien admettre que ses œuvres proprement philosophiques[5] ne sont guère accessibles à un large public.

Sartre a profondément marqué de son influence le monde philosophique, littéraire, théâtral, journalistique et politique de son époque. Se décrivant lui-même comme un «monument public», Sartre a traversé notre siècle en surprenant, en ébranlant, en irritant, bref, en passionnant ses contemporains[6]. Aucun autre philosophe n'a été aussi présent, n'a exercé autant d'influence, n'a été aussi déconcertant et controversé que Sartre. Dans le Paris de l'après-guerre, il forme avec sa compagne Simone de Beauvoir un couple avant-gardiste et critique. Ils mènent tous les deux une vie active d'intellectuels engagés. L'œuvre sartrienne, immense et variée, reflète les inquiétudes et les interrogations de toute une époque. Jouissant d'une audience exceptionnelle, il s'engage comme journaliste politique dans les grands combats idéologiques du temps. En 1945, il fonde avec Maurice Merleau-Ponty (1908-1961) la prestigieuse revue *Les Temps Modernes* qui fait de l'écriture une action politique. Anticolonialiste conséquent, il dénonce l'intervention française et la torture en Algérie. Ardent défenseur des droits de l'homme, il signe de nombreux manifestes pour la défense des objecteurs de conscience, contre l'exécution de prisonniers politiques, contre l'action américaine au Viêt-nam. En tant que président exécutif, Sartre participe, en 1961, au *Tribunal Russel* pour juger les activités de guerre des États-Unis au Viêt-nam. En mai 1968, Sartre appuie les revendications des étudiants qui se répandront comme fumée de poudre dans le monde démocratique. Il félicite l'action contestataire de l'heure

SIMONE DE BEAUVOIR FUT LA THÉORI-
CIENNE ET LA RÉFÉRENCE INCONTESTÉE DU
MOUVEMENT FÉMINISTE.

2. Les principaux romans de Sartre sont : *La Nausée* (1938) ; *Le Mur* (1939) ; *Les Chemins de la Liberté* (1943-1949) : *L'Âge de Raison, Le Sursis, La Mort dans l'âme*. Pour le théâtre, il a écrit : *Les Mouches* (1943) ; Huis clos (1945) ; *Morts sans sépulture* (1946) ; *La putain respectueuse* (1946) ; *Les Mains sales* (1948) ; *Le Diable et le bon Dieu* (1951) ; *Kean* (1954) ; *Nékrassov* (1956) ; *Les Séquestrés d'Altona* (1960).

3. Louis Wiznitzer, «Sartre parle», *Magazine Maclean*, janvier 1967, p. 27.

4. Entretien radiophonique (France Inter, 1973).

5. *L'imagination* (1936) ; *La Transcendance de l'Ego* (1938) ; *Esquisse d'une théorie des émotions* (1939) ; *L'Imaginaire* (1940) ; *L'Être et le Néant. Essai d'ontologie phénoménologique* (1943) ; *L'existentialisme est un humanisme (1946) ; Situations I* (1947) ; *Situations II* (1948) ; *Situations III* (1949) ; *Saint-Genet, comédien et martyr* (1952) ; *Critique de la raison dialectique* (1960) ; *Questions de méthode* (1960) ; *Situations IV, Situations V, Situations VI* (1964).

6. Le jour de l'enterrement de Jean-Paul Sartre, 50 000 personnes suivirent son cortège funèbre dans les rues de Paris.

avec cette formule qui sera par la suite inscrite sur tous les murs de Paris: «Ce qu'il y a d'intéressant dans votre action, c'est qu'elle met l'imagination au pouvoir». Âgé de soixante-huit ans, Sartre s'inscrit encore dans l'action en participant à la fondation d'un quotidien «démocratique» de gauche, *Libération*, qui se donne comme mandat de questionner le monde contemporain au nom de l'homme et de sa liberté.

L'ÊTRE HUMAIN COMME LIBERTÉ

Le point de départ de la philosophie sartrienne est l'existence. D'après Sartre, il faut partir de la subjectivité, de la conscience ou POUR-SOI, si nous voulons comprendre ce que nous sommes. Toute son œuvre tente de répondre à la question: «Qu'est-ce que l'être humain?» en prenant constamment en considération cette évidence première: «J(e)'existe» (*eksistere*: sortir de) comme conscience de soi en tant que liberté.

> LE POUR-SOI CONSTITUE LE MODE D'ÊTRE D'UNE CONSCIENCE QUI JAMAIS NE COÏNCIDE TOTALEMENT AVEC ELLE-MÊME PARCE QU'ELLE EST MOUVEMENT ET PROJET D'ÊTRE, DONC LIBERTÉ ET HISTORICITÉ. EN CONSÉQUENCE, LA CONSCIENCE EST *POUR-SOI* ALORS QUE LA CHOSE EST *EN-SOI* PUISQU'ELLE EST CE QU'ELLE EST.

Selon l'existentialisme sartrien, l'être humain n'est pas définissable en soi, c'est-à-dire que nous ne pouvons pas lui donner une belle et savante définition qui délimiterait sa nature propre. Il n'y a pas une nature humaine qui se retrouverait chez tous les humains, mais plutôt des existants particuliers et singuliers «en situation». L'être humain est en situation dans le sens où il s'inscrit dans des conditions d'existence concrètes; il est visé par ce qui se passe dans l'instant; il fait face à des données qui sont déjà là. Cela veut donc dire qu'il est lié par un ensemble de déterminismes héréditaires, économiques, sociaux et culturels, à partir desquels commence sa liberté: celle où il a le choix entre accepter ou transformer «sa situation». Dans une entrevue donnée au *Nouvel Observateur* le 26 janvier 1970, Sartre dit que «la liberté est ce petit mouvement qui fait d'un être social totalement conditionné une personne qui ne restitue pas la totalité de ce qu'elle a reçu de son conditionnement». Le parcours de Jean Genet[7] (1910-1986) en est une bonne illustration: abandonné par sa mère à l'Assistance publique, condamné pour vol à l'âge de dix ans, il devient l'incarnation du Mal sous toutes ses formes (vol, prostitution homosexuelle, délation, etc.). Pendant ses séjours en prison, il fait toutefois acte de liberté en se choisissant poète, romancier et dramaturge, alors qu'il avait été rigoureusement conditionné à n'être qu'un voleur.

PENDANT SES SÉJOURS EN PRISON, JEAN GENET SE CHOISIT POÈTE, ROMANCIER ET AUTEUR DRAMATIQUE.

On ne peut comprendre la conception de la liberté avancée par Sartre sans parler de ses positions religieuses. En effet, l'existentialisme sartrien est rigoureusement lié à l'athéisme.

> Si Dieu n'existe pas nous ne trouvons pas en face de nous des valeurs ou des ordres qui légitimeront notre conduite. Ainsi, nous n'avons ni derrière nous, ni devant nous, dans le domaine lumineux des valeurs, des justifications ou des excuses. Nous sommes seuls et sans excuses. C'est ce que j'exprime en disant que l'homme est condamné à être libre[8].

---

7. Sartre a publié chez Gallimard, en 1952, un essai sur Jean Genet intitulé *Saint-Genet, comédien et martyr*.

8. Jean-Paul Sartre, *L'existentialisme est un humanisme*, Paris, Les Éditions Nagel, coll. «Pensées», 1968, p. 37.

La liberté constitue la conséquence fondamentale d'une position athée cohérente. Sartre postule la liberté comme principe premier de l'action et de la réflexion. La liberté est posée en absolu. L'être humain ne peut qu'être libre. «L'homme ne saurait être tantôt libre, et tantôt esclave: il est tout entier et toujours libre ou il ne l'est pas[9].» L'homme est essentiellement libre: sa conscience possède le pouvoir de *néantiser*, c'est-à-dire d'annihiler, de concevoir comme non-être les divers déterminismes dont elle peut être l'objet. En conséquence, les seules limites à la liberté de l'être humain sont celles qu'il s'est lui-même donné. La liberté sartrienne est donc liée à la conscience qui choisit d'être ceci ou cela au-delà de tout déterminisme, de toute cause. Cette liberté est liberté vécue, liberté de fait que chacun se doit d'assumer. Il n'est donc aucunement question ici d'une liberté-concept, d'une liberté-notion. «La liberté, écrit Sartre, n'est pas une qualité surajoutée ou une *propriété* de ma nature; elle est très exactement l'étoffe de mon être […] Elle est l'être de l'homme[10].» Et cette liberté, qui nous constitue en tant qu'êtres humains, s'actualise dans toutes nos «manières d'être». En d'autres termes, notre entière liberté se manifeste à chaque fois que nous posons un acte[11]. Lorsque, par exemple, en telle circonstance, nous manifestons de la peur, c'est nous – et nous seuls – qui librement nous choisissons et nous définissons peureux en posant des gestes de peur. Au contraire, en d'autres circonstances, nous pourrons nous choisir courageux, affirmer toute notre liberté dans des actes de courage, exister comme êtres courageux. La question que nous devons poser est donc la suivante: «Quelle est notre manière de nous choisir?» Plus particulièrement, quel est le choix que nous faisons de nous-mêmes dans le monde? Et ce choix, selon Sartre, ne peut qu'être libre.

Être libre, c'est choisir

Pour un idéaliste qui adhère aux VALEURS UNIVERSELLES, la liberté correspond à un pouvoir d'agir théorique détaché des conditions de l'existence. Être libre sera alors défini comme la capacité de se mouvoir avec aisance dans le monde des abstractions. La liberté en soi sera alors valorisée. Pour Sartre, être libre, c'est, au contraire, faire concrètement un choix, car – nous l'avons vu à l'instant – il n'y a de liberté que dans la mesure où un geste, un acte libre est posé. Or, il y a nécessité pour l'homme de se choisir perpétuellement. Rien ne peut venir à lui à moins que ce ne soit délibérément choisi. Être libre, c'est même être obligé de choisir, car il «n'est pas possible […] de ne pas choisir […]; si je ne choisis pas je choisis encore[12]». Je choisis alors de ne pas choisir. Par exemple, en face de la situation qui fait que je suis un être sexué, je suis dans l'obligation de choisir une attitude: j'ai des relations sexuelles avec un être de l'autre sexe, ou bien du même sexe, ou encore je suis bisexuel; je m'inscris dans un rapport sexuel monogame, ou bien je privilégie les relations multiples; je me limite à l'auto-érotisme, ou bien je reste chaste… Or, si je m'abstiens d'actualiser ma sexualité, je ne peux dire que je n'ai pas choisi: j'ai choisi de ne rien faire; j'ai choisi de ne vivre d'aucune manière ma «situation» d'être sexué.

> LES VALEURS UNIVERSELLES DU VRAI, DU BIEN ET DU BEAU SONT PRÉSENTÉES PAR LES PHILOSOPHIES IDÉALISTES COMME ÉTANT VALABLES À PRIORI (C'EST-À-DIRE AVANT TOUTE EXPÉRIENCE) POUR TOUS LES HOMMES ET POUR TOUTES LES ÉPOQUES.

---

9. Jean-Paul Sartre, *L'Être et le Néant*, Paris, Éditions Gallimard, Bibliothèque des Idées, 1968, p. 516.

10. *Ibid.*, p. 514 et p. 516.

11. Sartre ne fait aucune distinction entre choisir et faire.

12. Jean-Paul Sartre, *L'existentialisme est un humanisme*, p. 73.

Liberté en situation

Rappelons qu'il ne faut pas comprendre la liberté chez Sartre comme un pouvoir de la NATURE HUMAINE (il n'y a pas, selon Sartre, de nature humaine!). La liberté colle d'une façon constante et inévitable à l'existence. Elle ne prend son sens que dans l'acte. Elle est une liberté «en situation». Il n'y a de liberté que par rapport à des situations concrètes. Dans *L'Être et le Néant*, Sartre identifie et décrit les éléments fondamentaux de notre situation dans le monde à partir de laquelle se manifeste notre liberté. Voyons brièvement de quoi il s'agit.

MA PLACE   D'abord, il y a *ma place*, c'est-à-dire celle que j'ai reçue à ma naissance (je n'y suis pour rien!), et celle que je prends présentement (j'en suis entièrement responsable!). Ma place, c'est mon «pays», le lieu que «j'habite», mon «emplacement» par rapport aux choses qui m'entourent. Or, cette place, qui correspond, somme toute, à ma situation dans l'espace, peut-elle être une restriction à ma liberté? se demande Sartre. Évidemment non! Car il dépend de mon unique liberté de ne pas me limiter à mon être-là (c'est-à-dire le fait d'être là plutôt qu'ailleurs), mais de me situer par rapport à ce que je veux ou non atteindre. En d'autres mots, c'est moi qui, librement, donne une signification existentielle à la place que j'occupe ou à celle que j'occuperai. Par exemple, je donnerai une signification à ma situation spatiale présente si je saute dans ma voiture et supporte (puisque je déteste conduire!) la fatigue des trois heures de route me séparant de mon ami Roger. Ainsi, c'est la liberté «elle-même qui, en posant sa fin – et en la choisissant comme inaccessible ou difficilement accessible – fait apparaître notre emplacement comme résistance insurmontable ou difficilement surmontable à nos projets[13].»

MON PASSÉ   Notre passé constitue la seconde caractéristique de notre situation dans le monde. Ce passé pèserait, selon une lecture DÉTERMINISTE, de tout son poids sur l'orientation de notre présent. Bien sûr, Sartre admet que les engagements passés peuvent influencer le présent, mais seulement dans la mesure où nous avons constamment à les «ré-affirmer», à les «ré-actualiser». Je suis le seul à pouvoir «ré-assumer» à chaque moment la portée de mon

passé en lui donnant une signification par l'acte que je pose dans le présent. C'est moi seul qui éclaire mon passé à l'aide du projet que je suis et que je lance dans le futur. En conséquence, je choisis mon passé. Je choisis le sens que je veux bien donner à mon passé étant donné le choix que je fais de mon présent. Mon passé ne détermine pas mon présent. Au contraire, c'est en assumant en toute liberté un projet de vie présent, qui s'oriente vers l'avenir, que je sélectionne, interprète et réalise mon passé à la lumière de ce projet de vie présent. Par exemple, si j'ai librement choisi, il y a quelques années, de m'engager dans une relation amoureuse unique, il n'en tient qu'à moi de ne pas aujourd'hui rejeter ce passé, de ne pas le considérer comme mort; mais, au contraire, de le revivifier, de lui conférer une valeur toujours actuelle en posant des gestes concrets pour faire grandir cet amour unique.

---

13. Jean-Paul Sartre, *L'Être et le Néant*, p. 576.

MES ENTOURS Dès notre naissance, nous sommes jetés dans un monde d'existences différentes de la nôtre. Ces «choses-ustensiles» nous entourent et affichent leur adversité, leur ustensilité ou leur imprévisibilité: ce sont les «entours». Ainsi, par exemple, lorsque je projette de faire une randonnée à vélo et de me rendre à tel endroit, je peux être confronté à un pneu qui crève, à un vent de face, à un soleil de plomb, etc. Est-ce que l'apparition de ces entours hostiles, qui peuvent contribuer à changer radicalement ma situation, constitue pour autant une entrave à ma liberté? Pas du tout! Les accidents prévisibles et même ceux que je n'avais pas prévu ou pu prévoir, malgré qu'ils interrompent ma route, ne déterminent pas mon existence. Ils font partie de mon projet de randonnée à vélo comme des probables, des possibles pouvant surgir inopinément. C'est même ma liberté qui révèle ces entours, et qui, en leur donnant un sens, les exprime et les constitue *en situation*, c'est-à-dire comme des éléments ayant un rapport adverse ou complice avec mon projet et moi-même. Il n'en tient qu'à moi d'interpréter la côte que j'ai à monter comme un osbtacle difficile sinon impossible à franchir, ou comme (une fois arrivé au sommet) le moyen d'obtenir un magnifique point de vue sur la campagne environnante. «Ainsi suis-je absolument libre et responsable de ma situation. Mais aussi ne suis-je jamais libre qu'*en situation*[14].»

MON PROCHAIN Ma situation concrète, c'est aussi vivre dans un monde où il y a autrui. Plus particulièrement, en tant qu'existant, je me trouve, d'une part, en présence de significations qui n'émanent pas de moi-même, mais des autres. Est-ce que ces dernières constituent une limite externe à ma liberté? Non. Certes, j'habite un «monde-là» peuplé de sens que je n'ai pas mis moi-même: modes d'emploi, plaques indicatrices, ordres et consignes de toutes sortes, mais c'est à moi d'affirmer et d'assumer ma liberté en tenant compte de la conjoncture présente et en faisant mien ou non ce sens déjà là. Ces interdictions, ces défenses n'entraveront ma liberté que dans les limites de mon propre choix. D'autre part, je me trouve aussi en présence de l'autre en tant que tel. Or, cet autre – nous l'analyserons plus loin dans ce chapitre – me définit, me détermine du dehors sans que j'aie espoir de modifier le sens qu'il m'accorde. Pour lui, je suis, par exemple, intelligent ou stupide, beau ou laid, etc. Le jugement qu'il porte sur moi est beaucoup plus qu'une simple opinion qu'il se fait de ma personne, car il me confère un sens que je ne me suis pas moi-même donné. Je subis ce sens dans la mesure où il m'est imposé par une liberté autre que la mienne. Je deviens, par le regard de l'autre, ce quelqu'un, cette qualité ou ce défaut que je n'ai pas nécessairement choisi d'être. Bref, la liberté de l'autre appréhende librement ma liberté selon ses propres perspectives et orientations et, ce faisant, l'aliène en quelque sorte. Cependant, il existe une porte de sortie. C'est dans la mesure où, en tant que SUBJECTIVITÉ, je me saisirai comme limité par l'autre que je pourrai assumer et récupérer les limites que ce dernier confère à ma situation. En d'autres mots, il s'agit tout simplement de prendre sur moi le point de vue de l'autre et de lui donner un sens à la lumière de mes propres fins. Ici encore, la liberté me donne le pouvoir, non pas de décider comment l'autre me perçoit, mais d'accepter ou de refuser la définition que l'autre m'attribue. Ainsi, ma liberté peut reprendre ou non à son compte les limites qui me sont imposées par la liberté de l'autre, de sorte que les seules restrictions véritables «que la liberté heurte à chaque instant, ce sont celles qu'elle s'impose à elle-même[15]».

> «CE QU'ON PEUT NOMMER PROPREMENT SUBJECTIVITÉ, C'EST LA CONSCIENCE (DE) CONSCIENCE», ÉCRIT SARTRE, DANS *L'ÊTRE ET LE NÉANT* (P. 29). EN CE SENS, ON PEUT DIRE QUE, M'APPARAISSANT À MOI-MÊME COMME UN SUJET CONSCIENT D'ÊTRE CONSCIENT, JE CERNE MA PROPRE SINGULARITÉ À TRAVERS LE JUGEMENT D'AUTRUI.

---

14. Jean-Paul Sartre, *L'Être et le Néant*, p. 591.

15. *Ibid.*, p. 615.

MA MORT   Sartre note d'abord le caractère totalement absurde de la mort. Avec la mort, toutes les valeurs, les attentes, les comportements mis de l'avant par l'individu tombent d'un coup dans l'indéterminé, le néant, l'absurde. Aussi, il serait vain de croire que la mort peut donner un sens à la vie. Au contraire, elle lui enlève toute signification car, pour qu'il y ait un sens, il faut que je puisse être là, comme subjectivité, pour en fabriquer un et pour actualiser ce sens à la lumière de mon avenir. Or, n'étant plus vivant, tout avenir m'est alors refusé; conséquemment, je ne pourrai pas interpréter ma mort. Lorsque j'existe, j'ai constamment à décider du sens de ma vie; il est carrément entre mes mains. La mort fait en sorte que, désormais, pour ma vie, les jeux sont faits; dès lors, ma vie est une vie *faite*, close, définitivement fermée; rien ne peut plus lui arriver; rien ne peut plus y entrer.

En outre, une fois mort, je suis condamné à n'exister que par autrui. En effet, ceux qui restent, comme on dit, prennent la relève des significations concernant ma vie. Ils peuvent la transformer en échec ou en réussite, en lâcheté ou en courage, etc., et je ne peux plus corroborer ou démentir l'interprétation qu'ils imposent à ma vie en m'annonçant par mon ou mes projets. «Être mort, c'est être en proie aux vivants[16].» La mort trace-t-elle alors la limite finale de ma liberté? se demande Sartre. Pas nécessairement. Ce n'est pas parce que les autres me voient mortel, ou encore parce qu'ils peuvent me déposséder du sens que je donnais moi-même à ma vie (alors que j'existais), que la mort est pour autant la contrainte ultime de ma liberté. En fait, la mort n'est «rien d'autre que du *donné*» qui doit arriver; elle n'est qu'une situation-limite inéluctable et absurde que j'intériorise comme ultime. En cela, elle peut être considérée comme une limite qui hante ma liberté. Mais en réalité, puisque ma conscience ne peut concevoir, ni attendre, ni se projeter vers la mort, ma subjectivité est totalement indépendante d'elle et «la liberté qui est *ma liberté* demeure totale et infinie[17]». Certes, je n'ai pas le choix de ne pas mourir un jour, mais la mort n'est pas, de mon vivant, un obstacle à mes projets, car «je suis un libre mortel» qui échappe à sa mort dans son projet même de vivre. Bref, la mort est néant, mais j'ai la liberté de vivre ma vie.

> SA PLACE, SON PASSÉ, SES ENTOURS, SON PROCHAIN, SA MORT CONSTITUENT LA SITUATION DE L'HOMME, ET C'EST UNIQUEMENT DANS CETTE SITUATION ET FACE À ELLE QU'IL EST LIBRE.

En résumé, nous pouvons dire que la liberté ne devient effective qu'à partir du moment où l'être humain se mesure aux différents éléments qui tracent sa SITUATION dans le monde. Dans *L'Être et le Néant*, Sartre éclaire sa conception de la liberté par l'exemple de la mobilisation en temps de guerre: je n'ai pas choisi cette situation; je ne suis pour rien dans le fait que mon pays se soit mis en guerre; ce n'est pas moi qui, personnellement, ai déclaré cette guerre, etc.; mais à l'égard de cette situation, il m'est toujours possible de me choisir soldat combattant ou objecteur de conscience. Autrement dit, si je ne me soustrais pas à cette guerre en désertant ou, à la limite, en me suicidant, elle devient ma guerre, je l'ai choisie, et j'en porte l'entière responsabilité. «Vivre cette guerre, écrit Sartre, c'est me choisir par elle et la choisir par mon choix de moi-même[18]». La liberté sartrienne est donc une liberté en situation dans la mesure où elle s'inscrit dans le parti pris d'agir à l'intérieur d'une situation particulière dont je ne suis pas nécessairement responsable au départ. Être libre, c'est assumer pour soi une situation en prenant le parti d'y agir ou d'y réagir par des actes concrets et réels. En d'autres termes, il dépend toujours de soi, et de soi seul, de choisir telle ou telle attitude

16. Jean-Paul Sartre, *L'Être et le Néant*, p. 628.

17. *Ibid.*, p. 632.

18. *Ibid.*, p. 640.

compte tenu d'une situation donnée: «L'homme est libre, déclare Sartre, parce qu'il peut toujours choisir d'accepter son sort avec résignation ou de se révolter contre lui[19].» Afin de bien illustrer cette thèse sartrienne, un autre exemple peut être apporté: celui d'une personne atteinte d'un cancer à qui les médecins annoncent qu'elle va mourir dans quelques mois. Cette personne n'a pas choisi sa maladie, elle n'est pas libre de ne pas être malade, mais il lui est toujours possible d'appréhender sa maladie de telle ou telle manière: la supporter ou la combattre. Bref, il n'en tiendra qu'à elle de se résigner, et d'attendre patiemment la mort ou, au contraire, d'adopter une attitude de lutte face à sa maladie, de la mépriser, de relever le défi de vivre avec intensité au lieu de croupir dans l'attente du pire à venir. Cette situation constitue, pour la personne souffrant du cancer, la délimitation même de sa liberté, le point à partir duquel commence sa liberté. C'est par le choix qu'elle fera de sa maladie qu'elle se choisira elle-même, qu'elle donnera un sens à son existence, répondra à son destin, contredira la fatalité.

LIBERTÉ INDIVIDUELLE ET LIBERTÉ D'AUTRUI

La liberté sartrienne implique une volonté d'engagement de soi dans chaque situation qu'il nous est donné de vivre. Mais quel est le rapport entre sa liberté et celle des autres?

La liberté comme définition de l'homme ne dépend pas d'autrui mais dès qu'il y a engagement, je suis obligé de vouloir en même temps la liberté des autres, je ne puis prendre ma liberté pour but, que si je prends également celle des autres pour but[20].

En conséquence, l'être humain doit vouloir, selon Sartre, la liberté des autres. C'est individuellement que l'être humain doit découvrir et actualiser pour lui-même les «chemins de la liberté[21]», et ce n'est que dans cette mesure qu'il sera homme, car il n'est que ce qu'il se choisit d'être. Cependant, ce projet – qui le fait être – ne doit pas se refermer sur lui-même; il doit s'actualiser comme *être-au-monde*, c'est-à-dire comme projet en relation avec les autres.

> LA LIBERTÉ HUMAINE EST SOLIDAIRE DE CELLE DES AUTRES HOMMES.

L'EXISTENCE D'AUTRUI (LE POUR-AUTRUI)

Le *cogito* de Descartes («Je pense, donc je suis») permet à l'être humain de prouver son existence en obtenant la certitude qu'il est en train de penser. L'existentialisme sartrien donne au *cogito* une autre fonction: celle de permettre la découverte des autres comme la condition même de sa propre existence.

Le besoin des autres

En tant qu'objet au milieu du monde, nous sommes constamment soumis aux appréciations d'autrui. Or, en posant sur moi un regard qui me renvoie à moi-même, l'autre me permet de m'appréhender, de me jauger. Selon Sartre, nous avons besoin des autres pour prendre conscience de nous-mêmes dans la mesure où nous ne pouvons «rien être (au sens où on dit qu'on est spirituel, ou qu'on est méchant, ou qu'on est jaloux) sauf

---

19. *Action, Mise au point*, 29 décembre, 1944.

20. Jean-Paul Sartre, *L'existentialisme est un humanisme*, p. 83.

21. Titre de l'un des romans de Jean-Paul Sartre présenté sous forme de trilogie (I. *L'Âge de raison*; II. *Le Sursis*; III. *La Mort dans l'âme*) et publié à Paris chez Gallimard, NRF de 1945 à 1949.

si les autres le reconnaissent comme tel[22]». En d'autres mots, je ne peux m'atteindre que par le regard d'un autre. Pour savoir qui je suis, j'ai besoin d'autrui; il est celui par qui je gagne ma réalité. «Pour obtenir une vérité quelconque sur moi, écrit Sartre, il faut que je passe par l'autre. L'autre est indispensable à mon existence, aussi bien d'ailleurs qu'à la connaissance que j'ai de moi[23].» L'autre me confère un caractère. Il est la «condition concrète et transcendante» de mon objectivité. Lorsque, pour me décrire, il utilise les qualités de «bon» ou de «méchant», de «sympathique» ou d'«antipathique», etc., il veut m'atteindre et il m'atteint dans mon être. Même si je ne m'y reconnais pas, je sais pourtant que c'est moi. C'est comme si j'acceptais aussitôt cette image de moi-même qu'autrui me présente, même si elle m'est étrangère. Ensuite, à la lumière de mes propres finalités, il m'appartiendra d'épouser cette image ou de la répudier. Mais, par le regard jeté sur moi, l'autre n'en demeure pas moins celui qui me confirme ou m'infirme à moi-même; de toute façon, il est toujours celui qui m'inquiète, me trouble. Voilà pourquoi autrui peut m'apparaître comme une menace…

La haine des autres

Le regard qu'autrui porte sur moi me permet de me définir, mais en même temps il me «chosifie». «L'autre [est] une liberté posée en face de moi qui ne pense et qui ne veut que pour ou contre moi[24].» Dans l'une de ses pièces de théâtre les plus populaires, *Huis clos*,

Sartre situe en enfer l'action de trois personnages imaginaires. Pour lui, l'enfer n'est pas un lieu de torture physique; on n'y endure ni feu ni gril. Dans *Huis clos*, l'enfer est représenté par un simple salon sans fenêtre, avec seulement trois fauteuils pour Garcin, Inès et Estelle, condamnés à rester seuls ensemble pour toujours.

Le sommet de la souffrance pour l'être humain n'est pas dans la douleur physique; il est dans le voisinage des autres. «Le bourreau, c'est chacun de nous pour les deux autres», dit Inès[25]. En effet, selon l'existentialisme sartrien, l'autre est bourreau de trois façons différentes. D'abord, les autres nous gênent, encombrent notre existence par le seul fait d'être là, surtout quand c'est le hasard qui les y a mis et qu'aucune affinité ne nous lie à eux. Le milieu de travail peut fort bien illuster cette problématique. Le travail que nous faisons nous oblige à côtoyer quotidiennement des collègues. Qui sont-ils? Des gens que nous n'avons pas choisis, qui ne nous ressemblent guère et avec lesquels il nous est parfois difficile de sympathiser. Mais ils sont là, nous agacent, nous irritent, nous énervent. Deuxièmement, l'autre représente le bourreau dans la mesure où il est souvent incapable de nous donner ce que nous aimerions recevoir de lui. Ce qui occasionne, bien sûr, de nombreux malentendus et de multiples déceptions. La pièce *Huis clos* met en lumière de belle façon cette seconde dimension du rapport à autrui. Garcin, le personnage masculin, est mort lâche. Il essaie tant bien que mal de se construire une image d'homme fort et assuré, d'abord pour lui-même

22. Jean-Paul Sartre, *L'existentialisme est un humanisme,* p. 66.

23. *Ibid.*, p. 67.

24. *Ibid.*, p. 67.

25. Jean-Paul Sartre, *Huis clos*, Paris, Éditions Gallimard, coll. «Le livre de poche», 1967, p. 34.

mais aussi pour les yeux d'Estelle. Mais à quoi bon tenter de paraître ce qu'il n'est pas, de séduire Estelle, puisqu'elle représente tout ce qu'il ne peut pas supporter chez une femme: un intérêt excessif porté à son apparence, un besoin constant d'être rassurée, une naïveté et une superficialité criantes. Estelle ne peut donc rien apporter à Garcin. Inès, quant à elle, est lesbienne. Elle fait preuve de dureté, ne ménage pas ses compagnons d'infortune, les oblige à se reconnaître tels qu'ils sont. Elle les immobilise dans leur fatalité. Cependant, elle a besoin des autres, d'Estelle en particulier; mais elle ne peut rien attendre d'elle, puisque Estelle n'a d'yeux que pour Garcin...

Enfin, autrui nie ma liberté ou l'étouffe du simple fait d'être un autre que moi, un sujet qui me réduit à l'état d'objet en me JUGEANT d'une manière implacable, inexorable. Les trois personnages de *Huis clos* se jugent constamment les uns les autres. Ils connaissent l'angoisse infernale de devenir des personnes-choses par le regard de l'autre. Sous ce regard, ils ne peuvent plus fuir, figés qu'ils sont par l'œil qui les voit. «Ah! Comme tu vas payer à présent, dit Inès. Tu es un lâche, Garcin, un lâche parce que je le veux. Je le veux, tu entends, je le veux[26]!» L'enfer de *Huis clos*, c'est en image, notre condition d'ici-bas où les autres nous condamnent à être ce qu'ils jugent que nous sommes. Ainsi, lorsque quelqu'un, catégorique, me dit que je suis un salaud, un ingrat ou un jaloux, je deviens cela à ses yeux; désormais, pour lui, je ne suis que cela. Il me pétrifie, me fixe à tout jamais dans le rôle de salaud, d'ingrat ou de jaloux. Et c'est pourquoi Sartre, par la bouche de Garcin, s'écrie à la toute fin de *Huis clos*: «L'enfer, c'est les Autres[27].» Cet enfer, soyons-en certain, peut nous conduire à la haine d'autrui. L'engagement avec et pour les autres permet d'éviter cet écueil.

> PAR LE JUGEMENT QU'IL PORTE SUR MOI, AUTRUI M'ASSUJÉTIT, ME REND ESCLAVE DE VALEURS QUI ME QUALIFIENT DE L'EXTÉRIEUR, SANS QUE JE PUISSE AGIR SUR CETTE QUALIFICATION.

L'acte individuel engage toute l'humanité

L'existence d'autrui commande l'obligation, selon Sartre, de considérer nos propres choix individuels comme devant être valables pour tous les autres.

> Quand nous disons que l'homme se choisit, nous entendons que chacun d'entre nous se choisit, mais par là nous voulons dire aussi qu'en se choisissant il choisit tous les hommes. En effet, il n'est pas un de nos actes qui, en créant l'homme que nous voulons être, ne crée en même temps une image de l'homme tel que nous estimons qu'il doit être[28].

En d'autres mots, cela veut dire que l'être humain que nous choisissons d'être par nos actes, que cette image de nous-mêmes que nous offrons aux autres n'engage pas que nous-mêmes, mais engage l'humanité entière. C'est une sorte de portrait de l'humain que nous proposons à nos semblables, portrait valable pour toute l'époque dans laquelle nous vivons.

Sartre apporte l'exemple du choix individuel de se marier et de fonder une famille. «Même si ce mariage, dit-il, dépend uniquement de ma situation, ou de ma passion, ou de mon désir, par là j'engage non seulement moi-même, mais l'humanité entière sur la voie de la monogamie[29].» Par son existence même et les choix qu'il privilégie, l'être humain est engagé dans son monde et dans son époque. Il choisit d'être ceci ou cela. Il l'affirme

---

26. *Ibid.*, p. 73.

27. *Ibid.*, p. 75.

28. Jean-Paul Sartre, *L'existentialisme est un humanisme*, p. 25.

29. *Ibid.*, p. 27.

pour lui-même; mais, en même temps, il propose à tous la valeur de ce choix. Les actes individuels que l'être humain pose lui permettent de se définir à ses propres yeux, mais en même temps, ils se doivent d'être bons pour tous. Ainsi, nous sommes responsables pour nous-mêmes et pour tous, car chaque acte humain présente une idée de l'humanité. Cette responsabilité immense nous confronte à l'angoisse.

L'ÊTRE HUMAIN EST ANGOISSE

«Nous *sommes* angoisse», écrit Sartre dans *L'Être et le Néant*[30]. L'angoisse naît lorsque nous prenons conscience qu'en choisissant d'agir de telle façon, nous portons le poids de l'humanité sur nos épaules.

> Tout se passe comme si, pour tout homme, toute l'humanité avait les yeux fixés sur ce qu'il fait et se réglait sur ce qu'il fait. Et chaque homme doit se dire: suis-je bien celui qui a le droit d'agir de telle sorte que l'humanité se règle sur mes actes[31]?

Bien sûr, une telle question engendre une très grande responsabilité dans la conscience de la personne qui se la pose, d'où un sentiment d'inquiétude, d'angoisse. Mais qu'est-ce que l'angoisse sartrienne? Dans son roman *La Nausée*, Sartre fait dire à Roquentin: «Tout existant naît sans raison, se prolonge par faiblesse et meurt par rencontre[32].» L'angoisse est justement ce sentiment d'être jeté dans une existence fortuite, donnée pour rien, d'être une situation de hasard; d'où le sentiment d'absurdité lié à l'existence de l'homme.

L'existence humaine est absurde dans la mesure où elle est d'abord dépourvue de sens, où elle ne peut être justifiée de manière rationnelle. Sartre utilise le concept de *facticité* pour exprimer le caractère forfuit, non nécessaire de l'existence de l'homme. «Ma facticité, [c'est] le fait que les choses *sont là* simplement comme elles sont et que *je suis là* parmi elles[33].» Par le caractère injustifiable des choses posées là, et de moi existant parmi elles, je ressens la nausée: j'éprouve une espèce de malaise, de dégoût face à ma propre existence et face à l'existence des choses. Un jour, dans le jardin public de Bouville, Roquentin est à nouveau envahi par la nausée. Il se sent «de trop» dans un monde sans raison ni finalité:

> Tous ces objets… comment dire? Ils m'incommodaient; j'aurais souhaité qu'ils existassent moins fort, d'une façon plus sèche, plus abstraite, avec plus de retenue. Le marronnier se pressait contre mes yeux. Une rouille verte le couvrait jusqu'à mi-hauteur; l'écorce, noire et boursoufflée, semblait de cuir bouilli. Le petit bruit d'eau de la fontaine Masqueret se coulait dans mes oreilles et s'y faisait un nid, les emplissait de soupirs; mes narines débordaient d'une odeur verte et putride. Toutes choses, doucement, tendrement, se laissaient aller à l'existence comme ces femmes lasses qui

30. Jean-Paul Sartre, *L'Être et le Néant*, p. 81.

31. Jean-Paul Sartre, *L'existentialisme est un humanisme*, p. 31.

32. Jean-Paul Sartre, *La Nausée*, Paris, Éditions Gallimard, coll. «Le livre de poche», 1954, p. 189.

33. Jean-Paul Sartre, *L'Être et le Néant*, p. 633-634.

s'abandonnent au rire et disent: «C'est bon de rire» d'une voix mouillée; elles s'éta-laient, les unes en face des autres, elles se faisaient l'abjecte confidence de leur exis-tence. Je compris qu'il n'y avait pas de milieu entre l'inexistence et cette abondance pâmée. Si l'on existait, il fallait *exister jusque-là*, jusqu'à la moissisure, à la boursouf-flure, à l'obscénité. Dans un autre monde, les cercles, les airs de musique gardent leurs lignes pures et rigides. Mais l'existence est un fléchissement. Des arbres, des piliers bleu de nuit, le râle heureux d'une fontaine, des odeurs vivantes, de petits brouillards de chaleur qui flottaient dans l'air froid, un homme roux qui digérait sur un banc: toutes ces somnolences, toutes ces digestions prises ensemble offraient un aspect vaguement comique. Comique... non: ça n'allait pas jusque là, rien de ce qui existe ne peut être comique; c'était comme une analogie flottante, presque insaisis-sable avec certaines situations de vaudeville. Nous étions un tas d'existants gênés, embarrassés de nous-mêmes, nous n'avions pas la moindre raison d'être là, ni les uns ni les autres, chaque existant, confus, vaguement inquiet, se sentait de trop par rap-port aux autres. *De trop*: c'était le seul rapport que je puisse établir entre ces arbres, ces grilles, ces cailloux. En vain cherchais-je à *compter* les marronniers, à les situer par rapport à la Velléda, à comparer leur hauteur avec celle des platanes: chacun d'eux s'échappait des relations où je cherchais à l'enfermer, s'isolait, débordait. Ces relations (que je m'obstinais à maintenir pour retarder l'écoulement du monde humain, des mesures, des quantités, des directions) j'en sentais l'arbitraire; elles ne mordaient plus sur les choses. *De trop*, le marronnier, là en face de moi un peu sur la gauche. *De trop* la Velléda...

Et *moi* – veule, alangui, obscène, digérant, ballotant de mornes pensées – moi aussi j'étais de trop[34].

Puisque l'être humain ne peut trouver aucun secours dans un signe donné sur terre qui pourrait l'orienter, puisqu'il est sans appui, il éprouve l'angoisse du vide. Puisqu'il n'y a aucune morale générale qui puisse nous indiquer ce qu'il y a à faire, puisqu'«il n'y a pas de signe dans le monde[35]», l'angoisse est le lot de la réalité humaine. Ce n'est pas le monde extérieur (l'EN-SOI) qui constitue une menace et qui susciterait chez moi l'angoisse. D'ailleurs, nous devrions à ce moment parler de peur plutôt que d'angoisse. Celui qui a peur craint tel objet ou telle situation du monde qu'il appréhende comme un danger.

> L'EN-SOI DÉSIGNE L'ÊTRE DES CHOSES QUI CONSTITUE UNE PLÉNITUDE D'ÊTRE PARCE QUE LES CHOSES SONT CE QU'ELLES SONT.

Alors que l'angoisse émane du pour-soi lui-même. Elle correspond à l'incertitude que con-naît la conscience devant son avenir qu'elle n'est pas encore, mais qu'elle est totalement libre de faire. En ce sens, l'angoisse est la conscience de ne pouvoir faire autrement que d'être libre; c'est la conscience qui s'angoisse elle-même d'avoir devant elle un choix à faire...

LA MAUVAISE FOI

Confronté au choix d'adopter une attitude d'acceptation ou de refus face à une situa-tion donnée, l'être humain éprouve de l'angoisse. Lorsque incapable d'assumer la respon-sabilité du choix, et pour fuir l'angoisse qui en résulte, la conscience peut se dérober et choisir sans choisir. Nous avons affaire alors à de la mauvaise foi.

---

34. Jean-Paul Sartre, *La Nausée*, p. 180-182.
35. Jean-Paul Sartre, *L'existentialisme est un humanisme*, p. 47.

La mauvaise foi est définie par Sartre comme «un mensonge à soi»: c'est comme si la conscience se mentait à elle-même. Cependant, on est loin du «mensonge tout court»:

> L'essence du mensonge implique, en effet, que le menteur soit complètement au fait de la vérité qu'il déguise. On ne ment pas sur ce qu'on ignore, on ne ment pas lorsqu'on répand une erreur dont on est soi-même dupe, on ne ment pas lorsqu'on se trompe[36].

> Le mensonge implique une dualité entre moi qui trompe et autrui qui est trompé. Je connais parfaitement la vérité et je la cache ou la déforme à quelqu'un qui ne sait pas. Avec la mauvaise foi, il s'agit d'autre chose, car le trompeur et le trompé se retrouvent dans la même personne.

> Dans la mauvaise foi, c'est à moi-même que je masque la vérité. […] On ne subit pas sa mauvaise foi, on n'en est pas affecté, ce n'est pas un état. Mais la conscience s'affecte elle-même de mauvaise foi. Il faut une intention première et un projet de mauvaise foi[37].

Afin de mieux cerner la problématique de la mauvaise foi, Sartre examine une conduite particulière: celle d'une jeune femme qui s'est rendue à un premier rendez-vous que lui a donné un homme[38]. Assise à la table d'un café, face à cet homme, elle sait parfaitement les intentions et l'intérêt que ce dernier lui porte. Pour l'heure, elle s'attache seulement au fait que les propos de son partenaire sont discrets et respectueux. Au fond, elle ne tient pas à être uniquement objet de respect. Elle est sensible, voire flattée du désir que cet homme lui manifeste, mais en même temps, elle s'offusquerait d'un désir trop direct, trop affiché qui ne s'adresserait qu'à son corps comme objet. Elle refuse donc de reconnaître le désir pour ce qu'il est: elle ne le nomme pas et préfère ne retenir que l'admiration, l'estime, le respect que l'homme lui témoigne. Mais l'homme lui prend la main… Retirera-t-elle sa main ou la lui laissera-t-elle? Elle se doit de choisir. Si elle abandonne sa main, elle s'engage en quelque sorte et participe au jeu de la séduction. Si elle la retire, elle rompt le charme… La jeune femme abandonne sa main, mais sans s'apercevoir qu'elle l'abandonne. Elle devient alors «tout esprit»: une personne, une conscience qui parle de la vie, de sa vie de façon tout à fait détachée. «Et pendant ce temps, le divorce du corps et de l'âme est accompli; la main repose inerte entre les mains chaudes de son partenaire: ni consentante ni résistante – une chose[39].» De toute évidence, cette femme est de mauvaise foi. Elle a constamment joué sur deux tableaux à la fois. Tout en se permettant de jouir du charme de la situation, elle a réduit – pour les porter au-delà du désir physique – les conduites de l'homme comme si elles n'étaient pas ce qu'elles sont, comme si elles étaient neutres, sans signification. Elle les a fait exister, dit Sartre, «sur le mode de l'en-soi». La MAUVAISE FOI correspond au jeu («mode d'être») de la conscience (le pour-soi) qui adopte une attitude ambiguë et contradictoire constituant «la réalité humaine comme un être qui est ce qu'il n'est pas et qui n'est pas ce qu'il est[40]». On utilise en quelque sorte la mauvaise foi «pour fuir ce qu'on ne peut pas fuir, pour fuir ce qu'on est[41]», c'est-à-dire un homme sans Dieu, un homme qui doit se faire.

LA MAUVAISE FOI DEMEURE POUR L'ÊTRE HUMAIN «UNE MENACE IMMÉDIATE ET PERMANENTE»: CELLE DE REFUSER LA LIBERTÉ ET L'ANGOISSE INHÉRENTES À NOTRE CONDITION.

36. Jean-Paul Sartre, *L'Être et le Néant*, p. 86.

37. *Ibid.*, p. 87.

38. Cet exemple est décrit aux pages 94 et 95 de *L'Être et le Néant*.

39. Jean-Paul Sartre, *L'Être et le Néant*, p. 95.

40. *Ibid.*, p. 103.

41. *Ibid.*, p. 111.

UN HOMME SANS DIEU ET QUI SE FAIT

Puisque l'existentialisme sartrien est de type athée, il affirme que: «Si Dieu n'existe pas, il y a au moins un être chez qui l'**existence** précède l'**essence**, un être qui existe avant d'être défini par aucun concept et que cet être c'est l'homme[42].» Aucun caractère essentiel ne peut donc définir l'homme. L'homme n'est pas, seul l'être humain existe, et en existant, il se fait peu à peu:

> Cela signifie tout simplement que l'homme est[43] d'abord, et qu'ensuite seulement il est ceci ou cela: c'est en se jetant dans le monde, en y souffrant, en y luttant qu'il se définit peu à peu, et la définition demeure ouverte[44].

Ce parti pris en faveur de l'existence fait en sorte que «l'homme existe d'abord, se rencontre, surgit dans le monde, et qu'il se définit après[45]». Pour Sartre, l'être humain ne se conçoit qu'à partir de son existence, il «n'est rien d'autre que ce qu'il se fait[46]», il se définit par «l'ensemble de ses actes[47]». C'est à lui, et à lui seul, de tracer sa propre figure dans le monde. À la question «Qui suis-je?», tout existentialiste sartrien répondrait: «Je suis ma vie, c'est-à-dire tout ce que j'ai fait jusqu'à présent, tous les actes que je pose maintenant et toutes les "entreprises" que je ferai dans l'avenir.» D'ailleurs, l'être humain est, selon Sartre, «ce qui se jette vers un avenir et qui est conscient de se projeter dans l'avenir. L'homme est d'abord un projet qui se vit subjectivement […] L'homme sera d'abord ce qu'il aura projeté d'être[48]».

Pour saisir toute la portée de cette conception de l'être humain, il faut bien comprendre la signification que Sartre accorde au mot «projet». «Je suis un projet» ne veut pas dire «je veux être quelqu'un» ou «je veux faire quelque chose», au sens où je veux être un astronaute ou encore adhérer à tel parti politique sans jamais poser la moindre action qui me dirigerait ou me confirmerait dans cette voie. L'être humain est un projet dans le sens qu'il se fait ce qu'il a projeté d'être par ses actes. L'exemple du choix de carrière peut très bien illustrer ce que Sartre entend par l'être humain en tant que projet. L'auteur de ce manuel a choisi un jour de devenir un professeur de philosophie. Pour que ce projet se réalise, il a fallu qu'il pose, dans le passé, une série d'actes sans lesquels il ne serait jamais devenu professeur de philosophie. Faire parvenir à l'université une demande d'inscription, assister aux cours, remettre les travaux prescrits, passer les examens, produire un mémoire afin d'obtenir avec succès le diplôme de maîtrise certifiant une compétence en philosophie. Et la liste ne s'arrête pas là. Par la suite, il a dû envoyer son curriculum vitæ dans différents collèges, se présenter à l'entrevue à laquelle l'un d'eux l'invitait, y offrir ses services et ses qualifications. Une fois engagé, il a dû préparer des cours, les donner, évaluer les notions enseignées aux étudiants. Et depuis vingt-trois ans, il pose des actes pédagogiques qui le confirment en tant que professeur de cette discipline. Si, dans l'avenir, il désire encore être un professeur de philosophie, c'est-à-dire rester vivant et dynamique dans ce projet (du verbe *projicere*, jeter au loin), il n'en tiendra qu'à lui de continuer à l'actualiser sans cesse. Cet exemple nous introduit au problème de la responsabilité chez Sartre.

ESSENCE / EXISTENCE

Pour la philosophie classique, l'existence désigne le fait d'être, c'est-à-dire la réalité vivante, vécue, par opposition à l'essence, qui dit ce qu'est une chose, ce qui constitue sa nature intime.

---

42. Jean-Paul Sartre, *L'existentialisme est un humanisme*, p. 21.
43. Il faut prendre ce «est» dans le sens d'«exister».
44. *Action, Mise au point*, déc. 1944.
45. Jean-Paul Sartre, *L'existentialisme est un humanisme*, p. 21.
46. *Ibid.*, p. 22.
47. *Ibid.*, p. 55.
48. *Ibid.*, p. 23.

L'être humain est pleinement responsable

Si vraiment l'être humain n'est que ce qu'il fait de lui-même, il s'ensuit logiquement qu'il détient l'entière responsabilité de ce qu'il est et de ce qu'il devient. Sartre l'affirme catégoriquement en écrivant que «la première démarche de l'existentialisme est de mettre tout homme en possession de ce qu'il est et de faire reposer sur lui la responsabilité totale de son existence[49]».

Conséquemment, l'être humain ne peut invoquer aucune circonstance atténuante, comme il ne peut se réfugier derrière aucun déterminisme pour se justifier de n'avoir pas fait ceci ou cela, de n'être pas ceci ou cela. Tout le mérite ou toute la faute de ce qu'il est ne revient qu'à lui seul. Pour illustrer ce fait, Sartre nous donne l'exemple d'une personne qui fait preuve de lâcheté. Un lâche est responsable de sa lâcheté. Il ne peut attribuer les causes de sa lâcheté à l'hérédité, à l'action du milieu ou de la société sur lui. Il est comme cela parce qu'il «s'est construit lâche par ses actes… [Or]… il y a toujours une possibilité pour le lâche de ne plus être lâche[50]». Un autre exemple peut mettre en lumière la responsabilité totale de l'être humain quant à ses choix existentiels: celui du voleur de banque. Si un individu commet un vol à main armée, il ne peut rejeter la faute sur une prédisposition génétique ou sur son éducation familiale ou sur son environnement social. Car c'est lui seul qui s'est présenté ce matin-là à telle banque, a braqué son arme en direction de la caissière, a demandé le contenu du tiroir-caisse. La faute lui revient totalement. Il en est entièrement responsable. C'est lui seul qui s'est construit librement comme voleur et qui, ce faisant, a donné un sens, une valeur (négative, dans ce cas) à l'existence absurde et factice.

L'être humain invente les valeurs

Les détracteurs de l'existentialisme sartrien accusent généralement Sartre de présenter une conception pessimiste de l'être humain. Puisque nous sommes jetés dans un monde que nous n'avons pas choisi, puisque nous sentons le réel comme absurde, puisque nous ne sommes que des êtres gratuits dont rien ne justifie l'existence, cette philosophie nous conduirait à l'impasse. Telle n'est pas la façon dont nous interprétons le portrait de l'être humain que nous livre Sartre.

L'existentialisme sartrien ne condamne pas l'être humain au désespoir. Au contraire, il l'engage à sortir de l'angoisse inhérente à l'humain en donnant un sens à sa vie qui, au départ, n'en a pas. L'existence est donnée pour rien, mais l'homme est libre d'en faire quelque chose. Conséquemment, nous pouvons dire que Sartre appelle l'être humain à se construire lui-même dans l'action, à inventer les valeurs à partir desquelles il orientera ses actes. Car les valeurs ne sont pas déjà là dans le monde, offertes. C'est l'homme qui crée les valeurs. C'est par sa conscience que l'individu donne un sens à son existence. Bien sûr, il ne s'agit pas ici d'une conscience éthérée qui plane au-dessus des choses et des êtres, mais bien d'une conscience agissante qui s'actualise dans des situations concrètes permettant à l'être humain de rendre, à ses propres yeux, son existence signifiante. C'est ce qui amène Sartre à dire que «l'homme, sans appui et sans secours, est condamné à chaque instant à inventer l'homme[51]».

---

49. Jean-Paul Sartre, *L'existentialisme est un humanisme*, p. 24.

50. *Ibid.*, p. 60 et p. 62.

51. *Ibid.*, p. 38.

SARTRE AUJOURD'HUI

APOLOGIE
Discours ou écrit qui se porte à la défense d'une thèse ou d'un comportement.

L'existentialisme sartrien athée pose la subjectivité individuelle comme un absolu. C'est le Je, qui, en assumant son entière liberté – dans les limites de sa situation dans le monde –, se fait, se construit en tant qu'être humain responsable. Ne peut-on reconnaître dans cette conception de l'homme l'**apologie**, à laquelle nous assistons présentement, du Je autosuffisant qui cherche à se réaliser par lui-même et pour lui-même[52]?

Plusieurs critiques de l'époque contemporaine considèrent, en effet, que les jeunes adultes d'aujourd'hui ne s'intéressent qu'à leur moi devenu objet de culte. Ces derniers ne vivraient qu'en fonction de leurs intérêts individuels exacerbés qu'ils cumuleraient en une quête illimitée de liberté, mais sans son corollaire sartrien: la responsabilité!

Cette folle et désespérée recherche de liberté tous azimuts ne pourrait-elle pas mettre en lumière le fait que les jeunes adultes ne sont pas libres? Selon Sartre, nous nous définissons librement par ce que nous faisons. Par exemple, je suis étudiant au cégep, mais le suis-je par choix personnel? Ais-je choisi en toute liberté tel programme de formation parce que ce dernier correspondait à mes goûts? Est-ce que je me rends responsable des choix quotidiens que je suis amené à faire?

Dans un autre ordre d'idées, on dit que les jeunes adultes constituent la clientèle-cible de l'industrie du vêtement, car ils suivent la mode. Or, suivre la mode, ne serait-ce pas une conduite de mauvaise foi? La mode peut, en effet, avoir comme fonction de conjurer l'angoisse. Elle procurerait une sécurité, celle de voguer dans des «eaux connues», pas celles d'hier, ni celles de demain, puisqu'il s'agit toujours de «la mode», c'est-à-dire de ce qui est. Au fond, être à la mode, c'est vouloir se distinguer en étant pareil aux autres! C'est «choisir» d'être différent en étant pareil! C'est nous présenter à nous-mêmes et aux autres sous l'apparât d'un vêtement qui ne nous définit pas toujours tel que nous sommes vraiment. Sommes-nous les vêtements que nous portons? Est-ce que nous nous choisissons sans nous choisir en portant les mêmes jeans ou en arborant la même casquette? Refuse-t-on la liberté et l'angoisse inhérentes à la condition humaine en suivant la mode?

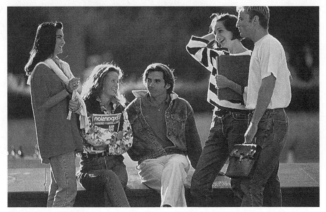

ÊTRE À LA MODE, C'EST VOULOIR SE DISTINGUER EN ÉTANT PAREIL AUX AUTRES.

52. Voir à ce sujet la section «Nietzsche aujourd'hui», aux pages 98 et 99 du chapitre 4.

DÉPERSONNA-LISATION

État de celui qui a été dépossédé de ce qui le caractérisait comme personnalité originale.

Est-on vraiment libre aujourd'hui? Dans le contexte actuel de **dépersonnalisation**, d'avenir qu'on dit bloqué et de lourdeurs des institutions, peut-on affirmer avec Sartre que le propre de l'homme est de créer sa réalité en se dépassant vers les fins qu'il se donne lui-même? En d'autres termes, peut-on concéder à l'être humain le pouvoir de créer sa propre destinée? Ce que nous estimons être notre vie propre – parce que choisie librement et volontairement – ne constituerait-il pas, au contraire, le fruit de conditionnements divers, voire de multiples déterminismes dont nous ignorions l'existence? La liberté serait alors un concept vide qui n'aurait aucune prise dans la vie réelle. L'illusion d'être libre résulterait tout simplement d'une inconscience des déterminismes qui influent sur ce que nous appelons «nos choix». La liberté correspondrait alors à un idéal, à un vœu pieux, à une chimère.

Une autre grille d'interprétation pourrait dire que cette liberté imaginaire masque notre paresse, notre impuissance, nos faiblesses, nos incapacités qui font que nous n'osons pas déployer le courage nécessaire pour affronter les déterminismes héréditaires, psychologiques ou sociaux dont nous sommes, en fait, l'objet. En effet, il faut beaucoup de courage et de persévérance pour construire sa vie ou, comme l'affirmerait Sartre, être le sujet de sa propre existence sans utiliser des alibis tels que «Je ne suis pas doué pour faire ceci»; «Mon tempérament, mon caractère ne me permet pas de réaliser cela»; «Mon milieu social m'a conditionné à être ceci ou cela».

Par ailleurs, il faut reconnaître qu'affirmer sa liberté, c'est souvent prendre des risques, c'est se mettre en état de fragilité, de déséquilibre, c'est affronter l'éventuelle réprobation d'autrui. Est-ce une folle espérance que de se construire soi-même comme projet dans le monde d'aujourd'hui? Est-ce un sombre défaitisme que de penser qu'un tel projet est à priori empêché par les déterminismes de tout acabit? S'abandonner à ce que le destin a fait de soi, se résigner au cours des choses est une seule et même attitude: l'abdication devant sa responsabilité d'être et de se faire parmi les objets et les hommes que nous choisissons de privilégier.

Mais nous voilà, à nouveau, imprégnés de l'existentialisme sartrien qui proclame que c'est à l'homme de se faire lui-même et de faire le sens! De toute évidence, la philosophie sartrienne s'oppose d'une manière irréductible aux théories déterministes et, en particulier, au béhaviorisme skinnérien qui envisage l'être humain comme un produit du milieu.

Le prochain et dernier chapitre fera la présentation de cette conception de l'homme en tant qu'être déterminé.

Résumé schématique de l'exposé

Jean-Paul Sartre et les existentialismes de l'après-guerre

1. Il n'existe pas une, mais plusieurs philosophies existentialistes. Les plus importantes sont celles de Sören Kierkegaard, Karl Jaspers, Martin Heidegger, Gabriel Marcel, Simone de Beauvoir et Jean-Paul Sartre, fondateur de l'existentialisme athée.

2. La préoccupation commune de ces philosophies est l'existence de l'être humain prise dans sa réalité et dans sa singularité concrètes. Ce qui les intéresse, c'est la subjectivité de l'individu engagé dans le monde.

3. Cet engagement est à l'image de la philosophie et de la vie de Sartre, qui a traversé notre siècle en marquant de son influence le monde philosophique, littéraire, théâtral, journalistique et politique.

L'être humain comme liberté

1. À la question «Qu'est-ce que l'être humain?», Sartre répond: «*J(e) existe* comme conscience de soi (pour-soi) en tant que liberté.»

2. Puisqu'il n'y a pas de nature humaine qui définirait tous les humains, et puisque Dieu n'existe pas, «l'homme est condamné à être libre».

3. La liberté est le pouvoir de la conscience de *néantiser*, c'est-à-dire d'annihiler les divers déterminismes dont elle peut être l'objet.

4. Cette liberté, qui constitue l'être de l'homme, se manifeste dans tous les actes qu'il pose.

Être libre, c'est choisir

L'être humain est obligé de choisir car même s'il ne choisit pas, il choisit encore: il s'abstient.

Liberté en situation

1. Ma liberté se manifeste lorsque je me mesure aux éléments fondamentaux qui tracent ma situation dans le monde.

   • Ma place: J'ai l'entière liberté de donner une signification existentielle à la place que j'occupe ou à celle que j'occuperai.

   • Mon passé: Je choisis le sens que je veux donner à mon passé à la lumière du choix que je fais de mon présent.

   • Mes entours: C'est ma liberté qui exprime et constitue les entours en situation, c'est-à-dire comme des éléments ayant un rapport adverse ou complice avec mon projet et moi-même.

   • Mon prochain: Autrui me confère un sens que je ne me suis pas donné moi-même, mais la liberté me donne le pouvoir d'accepter ou de refuser la définition que l'autre m'attribue.

   • Ma mort: Je n'ai pas le choix de ne pas mourir, mais la mort n'est pas, de mon vivant, un obstacle à mon projet. Car je possède la liberté de vivre ma vie.

2. En somme, la liberté sartrienne est une liberté en situation dans la mesure où l'être humain doit toujours choisir une attitude d'acceptation ou de refus face à une situation donnée.

Liberté individuelle et liberté d'autrui

L'homme est liberté (il n'est que ce qu'il se choisit d'être) et il doit vouloir la liberté des autres.

L'existence d'autrui (le pour-autrui)

1. Le besoin des autres: J'ai besoin des autres pour me définir. Par le regard qu'il porte sur moi, l'autre me confirme ou m'infirme à moi-même.

2. La haine des autres: L'autre est bourreau de trois façons différentes.

- Il me gêne, encombre mon existence par le seul fait d'être là.

- Il est souvent incapable de me donner ce que j'aimerais recevoir de lui.

- Il nie ma liberté ou l'étouffe en me jugeant inexorablement. Il me «chosifie», me réduit à l'état d'objet.

3. L'acte individuel engage toute l'humanité. Mes propres choix individuels se doivent d'être valables pour tous les autres. Par mes actes, je propose à autrui un portrait de l'humain valable pout toute l'époque dans laquelle je vis.

L'être humain est angoisse

1. L'angoisse naît lorsque je prends conscience qu'en choisissant d'agir de telle façon, l'humanité peut se régler sur mes actes.

2. L'angoisse est le sentiment d'être jeté dans une existence factice et donnée pour rien.

3. L'angoisse, c'est avoir la nausée, c'est se sentir «de trop» dans un monde absurde, sans raison ni finalité.

4. L'angoisse correspond à l'incertitude que connaît la conscience d'avoir devant elle des possibles infinis.

La mauvaise foi

1. Il y a mauvaise foi quand la conscience se dérobe face à la responsabilité du choix et qu'elle choisit sans choisir. La conscience se ment alors à elle-même.

2. La mauvaise foi correspond au mode d'être de la conscience qui adopte une attitude ambiguë et contradictoire qui fuit ce qu'elle est.

Un homme sans Dieu et qui se fait

Puisque l'existence précède l'essence, l'être humain est un projet qui se fait peu à peu. En conséquence, il se définit par l'ensemble de ses actes.

L'être humain est pleinement responsable

L'homme ne peut se justifier d'être ceci ou cela en invoquant des circonstances atténuantes ou en se réfugiant derrière des déterminismes. Tout le mérite ou toute la faute ne revient qu'à lui seul.

L'être humain invente les valeurs

C'est par sa conscience que l'être humain donne un sens à sa vie – qui n'en a pas au départ – en créant les valeurs, c'est-à-dire en posant des actes qui le constituent et rendent son existence signifiante.

Sartre aujourd'hui

1. Peut-on mettre en parallèle la subjectivité et la liberté sartriennes avec l'apologie actuelle d'un *Je* autosuffisant qui cherche à se réaliser par lui-même et pour lui-même?

2. «Suivre la mode», est-ce faire preuve de mauvaise foi?

3. Dans le contexte actuel de dépersonnalisation, d'avenir bloqué et de lourdeurs des institutions, peut-on être libre?

4. Est-ce une folle espérance que de se construire soi-même comme projet dans le monde d'aujourd'hui?

5. Est-ce un sombre défaitisme que de penser qu'un tel projet est à priori empêché par les déterminismes de tout acabit?

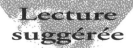

Lecture suggérée

La lecture de l'œuvre suivante est suggérée dans son intégralité ou en extraits importants:

SARTRE, Jean-Paul. *L'existentialisme est un humanisme*, Paris, Les Éditions Nagel, coll. «Pensées», 1968, 141 p.

Activités d'apprentissage

A

Analyse et critique de texte

Objectifs spécifiques

L'étudiant ou l'étudiante devra être capable:

- de démontrer sa compréhension en expliquant et en commentant des contenus partiels d'un texte de Sartre;

- d'évaluer le contenu, c'est-à-dire d'exprimer son accord ou son désaccord (et en donner les raisons) sur la conception de l'être humain mise de l'avant par Sartre dans ce texte.

TEXTE DE SARTRE

L'existentialisme
est un humanisme

Le quiétisme c'est l'attitude des gens qui disent: les autres peuvent faire ce que je ne peux pas faire. La doctrine que je vous présente est justement à l'opposé du quiétisme, puisqu'elle déclare: il n'y a de réalité que dans l'action; elle va plus loin d'ailleurs, puisqu'elle ajoute: l'homme n'est rien d'autre que son projet, il n'existe que dans la mesure où il se réalise, il n'est donc rien d'autre que l'ensemble de ses actes, rien d'autre que sa vie. D'après ceci, nous pouvons comprendre pourquoi notre doctrine fait horreur à un certain nombre de gens. Car souvent ils n'ont qu'une seule manière de supporter leur misère, c'est de penser:

«Les circonstances ont été contre moi, je valais beaucoup mieux que ce que j'ai été; bien sûr, je n'ai pas eu de grand amour, ou de grande amitié, mais c'est parce que je n'ai pas rencontré un homme ou une femme qui en fussent dignes, je n'ai pas écrit de très bons livres, c'est parce que je n'ai pas eu de loisirs pour le faire; je n'ai pas eu d'enfants à qui me dévouer, c'est parce que je n'ai pas trouvé l'homme avec lequel j'aurais pu faire ma vie. Sont restées donc, chez moi, inemployées, et entièrement viables une foule de dispositions, d'inclinations, de possibilités qui me donnent une valeur que la simple série de mes actes ne permet pas d'inférer.»

Or, en réalité pour l'existentialiste, il n'y a pas d'amour autre que celui qui se construit, il n'y a pas de possibilité d'amour autre que celle qui se manifeste dans un amour; il n'y a pas de génie autre que celui qui s'exprime dans des œuvres d'art: le génie de Proust c'est la totalité des œuvres de Proust; le génie de Racine c'est la série de ses tragédies, en dehors de cela il n'y a rien; pourquoi attribuer à Racine la possibilité d'écrire une nouvelle tragédie, puisque précisément il ne l'a pas écrite? Un homme s'engage dans sa vie, dessine sa figure, et en dehors de cette figure il n'y a rien. Évidemment, cette pensée peut paraître dure à quelqu'un qui n'a pas réussi sa vie. Mais d'autre part, elle dispose les gens à comprendre que seule compte la réalité, que les rêves, les attentes, les espoirs permettent seulement de définir un homme comme rêve déçu, comme espoirs avortés, comme attentes inutiles; c'est-à-dire que ça les définit en négatif et non en positif; cependant quand on dit «tu n'es rien d'autre que ta vie», cela n'implique pas que l'artiste sera jugé uniquement d'après ses œuvres d'art; mille autres choses contribuent également à le définir. Ce que nous voulons dire, c'est qu'un homme n'est rien d'autre qu'une série d'entreprises, qu'il est la somme, l'organisation, l'ensemble des relations qui constituent ces entreprises.

PESSIMISME OU DURETÉ OPTIMISTE?

Dans ces conditions, ce qu'on nous reproche là, ça n'est pas au fond notre pessimisme, mais une dureté optimiste. Si les gens nous reprochent nos œuvres romanesques dans lesquelles nous décrivons des être veules, faibles, lâches et quelquefois même franchement mauvais, ce n'est pas uniquement parce que ces êtres sont veules, faibles, lâches ou mauvais: car si, comme Zola, nous déclarions qu'ils sont ainsi à cause de l'hérédité, à cause de l'action du milieu, de la société, à cause d'un déterminisme organique ou psychologique, les gens seraient rassurés, ils diraient: voilà, nous sommes comme ça personne ne peut rien y faire; mais l'existentialiste, lorsqu'il décrit un lâche, dit que ce lâche est responsable de sa lâcheté. Il n'est pas comme ça parce qu'il a un

RESPONSABILITÉ DE L'HOMME

cœur, un poumon ou un cerveau lâche, il n'est pas comme ça à partir d'une organisation physiologique mais il est comme ça parce qu'il s'est construit comme lâche par ses actes. Il n'y a pas de tempérament lâche; il y a des tempéraments qui sont nerveux, il y a du sang pauvre, comme disent les bonnes gens, ou des tempéraments riches; mais l'homme qui a un sang pauvre n'est pas lâche pour autant, car ce qui fait la lâcheté c'est l'acte de renoncer ou de céder, un tempérament ce n'est pas un acte; le lâche est défini à partir de l'acte qu'il a fait. Ce que les gens sentent obscurément et qui leur fait horreur, c'est que le lâche que nous présentons est coupable d'être lâche. Ce que les gens veulent, c'est qu'on naisse lâche ou héros. Un des reproches qu'on fait le plus souvent aux *Chemins de la Liberté*, se formule ainsi: mais enfin, ces gens qui sont si veules, comment en ferez-vous des héros? Cette objection prête plutôt à rire car elle suppose que les gens naissent héros. Et au fond, c'est cela que les gens souhaitent penser: si vous naissez lâches, vous serez parfaitement tranquilles, vous n'y pouvez rien, vous serez lâches toute votre vie, quoique vous fassiez; si vous naissez héros, vous serez aussi parfaitement tranquilles, vous serez héros toute votre vie, vous boirez comme un héros, vous mangerez comme un héros. Ce que dit l'existentialiste, c'est que le lâche se fait lâche, que le héros se fait héros; il y a toujours une possibilité pour le lâche de ne plus être lâche, et pour le héros de cesser d'être un héros. Ce qui compte, c'est l'engagement total, et ce n'est pas un cas particulier, une action particulière, qui vous engagent totalement.

L'EXISTENTIALISME EST UNE DOCTRINE OPTIMISTE

Ainsi, nous avons répondu, je crois, à un certain nombre de reproches concernant l'existentialisme. Vous voyez qu'il ne peut pas être considéré comme une philosophie du quiétisme, puisqu'il définit l'homme par l'action; ni comme une description pessimiste de l'homme: il n'y a pas de doctrine plus optimiste, puisque le destin de l'homme est en lui-même; ni comme une tentative pour décourager l'homme d'agir puisqu'il lui dit qu'il n'y a d'espoir que dans son action, et que la seule chose qui permet à l'homme de vivre, c'est l'acte. Par conséquent, sur ce plan, nous avons affaire à une morale d'action et d'engagement. Cependant, on nous reproche encore, à partir de ces quelques données, de murer l'homme dans sa subjectivité individuelle. Là encore on nous comprend fort mal.

LA SUBJECTIVITÉ

Notre point de départ est en effet la subjectivité de l'individu, et ceci pour des raisons strictement philosophiques. Non pas parce que nous sommes bourgeois, mais parce que nous voulons une doctrine basée sur la vérité, et non un ensemble de belles théories, pleines d'espoir mais sans fondements réels. Il ne peut pas y

LE COGITO

avoir de vérité autre, au point de départ, que celle-ci: *je pense donc je suis*, c'est là la vérité absolue de la conscience s'atteignant elle-même. Toute théorie qui prend l'homme en dehors de ce moment où il s'atteint lui-même est d'abord une théorie qui supprime la vérité, car, en dehors de ce *cogito* cartésien, tous les objets sont seulement probables, et une doctrine de probabilités, qui n'est pas suspendue à une vérité, s'effondre dans le néant; pour définir le probable il faut posséder le vrai. Donc, pour qu'il y ait une vérité quelconque, il faut une vérité absolue; et celle-ci est simple, facile à atteindre, elle est à la portée de tout le monde; elle consiste à se saisir sans intermédiaire.

EXISTENTIALISME ET MATÉRIALISME

En second lieu, cette théorie est la seule à donner une dignité à l'homme, c'est la seule qui n'en fasse pas un objet. Tout matérialisme a pour effet de traiter tous les hommes y compris soi-même comme des objets, c'est-à-dire comme un ensemble de réactions déterminées, que rien ne distingue de l'ensemble des qualités et des phénomènes qui constituent une table ou une chaise ou une pierre. Nous voulons constituer précisément le règne humain comme un ensemble de valeurs distinctes du règne matériel. Mais la subjectivité que nous atteignons là à titre de vérité n'est pas une subjectivité rigoureusement individuelle, car nous avons démontré que dans le *cogito*, on ne se découvrait pas seulement soi-même, mais aussi les autres. Par le *je pense*, contraire-

SUBJECTIVITÉ CARTÉSIENNE ET SUBJECTIVITÉ EXISTENTIELLE

ment à la philosophie de Descartes, contrairement à la philosophie de Kant, nous nous atteignons nous-mêmes en face de l'autre, et l'autre est aussi certain pour nous que nous-mêmes. Ainsi, l'homme qui s'atteint directement par le *cogito* découvre aussi tous les autres, et il les découvre comme la condition de son existence. Il se rend compte qu'il ne peut rien être (au sens où on dit qu'on est spirituel, ou qu'on est méchant, ou qu'on est jaloux) sauf si les autres le reconnaissent comme tel. Pour obtenir une vérité quel-

L'EXISTENCE D'AUTRUI

conque sur moi, il faut que je passe par l'autre. L'autre est indispensable à mon existence, aussi bien d'ailleurs qu'à la connaissance que j'ai de moi. Dans ces conditions, la découverte de mon intimité me découvre en même temps l'autre, comme une liberté posée en face de moi, qui ne pense, et qui ne veut que pour ou contre moi. Ainsi, découvrons-nous tout de suite un monde que nous appellerons l'intersubjectivité, et c'est dans ce monde que l'homme décide ce qu'il est et ce que sont les autres.

LA CONDITION HUMAINE

En outre, s'il est impossible de trouver en chaque homme une essence universelle qui serait la nature humaine, il existe pourtant une universalité humaine de *condition*. Ce n'est pas par hasard que les penseurs d'aujourd'hui parlent plus volontiers de la condition de l'homme que de sa nature. Par condition ils entendent avec plus ou moins de clarté l'ensemble des *limites* à priori qui esquissent sa situation fondamentale dans l'univers. Les situations

SITUATION HISTORIQUE ET CONDITION HUMAINE

historiques varient: l'homme peut naître esclave dans une société païenne ou seigneur féodal ou prolétaire. Ce qui ne varie pas, c'est la nécessité pour lui d'être dans le monde, d'y être au travail, d'y être au milieu d'autres et d'y être mortel. Les limites ne sont ni subjectives ni objectives ou plutôt elles ont une face objective et une face subjective. Objectives parce qu'elles se rencontrent partout et sont partout reconnaissables, elles sont subjectives parce qu'elles sont *vécues* et ne sont rien si l'homme ne les vit, c'est-à-dire ne se détermine librement dans son existence par rapport à elles. Et bien que les projets puissent être divers, au moins aucun ne me reste-t-il tout à fait étranger parce qu'ils se présentent tous comme un essai pour franchir ces limites ou pour les reculer ou pour les nier ou pour s'en accommoder. En conséquence, tout pro-

UNIVERSALITÉ DU PROJET INDIVIDUEL

jet, quelque individuel qu'il soit, a une valeur universelle. Tout projet, même celui du Chinois, de l'Indien ou du nègre, peut être compris par un Européen. Il peut être compris, cela veut dire que l'Européen de 1945 peut se jeter à partir d'une situation qu'il conçoit vers ses limites de la même manière, et qu'il peut refaire en lui le projet du Chinois, de l'Indien ou de l'Africain. Il y a une universalité de tout projet en ce sens que tout projet est compréhensible pour tout homme. Ce qui ne signifie nullement que ce projet définisse l'homme pour toujours, mais qu'il peut être retrouvé. Il y a toujours une manière de comprendre l'idiot, l'enfant, le primitif ou l'étranger, pourvu qu'on ait les renseignements suffisants. En

UNIVERSALITÉ DE L'HOMME

ce sens nous pouvons dire qu'il y a une universalité de l'homme; mais elle n'est pas donnée, elle est perpétuellement construite. Je construis l'universel en me choisissant; je le construis en comprenant le projet de tout autre homme, de quelque époque qu'il soit. Cet absolu du choix ne supprime pas la relativité de chaque époque. Ce que l'existentialisme a à cœur de montrer, c'est la liaison du caractère absolu de l'engagement libre, par lequel chaque

L'ENGAGEMENT

homme se réalise en réalisant un type d'humanité, engagement toujours compréhensible à n'importe quelle époque et par n'importe qui, et la relativité de l'ensemble culturel qui peut résulter

d'un pareil choix; il faut marquer à la fois la relativité du cartésianisme et le caractère absolu de l'engagement cartésien. En ce
sens on peut dire, si vous voulez, que chacun de nous fait l'absolu
en respirant, en mangeant, en dormant ou en agissant d'une façon
quelconque. Il n'y a aucune différence entre être librement, être
comme projet, comme existence qui choisit son essence, et être
absolu; et il n'y a aucune différence entre être un absolu temporairement localisé, c'est-à-dire qui s'est localisé dans l'histoire, et
être compréhensible universellement.

SARTRE, Jean-Paul. *L'existentialisme est un humanisme*, Paris, Les Éditions
Nagel, coll. «Pensées», 1968, p. 55-72.

Questions d'analyse et de critique

1. Expliquez et commentez la pensée de Sartre lorsqu'il dit: «Pour l'existentialiste, il n'y a pas d'amour
autre que celui qui se construit, il n'y a pas de
possibilité d'amour autre que celui qui se manifeste dans un amour; il n'y a pas de génie autre
que celui qui s'exprime dans des œuvres d'art: le
génie de Proust c'est la totalité des œuvres de
Proust; le génie de Racine c'est la série de ses
tragédies, en dehors de cela il n'y a rien.»

2. À la lumière de ce texte, dans quelle mesure est-il
possible d'affirmer que «l'existentialisme est une
doctrine optimiste»?

3. Expliquez et commentez la phrase suivante: «S'il
est impossible de trouver en chaque homme une
essence universelle qui serait la nature humaine, il
existe pourtant une universalité humaine de *condition*.»

4. *a)* Reformulez, dans vos propres mots, la phrase
suivante: « Il n'y a aucune différence entre être
librement, être comme projet, comme existence qui choisit son essence, et être absolu; et
il n'y a aucune différence entre être un absolu
temporairement localisé, c'est-à-dire qui s'est
localisé dans l'histoire, et être compréhensible
universellement.»

b) Êtes-vous en accord ou en désaccord avec
cette thèse sartrienne? Vous devez fonder vos
jugements, c'est-à-dire apporter au moins trois
arguments pour appuyer vos affirmations. (*Minimum suggéré: une page.*)

B

Exercice comparatif: Sartre et Rousseau

Objectif spécifique

L'étudiant ou l'étudiante devra être capable de procéder à une comparaison entre deux conceptions de l'être humain à propos d'un même thème.

Contexte de réalisation

Individuellement, à l'occasion d'un texte d'environ 350 mots (une page et demie), comparer, c'est-à-dire examiner les rapports de ressemblance et de différence entre la conception sartrienne et la conception rousseauiste de l'être humain à propos du thème de la liberté.

Étapes suggérées

1. *a)* Caractériser la conception sartrienne de l'être humain en regard du thème de la liberté. Par exemple, demandez-vous dans quelle mesure, selon Sartre, il n'y a de liberté que par rapport à des situations concrètes face auxquelles l'être humain prend le parti d'agir ou de réagir.

   b) Caractériser la conception rousseauiste de l'être humain en regard du thème de la liberté-perfectibilité. Par exemple, demandez-vous en quoi et comment, selon Rousseau, la perfectibilité est cette faculté que possède l'homme originaire d'acquérir des éléments que la nature ne donne pas au départ, et qui fait de l'être humain un produit de la culture et de l'histoire.

2. *a)* S'il y a lieu, identifier les liens ou les similitudes entre la conception sartrienne et la conception rousseauiste de l'être humain à propos du thème de la liberté.

   b) S'il y a lieu, dégager les oppositions ou les antagonismes entre la conception sartrienne et la conception rousseauiste de l'être humain à propos du thème de la liberté.

CHAPITRE HUITIÈME

L'homme

comme être déterminé

Le behaviorisme skinnérien ou l'être humain comme produit du milieu

L'INDIVIDU N'AGIT PAS SUR LE MONDE, C'EST LE MONDE QUI AGIT SUR LUI.

Burrhus Frederick Skinner, *Par-delà la liberté et la dignité*, p. 255.

LE DÉTERMINISME OU L'IMPOSSIBILITÉ D'ÊTRE LIBRE

Le terme «déterminisme» a été associé au terme «science» lorsque la mécanique devint, au XIXᵉ siècle, le fondement des sciences expérimentales. On posa alors le principe que les mêmes causes produisent les mêmes effets selon un enchaînement prévisible. Selon la doctrine déterministe, des relations nécessaires existent entre les phénomènes de sorte que tout phénomène est conditionné et s'explique par ceux qui le précèdent ou l'accompagnent. Plus particulièrement, cette conception scientifique postule que les phénomènes ou les conduites observables découlent nécessairement d'une ou de plusieurs causes tout aussi observables. En conséquence, chaque fois que nous attribuons comme cause à un phénomène ou à une conduite une entité inobservable (l'âme, l'esprit, la volonté, la conscience, etc.), la théorie déterministe considère que nous n'expliquons rien du tout.

LES PRINCIPAUX REPRÉSENTANTS DE LA PHILOSOPHIE STOÏCIENNE SONT ZÉNON DE CITTIUM (~336-~264), SÉNÈQUE (~4-65), ÉPICTÈTE (50-130) ET MARC AURÈLE (121-180).

Au cours des siècles, le monde occidental a vu naître et se développer de nombreuses philosophies déterministes. On fait généralement remonter l'idée du déterminisme jusqu'aux STOÏCIENS qui recommandaient d'accepter notre sort puisque tout fait partie d'un plan (destin) qu'on ne peut modifier. Des philosophes comme René Descartes (1596-1650), Blaise Pascal (1623-1662) et Baruch Spinoza (1632-1677) sont influencés par la philosophie stoïcienne. Mais il faut attendre les matérialistes français du XVIIIᵉ siècle – Julien Offroy de La Mettrie[1] (1709-1751) et Paul Henri, baron d'Holbach (1725-1789), entre autres – pour voir triompher les thèses déterministes qui s'expriment dans un matérialisme mécaniste.

Dans un tourbillon de poussière qu'élève un vent impétueux; quel qu'il paraisse à nos yeux, dans la plus affreuse tempête excitée par des vents opposés qui soulèvent les flots, il n'y a pas une seule molécule de poussière ou d'eau qui soit placée au hasard, qui n'ait sa cause suffisante pour occuper le lieu où elle se trouve, et qui n'agisse rigoureusement de la manière dont elle doit agir. Un géomètre qui connaîtrait exactement les différentes forces qui agissent dans les deux cas, et les propriétés des molécules qui sont mues, démontrerait que, d'après des causes données, chaque molécule agit précisément comme elle doit agir, et ne peut agir autrement qu'elle ne fait[2].

ANTHOLOGIE
Recueil de morceaux choisis d'œuvres littéraires, musicales ou philosophiques.

Ce passage mériterait, à notre avis, de figurer dans toute **anthologie** du déterminisme, car il suggère les deux idées-force de toute doctrine déterministe: enchaînement rigoureux et inéluctable des causes et des effets, et nécessité qui s'oppose à accidentel (hasard).

Soutenir ces deux idées-maîtresses, c'est être amené nécessairement, au regard de l'être humain, à poser le raisonnement suivant: si tout effet a une cause, tout choix est le résultat d'une chaîne causale biologique ou culturelle, donc la liberté n'existe pas. Croire que l'être humain est libre, c'est, selon la théorie déterministe, s'enfermer dans un monde illusoire issu de notre ignorance. L'illusion d'être libre résulte d'une inconscience des déterminismes qui affectent ce que nous appelons péremptoirement «nos choix». En fait, nous n'avons ni le choix d'agir, ni le choix de nos conduites, car ces dernières sont programmées par nos gènes ou par l'éducation que nous avons reçue tout au long de notre

---

1. En 1747, l'encyclopédiste, médecin et philosophe La Mettrie publie *L'Homme-machine* où il applique à l'être humain la théorie cartésienne des animaux-machines.

2. Paul Henri, baron d'Holbach, *Système de la nature ou des lois du monde physique et moral,* chap. 4, 1770, cité dans *Encyclopédie philosophique universelle, Les notions philosophiques,* t. I, Paris, Presses Universitaires de France, 1990, p. 621.

apprentissage de la vie en société. En d'autres termes, tous les choix que nous disons et croyons faire ont leurs causes dans notre biochimie ou dans notre environnement, ou dans les deux à la fois, et nous ne déciderions que de ce qui est déjà décidé.

Dans le présent chapitre, nous aborderons la conception de l'homme en tant qu'être déterminé qui a le plus marqué la deuxième moitié du XXᵉ siècle: la théorie behavioriste de Burrhus Frederick Skinner, soit le déterminisme lié à l'histoire des apprentissages d'un individu inséré dans un environnement donné.

SKINNER ET L'ÉCOLE BEHAVIORISTE

Dans l'étude du comportement humain, le behaviorisme adopte l'attitude empiriste, selon laquelle l'explication de nos comportements doit être fondée sur l'expérience et l'observation. Cette attitude est partagée dans la tradition philosophique anglaise par John Locke (1632-1704), George Berkeley (1685-1753) et David Hume (1711-1776) pour lesquels l'expérience sensible est le réel. Si l'on applique cette théorie à la conduite humaine, cela donne la thèse suivante: nos idées, notre personnalité et finalement notre comportement sont le résultat de ce que notre environnement nous fait vivre[3]. Voilà ce que défendent fondamentalement les tenants du behaviorisme.

Le Soviétique Ivan Pavlov (1849-1936) et l'Américain John Broadus Watson[4] (1878-1958) sont considérés comme les pères du behaviorisme. Au début du XXᵉ siècle, ils ont été parmi les premiers chercheurs à s'intéresser aux comportements observables de l'individu animal ou humain. Ils ont démontré que de nouveaux comportements pouvaient être produits par conditionnement. En insistant sur la mesure des comportements observés et

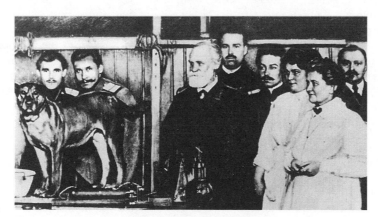

PAVLOV FUT LE PREMIER PHYSIOLOGISTE À ÉLABORER LA NOTION DE «RÉFLEXE CONDITIONNÉ» GRÂCE À SA CÉLÈBRE EXPÉRIENCE MENÉE SUR DES CHIENS. CHAQUE FOIS QUE DE LA VIANDE ÉTAIT DÉPOSÉE SUR LA LANGUE DU CHIEN, ON ACTIONNAIT UNE CLOCHETTE (STIMULUS); APRÈS PLUSIEURS ESSAIS, LA CLOCHETTE SEULE SUFFISAIT À FAIRE SALIVER LE CHIEN. CE CHIEN AVAIT DONC APPRIS À RÉPONDRE (RÉPONSE CONDITIONNÉE) À UN STIMULUS AUPARAVANT NEUTRE.

---

3. Le behaviorisme n'interprète pas, par exemple, la facilité et le succès en mathématiques que connaît un individu en disant qu'il a un talent particulier ou qu'il possède la «bosse des maths». Au contraire, le behaviorisme expliquera une telle facilité en disant que cet individu a reçu dans son passé des informations mathématiques pertinentes; qu'il s'est astreint à un apprentissage rigoureux; qu'il a obtenu de bonnes notes lors de contrôles; bref, qu'il a connu des expériences bénéfiques avec les mathématiques.

4. Dans son principal ouvrage, *Behaviorism*, publié en 1925, J. B. Watson veut faire de la psychologie une «science de la nature» qui se limite aux choses observables et à la formulation de lois concernant ces choses.

sur la relation stimulus-réponse, Pavlov et Watson ont donné le jour à une nouvelle psychologie. À la lumière d'expériences faites en laboratoire, ces chercheurs ont émis la règle générale suivante: les comportements sont des réactions à des stimuli issus du milieu, stimuli qui influencent et modifient le comportement. Autant en psychologie qu'en philosophie, cette hypothèse s'oppose à l'idée que le psychisme, l'esprit ou la raison humaine puisse déterminer nos comportements d'une manière plus ou moins indépendante de notre environnement.

Quant à Skinner, il est sans contredit le plus positiviste des théoriciens behavioristes. Skinner eut une grande influence sur l'école behavioriste américaine et il contribua, par ses recherches et ses écrits controversés, à la diffusion auprès d'un large public de cette «psychologie du comportement» fondée sur l'observation objective.

Skinner naît en 1904 dans la petite ville de Susquehanna, en Pennsylvanie, où son père est avocat. Il a une enfance heureuse et il manifeste très tôt un esprit inventif. Après une tentative de carrière littéraire, il entreprend des études de psychologie à Harvard. Ses lectures en psychologie des sciences, et plus particulièrement des œuvres de J. B. Watson, le fondateur du behaviorisme américain, l'influencent beaucoup.

Dès sa thèse de doctorat, déposée en 1931, Skinner adopte et radicalise la position behavioriste. Il évacue non seulement toutes causes métaphysiques ou psychiques (telles que l'âme, l'esprit ou la conscience) pour expliquer le comportement, mais aussi toutes causes physiologiques auxquelles Watson faisait parfois appel. En fait, ce que Skinner refuse, ce sont les théories qui expliquent un comportement observé par des événements survenant ailleurs (dans le psychisme ou dans ce qu'on appelle l'«âme» ou l'«esprit» de l'individu) et décrits dans des termes différents et mesurés selon des dimensions différentes[5]. La méthode de Skinner sera d'observer des comportements et l'environnement dans lequel ils se produisent. Il observe des rats, des pigeons et des singes, modifie certains aspects de leur environnement et note les variations de fréquence d'un comportement. Le premier livre qu'il écrit, *The Behavior of Organism: An Experimental Analysis* [Le comportement des êtres organisés (1938)], loin d'être une théorie du comportement, est simplement un compte rendu des relations découvertes entre les variations de l'environnement et les variations du comportement. Parallèlement à ses recherches en laboratoire et à ses nombreuses publications[6], Skinner est successivement professeur à l'université du Minnesota (1937-1945), à l'université d'Indiana (1945-1948), puis à Havard jusqu'en 1957.

La conception skinnérienne de l'être humain se présente comme le prolongement et l'application des recherches menées en psychologie expérimentale. Skinner s'est consacré, en effet, à la psychologie de laboratoire afin de découvrir les lois et les relations qui régissent le comportement et le milieu dans lequel il se produit. Même si le behaviorisme se définit comme une «science du comportement», il n'en demeure pas moins que les recherches menées par Skinner conduisent à l'élaboration d'une philosophie de l'homme. D'après Skinner, l'être humain est un organisme qui «déploie un répertoire complexe de conduites[7]». Ce que nous trouvons chez l'homme et que nous pouvons étudier, ce sont des

5. Voir la préface de *L'analyse expérimentale du comportement: un essai théorique*, Bruxelles, Dessart et Mardaga, Éditeurs, 1971.

6. Les principaux ouvrages de Skinner sont: *Science and Human Behavior* (1953) [Science et comportement humain]; *Verbal Behavior* (1957) [Le comportement verbal]; *The Technology of Teaching* (1968) [La Révolution scientifique de l'enseignement]; *Contingencies of Reinforcement: A Theorical Analysis* (1969) [L'analyse expérimentale du comportement: un essai théorique]; *Beyond Freedom and Dignity* (1971) [Par-delà la liberté et la dignité].

7. B. F. Skinner, *Par-delà la liberté et la dignité*, trad. Anne-Marie et Marc Richelle, Montréal, Éditions HMH et Éditions Robert Laffont, 1972, p. 242.

actions reliées «aux conditions dans lesquelles l'espèce humaine a évolué, et aux conditions dans lesquelles vit l'individu[8]». En prenant en compte les constituants biologiques propres à son espèce, l'homme se définit donc à partir de son comportement qui dépend des rapports entretenus avec l'environnement. Pour mieux comprendre et expliquer le comportement humain, Skinner développe la notion de stimulus déjà utilisée par Pavlov et Watson. Il définit le <u>stimulus</u> comme étant «tout élément de la situation dans laquelle une <u>réponse</u> est émise et renforcée[9]»: S => R. Pour préciser et pour résumer cette définition, il utilise le concept de contingence: «le comportement [est] engendré par un ensemble donné de contingences[10]», c'est-à-dire qu'il est influencé par les circonstances du milieu qui viennent le modifier.

Voulant s'appuyer exclusivement sur les principes d'objectivité et de contrôle scientifique des hypothèses retenues, Skinner s'intéresse peu au pourquoi des comportements émis. Il ne fait pas appel à la méthode **introspective**; il privilégie le comment, c'est-à-dire l'examen minutieux des réactions observables et mesurables que l'organisme produit dans un environnement donné. C'est dans cet esprit qu'il procède à l'expérience suivante: il met un pigeon affamé dans une cage («boîte de Skinner»), où un levier permet de faire tomber de la nourriture dans une mangeoire. Pendant l'exploration de sa cage, le pigeon heurte par hasard le levier, qui libère un peu de nourriture. Le pigeon picore le levier à nouveau, car ce comportement lui vaut une gratification. On peut donc dire que le pigeon est conditionné à agir d'une certaine manière grâce aux conséquences générées par son comportement. Afin de rendre compte de cette recherche expérimentale, Skinner est amené à inventer le concept de conditionnement opérant (ou instrumental).

INTROSPEC-TION

Examen d'un psychisme ou d'une conscience afin d'y découvrir des éléments qui expliqueraient le comportement humain.

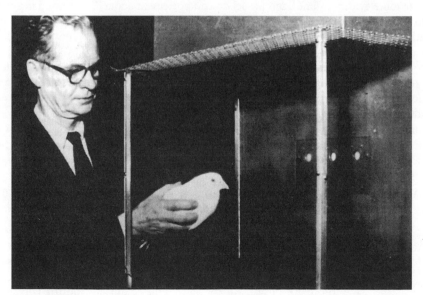

SKINNER OBSERVE MINUTIEUSEMENT LES TRANSFORMATIONS QU'UN ENVIRONNEMENT DONNÉ FAIT SUBIR AUX COMPORTEMENTS D'UN PIGEON.

8. *Ibid.*, p. 25.

9. B. F. Skinner, *L'analyse expérimentale du comportement: un essai théorique*, trad. Anne-Marie et Marc Richelle, Bruxelles, Dessart et Mardaga, Éditeurs, 1971, p. 26.

10. *Ibid.*, p. 23.

L'APPRENTISSAGE : TOUT EST AFFAIRE DE CONDITIONNEMENT OPÉRANT

L'être humain, comme tout organisme animal, a acquis un répertoire de comportements au cours de son histoire. Or, parmi l'ensemble des comportements que nous pouvons théoriquement poser, notre environnement social sélectionne, en les renforçant, ceux qu'il considère adaptés. Nos comportements nous sont appris par notre environnement. Chaque fois que nous avons répondu à un stimulus d'une manière qui nous a été bénéfique, nous avons appris un comportement que nous répéterons dans des circonstances semblables. Voilà ce que Skinner a identifié comme étant le comportement opérant, c'est-à-dire le comportement qui est contrôlé par ses conséquences immédiates. Le pigeon de l'expérience décrite ci-dessus a émis des réponses «opérantes» dans le sens où celles-ci sont des actions fournies par le pigeon pour «agir» au sein de son environnement en vue de trouver de la nourriture.

Le comportement opérant possède le caractère fondamental de produire ou d'être suivi d'un changement dans l'environnement de l'individu qui agit. Le comportement, contrôlé en quelque sorte par ce changement, aura plus ou moins tendance à se reproduire par la suite. Selon le degré de modification du milieu que suscitera tel comportement, ce dernier verra sa fréquence d'apparition augmentée, diminuée ou inchangée. Ainsi, un étudiant qui passe de nombreuses heures à préparer un examen de philosophie et qui échoue ne sera pas incité à reproduire son comportement. Si, au contraire, il obtient une excellente note à l'examen, il y a de fortes chances qu'il étudie tout autant pour l'examen suivant.

De toute évidence, il ne s'agit pas ici du comportement auquel correspond le premier grand mécanisme d'apprentissage découvert par Pavlov, en 1927, et qui porte le nom de «conditionnement répondant» ou «classique». Dans ce cas, un stimulus en vient à provoquer un comportement («une réponse») qu'il ne provoquait pas auparavant. Dans le cas du comportement opérant, le mécanisme d'acquisition, de modification ou de maintien des comportements s'appelle le «conditionnement opérant». Ici, on vise à accroître la fréquence d'un comportement en le faisant suivre d'une conséquence donnée. Il s'agit cette fois d'une réponse motivée par un stimulus-renforçateur (un «agent de renforcement») qui augmente la probabilité que la réponse attendue soit émise. Ainsi, lorsqu'une personne dresse son chien à s'asseoir, elle dira d'abord: «assis», appuyera ensuite sur le dos du chien, et enfin renforcera la position assise du chien en lui donnant un biscuit. La mère qui renforce son enfant à jouer correctement un morceau de piano en le gratifiant par des éloges ou en lui promettant une visite au parc aquatique s'il réussit constitue un autre exemple de conditionnement opérant.

> LE RENFORCEMENT NÉGATIF OU PUNITIF N'EST PAS TRÈS EFFICACE CAR «LE COMPORTEMENT PUNI RISQUE DE REFAIRE SON APPARITION LORSQUE LES CONTINGENCES PUNITIVES AURONT ÉTÉ SUSPENDUES».
> (Par-delà la liberté et la dignité, p. 79.)

L'agent de renforcement ou «renforçateur» qui augmente ou diminue la probabilité d'apparition d'un comportement peut être positif ou négatif. La nourriture, la boisson, la stimulation sexuelle ou l'approbation sont généralement utilisés comme agents de renforcement positif. Au contraire, tout ce qui fait souffrir l'organisme (douleurs physiques, anxiété, désapprobation) peut constituer un agent de renforcement négatif: l'organisme apprendra alors à agir d'une façon telle qu'il évitera ces renforçateurs. Dans ses expériences, Skinner étudie principalement l'effet de différents programmes de renforcement sur l'établissement d'un comportement. En s'adonnant à cette «sélection artificielle», il découvre que le «renforcement positif à proportion variable[11]» est celui qui a pour effet d'augmenter le plus la fréquence du comportement, alors que le renforcement qui vient à intervalle fixe[12] est le moins efficace.

L'HOMME PROGRAMMABLE OU L'ÊTRE HUMAIN COMME CRÉATURE MALLÉABLE

S'appuyant sur une telle analyse empirique de l'apprentissage des comportements, Skinner élabore une théorie de techniques de contrôle du comportement. Puisque le behaviorisme se veut une science, il se propose, par la connaissance des lois de la nature, d'intervenir pour transformer celle-ci à l'avantage de l'humanité. Pour résoudre les problèmes terrifiants auxquels le monde d'aujourd'hui est confronté (problèmes de guerre, de pollution, de surpeuplement, d'improductivité au travail, de détérioration des systèmes d'éducation, de décrochage scolaire, etc.), il ne sert à rien de recourir aux inefficaces rengaines traditionnelles telles que: «il faut inculquer la tolérance entre les peuples»; «il faut créer un sentiment de responsabilité envers la survie de la planète»; «il faut transmettre le sens de l'ouvrage bien fait»; «il faut enseigner le respect pour le savoir»; etc. À l'opposé de cette croyance aveugle et irréaliste dans «les forces intérieures de l'homme», Skinner propose impérieusement «une science appliquée, une technologie du comportement […] qui puisse rivaliser, en puissance et en précision, avec la technologie physique ou biologique[13]». Les gens ne souffrent pas d'un sentiment d'insécurité, d'angoisse ou d'aliénation, mais sont, en fait, confrontés à des problèmes réels qui originent de «milieux sociaux déficients». Il importe donc de procéder à une analyse scientifique du comportement et de ses relations étroites avec l'environnement.

À l'aide des lois de l'apprentissage du comportement[14], Skinner croit qu'il est possible et souhaitable d'intervenir pour transformer les comportements humains à l'avantage de l'individu et de la société. Il rappelle à ce propos, dans le deuxième chapitre de *L'Analyse expérimentale du comportement*, l'histoire des utopies sociales depuis Platon jusqu'à Marx en passant par saint Augustin, Robinson Crusoé et Thoreau. C'est à leur suite qu'il propose la transformation effective de l'environnement social actuel, c'est-à-dire de la culture.

SKINNER APPLIQUE CES MÊMES LOIS À L'APPRENTISSAGE DU LANGAGE, DE LA PENSÉE ET MÊME DE LA SCIENCE.

Une culture n'est pas le produit d'un «esprit de groupe» créatif, ni l'expression d'une «volonté générale». Aucune société n'a débuté par un contrat social, aucun système économique par l'idée du troc ou des salaires, aucune structure familiale par une intuition quant aux avantages de la cohabitation. Une culture évolue lorsque de nouvelles coutumes favorisent la survie de ceux qui les pratiquent[15].

11. Le renforcement positif à proportion variable est un renforcement qui n'est accordé qu'après un nombre variable de bonnes réponses.
12. On entend par «intervalle fixe» une période de temps d'égale longueur entre chaque renforcement.
13. B. F. Skinner, *Par-delà la liberté et la dignité*, p. 13-14.
14. Pour en savoir davantage sur les principes d'apprentissage behavioristes, consultez le chapitre 5 de l'*Introduction au Béhaviorisme* de François Berthiaume, Montréal, Presses de l'Université de Montréal, 1986, p. 39-46.
15. B. F. Skinner, *Par-delà la liberté et la dignité*, p. 163.

En fait, ce que Skinner désire, c'est l'élaboration de techniques de planification de la culture incitant ses membres à travailler pour que cette dernière survive aux individus qui la constituent ici et maintenant. Une culture équilibrée, «bien agencée», selon l'expression de Skinner, est celle qui se construit pour les hommes qui auront à la vivre demain; elle est «un ensemble de contingences de renforcement tel que les membres de cette culture agissent de façon à la préserver, à la faire survivre aux situations critiques et à la modifier dans le sens d'une possibilité sans cesse accrue de se perpétuer[16]». En d'autres mots, l'environnement culturel (physique et mental) de l'individu devrait renforcer les comportements (pensées, paroles et actes) qui favorisent la survie de cet environnement.

Actuellement, les renforcements sociaux que sont la nourriture, la satisfaction sexuelle ou la manifestation d'agressivité ne mènent pas, selon Skinner, à des comportements utiles à la construction et au développement d'un environnement culturel équilibré. L'utilisation de techniques punitives ne contribue guère plus à améliorer l'environnement parce que les hommes dépensent alors temps et énergie à éviter la punition. Il vaudrait mieux mettre les humains sous le contrôle de contingences sociales qui utiliseraient des techniques de renforcement positif afin d'établir un environnement physique et social non en fonction d'un «idéal de la nature humaine», mais en tenant compte uniquement de «ses effets sur le patrimoine génétique de l'espèce[17]» et de sa capacité à survivre aux individus qui y vivent présentement. Puisque, de toute façon, nous sommes déjà conditionnés par la famille, l'école, les médias, l'État, etc., il est urgent que nous acceptions que notre monde soit délibérément orienté dans un sens propre à faire grandir l'être humain plutôt qu'à le faire régresser. Le conditionnement existant déjà et se faisant à tort et à travers, il produit, selon Skinner, des comportements non désirés. Pourquoi ne pas alors institutionnaliser le conditionnement de façon bénéfique et ainsi créer chez l'humain le BONHEUR? Qui orientera et contrôlera ce nouveau monde de bonheur? À mots couverts, Skinner nous dit que c'est à l'homme de science (le «spécialiste du comportement») que revient la responsabilité de planifier la culture et de contrôler le comportement humain. Les hommes de science ne sont pas plus moraux que quiconque, ni ne possèdent un sens éthique qui les met au-dessus de tout soupçon, mais ils bénéficient d'un environnement de travail offrant «des contingences qui réduisent au minimum les renforcements personnels immédiats[18]». Qui plus est, les résultats de leurs recherches sont constamment vérifiés et contrôlés par la communauté scientifique. Selon Skinner, il y a donc moins de possibilité que les hommes de science utilisent à leurs propres fins et intérêts le pouvoir qu'on leur donnerait. Mais au profit de qui et à quelles fins ces spécialistes du comportement décideront-ils de «ce qui est bon pour l'homme»? Selon une grille d'analyse behavioriste, les questions à connotation morale portent, en fait, sur les contingences et les renforcements, et non sur les valeurs en tant que telles. La seule protection que suggère Skinner face à la planification et au contrôle des contingences sociales et culturelles est de «garantir un contre-contrôle efficace, c'est-à-dire faire peser certaines conséquences importantes sur le comportement du détenteur du contrôle[19]». Afin d'illustrer ce problème, servons-nous d'un exemple tiré d'un milieu que

> L'APPRENTISSAGE DU BONHEUR PAR CONDITIONNEMENT NE COMPORTE-T-IL PAS QUELQUES RISQUES? CELUI, ENTRE AUTRES, DE N'ÊTRE PAS TRÈS LOIN DU *MEILLEUR DES MONDES* D'ALDOUS HUXLEY OU DU *BONHEUR INSOUTENABLE* D'IRA LEVIN!

16. B. F. Skinner, *L'analyse expérimentale du comportement*, p. 66-67.

17. *Ibid.*, p. 66-67.

18. B. F. Skinner, *Par-delà la liberté et la dignité*, p. 212.

19. *Ibid.*, p. 208.

nous connaissons bien: l'école. En l'absence de politiques efficaces d'évaluation et de contrôle des enseignants et des matières enseignées, l'instruction et l'éducation peuvent être réduites à ce que les maîtres sans contrôle veulent en faire ou à ce que les élèves consentent à recevoir! Bien sûr, en s'inspirant du milieu scientifique et du «contre-contrôle» que Skinner appelle de tous ses vœux, on peut alléguer la mise en place d'un auto-contrôle auquel les enseignants se soumettraient eux-mêmes.

On a souvent accusé Skinner de fournir des techniques pour contrôler les humains. Pour sa défense, disons qu'il propose plutôt de contrôler l'environnement, la culture, et que c'est ainsi que l'individu serait amené, avec ou sans sentiment de liberté et de dignité (cela n'a guère d'importance!), à faire ce qui serait le plus utile pour tous.

PAR-DELÀ LA LIBERTÉ ET LA DIGNITÉ

Skinner a analysé les résistances qu'ont suscitées ses théories dans un ouvrage publié aux États-Unis en 1971, *Beyond Freedom and Dignity*[20]. D'après lui, les conceptions de la liberté et de la dignité qui s'objectent à la planification de l'environnement sont des théories qui, sous le couvert de valeurs idéalistes, refusent, en fait, à l'humain le contrôle réel de sa destinée. De toute façon, la liberté n'existe pas. Les hommes ne sont pas «les artisans de leur propre destinée[21]». Et un peu plus loin, Skinner ajoute: «La liberté est une affaire de contingences de renforcement, non de sentiments lesquels, s'il s'en trouve, sont le produit de contingences[22].» Nous sommes donc tous, dans tous nos comportements, déterminés à agir dans un certain sens. Ce que certains appellent le «libre choix» n'est en fait que le produit de contingences de survie génétiques, environnementales et sociales par rapport auxquelles l'individu n'est pas libre et qui, en réalité, déterminent entièrement ses actes. «L'idée que la personne échappe au déterminisme complet cède le terrain devant le progrès de l'analyse scientifique dans l'explication du comportement individuel[23].» En conséquence, on ne peut tenir l'individu responsable (en le LOUANGEANT ou en le BLÂMANT) de son comportement. Même si cela semble porter atteinte à la dignité ou à la valeur de l'être humain, il faut reconnaître que le comportement d'un individu tire son origine des «conditions environnementales ou génétiques[24]» qui deviennent, dès lors, les seules «responsables» du comportement méritoire ou répréhensible.

LES NOTIONS TRADITIONNELLES DE «MÉRITE» (C'EST-À-DIRE, CE QUI REND UNE PERSONNE DIGNE D'ESTIME ÉTANT DONNÉ SA CONDUITE ET LES DIFFICULTÉS SURMONTÉES) ET DE «DÉMÉRITE» (C'EST-À-DIRE, CE QUI FAIT QU'UNE PERSONNE DEVIENT OBJET DE DÉSAPPROBATION) N'ONT DÉSORMAIS PLUS COURS.

À mesure que nous comprenons mieux l'interaction entre l'organisme et son environnement, nous pouvons attribuer à des variables accessibles à l'observation des effets jadis attribués aux états d'esprit, aux sentiments, aux traits de caractère, et une technologie du comportement devient possible. Elle ne résoudra pas nos problèmes, cependant, aussi longtemps qu'elle ne prendra pas la place des conceptions préscientifiques traditionnelles, et celles-ci sont solidement retranchées. Les notions de liberté

20. B. F. Skinner, *Beyond Freedom and Dignity*, New York, Alfred A. Knopf Editor, 1971.
21. B. F. Skinner, *Par-delà la liberté et la dignité*, p. 32.
22. *Ibid.*, p. 52.
23. *Ibid.*, p. 33.
24. *Ibid.*, p. 95.

et de dignité illustrent bien la difficulté. Elles sont les possessions de l'homme auto-nome des théories traditionnelles et sont essentielles à tous les usages dans lesquels l'individu est tenu pour responsable de sa conduite et tire mérite de ses réalisations. Une analyse scientifique déplace vers l'environnement tant la responsabilité que les réalisations du sujet. [...]

Dans la perspective traditionnelle, c'était l'élève qui échouait, l'enfant qui se condui-sait mal, le citoyen qui violait la loi, le pauvre qui, par sa paresse, faisait sa propre misère. Mais aujourd'hui, on admet couramment qu'il n'existe pas de sots élèves mais des maîtres médiocres; qu'il n'y a que de mauvais parents, non de mauvais enfants; qu'il n'y a pas de délinquance si ce n'est du côté des instruments de la loi, et qu'il n'y a pas de gens paresseux mais seulement des systèmes insuffisants pour les inciter au travail[25].

LES ACTES DE VIOLENCE COMMIS PAR UN «SKINHEAD» SONT RENFORCÉS PAR LE GROUPE NÉO-NAZI AUQUEL IL APPARTIENT.

Il n'existe donc pas, d'après Skinner, des «états d'esprit», des traits ou des vertus de caractère qui orienteraient la conduite de l'individu. Ainsi, quand nous traversons un pont, nous pouvons dire que nous sommes confiants que ce dernier ne s'écroulera pas. Ce sentiment d'assurance en la solidité du pont n'est pas un état d'esprit qui nous permet de nous engager sur le pont en ne ressentant aucune anxiété. En fait, il est un «sous-produit du comportement dans ses relations avec les événements antérieurs[26]». Nous nous disons alors: «J'ai déjà, à maintes reprises, traversé des ponts sans que ceux-ci ne s'écroulent.»

Présentons maintenant des exemples de traits de caractère dont dépendrait le comportement de l'être humain. Les jeunes délinquants qui s'adonnent à la violence le font librement et souffrent de troubles de la personnalité, disent les théories du libre arbitre et de la volonté libre. Si ces jeunes ne se sentaient pas menacés dans leur survie, ou s'ils n'étaient pas victimes d'un milieu défavorable, et s'ils n'étaient jamais renforcés dans leurs actions violentes, ils n'auraient pas «choisi» d'être violents, répond Skinner. De même pour le zèle au travail ou la paresse, la faiblesse ou la force de volonté, l'imitation ou la créativité; tout cela a été créé par un environnement physique et social et peut être produit «artificiellement» par des pro-grammes de renforcement. D'après Skinner, il n'existe aucun agent qui habite au dedans de l'être humain. Ce qui, soi-disant, s'agite dans les profondeurs de l'esprit humain ne l'intéresse pas. Bref, «l'homme intérieur» ne peut servir d'explication. Ainsi, Skinner ne croit pas que l'organisme humain «contient plusieurs personnalités qui le contrôlent de manières différentes à différents moments[27]». Et il ne croit pas plus aux discours et aux explications de la «"psychologie des différences individuelles", qui compare et décrit les individus en termes de traits de caractère, de capacité et d'aptitudes[28]».

CRÉATIVITÉ
Capacité de mani-fester une réponse originale et inédite par rapport à ce qu'une personne a appris dans un milieu donné.

Par exemple, les behavioristes skinnériens n'acceptent pas la **créativité** en tant que «faculté» innée. C'est l'histoire privée de l'apprentissage d'une personne qui fera qu'elle pourra ou non trouver des réponses nouvelles en regard de ce qui est considéré comme habituel. En d'autres termes, les personnes qu'on dit plus créatrices, plus inventives que

25. B. F. Skinner, *Par-delà la liberté et la dignité*, p. 38 et p. 96.

26. *Ibid.*, p. 115.

27. Skinner critique la psychanalyse qui a «identifié trois de ces personnalités – le Moi, le Surmoi et le Ça — dont les interactions rendent compte du comportement de l'homme qu'elles habitent». (*Par-delà la liberté et la dignité*, p. 17.)

28. *Ibid.*, p. 19.

PORTRAIT DE LA PRODIGIEUSE FAMILLE MOZART, PEINT PAR LOUIS CARROGIS, DIT CARMONTELLE, EN 1764.

d'autres le sont tout simplement parce qu'elles ont obtenu de leur milieu plus d'informations sur la manière de découvrir des réponses uniques, et parce qu'elles ont obtenu par la suite des renforcements positifs (elles ont par exemple été valorisées) lorsqu'elles en avaient trouvées. Selon une telle théorie, Wolfgang Amadeus Mozart serait donc devenu un grand compositeur uniquement parce que son père lui avait donné une solide formation et qu'il avait été gratifié, étant enfant, par toutes les cours d'Europe lors d'une tournée où il démontrait sa virtuosité précoce au clavier et au violon.

Apprendre n'est pas autre chose que subir un programme de renforcement, principalement verbal; et le langage est aussi, selon Skinner, déterminé par l'environnement. Quant à la pensée abstraite que le langage permet, elle correspond aussi à de l'apprentissage conditionné; elle est «le produit d'un type particulier d'environnement, non une faculté cognitive[29]». La conscience, le regard que l'on pose sur soi-même, la connaissance que l'on a de soi, nos maux ou nos monologues intimes sont tous aussi des produits sociaux. En somme, l'auto-observation est, selon Skinner, le comportement que l'organisme adopte pour faire face à certaines contingences. Il en est de même du **contrôle de soi**. Ce n'est pas l'individu «autonome» qui décide de se contrôler de telle ou telle façon, mais bien les contingences présentes qui déclenchent chez l'individu des activités apprises lors de contingences passées[30] semblables à celles qui se présentent maintenant. Si, par exemple, un élève reste à la maison le samedi soir pour faire son travail de philosophie au lieu d'aller danser à la discothèque, ce n'est pas, selon l'interprétation behavioriste, parce qu'il a une forte volonté ou une motivation inébranlable, mais bel et bien parce que ce comportement a été appris dans le passé et qu'il a été renforcé par de bonnes notes. À la suite de ces exemples, un behavioriste affirmerait sans ambages que «l'homme autonome» ne possède ni une aptitude créatrice naturelle, ni une faculté cognitive innée, ni une forte volonté foncière lui permettant de se déterminer librement à agir

CONTRÔLE DE SOI

Capacité de se maîtriser soi-même, de dominer ses réactions, de se priver de quelque chose ou de quelqu'un par la seule force de son caractère.

LA SCIENCE DU COMPORTEMENT COMME SCIENCE DES VALEURS

Dans une perspective que Skinner qualifie de «préscientifique», les actes que pose un individu sont considérés comme sa propre réalisation. Une telle vision des choses déclare l'être humain maître de son existence. Nous avons abordé, au chapitre précédent, une philosophie de l'homme qui défendait cette hypothèse. En effet, la philosophie existentialiste athée de Jean-Paul Sartre présente l'être humain comme se construisant lui-même par ses actes; il détient l'entière responsabilité de ses échecs comme de ses réussites, et il crée les valeurs en adoptant telle ou telle conduite qui se doit d'être valable pour l'ensemble de l'humanité. Ainsi, d'après Sartre, un homme fait le choix délibéré de poser un acte de courage. Skinner pense, au contraire, qu'un individu «agit courageusement quand les

---

29. B. F. Skinner, *Par-delà la liberté et la dignité*, p. 229.

30. Ainsi en est-il de la conscience judéo-chrétienne ou du surmoi freudien qui se présentent comme des «contrôles présentement intériorisés», mais qui sont, en fait, les fruits d'un conditionnement dont la trace s'est estompée. Ce qui fait dire à Skinner que ces «hôtes intérieurs [...] sont les vicaires de la société». (*Par-delà la liberté et la dignité*, p. 86.)

circonstances du milieu l'y incitent. Les circonstances ont changé son comportement; elles n'ont pas implanté un trait ou une vertu[31]». Tout ce que nous trouvons chez l'homme, ce sont des actions influencées par les circonstances du milieu qui modifient le comportement.

> Dans la perspective scientifique [celle que défend Skinner], le comportement de l'individu est déterminé par son équipement génétique, dont l'origine remonte à l'histoire évolutive de l'espèce, et par les circonstances de l'environnement auxquelles il a, en tant qu'individu, été exposé[32].

Qui plus est, ce que les humains valorisent et déclarent comme étant bon, bref, ce qu'ils appellent généralement les «valeurs» et les «jugements de valeurs» ne sont, aux yeux de Skinner, que des «conséquences de leur comportement[33]». À l'opposé, la littérature qui se porte à la défense de la liberté et de la dignité humaines définit généralement la valeur comme quelque chose qui importe, qui est souhaitable, qui est jugé désirable et digne d'estime. Pour Skinner, une telle définition est complètement insensée. Les choses sont bonnes dans la mesure où elles sont positivement renforçantes, et elles sont mauvaises quand elles sont négativement renforçantes. Conséquemment, Skinner pense que «porter un jugement de valeur en appelant une chose bonne ou mauvaise, c'est la classer en fonction de ses effets renforçants[34]». Quant aux conduites humaines proprement dites, qui constituent l'objet de réflexion des philosophies morales traditionnelles, Skinner les dépouille de toute connotation éthique:

> Les comportements que l'on classe comme bons ou mauvais, corrects ou faux ne sont pas dus à la bonté ou à la méchanceté, ni à un bon ou à un mauvais caractère, ni à une connaissance du bien et du mal; ils sont dus à des contingences impliquant une grande variété de renforcements, y compris les renforcements verbaux généralisés du type «Bon!», «Mauvais!», «Bien!», «Mal!». Dès l'instant où nous avons identifié les contingences qui contrôlent le comportement que l'on qualifie de bon ou mauvais, la distinction devient claire entre les faits et ce que les gens éprouvent à propos des faits. Ce que les gens ressentent à propos des faits est un sous-produit. Ce qui importe, c'est ce qu'ils font, non ce qu'ils ressentent, et nous ne comprenons ce qu'ils font qu'en examinant les contingences pertinentes[35].

Skinner tente de défendre cette thèse en l'illustrant par des exemples fort intéressants. Qu'il nous soit permis d'en reprendre quelques-uns. Ainsi, pour l'État, le «bien» et le «mal» se présentent en «légal» et en «illégal»: l'État prescrit des lois qui établissent les comportements souhaités et les sanctions encourues par ceux qui ne s'y soumettent pas. Afin de rendre plus efficace le contrôle social, l'État aménage généralement toute une panoplie de renforcements allant de la fête nationale et du salut au drapeau à l'hymne national. L'institution religieuse, quant à elle, présente le «bien» et le «mal» en termes de «vertu» et de «péché». «Des contingences impliquant des renforcements positifs et négatifs, souvent de l'espèce la plus extrême, sont codifiées – sous forme de commandements, par exemple – et maintenues par des spécialistes, habituellement avec l'appoint de cérémonies, de rituels et de récits. […] Un fidèle ne supporte pas sa religion parce qu'il est pieux; il la supporte

31. B. F. Skinner, *Par-delà la liberté et la dignité*, p. 239.

32. *Ibid.*, p. 125.

33. *Ibid.*, p. 127.

34. *Ibid.*, p. 130.

35. *Ibid.*, p. 139-140.

à cause des contingences aménagées par l'institution religieuse[36].» Il en est de même pour l'éducation instituée. Dans des lieux déterminés qu'on appelle «école», des spécialistes mettent en place des contingences fondées sur les renforcements que sont les notes et les diplômes. Le «bien» et le «mal» correspondent alors au «juste» et au «faux» qui sont codifiés dans des plans d'études, manuels-guides, examens et tests de toutes sortes. Nous voyons par ces exemples qu'une lecture behavioriste réduit les valeurs de «bien» et de «mal» à des contingences qui impliquent des renforcements efficaces. Conséquemment, le behaviorisme n'accorde aucune créance à l'homme-sujet autonome qui adhère à des valeurs librement consenties.

DE L'AUTONOMIE À L'ENVIRONNEMENT

Croire en l'autonomie de l'être humain, c'est, entre autres choses, présumer que ce dernier est un être de pensées qui, délibérément, discrimine, généralise, forme des concepts ou des abstractions, se rappelle et associe. Or, selon la philosophie behavioriste, c'est la culture qui apprend à l'homme à faire ces opérations: l'homme autonome n'y est pour rien. Continuer de supposer que l'être humain est autonome, c'est donc ne pas se rendre compte des mécanismes invisibles issus des contingences passées et présentes qui contrôlent, en fait, tout comportement humain.

> Il est dans la nature d'une analyse expérimentale du comportement de dépouiller l'homme autonome des fonctions qui lui furent jusqu'ici attribuées pour les transférer l'une après l'autre à l'environnement qui exerce le contrôle[37].

Selon la doctrine behavioriste, les contingences issues de l'environnement expliquent le comportement d'un individu. Ainsi en est-il de la «place» dans laquelle un individu naît, œuvre et se développe. À l'opposé de Sartre[38], Skinner accorde une importance capitale à la place que nous occupons. Cette dernière nous fait vivre des contingences environnementales précises qui, en quelque sorte, nous constituent – pour autant qu'elles fournissent des renforcements efficaces à nos comportements.

Plusieurs psychologues et philosophes ont reproché à l'analyse behavioriste d'abolir «l'homme en tant qu'homme». Et Skinner ne s'en défend pas:

> Son abolition a été longtemps retardée. L'homme autonome est un dispositif que l'on invoque pour expliquer ce que l'on ne peut expliquer autrement. Il s'est construit de nos ignorances. […] À «l'Homme en tant qu'homme», nous disons: Bon débarras. Ce n'est qu'en le dépossédant que nous nous tournerons vers les véritables causes du comportement humain. Alors seulement nous pourrons passer de l'inféré à l'observé, du miraculeux au naturel, de l'inaccessible au manipulable[39].

En abolissant l'autonomie, c'est aussi la notion d'INTENTION que supprime le behaviorisme. Skinner ne nie pas, bien sûr, le sentiment subjectif de l'intention, mais la source objective de l'intention est l'environnement dans lequel l'individu a baigné: «Ce qu'il [l'individu] a

SELON SKINNER, L'INTENTION EST CAUSÉE PAR LES CONSÉQUENCES QU'AURA TEL COMPORTEMENT DANS TEL ENVIRONNEMENT; ELLE EST UN EFFET DE NOS COMPORTEMENTS ET NON PAS UNE CAUSE.

---

36. B. F. Skinner, *Par-delà la liberté et la dignité*, p. 142 et p. 143.

37. *Ibid.*, p. 240.

38. Voir au chapitre 7 la section «Liberté en situation, Ma place», à la page 186.

39. B. F. Skinner, *Par-delà la liberté et la dignité*, p. 243.

l'intention de faire dépend de ce qu'il a fait dans le passé, et de ce qui s'est ensuivi[40].» De sorte que l'intention devient «un sous-produit du comportement en relation avec ses conséquences».

Mais tout ceci implique-t-il que l'homme ne soit qu'une marionnette aux prises avec un environnement totalement étranger? Pas du tout, répond Skinner. L'environnement sélectionne nos comportements les plus adaptés, et en ce sens nous sommes déterminés par lui. Mais «l'environnement physique de la plupart des gens est pour une grande part de fabrication humaine. [...] L'environnement social est de toute évidence fait par l'homme[41]». L'homme se fabrique en fabriquant son environnement, qu'il y ait planification délibérée ou pas. Ce qui fait dire à Skinner que «l'homme a "contrôlé sa propre destinée", pour autant que cette expression ait un sens. L'homme que l'homme a fait est le produit d'une culture qu'il a lui-même créée[42]».

Toutes les «intentions» que chaque individu peut avoir en ce qui le concerne ou en ce qui concerne l'humanité sont fonction des conséquences que sa culture lui fait voir comme souhaitables et des moyens que cette culture lui donne pour les réaliser. Cet accent mis sur la responsabilité de la culture constitue la principale raison, d'après Skinner, des résistances au behaviorisme. Les individus ne veulent pas abandonner leur sentiment subjectif de responsabilité, de mérite, de dignité et de liberté. Or, ce n'est pas ce que le behaviorisme skinnérien exige. Tout ce que cette théorie postule, c'est que ces sentiments sont le résultat de renforcements, et que de les expliquer scientifiquement n'empêche pas de les ressentir. «Aucune théorie, dit Skinner, ne change ce sur quoi elle porte[43].» Une telle affirmation ne peut être réfutée.

Même si Skinner s'en défend, la doctrine behavioriste est souvent qualifiée de «mécaniste» dans le sens où elle interprète les comportements humains comme de simples mécanismes d'action et de réaction face au milieu environnant. Puisqu'elle ne se représente pas l'individu comme ayant une personnalité stable et autonome qui déterminerait ses actions, le behaviorisme laisse, en effet, prise à une telle critique. La théorie behavioriste aurait tendance à considérer l'être humain comme une espèce d'«animal-machine» qui se définit exclusivement par ses comportements qu'il est possible de conditionner et de manipuler à loisir! À l'évidence, une telle conception enlèverait toute autonomie à la personne en octroyant à l'environnement seul le contrôle que cette dernière devrait exercer.

LE BEHAVIORISME AUJOURD'HUI

Curieux retour du balancier de l'horloge de la pensée occidentale où le behaviorisme de cette fin du XXᵉ siècle emprunterait à Descartes sa vision mécaniste et ses «animaux-machines» pour appréhender l'homme lui-même en tant que machine! Une machine animée, sans intériorité, identique à son comportement qui se réduit à des actes quantifiables, c'est-à-dire objets de science. Et lorsque ces actes sont jugés dérangeants, déviants ou improductifs, un spécialiste du comportement se charge de les modifier par conditionnement opérant.

---

40. B. F. Skinner, *Par-delà la liberté et la dignité*, p. 92.

41. *Ibid.*, p. 249.

42. *Ibid.*, p. 251-252.

43. *Ibid.*, p. 257.

Ce petit résumé, par trop ironique et simplifié, ne doit pas laisser entendre que le behaviorisme skinnérien présente une philosophie simpliste de l'être humain et de son comportement. Certes, Skinner propose «une conception scientifique de l'homme[44]» où ce dernier est perçu comme le produit des contingences évolutives et sociales réunies. Mais il faut admettre que cette vision de l'homme connaît de vifs succès en psychothérapie, en pédagogie, en *management* à tous crins, etc. L'application de programmes de renforcement a produit, en effet, des résultats à d'innombrables reprises depuis les premières publications de Skinner dans les années cinquante. La thérapie behavioriste, l'enseignement programmé et les campagnes de «productivité et de qualité totales» sont des adaptations des programmes de renforcement mis au point par Skinner.

Les techniques thérapeutiques behavioristes sont, en effet, reconnues comme étant les plus efficaces pour régler les problèmes de **phobies**. La méthode consiste à désensibiliser le patient en l'exposant d'une façon graduelle au stimulus phobique. Ainsi, il pourra progressivement apprendre à contrôler son anxiété. Des procédés autres, mais s'inspirant aussi des techniques behavioristes, sont utilisés avec succès sur des délinquants, des psychotiques, des toxicomanes, etc. Les milieux d'enseignement se sont mis, eux aussi, aux programmes de renforcement opérant. Afin de motiver les élèves dans l'apprentissage de comportements corrects (par exemple, être ponctuels, être attentifs en classe, répondre promptement et adéquatement aux consignes, être polis envers leurs professeurs et leurs camarades, etc.), plusieurs institutions scolaires adoptent l'«économie du bon point» (*token economy*).

PHOBIE

Symptôme qui consiste à éprouver de l'angoisse (crainte inconsidérée et en apparence immotivée) face à une situation, un lieu ou un objet particulier. (Exemples: agoraphobie, claustrophobie, etc.)

L'ATTRAIT DES MACHINES À SOUS PROVIENT D'UN RENFORCEMENT POSITIF À PROPORTION VARIABLE.

Ces points donnent droit à des privilèges (par exemple, une journée de plein air) qu'il faut gagner par son «bon» comportement. L'industrie ne tarda pas, bien sûr, à s'emparer de ce système de «stimulants positifs» afin d'accroître la productivité des travailleurs (par exemple, par l'octroi de bonis et de récompenses pour l'invention de méthodes visant à augmenter la cadence ou à faire baisser les coûts de production). Les industries de la vente et de la publicité, elles aussi, se servent des techniques de renforcement positif; elles sont devenues de véritables laboratoires de psychologie behavioriste. Pensons aux «points mérites» que de grandes compagnies aériennes donnent à leurs fidèles voyageurs. Même l'industrie du hasard, qui porte fort mal son nom, est réglée comme une horloge suisse sur les grands principes behavioristes. Par exemple, les récents modèles de machines à sous renforcent le joueur en lui accordant, selon une fréquence progressive, des gains modestes afin qu'il ne s'arrête pas de parier.

Skinner au cabinet et dans l'institution thérapeutiques, Skinner à l'école, à l'usine, au bureau, au casino et même chez-soi[45]! Est-ce un peu trop? Par ailleurs, les objectifs poursuivis, les méthodes et les techniques utilisées par la science behavioriste ne sont pas sans poser quelques petits problèmes éthiques! Quelle est l'étrange fascination qu'exercent sur nous les spécialistes du comportement pour que nous acceptions de nous laisser conditionner avec tant de docilité? Qui plus est, la philosophie de l'homme que la théorie behavioriste nous propose vise-t-elle à faire grandir l'homme ou à l'infantiliser?

---

44. *Ibid.*, p. 202.

45. Qu'il suffise de rappeler cette «fenêtre ouverte» sur... la publicité que représente l'appareil de télévision!

Résumé schématique de l'exposé

Le déterminisme ou l'impossibilité d'être libre

1. Une philosophie déterministe pose le raisonnement suivant: si tout effet a une cause, tout choix est le résultat d'une chaîne causale biologique ou culturelle, donc la liberté n'existe pas.

2. En fait, nous n'avons ni le choix d'agir, ni le choix de nos conduites, car ces dernières sont programmées par nos gènes ou par l'éducation que nous avons reçue tout au long de notre apprentissage de la vie en société.

Skinner et l'école behavioriste

Le behaviorisme est la «psychologie ou science du comportement» qui adopte l'attitude empiriste: les comportements doivent être expliqués à partir des réactions observables et mesurables que l'organisme humain produit dans un environnement donné.

L'apprentissage: tout est affaire de conditionnement opérant

1. Le comportement opérant est celui qui est contrôlé par ses conséquences immédiates.

   • Quand un individu répond à un stimulus d'une manière qui lui a été bénéfique, il «apprend» un comportement qu'il répétera dans des circonstances semblables.

2. Le conditionnement opérant consiste à utiliser un agent de renforcement positif ou négatif afin d'augmenter ou de diminuer la probabilité qu'une réponse attendue soit émise.

L'homme programmable ou l'être humain comme créature malléable

1. Plutôt que de recourir inutilement aux «forces intérieures de l'homme», et puisque l'être humain est déjà conditionné, Skinner propose une «science appliquée, une technologie du comportement» qui planifierait la culture et contrôlerait l'homme pour son bonheur.

2. Ainsi serait établi un environnement physique et social, non en fonction d'un «idéal de la nature humaine», mais en tenant compte de «ses effets sur le patrimoine génétique de l'espèce» et de sa capacité à survivre aux individus qui y vivent ici et maintenant.

Par-delà la liberté et la dignité

Le behaviorisme skinnérien explique le comportement humain en ne considérant pas les valeurs traditionnelles de la liberté et de la dignité, ni les «états d'esprit», les traits ou les vertus de caractère.

• La liberté n'existe pas: ce que certains appellent le «libre choix» n'est, en fait, que le produit de contingences de survie génétiques, environnementales et sociales.

• La dignité ou la valeur de l'être humain ne fait plus sens: l'individu ne peut plus être tenu responsable de ses actes.

• Ainsi, la créativité, la pensée abstraite et le contrôle de soi ne sont pas des «facultés» innées, mais des «attitudes» qui sont le fruit d'apprentissages conditionnés.

La science du comportement comme science des valeurs

D'après la «science du comportement», il n'existe pas de vertus ou de valeurs. Ce que les hommes appellent les «valeurs» sont des conséquences de leur comportement.

- Le behaviorisme réduit les valeurs de «bien» ou de «mal» à des contingences qui impliquent des renforcements efficaces.

- Le behaviorisme n'accorde aucune créance à l'homme-sujet autonome qui adhère à des valeurs librement consentis.

De l'autonomie à l'environnement

- Le behaviorisme skinnérien dépouille l'homme autonome des fonctions qui lui furent jusqu'ici attribuées pour les transférer l'une après l'autre à l'environnement qui exerce le contrôle.

- Selon Skinner, l'homme ne devient pas pour autant une marionnette aux prises avec un environnement totalement étranger puisque l'homme «est le produit d'une culture qu'il a lui-même créée».

- Les critiques du behaviorisme skinnérien l'accusent d'interpréter l'homme d'une manière «mécaniste» en le décrivant comme un «animal-machine» qui se définit exclusivement par ses comportements qui peuvent être conditionnés et manipulés à loisir.

Le behaviorisme aujourd'hui

1. La vision de l'homme mise de l'avant par le behaviorisme est utilisée avec succès en psychothérapie, en pédagogie, en *management*, en publicité et dans l'industrie du jeu. Est-ce un peu trop?

2. Le conditionnement et la manipulation que nous font subir les «spécialistes du comportement» ne posent-ils pas quelques petits problèmes éthiques?

3. La philosophie de l'homme proposée par la théorie behavioriste vise-t-elle à faire grandir l'homme ou à l'infantiliser?

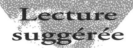

Lecture suggérée

La lecture de l'œuvre suivante est suggérée dans son intégralité ou en extraits importants:

SKINNER, Burrhus Frederick. *Par-delà la liberté et la dignité*, trad. Anne-Marie et Marc Richelle, Montréal, Éditions HMH et Éditions Robert Laffont, 1972, 270 p.

Activités d'apprentissage

Analyse et critique
de texte

Objectifs spécifiques

L'étudiant ou l'étudiante devra être capable:

- de faire un résumé, c'est-à-dire une description condensée du plaidoyer que présente Skinner pour se défendre des critiques adressées au behaviorisme;

- de démontrer sa compréhension d'un texte de Skinner en transposant dans ses propres mots un contenu partiel de ce texte;

- d'évaluer le contenu, c'est-à-dire d'exprimer son accord ou son désaccord (et en donner les raisons) sur la vision skinnérienne d'un monde «planifié».

TEXTE DE SKINNER

Par-delà la liberté et la dignité

Il est dans la nature d'une analyse expérimentale du comportement humain de dépouiller l'homme autonome des fonctions qui lui furent jusqu'ici attribuées pour les transférer l'une après l'autre à l'environnement qui exerce le contrôle. Une telle analyse laisse de moins en moins de choses à faire à l'homme autonome. Mais qu'en est-il de l'homme lui-même? La personne n'est-elle rien de plus qu'un corps vivant? À moins que quelque Moi ne survive, comment pourrions-nous continuer à parler de connaissance et de contrôle de soi? À qui s'adresserait le conseil: «Connais-toi toi-même»?

Le corps propre est la seule partie de l'environnement qui reste la même (*idem*) d'un moment à l'autre et d'un jour à l'autre. C'est là un aspect important des contingences auxquelles le jeune enfant est exposé. Il découvre, disons-nous, son *identité* à mesure qu'il append à distinguer entre son corps et le reste du monde. Et il apprend cela longtemps avant que la communauté ne lui enseigne à dénommer les choses et à distinguer le «Je» du «Tu» et du «Il».

Le Moi est un répertoire de comportements appropriés à un ensemble donné de contingences. Une partie substantielle des conditions auxquelles une personne est exposée peut jouer un rôle dominant, de sorte qu'en d'autres conditions, la même personne dira: «Je ne suis pas moi-même aujourd'hui» ou «Je n'ai pas pu faire ce dont vous m'accusez, car cela ne me ressemble pas». L'identité conférée à un Moi provient des contingences responsables du comportement. Deux répertoires, ou plus, engendrés par des ensembles différents de contingences composeront deux Moi, ou plus. L'individu possède un répertoire approprié à sa vie avec ses amis, et un autre répertoire approprié à sa vie de famille; un ami le trouvera très différent s'il le voit au milieu de sa famille, et inversement. Le problème de l'identité se pose lorsque les situations s'enchevêtrent, par exemple quand l'individu se trouve en même temps avec sa famille et ses amis.

Connaissance de soi et contrôle de soi, dans ce sens, impliquent deux Moi. Celui qui se connaît lui-même est presque toujours un produit des contingences sociales, mais le Moi qui fait l'objet de cette connaissance peut avoir d'autres origines. Le Moi qui contrôle (la conscience ou le superego) est d'origine sociale, mais le Moi contrôlé est plus vraisemblablement le produit de sensibilités innées au renforcement (le Ça, le Vieil Adam). Le Moi qui contrôle représente généralement les intérêts des autres, le Moi contrôlé les intérêts de l'individu.

L'image qui se dégage d'une analyse scientifique n'est pas celle d'un corps avec une personne à l'intérieur, mais d'un corps qui *est* une personne, en ce sens qu'il déploie un répertoire complexe de conduites. Cette image n'est assurément pas familière.

L'homme ainsi représenté est un étranger, et du point de vue traditionnel, il ne ressemble peut-être plus du tout à un homme. «Depuis au moins un siècle», écrit Joseph Wood Krutch[1], «nous avons manifesté une complaisance pour les théories, telles que le déterminisme économique, le behaviorisme mécaniste, et le relativisme, qui réduisent la stature de l'homme au point qu'il cesse d'être homme au sens que donnaient à ce mot les humanistes des générations passées». Matson[2] a soutenu que «le behavioriste empirique... nie, ne serait-ce que par implication, qu'il existe un être unique, que l'on appelle l'*Homme*[3]». «Ce que l'on attaque, dit Maslow, c'est l'*être* de l'homme». C. S. Lewis[4] le formule encore plus brutalement: l'homme est aboli.

Il y a, assurément, quelque difficulté à identifier l'homme auquel ces expressions font référence. Lewis ne peut avoir en vue l'espèce humaine car, loin d'être abolie, elle remplit la terre. (Elle pourrait en conséquence finir par s'abolir elle-même par la maladie, la famine, la pollution ou l'holocauste nucléaire, mais ce n'est pas ce qu'entendait Lewis.) Les individus humains ne deviennent pas non plus moins efficaces ou moins productifs. On nous dit que ce qui est menacé, c'est l'«Homme en tant qu'homme», ou «l'Homme dans son humanité», ou encore «l'Homme comme personne, non comme objet». Ces expressions ne nous aident guère, mais elles fournissent des indications. Ce que l'on est en train d'abolir, c'est l'homme autonome – l'homme intérieur, l'homuncule, le démon possesseur, l'homme qu'ont défendu les littératures de la liberté et de la dignité.

Son abolition a été longtemps retardée. L'homme autonome est un dispositif que l'on invoque pour expliquer ce que l'on ne peut expliquer autrement. Il s'est construit de nos ignorances, et à mesure que notre compréhension progresse, la matière même dont il est fait s'évapore. La science ne déshumanise pas l'homme, elle le «déshomunculise», et elle doit le faire si l'on veut empêcher l'abolition de l'espèce humaine. À l'«Homme en tant qu'homme» nous disons sans hésiter: Bon débarras. Ce n'est qu'en le dépossédant que nous nous tournerons vers les véritables causes du comportement humain. Alors seulement nous pourrons passer de l'inféré à l'observé, du miraculeux au naturel, de l'inaccessible au manipulable. [...]

L'analyse scientifique du comportement dépossède l'homme autonome, et transfère à l'environnement le contrôle qu'il était censé exercer. L'individu peut alors paraître particulièrement vulnérable. Il faut désormais qu'il soit contrôlé par le monde qui l'entoure, et en grande partie par ses semblables. Ne devient-il pas une simple victime? Certes, les hommes ont souvent été des victimes, comme ils ont été des oppresseurs. Mais le mot est trop fort. Il implique une spoliation qui n'est d'aucune manière une conséquence essentielle du contrôle interpersonnel. Mais même dans le cadre d'un contrôle bienveillant, l'individu est-il, à mettre les choses au mieux, autre chose qu'un simple spectateur, qui peut regarder ce qui lui arrive mais est impuissant à y changer quoi que

1. W. Krutch, «Epitaph for Age», *New York Times Magazine*, 30 juin 1967.
2. Cité d'après un compte rendu du Floyd W. Matson's The Broken Image: *Man, Science and Society* (New York: George Braziller, 1964) dans *Science*, 1964, 144, 829-830.
3. A. H. Maslow, *Religions, Values and Peak-Experiences* (Colombus: Ohio State University Press, 1964).
4. C. S. Lewis, *The Abolition of Man* (New York: Macmillan, 1957).

ce soit? N'est-il pas dans «une impasse dans sa longue lutte pour contrôler sa propre destinée».

Seul l'homme autonome est dans une impasse. L'homme lui-même est certes contrôlé par son environnement, mais cet environnement, il l'a presque entièrement construit de ses propres mains. L'environnement physique de la plupart des gens est pour une grande part de fabrication humaine. Les surfaces sur lesquelles une personne marche, les murs qui l'abritent, les habits qu'elle porte, beaucoup des aliments qu'elle mange, les outils qu'elle emploie, les véhicules dans lesquels elle se déplace, la plupart des objets qu'elle regarde, des sons qu'elle entend sont des produits humains. L'environnement social est de toute évidence fait par l'homme. C'est lui qui produit la langue qu'une personne parle, les coutumes qu'elle pratique, et ses conduites envers les institutions éthiques, religieuses, politiques, économiques, éducatives, psychothérapeutiques qui la contrôlent. L'évolution d'une culture est, en fait, une sorte de gigantesque exercice de contrôle de soi. Comme l'individu se contrôle lui-même en manipulant le monde dans lequel il vit, de même l'espèce humaine a construit un environnement dans lequel ses membres agissent de manière hautement efficace. Des erreurs ont été commises, et rien ne garantit que l'environnement construit par l'homme continuera à produire des gains qui compensent les pertes; mais l'homme, tel que nous le connaissons, pour le meilleur et pour le pire, est ce que l'homme a fait de l'homme.

Ceci ne satisfera pas ceux qui s'écrient: «Victime». C. S. Lewis a protesté: «Le pouvoir de l'homme de faire de lui-même ce qu'il veut se ramène au pouvoir de quelques hommes de faire des autres ce qui leur plaît.» Voilà qui est inévitable, et dans la nature même de l'évolution culturelle. Le Moi qui exerce le contrôle doit être distingué du Moi qui le subit, même lorsqu'ils se trouvent tous deux dans la même peau. Les deux instances sont presque toujours distinctes lorsque le contrôle s'exerce par la planification de l'environnement extérieur. L'individu qui, intentionnellement ou non, introduit un nouvel usage culturel n'est qu'un parmi les milliards d'êtres qui en seront peut-être affectés. Si ceci n'a pas l'air de ressembler à un acte de contrôle de soi, c'est parce que nous avons mal compris la nature du contrôle de soi au niveau de l'individu.

Quand une personne change son environnement physique ou social «intentionnellement» – c'est-à-dire dans le but de changer le comportement humain, éventuellement en y incluant le sien propre – elle joue deux rôles: le premier en tant qu'elle exerce le contrôle, par le biais de la planification d'une culture, le second en tant qu'elle le subit, étant elle-même le produit de cette culture. Il n'y a là rien d'inconsistant; c'est dans la logique même de l'évolution culturelle, avec ou sans planification délibérée.

L'espèce humaine n'a probablement pas subi beaucoup de changements génétiques depuis l'époque historique. Il suffit de remonter un millier de générations en arrière pour rencontrer les artistes des grottes de Lascaux. Les traits qui influencent directement la survie (tels que la résistance à la maladie) changent de manière considérable sur mille générations; mais l'enfant d'un artiste de Lascaux transplanté dans le monde d'aujourd'hui serait presque impossible à distinguer d'un enfant moderne. Il se pourrait qu'il apprenne plus lentement, qu'il ne soit pas à même de maintenir sans confusion un aussi vaste répertoire de conduites, qu'il oublie plus vite; nous n'en savons rien. Mais ce dont nous pouvons être sûrs, c'est qu'un enfant du XXe siècle, transplanté dans la civilisation de Lascaux, ne serait pas très différent des enfants qu'il y rencontrerait, car nous savons ce qu'il advient quand un enfant moderne est élevé dans un environnement appauvri.

Au cours de la même période, l'homme s'est profondément changé lui-même en tant que personne en changeant le monde qui l'entoure. Le développement des pratiques religieuses modernes correspond à quelque cent générations; et l'on peut compter à peu près la même chose pour le développement des systèmes politiques et juridiques. Il suffit d'une vingtaine de générations pour rendre compte des techniques industrielles modernes, et guère plus de quatre ou cinq en ce qui concerne l'éducation et la psychothérapie. Les technologies physique et biologique qui ont augmenté la sensibilité de l'homme au monde qui l'entoure et modifié profondément son pouvoir sur ce monde n'ont pas pris plus de quatre à cinq générations.

L'homme a «contrôlé sa propre destinée», pour autant que cette expression ait un sens. L'homme que l'homme a fait est le produit d'une culture qu'il a lui-même créée. Il a émergé de deux processus d'évolution nettement distincts: l'évolution biologique responsable de l'espèce humaine, et l'évolution culturelle menée par cette espèce. Ces deux processus d'évolution peuvent maintenant s'accélérer, parce qu'ils sont tous deux passibles de planification intentionnelle. Les hommes avaient déjà modifié leur équipement génétique par des croisements sélectifs et par une action sur les contingences de survie; ils pourraient bientôt être en mesure d'introduire des mutations directement en rapport avec la survie. Depuis longtemps, les hommes ont introduit de nouveaux usages qui jouent le rôle de mutations culturelles, et ils ont changé les conditions dans lesquelles les usages sont sélectionnés. Ils peuvent aujourd'hui faire l'un et l'autre avec une visée plus claire sur les conséquences.

L'homme continuera vraisemblablement à changer, mais nous ne pouvons dire dans quelle direction. Personne n'aurait pu prédire l'évolution de l'espèce humaine à aucun moment des débuts de son histoire, et la direction d'une planification génétique délibérée dépendra de l'évolution d'une culture qui est elle-même, et pour des raisons analogues, imprévisible. Étienne Cabet, dans son *Voyage en Icarie* observait que les limites de la perfection de l'espèce humaine sont encore inconnues. Il n'y a, cela va de soi, aucune limite. L'espèce humaine n'atteindra jamais un stade final de perfection avant d'être exterminée – «certains disent par le feu, d'autres par la glace», d'autres par les radiations.

L'individu occupe dans la culture une place qui n'est pas sans analogie avec sa place dans l'espèce. Cette place fit l'objet d'âpres débats aux débuts de la théorie évolutionniste. L'espèce était-elle simplement une sorte d'individu, et si oui, dans quel sens pouvait-elle évoluer? Darwin lui-même déclara que les espèces étaient «de pures inventions subjectives des taxonomistes». Une espèce n'a aucune existence, sinon comme collection d'individus, tout comme la famille, la tribu, la race, la nation ou la classe. Une culture n'a aucune existence en dehors du comportement des individus qui en perpétuent les usages. C'est toujours un individu qui se comporte, qui agit sur l'environnement et se modifie en fonction des conséquences de son action, qui maintient les contingences sociales qui *constituent* la culture. L'individu est le véhicule tant de son espèce que de sa culture. Les usages culturels, comme les traits génétiques, se transmettent d'individu à individu. Un nouvel usage, comme un nouveau trait génétique, apparaît d'abord chez un individu et tend à se transmettre s'il contribue à sa survie en tant qu'individu.

Pourtant, l'individu est tout au plus un lieu où convergent, en un faisceau unique, de nombreuses lignes de développement. Son individualité n'est pas mise en question. Chaque cellule de son corps est un produit génétique unique, comme est unique l'empreinte digitale, cette marque classique de l'individualité. Et même à l'intérieur de la culture la plus conformiste, chaque histoire personnelle est unique. Aucune culture planifiée ne détruira ce caractère et, comme nous l'avons vu, toute tentative dans ce sens serait de la très mauvaise planification. Mais l'individu n'en demeure pas moins une simple étape dans un processus qui commença longtemps avant qu'il n'existe et lui survivra longtemps. Il n'a pas la responsabilité décisive ni des traits spécifiques, ni des usages culturels, même s'il a été le siège de la mutation ou l'introducteur d'un usage nouveau qui font désormais partie de l'espèce ou de la culture. Même si Lamarck avait eu raison de supposer que l'individu pouvait changer par son effort personnel sa structure génétique, il nous faudrait toujours rechercher dans l'environnement les circonstances responsables de son effort, comme nous devrons le faire aussi quand les généticiens commenceront à changer l'équipement génétique de l'homme. Quand un individu s'engage dans la planification intentionnelle d'un usage culturel, nous devons nous tourner vers la culture qui l'incite à agir ainsi, et lui fournit l'art ou la science qu'il met en œuvre.

L'un des grands problèmes de l'individualisme, rarement reconnu comme tel, est le problème de la mort — lot inévitable de l'individu, assaut final contre la liberté et la dignité. La mort est l'un de ces événements éloignés dans le temps qui n'influent sur le comportement qu'à la faveur des usages culturels. Nous ne voyons que la mort des autres, comme dans la célèbre comparaison de Pascal: «Qu'on s'imagine un nombre d'hommes dans les chaînes, et tous condamnés à la mort, dont les uns étant chaque jour égorgés à la vue des autres, ceux qui restent voient leur propre condition dans celle de leurs semblables, et, se regardant les uns les autres avec douleur et sans espérance, attendent à leur tour. C'est l'image de la condition des hommes.» Certaines religions ont rendu la mort plus importante en dépeignant une existence future, en enfer ou en paradis, mais l'individualisme a une raison particulière de craindre la mort, raison qui lui vient non de la religion mais de la littérature de la liberté et de la dignité. C'est la perspective de l'anéantissement de la personne. L'individualiste ne peut trouver aucune consolation à méditer sur quelqu'une de ses propres contributions qui lui survivra. Il a refusé d'agir dans l'intérêt des autres et n'est par conséquent pas renforcé par le fait que d'autres, aidés par lui, lui survivront. Il a refusé de se soucier de la survie de sa culture, et n'est pas renforcé par le fait que sa culture lui survive longtemps. Pour défendre sa propre liberté et sa propre dignité, il a nié les contributions du passé et doit donc renoncer à tout droit sur le futur.

∗ ∗ ∗

La science n'a sans doute jamais exigé de changement plus profond dans la manière traditionnelle de penser un problème, et jamais il n'y a eu problème plus important. Dans la perspective traditionnelle, l'individu perçoit le monde qui l'entoure, sélectionne les traits à percevoir, discrimine entre eux, les juge bons ou mauvais, les change pour les améliorer (ou, s'il est négligent, les rendre pires); on peut le tenir pour responsable de ses actes, le récompenser ou le punir justement selon leurs conséquences. Dans la perspective scientifique, l'individu est membre d'une espèce façonnée par les contingences évolutives de survie, manifestant des mécanismes de comportement qui le placent sous le contrôle de l'environnement dans lequel il vit, et pour une grande part sous le contrôle d'un environnement social que lui-même et des millions d'autres hommes semblables à lui ont construit et maintenu au cours de l'évolution culturelle. Le sens de la relation est inversé: l'individu n'agit pas sur le monde, c'est le monde qui agit sur lui.

Il est difficile d'admettre un tel changement simplement sur des bases intellectuelles, et presque impossible d'en accepter les implications. La réaction du traditionaliste se traduit généralement en termes de sentiments. L'un de ceux-ci, auquel les Freudiens ont eu recours pour expliquer la résistance en psychanalyse, est la vanité blessée. Freud lui-même exposa, comme le note Ernest Jones, «les trois coups portés par la science au narcissisme de l'humanité. Le premier, cosmologique, fut porté par Copernic; le second, biologique, par Darwin; le troisième, psychologique, par Freud». (Ce dernier coup atteignait la croyance en un quelque chose, au-dedans de l'homme, qui saurait tout ce qui s'y passe, et en un instrument, dénommé le libre arbitre, qui exercerait le pouvoir et le contrôle sur le reste de la personnalité. Mais quels sont les signes ou les symptômes de la vanité blessée, et comment les expliquerons-nous? Que font les gens à propos d'une telle conception scientifique? Ils la qualifient de mauvaise, de dégradante, de dangereuse, ils argumentent contre elle, ils attaquent ceux qui la proposent ou la défendent. S'ils agissent ainsi, ce n'est pas par vanité blessée, mais parce que la formulation scientifique a détruit les renforcements habituels. Si l'individu ne peut plus désormais tirer mérite et recueillir admiration pour ce qu'il fait, il semble perdre de sa dignité ou de sa valeur, et le comportement précédemment renforcé par l'éloge et l'admiration subira l'extinction. L'extinction conduit souvent à l'attaque agressive.

Un autre effet de la conception scientifique serait un manque de foi ou de «nerf», un sentiment de doute ou d'impuissance, de découragement, de dépression ou de mélancolie. L'être sent, dit-on, qu'il est impuissant devant sa destinée. Mais ce qu'il éprouve, c'est l'affaiblissement de réactions anciennes qui ont cessé d'être renforcées. Les gens sont, en effet, «impuissants» quand des répertoires verbaux installés de longue date se révèlent inutiles. Par exemple, un historien se plaignait de ce que, «si les actions humaines devaient être écartées comme n'étant que le produit du conditionnement naturel et psychologique», il n'y aurait plus rien dont on puisse écrire; «le changement doit être au moins en partie le résultat de l'activité mentale consciente».

On note encore une sorte de nostalgie. Les anciens répertoires font irruption, on se saisit de la moindre analogie entre le présent et le passé et on l'exagère. On parle du passé comme du bon vieux temps, où l'on reconnaissait la dignité inhérente de l'homme et l'importance des valeurs spirituelles. Ces restes de comportements anachroniques ont une ombre de «regret» — ils ont le caractère des comportements de plus en plus infructueux.

Ces réactions à une conception scientifique de l'homme sont certainement malheureuses. Elles paralysent les hommes de bonne volonté et quiconque se soucie de l'avenir de sa culture fera tout ce qu'il pourra pour les corriger. Aucune théorie ne change ce sur quoi elle porte. Les choses ne changent rien du fait que nous les regardons, que nous en parlons ou les analysons d'une manière neuve. Keats buvait à la ruine de Newton pour le châtier d'avoir analysé l'arc-en-ciel, mais l'arc-en-ciel resta aussi beau que toujours et aux yeux de beaucoup en devint même plus beau. L'homme n'a pas changé parce que nous le regardons, en parlons et l'analysons scientifiquement. Ses réalisations dans les sciences, la politique, la religion, l'art et la littérature demeurent ce qu'elles ont toujours été, offertes à l'admiration comme une tempête sur la mer, une forêt en automne ou le sommet d'une montagne, indépendamment de leurs origines et d'aucune analyse scientifique. Ce qui change, ce sont nos chances d'agir sur la matière de la théorie. L'analyse que fit Newton de la lumière de l'arc-en-ciel était un pas dans la direction du Laser.

La conception traditionnelle de l'homme est flatteuse; elle confère des privilèges renforçants. Aussi trouve-t-elle aisément des défenseurs, et est-il fort difficile de la modifier. Elle fut conçue pour construire l'individu en tant qu'instrument de contre contrôle, et elle y réussit, mais d'une manière telle qu'elle mettait des limites à son progrès. Nous avons vu comment les littératures de la liberté et de la dignité, préoccupées de l'homme autonome, avaient perpétué l'emploi des techniques punitives et n'avaient autorisé que les plus faibles des techniques positives. Il n'est pas difficile de démontrer la relation entre le droit illimité de l'individu dans la recherche du bonheur et les catastrophes dont nous menace la procréation incontrôlée, l'opulence effrénée qui épuise et pollue l'environnement et l'imminence d'une guerre nucléaire.

Les technologies physique et biologique ont réduit les famines, les épidémies, et nombre d'aspects douloureux, dangereux ou épuisants de notre vie quotidienne. La technologie du comportement peut commencer à atténuer d'autres types de maux. Il se peut que, dans l'analyse du comportement humain, nous soyons quand même un rien plus avancés que n'était Newton dans l'analyse de la lumière, car nous commençons à faire des applications technologiques. Les possibilités sont merveilleuses – d'autant plus merveilleuses que les approches traditionnelles se sont révélées fort inefficaces. Il est difficile d'imaginer un monde dans lequel les gens vivraient ensemble sans se disputer, se maintiendraient en vie en produisant la nourriture, les abris, les vêtements dont ils ont besoin, se divertiraient et contribueraient au divertissement des autres par les arts, la musique, les lettres, les sports, ne consommeraient qu'une partie raisonnable des ressources du monde et aggraveraient aussi peu que possible la pollution, n'auraient pas plus d'enfants qu'ils n'en pourraient décemment élever, continueraient à explorer l'univers autour d'eux et à découvrir de meilleures méthodes d'agir sur lui, où ils apprendraient à se connaître eux-mêmes avec plus de précision et, par conséquent, à se maîtriser plus efficacement. Et pourtant, tout cela est possible, et le moindre signe de progrès devrait apporter une sorte de changement propre, en termes traditionnels, à apaiser la vanité blessée, à compenser le désespoir ou la nostalgie, à corriger l'impression que «nous n'avons ni le pouvoir ni le devoir de faire quoi que ce soit pour nous-mêmes», à favoriser un «sens de la liberté et de la dignité» en affermissant la confiance et en construisant un sens de la valeur. En d'autres termes, tout cela devrait renforcer abondamment ceux qui ont été incités par leur culture à travailler pour leur survie.

Une analyse expérimentale déplace les causes déterminantes du comportement de l'homme autonome vers l'environnement – un environnement responsable à la fois de l'évolution de l'espèce et du répertoire acquis par chacun de ses membres. Les premières versions de l'environnementalisme étaient inadéquates parce qu'elles ne pouvaient expliquer comment agissait l'environnement; l'homme autonome semblait conserver beaucoup de ses prérogatives. Mais les contingences environnementales prennent aujourd'hui en charge les fonctions jadis attribuées à l'homme autonome, et certaines questions surgissent: L'homme est-il donc «aboli»? Assurément non, ni en tant qu'espèce ni en tant qu'individu créateur. Seul est aboli l'homme autonome intérieur, et c'est un pas en avant. Mais l'homme ne devient-il pas ainsi une simple victime, ou un simple observateur de ce qui lui arrive? Il est, en effet, sous le contrôle de son environnement, mais il faut nous rappeler que cet environnement est pour une grande part, fait de ses mains. L'évolution d'une culture est un gigantesque exercice de contrôle de soi. On accuse souvent une conception scientifique de l'homme de conduire à des blessures de vanité, au désespoir et à la nostalgie. Mais aucune théorie ne change l'objet sur lequel elle porte; l'homme reste ce qu'il a toujours été. Mais une nouvelle théorie peut changer les possibilités d'action sur son objet d'étude. Une conception scientifique de l'homme offre des possibilités exaltantes. Nous n'avons pas encore vu ce que l'homme peut faire de l'homme.

SKINNER, Burrhus Frederick. *Par-delà la liberté et la dignité*, trad. Anne-Marie et Marc Richelle, Montréal, Éditions HMH et Éditions Robert Laffont, 1972, p. 240-243 et 248-260.

Questions d'analyse et de critique

1. Skinner rapporte quelques critiques adressées au behaviorisme l'accusant d'abolir «l'Homme en tant qu'homme». Résumez le plaidoyer que Skinner met en avant pour assurer sa défense.

2. Dans ce texte, Skinner parle de l'individu, de l'individualisme et de l'individualiste. Reprenez, dans vos propres mots, les propos de Skinner à ce sujet.

3. Skinner trace le portrait du monde que les planificateurs de la culture pourraient mettre en place. Il décrit ce monde «planifié» dans les termes suivants:

> Un monde dans lequel les gens vivraient ensemble sans se disputer, se maintiendraient en vie en produisant la nourriture, les abris, les vêtements dont ils ont besoin, se divertiraient et contribueraient au divertissement des autres par les arts, la musique, les lettres, les sports, ne consommeraient qu'une partie raisonnable des ressources du monde et aggraveraient aussi peu que possible la pollution, n'auraient pas plus d'enfants qu'ils n'en pourraient décemment élever, continueraient à explorer l'univers autour d'eux et à découvrir de meilleures méthodes d'agir sur lui, où ils apprendraient à se connaître eux-mêmes avec plus de précision et, par conséquent, à se maîtriser plus efficacement.

Êtes-vous en accord ou en désaccord avec cette description et trouvez-vous possible et souhaitable que la «technologie du comportement» en arrive un jour à planifier un tel monde? Vous devez fonder vos jugements, c'est-à-dire apporter au moins trois arguments pour appuyer vos affirmations. (*Minimum suggéré: une page.*)

B

Exercice comparatif: Skinner et Sartre

Objectifs spécifiques

L'étudiant ou l'étudiante devra être capable:

- d'analyser le problème philosophique de la liberté et du déterminisme, c'est-à-dire de décomposer une «mise en situation» en y décelant les éléments constituants et les liens qui les unissent, en vue de tracer un schéma d'ensemble de la situation.

- de comparer différentes visions, c'est-à-dire d'examiner les rapports de ressemblance et de différence entre les éléments fondamentaux identifiés à l'intérieur de la mise en situation proposée et les conceptions de la liberté et du déterminisme exposées aux chapitres 7 et 8.

Contexte de réalisation

Problème sur la liberté[46]

À huit heures ce matin, un homme âgé de 27 ans s'est donné la mort à la station de métro Berri-UQAM. Il a marché nerveusement le long du quai. Il a attendu l'entrée en gare du premier wagon. D'un pas décidé, il a écarté les voyageurs massés aux abords de la rampe d'accès. Puis, il s'est jeté sur les rails, les pieds joints et les bras le long du corps, comme un plongeur. Les deux jambes coupées, la figure ensanglantée, le corps brulé, il est mort sur le coup.

Cet homme ne déambulera plus dans la rue Saint-André, là où enfant il jouait à la balle et à la cachette. Il ne montera plus l'escalier lugubre. Il ne sera plus à la charge de sa mère. Il ne lira plus, accoudé à la table de la cuisine étroite, les offres d'emploi du Journal de Montréal. Il avait le métier de son père, concierge, mais depuis vingt-quatre mois il était au chômage: petites annonces, entrevues, rebuffades. À l'usine, le disant trop faible, on l'a refusé comme manœuvre; au bureau, le directeur du personnel a regardé, l'air moqueur, ses habits démodés: pas d'emploi. Passer des jours entiers au lit avec le sentiment d'être inutile dans un monde qui vous refuse le droit au travail est injuste et révoltant! Ce matin, il s'est donc introduit dans le métro à l'heure où l'on se rend au travail. Tous étaient contraints par l'horaire, affairés à leurs tâches quotidiennes. Lui était libre. Il pouvait aller au Musée des beaux-arts ou au Jardin botanique; il était libre de penser au rationalisme cartésien ou au dernier match des Expos. Mais en fait, il se sentait surtout libre de choisir entre le fusil et la rame de métro.

Questions

En vous servant de la conception de la liberté et de celle du déterminisme qui vous ont été présentées aux chapitres 7 et 8, répondez aux deux questions suivantes. (*Minimum suggéré: deux pages.*)

1. Dans quelle mesure cet homme était-il libre?

2. Dans quelle mesure cet homme était-il non libre?

---

46. Ce texte est une adaptation d'un fait divers cité par Denis Huisman et André Vergez dans leur *Court traité de philosophie* (*Métaphysique*), Paris, Fernand Nathan Éditeur, 1961, p. 141.

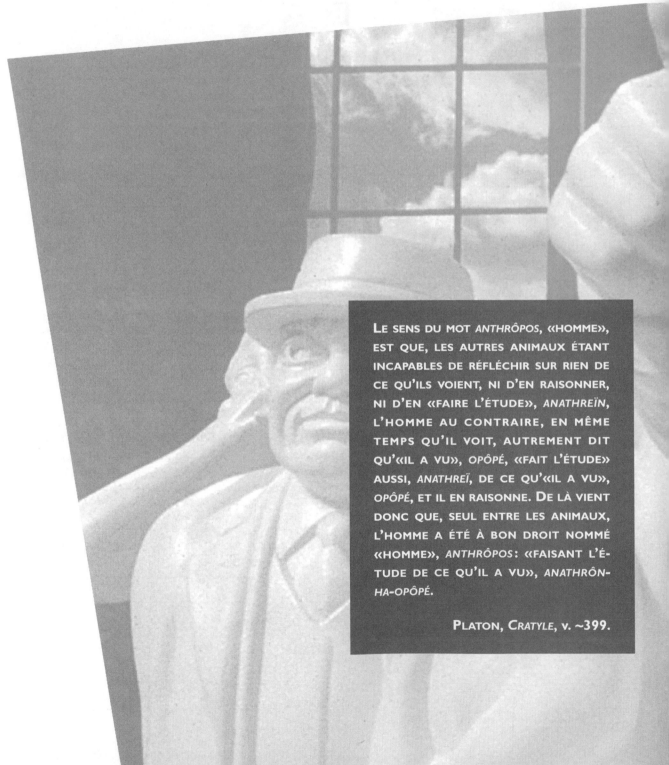

LE SENS DU MOT *ANTHRÔPOS*, «HOMME»,
EST QUE, LES AUTRES ANIMAUX ÉTANT
INCAPABLES DE RÉFLÉCHIR SUR RIEN DE
CE QU'ILS VOIENT, NI D'EN RAISONNER,
NI D'EN «FAIRE L'ÉTUDE», *ANATHREÏN*,
L'HOMME AU CONTRAIRE, EN MÊME
TEMPS QU'IL VOIT, AUTREMENT DIT
QU'«IL A VU», *OPÔPÉ*, «FAIT L'ÉTUDE»
AUSSI, *ANATHREÏ*, DE CE QU'«IL A VU»,
OPÔPÉ, ET IL EN RAISONNE. DE LÀ VIENT
DONC QUE, SEUL ENTRE LES ANIMAUX,
L'HOMME A ÉTÉ À BON DROIT NOMMÉ
«HOMME», *ANTHRÔPOS*: «FAISANT L'É-
TUDE DE CE QU'IL A VU», *ANATHRÔN-
HA-OPÔPÉ*.

PLATON, *CRATYLE*, V. ~399.

Conclusion

*N*ous voici arrivés au terme d'un voyage au cœur de l'humain. Dans ce périple, nous avons retenu huit façons différentes d'aborder, de se représenter, de comprendre l'être humain. Nous avons assisté aux efforts constamment renouvelés d'hommes qui ont consacré leur vie à «faire l'étude» de l'homme.

Ainsi, René Descartes définit l'être humain comme une «chose qui pense»: l'essence de l'homme est alors constituée d'une raison transcendante présente en son âme et qui le fait être. À l'inverse, Jean-Jacques Rousseau propose une conception immanente de l'être humain puisqu'il considère la nature humaine comme perfectible. L'homme naturel avait la capacité de se perfectionner; la civilisation l'a corrompu en lui imposant une culture. Karl Marx met de l'avant une philosophie de l'histoire humaine en proie à la lutte des classes où l'individu est déterminé par la place qu'il occupe dans les rapports de production. Ce faisant, l'homme devient «essentiellement» un être social: ce qui caractérise fondamentalement sa nature intime est produit dans et par les rapports sociaux. Friedrich Nietzsche se fait le défenseur de l'homme fort qui affirme ses instincts de vie et sa volonté créatrice. L'essence de l'être humain est d'aller toujours au-delà de lui-même, de se surpasser en exerçant sa «volonté de puissance». Sigmund Freud met en question la conception traditionnelle de l'être humain perçu comme un sujet rationnel, conscient, maître de lui-même et de ses agirs. Freud définit l'homme comme étant régi par l'inconscient. Un inconscient dynamique où l'être humain subit la tyrannie des pulsions qu'il doit apprendre à contenir et à canaliser vers des objets et des buts sociaux. Emmanuel Mounier présente la personne comme un être singulier et irréductible qui défend des valeurs en s'engageant dans le monde et en communiant avec autrui. La personne n'est pas un absolu se suffisant à elle-même: elle doit transcender ses dimensions exclusivement humaines dans la foi en Dieu. Jean-Paul Sartre montre que, par-delà l'absurdité de l'existence humaine sans Dieu, l'homme possède la totale liberté, d'où l'entière responsabilité de se faire, c'est-à-dire de se constituer en projet. À l'opposé, Burrhus Frederick Skinner démontre que l'homme est le produit d'une culture et que, ce faisant, il est tributaire de l'environnement et des renforcements auxquels il est soumis. En cela, l'être humain devient une créature malléable et manipulable que la «science du comportement» se propose de conditionner de façon bénéfique pour la survie de l'espèce et le bonheur des humains.

Ce panorama de quelques grandes conceptions de l'être humain nous permet de constater que les penseurs des époques moderne et contemporaine ont analysé l'homme sous des angles fort différents et en ont présenté des portraits pour le moins variés, voire opposés. De toute évidence, aucune de ces philosophies ne peut prétendre détenir l'unique vérité sur l'homme. Est-ce là l'indice d'une défaillance ou d'une pauvreté de la pensée et de la réflexion sur l'être humain? Pas du tout! Ce constat devrait, au contraire, nous faire entrevoir que chacune des philosophies que nous avons étudiées met l'accent sur une dimension de la personnalité humaine. En ce sens, ces philosophies offrent toutes des vérités sur ces êtres pluriels que nous sommes.

Cependant, un caractère commun relie toutes ces philosophies de l'homme: leur volonté de débarrasser l'homme des illusions qui cachent et déforment sa réalité. Les auteurs dont il a été question dans ce manuel peuvent, à juste titre, être considérés comme de grands esprits. Ils expriment tous le même désir: celui de renoncer aux fausses divinités, d'aller au-delà des apparences et de l'ignorance afin de saisir ce qu'est l'être humain. Animés d'une soif passionnée de vérité, ils ont tous participé à cette magnifique entreprise, toujours à recommencer, de donner un sens à ce que nous sommes. Ces maîtres à penser ont contribué, chacun à sa manière, à une meilleure et à une plus profonde compréhension de l'humain, même si certains l'ont fait de façon souvent radicale. En ce qui nous concerne, disons-nous que notre propre réflexion sur l'être humain gagnera toujours à se nourrir de leurs œuvres et de leurs pensées, car leurs philosophies de l'homme témoignent de notre propre humanité.

Les huit conceptions de l'homme qui vous ont été présentées dans cet ouvrage peuvent être considérées comme autant de tableaux accrochés au mur de la pensée. Le neuvième à y être suspendu pourrait être le vôtre: celui auquel vous donnerez vie à partir des données, des couleurs, des perspectives que vous aurez retenues. Espérons que votre participation à la définition de l'homme se fasse de manière vivante, tout en demi-teintes et en nuances! S'il est un souhait auquel nous devons souscrire, c'est celui que cette aventure que nous avons commencée avec Descartes ne s'achève jamais; que le regard que l'être humain porte sur lui-même soit de plus en plus pénétrant, profond et pertinent. Car il ne faut pas oublier que définir l'homme, c'est pénétrer dans les profondeurs de la réalité par laquelle nous sommes tous essentiellement humains. Cette entreprise constitue l'œuvre de toute une vie et nous nous devons tous d'y participer si nous voulons rester humains.

Activité d'apprentissage terminale

Énoncé de la compétence

Étant donné que cette activité d'apprentissage terminale peut prendre la forme soit d'un texte à remettre en fin de session ou d'une épreuve finale de trois heures qui se déroule en classe, nous proposons trois variantes.

A Présenter, commenter et comparer une conception moderne et une conception contemporaine de l'être humain à propos d'un thème ou d'une problématique.

ou

B Présenter et confronter les aspects essentiels d'une conception moderne ou contemporaine de l'être humain avec votre propre conception de l'homme.

ou

C Présenter et comparer deux conceptions de l'être humain à propos d'un thème ou d'une problématique et confronter les aspects essentiels de l'une de ces conceptions avec votre propre conception de l'homme.

L'*énoncé de la compétence de l'Ensemble n° 2* («Présenter des conceptions modernes et contemporaines de l'être humain et en montrer l'importance») nous semble un objectif d'apprentissage pour le moins ambitieux. Désirant en limiter la portée, et considérant ce qui est précisé dans le *contexte de réalisation* du document ministériel, nous avons identifié les *critères de performance 3.2* et *3.3* comme étant des éléments qui pouvaient alimenter l'énoncé de la compétence

(c'est-à-dire le résultat attendu de l'apprentissage de l'étudiant). Notre énoncé de compétence A s'inspire du critère de performance 3.2, alors que l'énoncé de compétence B correspond au critère de performance 3.3. L'énoncé de compétence C consiste en une juxtaposition des deux énoncés précédents.

Contexte de réalisation

Contexte de réalisation **A**

Individuellement, à l'occasion d'un texte d'environ 1250 mots (cinq pages), l'étudiant ou l'étudiante présente, commente et compare une conception moderne et une conception contemporaine de l'être humain à propos d'un thème ou d'une problématique.

- *Présenter*, c'est décrire les principes et les concepts clés (et leurs articulations) des deux conceptions de l'être humain choisies.

- *Commenter*, c'est discuter d'une manière critique ces deux conceptions de l'être humain en examinant le bien-fondé de leurs argumentations respectives.

- *Comparer*, c'est analyser les rapports de ressemblance et de différence entre les deux conceptions de l'être humain retenues.

- *Une conception moderne et une conception contemporaine de l'être humain* : Conformément à une tradition répandue et sanctionnée par la plupart des manuels d'histoire de la philosophie, l'origine de la modernité commence avec Descartes (1596-1650) et se termine avec Hegel (1770-1831). Par conséquent, Marx peut être considéré comme le premier des auteurs étudiés dans ce manuel à appartenir à la pensée dite contemporaine.

- *À propos d'un thème ou d'une problématique*: Les problématiques ou les thèmes suggérés sont les suivants: raison, corps, désir, nature/culture, individu, sujet, société, collectivité, travail, valeurs, liberté/déterminisme.

ou

Contexte de réalisation **B**

Individuellement, à l'occasion d'un texte d'environ 1250 (cinq pages), l'étudiant ou l'étudiante présente et confronte les aspects essentiels d'une conception formelle de l'être humain avec sa propre conception de l'homme.

- *Confronter*, c'est mettre en rapport, c'est comparer d'une manière argumentée et critique.

- Une *conception formelle de l'être humain* est une conception appartenant à la tradition philosophique moderne ou contemporaine.

ou

Contexte de réalisation **C**

Individuellement, à l'occasion d'un texte d'environ 1500 mots (six pages), l'étudiant ou l'étudiante présente et compare une conception moderne et une conception contemporaine de l'être humain à propos d'un thème ou d'une problématique, et confronte les aspects essentiels de l'une de ces conceptions formelles avec sa propre conception de l'homme.

Étapes suggérées

> **1. Faites d'abord un plan détaillé du développement que vous comptez mettre de l'avant.**

Contexte de réalisation **A**

a) En regard de la problématique ou du thème que vous avez choisi, établissez la liste des caractères appartenant à la conception n° 1 et la liste des caractères appartenant à la conception n° 2 qui offrent une ressemblance.

b) Faites la même chose avec les caractères dissemblables.

c) Demandez-vous dans quelle mesure la conception n° 1 met en valeur ou, au contraire, contredit la problématique ou le thème choisi.

d) Faites de même pour la conception n° 2.

e) Considérant le thème ou la problématique qui sert de point de comparaison, faites un commentaire critique, c'est-à-dire portez des jugements fondés sur les éléments qui caractérisent fondamentalement la conception n° 1 et la conception n° 2 de l'être humain.

Contexte de réalisation **B**

a) Établissez un résumé schématique des principaux caractères de la conception de l'être humain choisie.

b) Faites de même avec votre propre conception de l'homme.

c) Demandez-vous dans quelle mesure les caractères de votre propre conception de l'être humain rejoignent ou, au contraire, entrent en conflit avec les caractères de la conception formelle retenue.

d) Faites un commentaire critique, c'est-à-dire portez des jugements fondés sur les éléments qui caractérisent fondamentalement cette conception formelle et sur ceux qui caractérisent la vôtre.

Contexte de réalisation **C**

Procédez d'abord en suivant les étapes de travail a), b), c), d), et e) suggérées pour le contexte de réalisation A.

f) Établissez ensuite un résumé schématique des principales caractéristiques (principes et concepts clés) de la conception de l'être humain par rapport à laquelle vous voulez vous situer (conception n° 1 ou conception n° 2).

g) Demandez-vous dans quelle mesure les caractéristiques de votre propre conception de l'être humain rejoignent ou, au contraire, vont à l'encontre des caractéristiques de la conception formelle retenue.

h) Faites un commentaire critique, c'est-à-dire portez des jugements fondés sur les éléments qui caractérisent fondamentalement la conception formelle choisie et sur ceux qui caractérisent votre propre conception de l'homme.

2. Quel que soit le contexte de réalisation retenu par votre professeur, ou celui que vous choisissez vous-même, rédigez votre texte en prenant en compte les éléments suivants.

a) Les critères d'évaluation reliés au contenu:

Contexte de réalisation A

Comparaison suffisante d'une conception moderne et d'une conception contemporaine de l'être humain en regard de la problématique ou du thème choisi, et évaluation suffisante des aspects essentiels caractérisant ces deux conceptions de l'être humain.

Contexte de réalisation B

Confrontation suffisante entre la conception formelle choisie et les aspects essentiels de votre propre conception de l'homme; évaluation suffisante des aspects essentiels caractérisant cette conception formelle et votre propre conception de l'être humain.

Contexte de réalisation C

Comparaison suffisante des deux conceptions formelles de l'être humain en regard de la problématique ou du thème choisi; évaluation suffisante des aspects essentiels caractérisant ces deux conceptions de l'être humain; confrontation suffisante entre les aspects essentiels de votre propre conception de l'homme et ceux de la conception formelle choisie.

b) les critères d'évaluation reliés à la forme:
   • clarté / concision[1],
   • logique / cohérence / continuité[2],
   • pertinence[3].

Présentation

Soignez la présentation générale de votre texte et divisez-le en trois parties.

a) Une **introduction**, dans laquelle vous posez d'abord le sujet, c'est-à-dire vous reprenez, en le précisant, l'énoncé de la compétence retenu. Vous divisez ensuite le sujet, c'est-à-dire vous identifiez les grandes étapes que vous compter franchir afin de réaliser votre production[4].

b) Un **développement**, dans lequel vous présentez le sujet d'une manière progressive en suivant les étapes identifiées en introduction. Le développement est un texte démonstratif: c'est l'occasion pour vous de discuter, de critiquer, de prouver ou de réfuter.

c) Une **conclusion**, dans laquelle vous rappelez le cheminement de votre démonstration (vous en donnez un bref résumé), et ouvrez sur une ou des perspectives nouvelles.

---

1. Les phrases et les paragraphes de votre texte sont intelligibles, explicites, précis et succincts.

2. Les idées secondaires appuient les idées principales; chacune des parties occupe la place qui lui convient dans la progression de la démonstration; des phrases de transition assurent les liens entre les phrases principales et entre les parties du texte. Bref, il y a enchaînement dans le texte.

3. Ce que vous avancez convient au sujet traité: c'est approprié, judicieux et bien-fondé.

4. Voir les étapes suggérées: 1- Contexte de réalisation A ou Contexte de réalisation B ou Contexte de réalisation C.

Glossaire

ACTES MANQUÉS SYMP-TOMATIQUES. Expression utilisée par Freud pour désigner tous les comportements exécutés machinalement et présentés comme étant le fruit du hasard, mais qui, en fait, expriment des pulsions et des pensées inconscientes (exemples: oublis, lapsus, fait d'égarer un objet).

ACTUALISER (S'). Matérialiser dans des actes concrets les virtualités* (pouvoirs, talents, qualités, etc. que possède un individu) non encore réalisées dans la vie réelle.

ALTÉRITÉ. Se dit du fait d'être un autre. En logique, l'altérité est la négation stricte de l'identité.

ANTAGONISME. Opposition de deux forces rivales.

ANTHOLOGIE. Recueil de morceaux choisis d'œuvres littéraires, musicales ou philosophiques.

APHORISTIQUE. Qui se rapporte à l'aphorisme, sorte de maxime qui résume, de façon concise et parfois lapidaire, une appréciation ou un jugement d'ordre moral. Généralement énigmatique, son sens nécessite une interprétation minutieuse.

APOLLINIEN. Propre à Appollon. Appollon est le fils de Zeus (dieu suprême du polythéisme grec). Il est le dieu de la lumière et de la clarté. Incarnant l'idéal grec de la beauté, Apollon symbolise la mesure, l'ordre et l'harmonie.

APOLOGIE. Discours ou écrit qui se porte à la défense d'une thèse ou d'un comportement.

APOSTOLIQUE. Se dit d'une mission dont le but est la propagation de la foi à l'exemple des apôtres du Christ.

À PRIORI. Qui est antérieur à toute expérience. S'oppose à *a posteriori*, «qui est postérieur à l'expérience».

AVATAR. Synonyme de mésaventure ou de malheur.

CATHARSIS. Mot grec signifiant purification, purgation. Procédé expérimenté par le Dr Josef Breuer (1842-1925) qui consistait à extirper du patient mis sous hypnose les secrets (scènes traumatisantes) qui affectaient son comportement afin d'en permettre la reproduction.

CARTÉSIEN(NE). Qui se rapporte à la philosophie de Descartes.

CONTRÔLE DE SOI. Capacité de se maîtriser soi-même, de dominer ses réactions, de se priver de quelque chose ou de quelqu'un par la seule force de son caractère.

CRÉATIVITÉ. Capacité de manifester une réponse originale et inédite par rapport à ce qu'une personne a appris dans un milieu donné.

DÉISME. Position philosophique qui admet l'existence de Dieu, mais qui se dégage de tout dogme et de toute religion instituée. Plus particulièrement, la *Profession de foi du vicaire savoyard* recommande l'accès à Dieu par les seules voies du cœur sans l'apport des textes et intermédiaires consacrés.

DÉPERSONNALISATION. État de celui qui a été dépossédé de ce qui le caractérisait comme personnalité originale.

DÉTERMINISME. Doctrine selon laquelle tous les phénomènes (pensées, actions, événements, etc.) résultent nécessairement des causes antérieures qui les ont produits.

DIONYSIAQUE. Propre à Dionysos. Dans la mythologie grecque, Dionysos est le dieu de l'ivresse, du rire, de l'exaltation et de la démesure.

DISCOURS. Expression de la pensée qui appréhende le réel en procédant d'une manière logique, méthodique et démonstrative.

DOGMATISME. Fait qu'une conception de l'être humain se présente de façon absolue comme si elle correspondait à une vérité incontestable ou qu'elle relevait d'un article de foi.

ÉGOTISME. Le *Petit Robert* (1991) définit l'égotisme comme le «culte du moi, la poursuite trop exclusive de son développement personnel».

EMPIRISME. Doctrine philosophique selon laquelle toutes les connaissances proviennent de l'expérience. Conséquemment, tout savoir doit être fondé sur l'expérience et l'observation.

ÉROS. Dieu grec de l'amour, fils d'Aphrodite (déesse de l'amour) et d'Arès (dieu de la guerre).

ESSENCE / EXISTENCE. Pour la philosophie classique, l'existence désigne le fait d'être, c'est-à-dire la réalité vivante, vécue, par opposition à l'essence, qui dit ce qu'est une chose, ce qui constitue sa nature intime.

GÉNÉRIQUE. Ce qui est commun à un groupe d'êtres ou d'objets et qui en constitue le genre.

HÉGÉMONIE. Domination souveraine (d'une puissance, d'une nation) sur d'autres.

HERBORISER. Recueillir des plantes là où elles poussent naturellement afin de les faire sécher et de les collectionner entre des feuillets pour fins d'études.

HYSTÉRIE. «Classe de névroses présentant des tableaux cliniques très variés. Les deux formes symptomatiques les mieux isolées sont l'hystérie de conversion, où le conflit psychique vient se symboliser dans les symptômes corporels les plus divers, paroxystiques (crise émotionnelle avec théâtralisme) ou plus durables (anesthésies, paralysies hystériques, sensation de 'boule' pharyngienne, etc.), et l'hystérie d'angoisse, où l'angoisse est fixée de façon plus ou moins stable à tel ou tel objet extérieur (phobies).» (Jean Laplanche et J.-R. Pontalis, *Vocabulaire de la psychanalyse*, Paris, P.U.F., 1981, p. 177-178.)

IDÉALISTE. Brièvement défini, se dit, en philosophie, de la doctrine d'après laquelle le monde extérieur se réduit aux idées que nous en avons.

IMMANENT. Du latin *in manere*, «rester dans». Caractère de ce qui est contenu à l'intérieur d'un être. S'oppose à transcendant*.

INHIBITION. Processus qui met au repos les données psychiques imprudentes ou inconvenables en les empêchant de se produire ou d'arriver à la conscience. Afin d'éviter l'angoisse, ou d'entrer en conflit avec le surmoi, le moi empêche l'éclosion de la pulsion.

INTELLECTION. Acte par lequel l'esprit conçoit. Correspond à la faculté de connaître en tant que telle.

INTROJECTER. Terme psychanalytique décrivant le processus inconscient par lequel l'enfant, par exemple, incorpore l'image des parents à son moi et à son surmoi.

INTROSPECTION. Examen d'un psychisme ou d'une conscience afin d'y découvrir des éléments qui expliqueraient le comportement humain.

INVECTIVE. Discours agressif ou paroles violentes proférées contre quelqu'un ou quelque chose.

MATÉRIALISME. Courant philosophique qui n'admet d'autre substance ou réalité que la matière. Cette doctrine soutient que notre pensée fait partie intégrante de la matière en tant que produit de son évolution. Le matérialisme s'oppose au spiritualisme*. L'origine de cette doctrine remonte à l'Antiquité grecque. Par exemple, Épicure (~341–~271), s'opposant à l'idéalisme de Platon, estimait que le monde physique était antérieur à la pensée et possédait une existence propre.

MÉCANISME DE DÉFENSE. Procédés inconscients utilisés par le moi pour canaliser ou contrôler les pulsions du ça qui risqueraient de porter atteinte à l'équilibre de la personnalité. Ces procédés (refoulement, projection, formation négative, fixation, régression) instaurent un compromis défensif entre le désir et la réalité. Afin de protéger le moi menacé d'angoisses, ces procédés peuvent déformer ou même refuser la réalité.

MESSIANIQUE. Relatif à la venue d'un messie qui viendrait libérer les hommes et le monde.

MÉTAPHYSIQUE. Du grec, *au-delà* ou *après* la physique. Partie de la philosophie qui fait la recherche rationnelle, au-delà des données de l'expérience, des causes premières et des principes des choses. En ce sens, la métaphysique est la science de l'être en tant qu'être.

NARCISSIQUE. Se dit de quelqu'un qui porte une attention exclusive à sa propre personne et à ses propres besoins, de sorte que toutes ses énergies affectives sont dirigées sur lui-même.

NATURALISME. Doctrine selon laquelle il n'existe rien en dehors de la nature. Conséquemment, cette philosophie nie l'existence du surnaturel et de tout principe transcendant*.

NÉVROSE. «Affection psychogène où les symptômes sont l'expression symbolique d'un conflit psychique trouvant ses racines dans l'histoire infantile du sujet et constituant des compromis entre le désir et la défense.» Exemples: névrose d'angoisse, névrose narcissique ou mélancolique, névrose obsessionnelle. (Jean Laplanche et J.-B. Pontalis, *Vocabulaire de la psychanalyse*, Paris, P.U.F., 1981, p. 267 et suivantes.)

OBÉDIENCE. Obéissance ou soumission à une doctrine ou à un maître spirituel.

OBJECTIVER (S'). En parlant de l'individu, manifester extérieurement un fait de conscience subjectif.

ŒDIPE. Personnage de la mythologie grecque qui tue Laïos, roi de Thèbes, sans savoir qu'il est son père, et qui devient l'époux de Jocaste en ignorant qu'elle est sa mère. Par la suite, apprenant qu'il est l'auteur de ces crimes horribles, Œdipe se crève les yeux.

PANTHÉON (LE). Temple-monument de Paris, situé sur la montagne Sainte-Geneviève, au centre du Quartier latin. Depuis les funérailles de Victor Hugo (1885), le Panthéon est voué au souvenir des grands hommes de la nation française.

PARALOGISME. Faux raisonnement fait de bonne foi.

PHÉNOMÉNOLOGIE. Du grec, *phainomenon*, «phénomène», et *logos*, «étude, science». Étude des phénomènes ou d'un ensemble de phénomènes tels qu'ils se présentent directement à la conscience. Edmund Husserl (1859-1938) fonda cette méthode d'investigation philosophique qui fut, par la suite, privilégiée par les existentialistes.

PHILOLOGIE. Le *Petit Robert* (1991) définit la philologie comme «l'étude d'une langue par l'analyse critique des textes».

PHOBIE. Symptôme qui consiste à éprouver de l'angoisse (crainte inconsidérée et en apparence immotivée) face à une situation, un lieu ou un objet particulier. (Exemples: agoraphobie, claustrophobie, etc.)

POSITIVISTE. Se dit de toute tendance d'esprit, doctrine ou attitude de recherche qui s'en tient uniquement à la connaissance des faits révélés par l'expérience. Le positivisme tient son origine des ouvrages d'Auguste Comte (1798-1857) *Cours de philosophie positive* (1830-1842); *Discours sur l'Esprit positif* (1844); *Catéchisme positiviste* (1852); *Système de politique positive* (1852-1854).

PSYCHIQUE. Se dit du psychisme ou de la vie psychique, laquelle constitue l'ensemble des faits psychiques, c'est-à-dire tout ce qui concerne la personnalité d'un individu, sa psyché, son «âme». Ces faits psychiques sont à l'origine de ses attitudes et de ses comportements.

RATIONALISME. Doctrine d'après laquelle toute connaissance certaine provient de la raison. Selon cette philosophie, l'esprit humain possède la faculté de former des concepts et des principes rationnels lui permettant de rendre intelligibles et compréhensibles les choses et les êtres. Les idées et les jugements seraient soit innés, soit construits par l'esprit; ils ne proviendraient pas des données de l'expérience.

RÉACTIONNAIRE. Se dit d'une attitude ou d'une action qui s'oppose aux changements sociopolitiques et qui visent à conserver les institutions du passé.

RÉDUCTIONNISME. Position qui consiste à défendre un principe explicatif unique qui rendrait compte de ce qu'est l'homme dans sa totalité. Une telle attitude valorise généralement une seule dimension de l'être humain en négligeant toutes les autres, et ce faisant, elle escamote la diversité et la complexité de l'humain.

REFOULEMENT. Mécanisme psychique de défense qui repousse dans l'inconscient, en mettant à l'écart et en tenant à distance du conscient – sans la participation volontaire du sujet –, les tendances ou les désirs sexuels et agressifs (et leurs représentations) non acceptés par le milieu familial et social.

REPRÉSENTATION. Du latin *repraesentatio*, «action de mettre sous les yeux». Conséquemment, représentation sert à désigner une idée ou une image qu'on se fait du monde ou de l'homme. En allemand, le mot représentation, *vorstellung*, signifie «le contenu concret d'un acte de pensée». Freud l'utilise plus particulièrement dans le sens de «traces» de l'objet, de l'événement ou de la pulsion qui vient s'inscrire dans les «systèmes mnésiques» (liés aux souvenirs)».

RÉSISTANCE. «Au cours de la cure psychanalytique, on donne le nom de résistance à tout ce qui, dans les actions et les paroles de l'analysé, s'oppose à l'accès de celui-ci à son inconscient.» (Jean Laplanche et J.-B. Pontalis, *Vocabulaire de la psychanalyse*, Paris, P.U.F., 1981, p. 420.)

SCOLASTIQUE (LA). Du latin *schola*, «école». La scolastique ou «philosophie de l'École» désigne l'enseignement philosophique et théologique* dispensé au Moyen Âge (du IXe au XVIIe siècle). Conciliant foi et raison, cet enseignement était dérivé de la philosophie d'Aristote revue et corrigée par les théologiens du Moyen Âge.

SENSUALISME. Nom donné – pour la discréditer – à la doctrine empiriste* de Condillac (1715-1780) selon laquelle toute connaissance provient des sensations.

SOMATIQUE. Se dit de tout ce qui est organique et concerne le corps.

SPÉCULATIVE. Qui appartient à la théorie, à la recherche abstraite.

SPIRITUALISME. Doctrine d'après laquelle l'esprit ou l'âme constitue la substance de toute réalité. La philosophie spiritualiste considère l'esprit comme une entité distincte et supérieure à la matière en général et au corps en particulier.

SUBLIMATION. Processus de production d'activités dites supérieures qui désexualisent en quelque sorte les pulsions libidinales ou agressives. La production d'œuvres d'art, la construction de cathédrales ou l'engagement à une œuvre sociale valorisée par la culture de l'époque représentent des exemples de sublimation.

SYMPATHIE. Le *Petit Robert* (1991) définit la sympathie comme la «participation à la douleur d'autrui, [le] fait de ressentir tout ce qui le touche».

THANATOS. Dieu grec de la mort, fils de la Nuit et frère d'Hypnos.

THÉOLOGIE. Le *Petit Robert* (1991) définit la théologie comme «l'étude des questions religieuses fondée principalement sur les textes sacrés, les dogmes et la tradition».

TOPIQUE. À la fois théorie des catégories et désignation d'un lieu donné, «topique» sert à distinguer des parties dans le psychisme humain et de s'en faire une représentation spatiale, sans que celle-ci n'ait aucun rapport avec une disposition anatomique réelle.

TOTALISANT. Se dit d'une signification synthétique et universelle qui embrasse l'ensemble des êtres humains.

TOTALITARISME. Système politique d'un régime à parti unique, n'admettant aucune opposition organisée, dans lequel le pouvoir politique dirige souverainement et tend à confisquer la totalité des activités de la société qu'il domine. (*Petit Robert*, 1993.)

TRANSCENDANT. Du latin *transcendere*, «s'élever au-dessus de». Caractère de ce qui est supérieur, ce qui appartient à un degré plus élevé. Par exemple, Dieu est transcendant au monde et aux êtres immanents*.

VIRTUALITÉ. Se dit de ce qui est à l'état de puissance, de possibilité chez un être. Synonyme de potentialité.

Bibliographie

ANDRÉAS SALOMÉ, Lou. *Friedrich Nietzsche*, Paris, Réimpressions Gordon et Breach, 1970.

DESCARTES, René. *Œuvres et Lettres*, Paris, Éditions Gallimard, NRF, Bibliothèque de la Pléiade, 1953.

FREUD, Sigmund. *Abrégé de psychanalyse*, trad. Anne Berman, Paris, Presses Universitaires de France, 1970.

FREUD, Sigmund. *Essais de psychanalyse*, trad. Dr S. Jankélévitch, revu par Dr A. Hesnard, Paris, Petite Bibliothèque Payot, 1968.

FREUD, Sigmund. *L'Interprétation des rêves*, Paris, Presses Universitaires de France, 1967.

FREUD, Sigmund. *Malaise dans la civilisation,* trad. C.H. et J. Audier, Paris, Presses Universitaires de France, 1971.

FREUD, Sigmund. *Métapsychologie*, trad. J. Laplanche et J.-B. Pontalis, Paris, Éditions Gallimard, coll. «Idées», 1968.

FREUD, Sigmund. *Nouvelles conférences sur la psychanalyse*, trad. Anne Berman, Paris, Éditions Gallimard, coll. «Idées», 1971.

FROMM, Erich. *De la désobéissance, Paris,* Robert Laffont, coll. «Réponses», 1982.

GRAND'MAISON, Jacques (sous la direction de). *Le drame spirituel des adolescents, Profils sociaux et religieux,* Montréal, Éditions Fides, coll. «Cahiers d'études pastorales», n° 10, 1992.

LAPLANCHE, Jean et J.-B. PONTALIS. *Vocabulaire et psychanalyse,* Paris, Presses Universitaires de France, 1981.

MARX, Karl. *Le 18 Brumaire de Louis Bonaparte*, Paris, Éditions Sociales, 1963.

MARX, Karl. *Œuvres (Économie)*, t. I (trad. M. Rubel, L. Evrard et J. Roy) et t. II (trad. J. Malaquais et C. Orsoni), Paris, Éditions Gallimard, NRF, Bibliothèque de la Pléiade, 1972.

MARX, Karl. *Pages de Karl Marx,* trad. Maximilien Rubel, Paris, Payot, 1970.

MARX, Karl et Friedrich ENGELS. *L'Idéologie allemande*, trad. H. Auger, G. Badia, J. Baudrillard, R. Cartelle, Paris, Éditions Sociales, coll. «L'Essentiel», 1988.

MARX, Karl et Friedrich ENGELS. *Manifeste du Parti communiste*, Paris, Union générale d'éditions, coll. «10-18», 1962.

MOUNIER, Emmanuel. *Le personnalisme*, Paris, Presses Universitaires de France, coll. «Que sais-je?», 1978.

MOUNIER, Emmanuel. *Œuvres*, Paris, Éditions du Seuil, t. I (1961), t. II (1962) et t. III (1962).

NIETZSCHE, Friedrich. *Ainsi parlait Zarathoustra*, trad. Maurice Betz, Paris, Éditions Gallimard, coll. «Le livre de poche classique», 1965.

NIETZSCHE, Friedrich. *La Généalogie de la morale*, trad. Henri Albert, Paris, Éditions Gallimard, coll. «Idées», 1969.

NIETZSCHE, Friedrich. *La Volonté de puissance, Essai d'une transmutation de toutes les valeurs,* trad. Henri Albert, Paris, Librairie Générale Française, coll. «Le livre de poche» (Classiques de philosophie), 1991.

NIETZSCHE, Friedrich. *Le Crépuscule des idoles,* trad. Jean-Claude Hemery, Paris, Éditions Gallimard, NRF, coll. «Idées», 1977.

NIETZSCHE, Friedrich. *Le Gai Savoir,* trad. Pierre Klossowski, Paris, Union générale d'éditions, coll. «10-18», 1973.

NIETZSCHE, Friedrich. *Le nihilisme européen,* trad. Angèle Kremer-Mariatti, Paris, Union générale d'éditions, coll. «10-18», 1976.

NIETZSCHE, Friedrich. *Par-delà le bien et le mal,* trad. Geneviève Bianquis, Paris, Union Générale d'éditions, coll. «10-18», 1967.

PASCAL. *Pensées, in Œuvres complètes*, Paris, Éditions du Seuil, 1963.

ROUSSEAU, Jean-Jacques. *Discours sur l'origine et les fondements de l'inégalité parmi les hommes*, Paris, Éditions Gallimard, coll. «Folio/Essais», 1992.

ROUSSEAU, Jean-Jacques. *Du Contrat social,* Paris, Éditions GF-Flammarion, 1992.

ROUSSEAU, Jean-Jacques. *Les rêveries du promeneur solitaire,* Éditions Gallimard et Librairie Générale Française, coll. «Le livre de poche classique», 1965.

ROUSSEAU, Jean-Jacques. *Œuvres complètes,* t. I, t. II, t. III et t. IV, Paris, Éditions Gallimard, NRF, Bibliothèque de la Pléiade, 1959-1969.

SARTRE, Jean-Paul. *Huis-clos,* Paris, Éditions Gallimard, coll. «Le livre de poche», 1967.

SARTRE, Jean-Paul. *La Nausée,* Paris, Éditions Gallimard, coll. «Le livre de poche», 1954.

SARTRE, Jean-Paul, *L'Être et le Néant*, Paris, Éditions Gallimard, Bibliothèque des Idées, 1968.

SARTRE, Jean-Paul. *L'existentialisme est un humanisme,* Paris, Les Éditions Nagel, coll. «Pensées», 1968.

SKINNER, Burrhus Frederick. *L'analyse expérimentale du comportement: un essai théorique,* trad. Anne-Marie et Marc Richelle, Bruxelles, Dessart et Mardaga, Éditeurs, 1971.

SKINNER, Burrhus Frederick. *Par-delà la liberté et la dignité,* trad. Anne-Marie et Marc Richelle, Montréal, Éditions HMH et Éditions Robert Laffont, 1972.

TAYLOR, Charles. *Grandeur et misère de la modernité,* Montréal, Bellarmin, coll. «L'Essentiel», 1993.

TOCQUEVILLE, Alexis de. *De la démocratie en Amérique,* Paris, Éditions Gallimard, coll. «Folio/Histoire», 1991.

Photographies